建筑施工企业管理人员岗位资格培训教材

资料员岗位实务知识

（第二版）

建筑施工企业管理人员岗位资格培训教材编委会　组织编写

陈　光　主编

中国建筑工业出版社

图书在版编目（CIP）数据

资料员岗位实务知识/建筑施工企业管理人员岗位资
格培训教材编委会组织编写，陈光主编. —2 版. —北
京：中国建筑工业出版社，2012
（建筑施工企业管理人员岗位资格培训教材）
ISBN 978-7-112-14592-8

Ⅰ.①资…　Ⅱ.①建…②陈…　Ⅲ.①建筑工程-技术
档案-档案管理-岗位培训-教材　Ⅳ.①G275.3

中国版本图书馆 CIP 数据核字（2012）第 190704 号

本书是《建筑施工企业管理人员岗位资格培训教材》之一，为第二版，根据原建设部人事教育司审定的建筑企业关键岗位管理人员培训大纲，结合当前建筑施工培训的实际需要进行编写，在编撰过程中，力求使培训教材重点体现科学性、针对性、实用性、前瞻性和注重岗位技能培训的原则。在编写各部分内容时，力求做到理论联系实际，以便学员通过培训达到掌握岗位知识和能力目的。

本书既可作为建筑施工企业对资料员进行短期培训的岗位培训教材，也可作为基层施工管理人员学习参考用书。

＊　　　＊　　　＊

责任编辑：刘　江　张伯熙
责任设计：李志立
责任校对：姜小莲　王雪竹

建筑施工企业管理人员岗位资格培训教材
资料员岗位实务知识
（第二版）
建筑施工企业管理人员岗位资格培训教材编委会　组织编写
陈　光　主编
＊
中国建筑工业出版社出版、发行（北京西郊百万庄）
各地新华书店、建筑书店经销
北京红光制版公司制版
北京建筑工业印刷厂印刷
＊
开本：787×1092 毫米　1/16　印张：29½　字数：718 千字
2013 年 1 月第二版　　2020 年 3 月第十五次印刷
定价：**52.00** 元
ISBN 978-7-112-14592-8
（22663）

《建筑施工企业管理人员岗位资格培训教材》

编 写 委 员 会

(以姓氏笔画排序)

艾伟杰　中国建筑一局(集团)有限公司

冯小川　北京城市建设学校

叶万和　北京市德恒律师事务所

李树栋　北京城建集团有限责任公司

宋林慧　北京城建集团有限责任公司

吴月华　中国建筑一局(集团)有限公司

张立新　北京住总集团有限责任公司

张囡囡　中国建筑一局(集团)有限公司

张俊生　中国建筑一局(集团)有限公司

张胜良　中国建筑一局(集团)有限公司

陈　光　中国建筑一局(集团)有限公司

陈　红　中国建筑一局(集团)有限公司

陈御平　北京建工集团有限责任公司

周　斌　北京住总集团有限责任公司

周显峰　北京市德恒律师事务所

孟昭荣　北京城建集团有限责任公司

贺小村　中国建筑一局(集团)有限公司

出 版 说 明

建筑施工企业管理人员（各专业施工员、质量员、造价员，以及材料员、测量员、试验员、资料员、安全员等）是施工企业项目一线的技术管理骨干。他们的基础知识水平和业务能力的大小，直接影响到工程项目的施工质量和企业的经济效益；他们的工作质量的好坏，直接影响到建设项目的成败。随着建筑业企业管理的规范化，管理人员持证上岗已成为必然，其岗位培训工作也成为各施工企业十分关心和重视的工作之一。但管理人员活跃在施工现场，工作任务重，学习时间少，难以占用大量时间进行集中培训；而另一方面，目前已有的一些培训教材，不仅内容因多年没有修订而较为陈旧，而且科目较多，不利于短期培训。有鉴于此，我们通过了解近年来施工企业岗位培训工作的实际情况，结合目前管理人员素质状况和实际工作需要，以少而精的原则，于 2007 年组织出版了这套"建筑施工企业管理人员岗位资格培训教材"，2012 年，由于我国建筑工程设计、施工和建筑材料领域等标准规范已部分修订，一些新技术、新工艺和新材料也不断应用和发展，为了适应当前建筑施工领域的新形势，我们对本套教材中的 8 个分册进行了相应的修订。本套丛书分别为：

◇《建筑施工企业管理人员相关法规知识》（第二版）

◇《土建专业岗位人员基础知识》

◇《材料员岗位实务知识》（第二版）

◇《测量员岗位实务知识》（第二版）

◇《试验员岗位实务知识》

◇《资料员岗位实务知识》（第二版）

◇《安全员岗位实务知识》（第二版）

◇《土建质量员岗位实务知识》（第二版）

◇《土建施工员（工长）岗位实务知识》（第二版）

◇《土建造价员岗位实务知识》（第二版）

◇《电气质量员岗位实务知识》

◇《电气施工员（工长）岗位实务知识》

◇《安装造价员岗位实务知识》

◇《暖通施工员（工长）岗位实务知识》

◇《暖通质量员岗位实务知识》

◇《统计员岗位实务知识》

◇《劳资员岗位实务知识》

其中，《建筑施工企业管理人员相关法规知识》（第二版）为各岗位培训的综合科目，《土建专业岗位人员基础知识》为土建专业施工员、质量员、造价员培训的综合科目，其他分册则是根据不同岗位编写的。参加每个岗位的培训，只需使用 2～3 册教材即可（土建专业施工员、质量员、造价员岗位培训使用 3 册，其他岗位培训使用 2 册），各书均按照企业实际培训课时要求编写，极大地方便了培训教学与学习。

　　本套丛书以现行国家规范、标准为依据，内容强调实用性、科学性和先进性，可作为施工企业管理人员的岗位资格培训教材，也可作为其平时的学习参考用书。希望本套丛书能够帮助广大施工企业管理人员顺利完成岗位资格培训，提高岗位业务能力，从容应对各自岗位的管理工作。也真诚地希望各位读者对书中不足之处提出批评指正，以便我们进一步完善和改进。

中国建筑工业出版社

2012 年 8 月

第 二 版 前 言

建筑安装工程施工技术资料是建筑施工的一个重要组成部分，是建筑工程进行竣工验收和竣工核定的必备条件，也是对工程进行检查、维修、管理的重要依据，同时也是城建档案的重要组成部分，是在城市基本建设工作中直接形成的具有保存价值的文件材料。

该书修订是以国家颁布的最新的施工技术、安全技术规范为依据，并参照相关地方标准进行编写，如《建设工程文件归档整理规范》（GB/T 50328—2001），《建筑工程资料管理规程》（DB11/T 695—2009），《建筑工程施工质量验收统一标准》（GB 50300—2001）等，力求做到工程资料填写内容与要求标准、务实与最新。

全书共计十二章内容，主要包括竣工质量验收资料、施工管理资料、施工技术资料、建筑与结构工程、建筑给水、排水及采暖工程、建筑电气工程、通风与空调工程、建筑工程施工质量验收、竣工图、工程资料编制、组卷与移交几个部分。全书对竣工资料所需的归档表格做了大量的实例解析，力图达到可操作性和实用性的目的。

本书由陈光主编，张荣新、张微参与编写部分内容，在编写过程中得到有关同仁的大力指导和支持，在此表示衷心的感谢，同时由于工程建设中资料系统庞杂，涉及面广，书中错误及不妥之处在所难免，恳请读者批评指正，以便不断地改正和完善。

编　者

第 一 版 前 言

建筑安装工程施工技术资料是建筑施工的一个重要组成部分，是建筑工程进行竣工验收和竣工核定的必备条件，也是对工程进行检查、维修、管理的重要依据，同时也是城建档案的重要组成部分，是在城市基本建设工作中直接形成的具有保存价值的文件材料。

本书依据《建设工程文件归档整理规范》（GB/T 50328—2001）的相关规定，结合各种国家有关的规范、标准编写而成。

全书共计十一章内容，主要包括工程管理与验收资料，施工管理资料，施工技术资料，建筑与结构工程，建筑给水、排水及采暖工程，建筑电气工程、通风与空调工程、建筑工程施工质量验收，竣工图，工程资料编制、组卷与移交几个部分。全书对竣工资料所需的归档表格做了大量的实例解析，力图达到可操作性和实用性的目的。

本书由陈光主编，毛立臣、曹光、王晓光参与编写部分内容。由于水平有限，有不妥之处，恳请读者批评指正。

目 录

第一章 施工资料概述

1.1 施工资料的作用

施工资料是施工单位在工程施工过程中形成的资料，是建筑安装活动过程的记录。它不仅能够反映出施工过程中一个企业科学合理的管理水平，同时还能够有效证明建筑物是否安全可靠，因此它是工程竣工交付使用的必备文件，也是建筑工程进行竣工验收和竣工核定的必备条件；施工资料是对建筑工程进行检查、维修、管理、使用、改建的重要依据，它全面反映了建筑工程的施工过程及工程质量状况。

当所提供的施工资料不能够说明工程质量，不能够说明是否符合国家的法律、法规的时候，那么工程就不能交付使用，不能够确定工程是合格的。因此施工资料是施工企业施工活动全过程的一项非常重要的管理内容，通过加强施工资料的管理，促进施工企业的管理水平。从而达到保证和提高工程质量的目的。

1.2 施工资料的组成

施工资料是施工单位在工程施工过程中形成的全部资料。按其性质可分：施工管理、施工技术、施工测量、施工物资、施工记录、施工试验、过程验收及工程竣工质量验收资料。

第二章 资料员职责与要求

2.1 工程资料员的基本要求

2.1.1 负责工程项目资料、图纸等档案的收集、管理。

2.1.2 负责工程项目的所有图纸的接收、清点、登记、发放、归档、管理工作；在收到工程图纸并进行登记以后，按规定向有关单位和人员签发，由收件方签字确认。

2.1.3 收集整理施工过程中所有技术变更、洽商记录、会议纪要等资料并归档；负责对每日收到的管理文件、技术文件进行分类、登录、归档。负责项目文件资料的登记、受控、分办、催办、签收、用印、传递、立卷、归档和销毁等工作。负责做好各类资料积累、整理、处理、保管和归档立卷等工作，注意保密的原则。

2.1.4 来往文件资料收发应及时登记台账，视文件资料的内容和性质准确及时递交项目经理批阅，并及时送有关部门办理。

2.1.5 确保设计变更、洽商的完整性，要求各方严格执行接收手续，所接收到的设计变更、洽商，须经各方签字确认，并加盖公章。设计变更（包括图纸会审纪要）原件存档。所收存的技术资料须为原件，无法取得原件的，详细背书，并加盖公章。作好信息收集、汇编工作，确保管理目标的全面实现。

2.1.6 参加分部分项工程的验收工作。

2.1.7 负责备案资料的填写、会签、整理、报送、归档；负责工程备案管理，实现对竣工验收相关指标（包括质量资料审查记录、单位工程综合验收记录）作备案处理。对桩基工程、基础工程、主体工程、结构工程备案资料核查。严格遵守资料整编要求，符合分类方案、编码规则，资料份数应满足资料存档的需要。

2.1.8 监督检查施工单位施工资料的编制、管理，做到完整、及时，与工程进度同步；对施工单位形成的管理资料、技术资料、物资资料及验收资料，按施工顺序进行全程督查，保证施工资料的真实性、完整性、有效性。

2.1.9 按时向公司档案室移交；在工程竣工后，负责将文件资料、工程资料立卷移交公司。文件材料移交与归档时，应有"归档文件材料交接表"，交接双方必须根据移交目录清点核对，履行签字手续。移交目录一式二份，双方各持一份。

2.1.10 负责向市城建档案馆的档案移交工作；提请城建档案馆对列入城建档案馆接收范围的工程档案进行预验收，取得《建设工程竣工档案预验收意见》，在竣工验收后将工程档案移交城建档案馆。

2.1.11 指导工程技术人员对施工技术资料（包括设备进场开箱资料）的保管；指导工程技术人员对施工组织设计及施工方案、技术交底记录、图纸会审记录、设计变更通知单、工程洽商记录等技术资料分类保管交资料室。指导工程技术人员对工作活动中形成的，经过办理完毕的，具有保存价值的文件材料；基建工程进行鉴定验收时归档的科技文件材料；已竣工验收的工程项目的工程资料分级保管交资料室。

2.2 建筑工程资料员的岗位职责

2.2.1 认真执行档案法，严格收集整理好各种原始资料。

2.2.2 认真钻研业务，熟悉有关规范及有关那件，配合工程技术人员进一步完善工程资料。

2.2.3 负责对技术资料进行标识。

2.2.4 作好收发文登记台账。

2.2.5 负责整个工程的档案资料的收集、检查、整理及归档工作。

2.2.6 经常深入现场，了解施工进度，掌握质量情况，确保资料的真实性，做到资料与工程同步。

2.2.7 负责有关工程图纸文件的收发工作、并及时整理、归档。

2.2.8 负责分阶段验收资料交竣工资料，绘制竣工图。

2.2.9 负责竣工图的移交，及时办理好验收后移交手续。

2.2.10 完成领导交办的各种任务。

第三章 竣工质量验收资料

3.1 概 述

工程竣工质量验收资料是指工程竣工时必须具备的各种质量验收资料。主要内容有：单位工程竣工预验收报验表、单位（子单位）工程质量竣工验收记录、单位（子单位）工程质量控制核查记录、单位（子单位）工程安全和功能检查资料核查及主要功能抽查记录、单位（子单位）工程观感质量检查记录、室内环境检测报告、建筑节能工程现场实体检验报告、工程竣工质量报告、工程概况表等。

单位（子单位）工程的室内环境、建筑工程节能性能应检测合格并有检测报告。

单位工程完工后施工单位应编写工程竣工报告，内容包括：工程概况及实际完成情况、工程实体质量、施工资料、主要建筑设备、系统测试、安全和功能测试、主要功能抽查等。

单位（子单位）工程完工后，由施工单位填写单位工程竣工预验收报验表报项目监理部，申请工程竣工预验收。总监理工程师组织项目监理部人员与施工单位进行检查预验收，合格后总监理工程师签署单位工程竣工预验收报验表、单位（子单位）工程质量控制资料核查记录、单位（子单位）工程安全和功能检查资料核查及主要功能抽查记录和单位（子单位）工程观感质量检查记录等并报建设单位，申请竣工验收。

建设单位应组织设计、监理、施工等单位对工程进行竣工验收，各单位应在单位（子单位）工程质量竣工验收记录上签字并加盖公章。

3.2 单位(子单位)工程质量竣工验收记录

3.3 单位(子单位)工程质量控制资料核查记录

3.4 单位(子单位)工程安全和功能检查资料核查及主要功能抽查记录

3.5 单位(子单位)工程质量观感质量检查记录

3.6 单位工程竣工预验收报验表

3.6.1 工程竣工验收。

3.6.1.1 当工程达到基本交验条件时，应组织各专业监理工程师的质量情况，使用功能进行全面检查，对发现影响竣工验收的问题签发《监理通知》要求承包单位进行整改。

3.6.1.2 对需要进行功能试验项目（包括无负荷试车），应督促承包单位及时进行试验；认真审阅试验报告单，并对重要项目监督；必要时应建设单位及设计单位派代表参加。

3.6.2 总监理工程师组织竣工预验收。

3.6.2.1 要求承包单位在工程项目自检合格并到达竣工验收条件时，填写《单位工程竣工预验收报验表》（表 3-1），并附相应竣工资料（包括分包单位的竣工资料）报项目监理部，申请竣工预验收。

3.6.2.2 总监理工程师组织项目监理人员对质量控制资料进行核查，并督促承包单位完善。

3.6.2.3 总监理工程师组织监理工程师和承包单位共同对工程进行检查验收。

3.6.2.4 经验收需要对局部进行整改的，应在整改符合要求后再验收，直至符合合同要求，总监理工程师签署《单位工程竣工预验收报验表》。

3.6.2.5 预验收合格后，监理单位对工程提出质量评估报告，整理监理资料，工程质量评估报告必须经总经理工程师和监理单位技术负责人审核签字。工程质量评估报告主要内容包括：工程概况、承包单位基本情况、主要采取的施工方法、工程地基基础和主体结构的质量状况、施工施工中发生过的质量事故和主要质量问题及其原因分析和处理结果，对工程质量的综合评估意见。

3.6.2.6 竣工验收：参加建设单位组织的竣工验收，并提供相关监理资料。对验收中提出的整改，承包整改。工程质量符合要求后，由总监理工程师会同参加验收的各方签署验收报告。

3.6.2.7 竣工验收完成后，由项目总监理工程和建设单位代表共同签署《竣工移交证书》，并由监理单位、建设单位盖章后，送承包单位一份。

单位工程竣工预验收报验表 　　　　　　　　　　　　　　　　　　表 3-1

单位工程竣工预验收报验表 C8-5		资料编号	00-00-C1-××××
工程名称	×××工程	日　期	××××年××月××日
致××监理公司　　　　　　　　　（监理单位）： 我方已按合同要求完成了　　　　××　　　　工程，经自检合格，请予以检查和验收。 附件： 单位工程竣工资料			
施工单位名称：　　××建筑工程公司　　　　项目经理（签字）：　　×××			
审查意见： 　　　　经预验收，该工程： 1. ☑符合　□不符合　我国现行法律、法规要求； 2. ☑符合　□不符合　我国现行工程建设标准； 3. ☑符合　□不符合　设计文件要求； 4. ☑符合　□不符合　施工合同要求。 　　综上所述，该工程预验收结论：　☑合格　　　□不合格； 　　　　可否组织正式验收：　☑可　　□否。			
监理单位名称：　××监理公司　　总监理工程师（签字）：　　×××　日期：××××年××月××日			

注：本表由施工单位填报，监理单位签署审批意见。

3.7 室内环境检测记录 (见第六章第二节施工物资资料)

一、有关规定

1. 民用建筑工程所使用的材料应按《民用建筑工程室内环境污染控制规范》(GB 50325—2001) 要求做污染物检测,应有污染物含量检测报告。

2. 民用建筑工程及室内装修工程的室内环境质量验收,应在工程完工至少 7 天、工程使用前进行。

3. 民用建筑工程室内装饰装修用花岗石材应有放射性复试报告,人造木板及饰面人造板应有甲醛含量复试报告。

二、室内环境污染物浓度

民用建筑工程验收时,必须进行室内环境污染物浓度检测。检测结果应符合相关规定。

三、环保验收资料

民用建筑工程及其室内装修工程验收时,应提供下列环保资料。

1. 工程地质勘察报告、工程地点土壤中氡浓度检测报告、工程地点土壤天然放射性核素镭-226、钍-232、钾-40 含量检测报告;土壤检验报告。

2. 涉及室内环境污染控制的施工图设计文件及工程设计变更文件;

3. 建筑材料和装修材料的污染物含量检测报告、材料进场检验记录、复验报告;

4. 与室内环境污染控制有关的隐蔽工程验收记录、施工记录;

5. 样板间室内环境污染物浓度检测记录 (不做样板间的除外)。

6. 室内环境污染物浓度检验报告。

7. 民用建筑工程验收时,必须进行室内环境污染物浓度检测。检测结构应符合表 3-2 的规定。

民用建筑工程室内环境污染物浓度限量　　　　　　　　表 3-2

污染物	Ⅰ类民用建筑工程	Ⅱ类民用建筑工程
氡 (Bq/m³)	≤200	≤400
游离甲醛 (mg/ m³)	≤0.08	≤0.12
苯 (mg/ m³)	≤0.09	≤0.09
氨 (mg/ m³)	≤0.2	≤0.5
TVOC (mg/ m³)	≤0.5	≤0.6

注:1. 表中污染物浓度限量,除氡外均应以同步测定的室外上风空气相应值为空白值。

　　2. 表中污染物浓度测量值的极限值判定,采用全数值比较法。

8. 民用建筑工程验收时,应抽检有代表性的房间室内环境污染物浓度,抽检数量不得少于 5% 并不得少于 3 间;房间总数少于 3 间的应全数检测。

9. 民用建筑工程验收时,凡是进行了样板间室内环境污染物浓度检测且检测结果合格的,抽检数量减半,并不少于 3 间。

10. 民用建筑工程验收时,室内环境污染物浓度检测点数应按表 3-3 设置。

室内环境污染物浓度检测点数设置 表 3-3

房间使用面积（m²）	检测点数（个）	房间使用面积（m²）	检测点数（个）
＜50	1	≥500 且＜1000	不少于 5
≥50 且＜100	2	≥1000 且＜3000	不少于 6
≥100 且＜500	不少于 3	≥3000	不少于 9

3.8 工程竣工质量报告

3.8.1 工程概况

3.8.2 设计概况

建筑与结构设计概况

专业设计概况：

3.8.3 施工概况

现场条件

地基与基础工程

基坑边坡支护

土方开挖

地下防水

后浇带和施工缝

主体结构工程

施工测量放线

模板工程

钢筋工程

混凝土工程

二次结构砌筑

装饰装修工程

外墙饰面砖

玻璃幕墙

石材幕墙

内墙抹灰工程

吊顶工程

楼地面工程

室内石材墙面

陶瓷砖墙面

精装修工程

屋面、庭院工程

机电设备安装工程

结束语

3.9 建筑节能工程现场实体检验报告

3.9.1 围护结构现场实体检验

3.9.1.1 建筑维护结构施工完成后，应对围护结构的外墙节能构造和严寒、寒冷、夏热冬冷地区的外窗气密性进行现场实体检测。当条件具备时，也可直接对围护结构的传热系数进行检测。

3.9.1.2 外墙节能构造的现场实体检验方法见规范。其检验目的是：

1. 验证墙体保温材料的种类是否符合设计要求；

2. 验证保温层厚度材料的种类是否符合设计要求；

3. 检查保温层构造做法是否符合设计和施工方案要求。

3.9.1.3 严寒、寒冷、夏热冬冷地区的外窗现场实体检测应按照国家现行有关标准的规定执行。其检验目的是验证建筑外窗气密性是否符合设计要求和国家有关规定标准的规定。

3.9.1.4 外墙节能构造和外窗气密性的现场实体检验，其抽样数量可以在合同中约定，但合同中约定的数量不应低于本规范的要求。当合同约定时应按照下列规定抽样：

1. 每个单位工程的外墙至少抽查 3 处，每处一个检查点；当一个单位工程外墙有 2 种以上节能保温做法，每种节能做法的外墙应抽查不少于 3 处；

2. 每个单位工程的外窗至少抽查 3 樘。当一个单位工程外窗有 2 种以上品种、类型和开启方式时，每种品种、类型和开启方式的外窗应抽查不少于 3 樘。

3. 外墙节能构造的现场实体检验应在监理（建设）人员见证下实施，可委托有资质的检测机构实施。也可由施工单位实施。

4. 外窗气密性的现场实体检测应在监理（建设）人员见证下抽样，委托有资质的检测机构实施。

5. 当对维护结构的传热系数进行检测时，应由建设单位委托具备检测资质的检测结构承担；其监测方法、抽样数量、检测部位和合格判定标准等可在合同中约定。

6. 当外墙节能构造或外窗气密性现场实体检验出现不符合设计要求和标准规定的情况时，应委托有资质的检测机构扩大一倍数量抽样，对不符合要求的项目或参数再次检验。仍然不符合要求时应给出"不符合设计要求"的结论。

对于不符合设计要求的维护结构节能构造应查找原因，对因此造成的对建筑节能的影响程度进行计算或评估，采取技术措施施予以弥补或消除后重新进行检测，合格后方可通过验收。

对于建筑外窗气密性不符合设计要求和国家现行标准规定的，应查找原因进行修理，使其达到要求后重新进行检测，合格后方可通过验收。

3.9.2 系统节能性能检测

3.9.2.1 采暖、通风与空调、配电与照明工程安装完成后，应进行系统节能性能的检测，且应由建设单位委托具有相应检测资质的检测机构并出具报告。受季节影响未进行的节能性能检测项目，应在保修期内补做。

3.9.2.2 采暖、通风与空调、配电与照明系统节能性能检测的主要项目及要求见

表 3-4 其检测方法应按国家现行有关标准规定执行。

系统节能性能检测主要项目及要求

表 3-4

序号	检测项目	抽样数量	允许偏差或规定值
1	室内温度	居住建筑每户抽测卧室，或起居室 1 间，其他建筑按房间总数抽测 10%	冬季不得低于设计计算温度 2℃，且不应高于设计计算温度 2℃，且不应低于 1℃
2	供热系统室外管网的水力平衡度	每个热源与换热站均不少于 1 个独立的供热系统	0.9～1.2
3	供热系统的补水率	每个热源与换热站均不少于 1 个独立的供热系统	0.5%～1%
4	室外管网的热输送效率	每个热源与换热站不少于 1 个独立的供热系统	≥0.92
5	各风口的风量	按风管系统数量抽查 10% 且不得少于 1 个系统	≤15%
6	通风与空调系统的总风量	按风管系统数量抽查 10% 且不得少于 1 个系统	≤10%
7	空调机组的水流量	按系统数量抽查 10% 且不得少于 1 个系统	≤20%
8	空调系统冷热水、冷却水总流量	全数	≤10%
9	平均照度与照明功率密度	按同一功能区不少于 2 处	≤10%

系统节能性能检测的项目和抽样数量也可以在工程合同中约定，必要时可增加其他检测项目，但合同约定的检测项目和数量不应低于本规范规定。

附录 C　外墙节能构造钻芯检验方法

本办法适用于检验带有保温层的建筑外墙其节能构造是否符合设计要求。

钻芯检测外墙节能构造应在外墙施工完工后、节能分部工程验收前进行。

钻芯检测外墙节能构造的取样部位和数量，应遵守下列规定：

1. 取样部位应由监理（建设）与施工双方共同确定，不得在外墙施工前预先确定；

2. 取样部位应选取节能构造有代表性的外墙上相对隐蔽的部位，并宜兼顾不同朝向和楼层；

3. 外墙取样数量为一个单位工程每种节能保温做法至少取 3 个芯样。取样部位均匀分布，不宜在同一房间外墙上取 2 个或 2 个以上芯样。

钻芯检验外墙节能节能构造应在监理（建设）人员见证下实施。

钻芯检验外墙节能构造可采用空心钻头，从保温层一侧钻取直径 70mm 的芯样。钻取芯样深度为钻保温层到达结构层或基层表面，必要时可钻透墙体。

当外墙的表层坚硬不易钻透时，也可局部剔除坚硬的面层后芯样。但钻取芯样后应恢复原有外墙的表面装饰层。

钻取芯样时应尽量避免冷却水流入墙体内及污染墙面。从空芯钻头中取出芯样时应谨慎操作，以保持芯样完整。当芯样严重破损难以准确判断节能构造或保温层厚度时，应重新取样检验。

对钻取的芯样，应按照下列规定进行检查：

1. 对照设计图纸观察、判断保温材料种类是否符合设计要求；必要时也可采用其他方法加以判断；

2. 用分度值为 1mm 的钢尺，在垂直于芯样表面（外表面）的方向上量取保温层厚度，精确到 1mm；

3. 观察或剖开检查保温层构造做法是否符合设计和施工方案要求。

在垂直于芯样表面（外墙面）的方向上实测芯样保温层厚度，当实测芯样厚度的平均值达到设计厚度 95％及以上且最小值不低于设计厚度的 90％时，应判定保温层厚度符合设计要求；否则，应判定保温层厚度不符合设计要求。

实施钻芯检验外墙节能构造的机构应出具检验报告。检验报告的至少应包括下列内容：

1. 抽样方法、抽样数量与抽样部位；

2. 实测状态的描述；

实测保温层厚度，设计要求厚度；

按照规范检验目的给出是否符合设计要求的检验结论；

附有带标尺的芯样照片并在照片上注明每隔芯样的取样部位；

监理（建设）单位取样见证人的见证意见；

参加现场检验的人员及现场检验时间；

检测发现的其他情况和相关信息。

当取样检验结构不符合设计要求时，应委托具备检测资质的见证检测机构增加一倍数量再次取样检验。仍不符合设计要求时应判断围护结构节能构造不符合设计要求。此时根据检验结果委托原设计单位或其他有资质的单位重新验算房屋的热工性能，提出处理方案。

外墙取样部位的修补，可采用聚苯板或其他保温材料制成的圆柱形填充并用建筑密封。修补后宜在取样部位挂贴注有"外墙节能构造检验点"的标志牌。

3.10 智能建筑工程资料审查

见表 3-5。

智能建筑工程资料审查　　　　　　　　　　　　表 3-5

系统名称：安全防范系统　　　　　　　　　　　　编号：07-05-C8-001

序号	审查内容	审查结果				备注
1	工程合同技术文件	完整性		准确性		
2	设计更改审核	完整（或有）	不完整（或没有）	合格	不合格	
3	工程实施及质量控制检验报告及记录	√		√		
4	系统检测报告及记录	√		√		
5	系统的技术、操作和维护手册	√		√		

序号	审查内容	审查结果				备　注
6	竣工图及竣工文件	√		√		
7	重大施工事故报告及处理		√	√		
8	监理文件			√		
9		√		√		
10		√		√		
11		√		√		
审查结果统计		合格		审查结论		齐全有效、合格
审查人员（签名）		×××　××　×××		日期		××××年××月××日

表格填写依据及说明：

1. 此表由验收机构负责填写。

2. 在检测结果栏，按实际情况在相应空格内打"√"（左列"√"为合格，右列打"√"为不合格）。

3. 存在的问题，在备注内注明。

4. 根据行业要求，验收组可增加竣工验收要求的文件，填在空格内。

5.《智能建筑工程质量验收规范》（GB 50339—2003）。

3.11　智能建筑工程竣工验收结论汇总

见表 3-6　　　　　　　　　　**智能建筑工程竣工验收结论汇总**　　　　　　表 3-6

系统名称：安全防范系统　　施工单位：×××机电安装有限公司　　资料编号：07-05-C8-001

工程实施及质量控制检验结论	合格	验收人签名	×××、×××、×××	××××年××月××日
系统检测结论	合格	验收人签名	×××、×××、×××	××××年××月××日
系统检测抽检结果	合格	验收人签名	×××、×××、×××	××××年××月××日
观感质量验收	观感良好	验收人签名	×××、×××、×××	××××年××月××日
资料审查结论	齐全合格	审查人签名	×××、×××、×××	××××年××月××日
人员培训考评结论	合格	考评人签名	×××、×××、×××	××××年××月××日
运行管理队伍及规章制度审查	齐全，合格	审查人签名	×××、×××、×××	××××年××月××日
设计等级要求评定	合格	评定人签名	×××、×××、×××	××××年××月××日
系统验收结论	合格	验收小组（委员会）组长（签名）	×××	××××年××月××日

建议与要求：

各项均合格

验收组长、副组长（主任、副主任）签名：×××、×××、×××

注．1. 验收机构负责填写；
2. 本汇总表须附录所有表格、行业要求的其他文件及出席验收会与验收机构人员名单（签到）；
3. 验收结论一律填写"通过"。

3.12 工程概况表

《工程概况表》是对工程基本情况的简要描述，应包括单位工程的一般情况、构造特征、机电系统等。

3.12.1 工程概况表分四部分内容：一般情况栏、构造特征栏、机电系统栏、其他栏。

在一般情况栏、构造特征栏中应表述建筑物的主要构造情况，填写基础形式；主体内外墙、柱、梁板的主要尺寸。内外装饰、楼地面装饰的主要做法及屋面防水。

3.12.2 在机电系统栏内简要描述本工程机电部分的几大主要系统及主要设备的参数、机电承受的容量和电压等级等。

3.12.3 在其他栏中可填写本工程关键工序或本工程的一些特殊要求，还可以填写采用的新材料、新工艺、新产品、新设备等。主要是按照施工合同、施工图纸的有关内容填写。式样见表3-7。

工 程 概 况 表   表 3-7

	工程概况表		资料编号	00-00-C8-001
一般情况	工程名称	×××工程	建设单位	××集团开发有限公司
	建设用途	办公	设计单位	××建筑设计院
	建设地点	××市××区××路××号	监理单位	××监理公司
	总建筑面积	63524m²	施工单位	××建筑工程公司
	开工日期	×××年××月××日	竣工日期	××××年××月××日
	结构类型	框架剪力墙	基础类型	筏板式基础
	层数	地下三层，地上十八层	建筑檐高	××.××m
	地上面积	××××m²	地下室面积	××××m²
	人防等级	六级	抗震等级	框架柱、密肋楼盖、框架梁二级，抗震墙一级
构造特征	地基与基础	地基-持力层土质为粉质黏土、地基承载力为160kPa；基础-基础形式为箱形基础、底板厚度400mm		
	柱、内外墙	柱强度等级：地下室C50，1-12层C40，13层以上C30；柱断面尺寸：500×500、800×550、500×500；外墙厚度为300mm，内墙厚度为200mm，强度等级13层一下C40，13层以上C30，填充墙厚度：外墙250mm、内墙200mm		
	梁、板楼盖	框梁断面尺寸：300×550、300×650、300×500 楼板厚度：150、120、100mm		
	外墙装饰	外墙装饰以面砖为主，花岗石勒脚		
	内墙装饰	内墙以乳胶漆为主，局部房间为壁布吸声墙面		
	楼地面装饰	地面以现制水磨石为主，大厅为花岗石地面，局部房间木地板		
	屋面构造	SBS改性沥青卷材与双层三元乙丙丁基橡胶卷材结合		
	防火设备	一级防火等级，各防火分区以木制防火门隔开		
	机电系统名称	本工程采用中央空调供暖，电气系统包括照明、动力、电视、电话、消防报警系统、自动喷淋系统、给排水系统配套		
其他				

本表由施工单位填写。

第四章 施 工 管 理 资 料

施工管理资料是在施工过程中形成的反映施工组织及监理审批等情况资料的统称。主要内容有：施工现场质量管理检查记录、施工过程中报监理审批的各种报验报审表、施工试验计划及施工日志等。

施工现场质量管理检查记录应由施工单位填写报项目总监理工程师（或建设单位项目负责人）审查，并做出结论。

单位工程施工前，施工单位应科学、合理地编制施工试验计划并报送监理单位。

施工日志应以单位工程为记载对象，从工程开工起至工程竣工止，按专业指定专人负责日记载，其内容应真实。

4.1 施工现场质量管理检查记录

施工现场质量管理检查记录是对健全质量管理体系的具体要求，凡是在施的建筑工程，在开工前，由施工单位现场负责人填写。监理单位的总监理工程师或建设单位项目负责人签署验收意见，其式样见表4-1，填写要求如下：

1. 表头部分

填写参与工程建设各责任方的主要概况。工程名称栏，要填写工程名称全称，要与合同或招标文件中的工程名称一致。施工许可证栏，填写当地建设行政主管部门批准发给的施工许可证（开工证）的编号。

建设单位栏填写合同文件中的甲方，单位名称要与合同签章上的单位相一致。建设单位项目负责人栏，要填写合同书上签字人或签字以文字形式委托的代表——工程的项目负责人。工程完工后竣工验收备案表中的单位项目负责人应与此一致。

设计单位栏，填写设计合同中签章单位的名称，其全称应与印章上的名称一致。设计单位项目负责人栏应是设计合同书签字人或签字人以文字形式委托的该项目负责人，工程完工后竣工验收备案表中的单位项目负责人应与此一致。

监理单位栏填写单位全称，应与合同或协议书中的名称一致。总监理工程师栏应是合同或协议书中明确的项目监理负责人，也可是监理单位以文件形式明确的该项目监理负责人，但是总监理工程师必须有监理工程师任职资格证书，并要与其各相关专业对口。

施工单位栏填写施工合同中签章单位的全称，与签章上的名称一致。项目经理栏、项目技术负责人栏与合同中明确的项目经理、项目技术负责人一致。

表头部分可统一填写，不需具体人员签名，只是明确了负责人的地位。

2. 检查项目部分

填写各项检查项目文件的名称或编号，并将文件（原件或复印件）附在表后供检查，检查后将文件归还原单位。

（1）现场质量管理制度栏：此栏主要是图纸会审、设计交底、技术交底、施工组织设计编制审批程序、质量预控措施、质量检查制度、各工序之间交接检查制度、质量奖惩制度、质量分析会制度、不合格项处置办法等管理上的制度。

（2）质量责任制栏：施工现场的质量责任制一定要明确，要有组织机构图，责任明确到各专业，落实到个人，定期检查。

（3）主要专业工种操作上岗证书栏：整个单位工程，涉及的工种很多，要求测量放线工、起重及塔吊垂直运输司机、防水工、钢筋工、混凝土工、瓦工、机工、焊工、司炉工、电工、管道通风空调安装工等工种持证上岗。以当地建设行政主管部门的规定为准。

（4）分包方资质与分包单位的管理制度栏：各专业承包单位的资质要齐全，要与其承包的业务范围相符，超出业务范围的均要办理特许证书，否则不能承接工程。

专业分承包单位应有自身的规章管理制度，总承包单位要有管理分包单位的管理制度，包括技术质量方面的管理制度等还要与承包单位签订质量安全协议书。

（5）施工图审查情况栏：重点查看建设行政主管部门对施工图审查批准书及审查机构的审查报告。若图纸是分批出图，施工图审查可分阶段进行。

（6）地质勘察资料栏：要由有勘察资质的单位出具的本工程的正式的地质勘察报告。

（7）施工组织设计、施工方案及审批栏：重点检查施工组织设计和施工方案的编写内容，是否有针对工程特点的一系列技术质量、安全、消防、环保措施。指导施工的程度。施工组织设计和施工方案要有编制单位名称，审批单位的审批意见等。

（8）施工技术标准栏：施工技术标准是分项工程操作的依据，是保证工程质量的基础，在工程施工前要明确选用的技术标准，可以选用国家标准、行业标准、地方标准，也可以用企业自定的不低于国家质量验收规范的操作规程等企业标准。但企业标准要有相应的批准程序，由企业总工程师、技术委员会负责人审查批准，要有批准日期、执行日期、企业标准编号及名称。企业还应相应建立技术标准档案，以备查看。

（9）工程质量检查制度栏：包括三方面的检查，一是主要原材料、设备进厂检验制度；二是施工过程的施工试验报告检查制度；三是竣工后的抽查检测制度。以上三方面的制度的建立使监理单位、建设单位、施工单位都做到心中有数，而保证工程质量。

（10）搅拌站及计量设置栏：现场搅拌站的计量设施情况，现场搅拌的管理制度等。

（11）现场材料、设备存放与管理栏：施工单位要根据材料设备性能制定相应的管理制度，根据现场条件建立库房，保证材料设备的正常使用。

3. 检查项目填写内容

根据检查情况，将检查结果填到相对应的栏中。可直接将有关资料的名称写上，资料较多时，也可将有关资料进行编号填写，注明份数。

填表应在开工之前，由施工单位负责人填写，监理单位的监理总工程师对现场进行检查后填写检查结论。

4. 检查结论栏

此栏由总监理工程师或建设单位项目负责人填写。

总监理工程师或建设单位项目负责人，对施工单位承包的各项资料进行验收核查。验收核查合格后，签署认可意见。

检查结论要明确，是符合要求还是不符合要求。如总监理工程师或建设单位项目负人验收核查不合格，施工单位必须限期改正，否则不准许开工。

施工现场质量管理检查记录表 表4-1

施工现场质量管理检查记录表 C1-1		资料编号	00-00-C1-××
工程名称	×××工程	施工许可证 （开工证）	[2010] 施建字01××号
建设单位	××开发有限公司	项目负责人	×××
设计单位	××建筑设计院	项目负责人	×××
监理单位	××监理公司	总监理工程师	×××
施工单位	××建筑工程公司	项目经理　　　×××	项目技术负责人　　　×××

序号	项　　目	内　　容
1	现场质量管理制度	质量例会制度；月评比及奖惩制度；三检及交接检制度；质量与经济挂钩制度
2	质量责任制	岗位责任制；设计交底会制度；技术交底制度；挂牌制度
3	主要专业工种操作上岗证书	测量工、起重、塔吊垂直运输司机、钢筋工、混凝土工、机械工、电焊工、瓦工、防水、电工、架子工等
4	分包方资质与对分包单位的管理制度	对分包方资质审查，满足施工要求，总包对分包单位制定的管理制度可行
5	施工图审查情况	施工图经设计交底，施工方已确认
6	地质勘察资料	有勘察资质的单位出具的正式地质勘探报告
7	施工组织设计、施工方案及审批	编制单位、审核单位、批准单位齐全
8	施工技术标准	操作的依据是保证工程质量的基础，承建企业应编制不低于国家质量验收规范的操作规程等企业标准，包括模板、钢筋、混凝土浇筑等20多种
9	工程质量检验制度	原材料、设备进场检验制度，施工过程的试验报告，竣工后的抽查检测，分项工程质量检查制度
10	搅拌站及计量设置	工地搅拌站计量设施的精确度、管理制度及控制措施
11	现场材料、设备存放与管理	根据材料、设备性能制订管理措施、制度，其存放按组织设计平面图布置
12		

检查结论：

通过上述项目的检查，项目部施工现场质量管理制度明确到位。质量责任制措施得力，主要业务专业工种操作上岗证书齐全，施工组织设计、主要施工方案逐级审批，现场工程质量检验制度制定齐全，设备存放按施工组织设计平面图布置，有材料、设备管理制度。

总监理工程师：××

（建设单位项目负责人）×× 　　　　　　××××年××月××日

本表由施工单位填写。

4.2 施 工 日 志

施工日志的作用：施工日志是工程施工整个过程的真实、全面写照；是工程总结的依据；也为工程质量问题分析和责任追溯提供参考。项目在过程管理中应切实落实施工日志编制工作（表4-2）。

施工日志一般由项目各专业工长填写，记录从工程开工之日起至工程竣工之日止的施工情况。要求由专人逐日记载，并应保持内容的连续和完整。填写施工日志时要注意：

1. 各专业工长分别填写，要逐日记载，不得后补。

2. 施工日志的记录不应是流水账，要有时间、天气情况、施工部位、机械作业及人员情况。

3. 施工日志只记录与工程有关的内容，如：工程技术、质量、安全、生产变化、人员变动情况等应认真记录下来，与生产无关的内容不要记录。

4. 施工日志应连续记录，若工程施工期间有间断，应在日志中加以说明。可在停工最后一天或复工第一天里描述。

5. 施工日志应有完整性，除生产情况记录和技术质量安全工作记录完整外，若施工中出现问题，也要反映在记录中。

施 工 日 志　　　　　　　　　　　　表 4-2

施工日志 表 C1-2			资料编号	00-00-C1-×××
	天气状况	风力	最高/最低温度	备　　注
白天	晴	2～3级	30℃/28℃	
夜间	晴	1～2级	25℃/20℃	
生产情况记录：(施工部位、施工内容、机械作业、班组工作、生产存在问题等) 地下一层 1. Ⅰ段（～/～轴）顶板钢筋绑扎，埋件固定，塔吊作业（××型号），钢筋班组15人。 2. Ⅱ段（～/～轴）梁开始钢筋绑扎，塔吊作业（××型号），钢筋班组18人。 3. Ⅲ段（～/～轴）该部位施工图纸由设计单位提出修改，待设计通知单下发后，组织相关人员施工。 4. Ⅳ段（～/～轴）剪力墙、柱模板安装，塔吊作业（××型号），木工班组21人。 5. 发现问题：Ⅰ段顶板（①～/～轴）钢筋保护层厚度不够，马镫铁间距未按要求布置。				
技术质量安全工作记录：(技术质量安全活动、检查评定验收、技术质量安全问题等) 1. 建设单位、设计、监理、施工单位在现场召开技术质量安全工作会议，参加人员： ××（职务）等。 会议决定： (1) ±0.000以下结构于××月××日前完成。 (2) 地下一层回填土××月××日完成。 (3) 对施工中发现问题（×××××××××××××××××××××××问题），立即返修，整改复查，必须符合设计、规范要求。 2. 安全生产方面：由安全员带领3人巡视检查，重点是"三宝、四口、五临边"，检查全面到位，无隐患。 3. 检查评定验收：各施工班组施工工序科学、合理，Ⅱ段（～/～轴）梁、Ⅳ（～/～轴）剪力墙、柱予以验收，实测误差达到规范要求。 参加验收人员 监理单位：×××等。 施工单位：×××等。				
记录人	×××		日期	××××年××月××日　星期×

本表由施工单位填写。

4.3 工程技术文件报审表

1. 承包单位应在开工前向项目监理部报送施工组织设计（施工方案），并填写《工程技术文件报审表》（式样见表4-3）；

2. 总监理工程师组织审查并核准，需要承包单位修改时应由总监理工程师签发书面意见退回承包单位修改，修改后再报，重新审核；

3. 对于重大或特殊的工程，项目监理部还应将施工组织设计（施工方案）报监理单位技术负责人审核后，再由总监理工程师签认发给承包单位；

4. 施工组织设计（施工方案）在实施过程中，承包单位如需较大的变动，仍应经总监理工程师审核同意；

5. 规模较大、工艺较复杂的工程、群体工程或分期出图的工程可分阶段报批施工组织设计；

6. 技术复杂或采用新技术的分项、分部工程，承包单位应编制分项、分部工程施工方案，报项目监理部审核。

工程技术文件报审表   表 4-3

工程技术文件报审表 表 C1-3		资料编号	00-00-C1-×××
工程名称	×××工程	日　期	××××年××月××日

现报上关于 ___地下防水工程施工方案___ 工程技术文件，请予以审定。

序号	类别	编制人	册数	页数
1	C2	张××	1	29
2				
3				
4				

编制单位名称：××建筑有限公司

技术负责人：×××　　　　　　　　申报人（签字）：×××

施工单位审核意见：
同意此《地下防水工程施工方案》，报项目监理部审核。
☐有　☑无附页
施工单位名称：××建筑工程公司　　审核人（签字）：×××　　日期：××××年××月××日

监理单位审核意见：
经审核，本方案符合规范和图纸要求，同意按此方案指导本工程的地下防水工程施工。
审查结论：☑同意　　☐修改后报　　☐重新编制

监理单位名称：××监理公司　　总监理工程师（签字）：××　　日期：××××年××月××日

本表由施工单位填报，监理单位签署审批意见。

4.4 施工进度计划报审表

承包单位根据施工合同要求排出本工程的施工进度计划，要求按分部、分项工程进行计划。列出年、季、月施工进度计划，要有说明、图表、工程量、工作量、资源配备等并按时填写《施工进度计划报审表》报监理单位审批（式样见表4-4）。

施工进度计划报审表 表 4-4

施工进度计划报审表 表 C1-4		资料编号	00-00-C1-×××
工程名称	×××工程	日 期	××××年××月××日
致××监理公司（监理单位）： 现呈上××××年　×　季　×　月工程施工进度计划，请予以审查和批准。 附件：1. ☑ 施工进度计划（说明、图表、工程量、工作量、资源配备）1份。 　　　2. ☐			
施工单位名称：×××建筑工程公司		项目经理（签字）：×××	
审查意见： 经审查施工进度计划编制比较合理，与工程实际情况相符，符合合同工期及总控进度计划要求，同意按此进度计划组织施工。			
监理工程师（签字）：×××		日期：××××年××月××日	
审查结论：☑ 同意　　☐ 修改后报　　☐ 重新编制			
监理单位名称：××监理公司	总监理工程师（签字）：×××	日期：××××年××月××日	

本表由施工单位填报，监理单位签署审批意见。

4.5 工程动工报审表

《工程动工报审表》是施工单位在取得各项开工文件，办理了质量监督手续，确定了监理公司，完成了开工前的各项准备工作后，向监理公司报审开工的表格（式样见

表 4-5)。工程动工报审的必要条件：

    1. 有建设工程开工许可证；

    2. 单位工程施工组织设计编制完毕，分级审批合格；

    3. 施工现场道路、水、电、通讯等已达到开工条件；

    4. 主要管理人员和主要特殊工种资格证明齐全；

    5. 主要施工队伍、主要材料、主要机械设备进场；

    6. 施工测量放线到位等。

此表由施工单位填写，报监理公司由监理工程师审查后填写审查意见，再报呈总监理工程师签署审批结论。审批合格后方可动工。

工程动工报审表   表 4-5

工程动工报审表 C1-5		资料编号	00-00-C1-×× ×
工程名称	×××工程	日 期	××××年××月××日
致×××监理公司（监理单位）： 　　根据合同约定，建设单位已取得主管单位审批开工证，我方也完成了开工前的各项准备工作，计划于××××年××月××日开工，请审批。 已完成报审的条件有： 1. ☑北京市建设工程施工许可证（复印件） 2. ☑施工组织设计（含主要管理人员和特殊工种资格证明） 3. ☑施工测量放线 4. ☑主要人员、材料、设备进场 5. ☑施工现场道路、水、电、通讯等已达到开工条件 6. ☐ 施工单位名称：×××建筑工程公司　　　　　　　　　项目经理（签字）：×××			
审查意见： 1. 检查×××工程施工许可证，施工现场主要管理人员资格证明和特殊工种上岗证符合要求。 2. 项目施工组织设计进行了审批，手续齐全。 3. 施工现场道路、水、电、通讯基本上达到开工条件，场地轮廓线已放好。 4. 项目经理、技术总工及主要管理人员到位，部分材料进场，符合动工条件。 监理工程师（签字）：×××　　　　　　　　　　　日期：××××年××月××日			
审批结论：☑ 同意　　☐不同意 监理单位名称：××监理公司　　总监理工程师（签字）：×××　　日期：××××年××月××日			

本表由施工单位填报，监理单位签署意见。

4.6 分包单位资格报审表

1. 承包单位填写

（1）根据工程分包的具体情况，可在"附"栏中的"分包单位资质材料、分包单位业绩材料、中标通知书"相应的选择框处划"√"，并将所附资料随本表一同报验。

（2）在"分包工程名称（部位）"栏中填写分包单位所承担的工程名称（部位）及计算单位、工程数量、其他说明。

2. 监理单位填写

（1）监理工程师应审查分包单位的营业执照、企业资质等级证书、施工许可证、管理人员、技术人员资格（岗位）证书以及所获得的业绩材料的真实性、有效性。审查合格后，在"监理工程师审查意见"栏中填写审查意见，并予以签认。

（2）总监理工程师审核后在"在总监理工程师审批意见"栏中填写具体的审批意见，并予以签认。

3. 表格式样见表 4-6。

分包单位资格报审表　　　　　　　　　　　　　　　　　　　表 4-6

分包单位资格报审表 C1-6		资料编号	00-00-C1-×××
工程名称	×××工程	日　期	××××年××月××日

致××监理公司（监理单位）：

经考察，我方认为拟选择的××建筑装饰工程公司（分包单位）具有承担下列工程的施工资质和施工能力，可以保证本工程项目按合同的约定进行施工。分包后，我方仍然承担承包单位的责任，请予以审查和批准。

附：

1. ☑ 分包单位的资质材料

2. ☑ 分包单位业绩材料

3. ☐ 中标通知书

分包工程名称（部位）	单　位	工程数量	其他说明
装修装修工程	m²	8000	劳务承包

施工单位名称：××建筑工程公司　　　　　　　　　　　　　项目经理（签字）：×××

监理工程师审查意见：

经核查：分包单位资质资料齐全，业绩材料真实有效，具有承担分包工程的施工资质，具备施工能力。

监理工程师（签字）：×××　　　　　　　　　　　日期：××××年××月××日

总监理工程师审批意见：同意此分包单位资质审查。

监理单位名称：××监理公司　　　总监理工程师（签字）：×××　　　日期：××××年××月××日

本表由施工单位填报，监理单位签署审批意见。

4.7 （ ）月工、料、机动态表

1. 要求承包单位每月 25 日前报《（ ）月工、料、机动态表》。

2. 要求承包单位在主要设备进场调试合格合格后，在填写《（ ）月工、料、机动态表》。

3. "人工"栏按情况主要施工现场实际工种情况填写进行合计。

4. "主要材料"栏应填写工程使用主要材料，如水泥、钢筋，并填写相应材料的上月库存量、本月量、本月消耗量，以得出本月最终库存量。

5. "主要机械"栏按施工现场实际使用的主要机械填写，核准其生产厂家、规格型号、数量。

6. 塔吊、外用电梯等的安检资料及计量设备检定资料应于开始使用的一个月内作为本表的附件，由施工单位报审，监理单位留存备案。

7. 表格式样见表 4-7。

（ ）月工、料、机动态表 表 4-7

（ ）月工、料、机动态表 表 C1-7				资料编号		00-00-C1-×××	
工程名称		×××工程		日 期		××××年××月××日	

人工	工 种	混凝土工	防水工	木工	钢筋工	电工	水暖工	其他	合计
	人 数	25	22	36	50	32	10	20	183
	持证人数	25	22	30	40	32	10	14	168

主要材料	名称	单位	上月库存量	本月进场量	本月消耗量	本月库存量
	预拌混凝土	方	0	2300	2300	0
	钢筋	1	120	800	650	270
	防水卷材		0	12000	9000	3000
	砌块	块	20000	20000	15000	7000

主要机械	名 称	生产厂家	规格型号	数 量
	塔吊	北京××设备公司	QTE 80F	2
	搅拌机	浙江××机械厂	JZC-500	2
	卷扬机	浙江××机械厂	JJK-1.5	4
	振捣棒	河北××建筑机械厂	Hg50	25

附件： 塔吊安检资料及特殊工种上岗证复印件。
施工单位名称：××建筑工程公司 项目经理（签字）： ×××

注：本表由施工单位于每月 25 日填报。

4.8 工程复工报审表

1. 承包单位填写《工程复工报审表》时，应附下列书面材料一起报送监理部审核，由总监理工程师审批意见：
（1）承包单位对工程暂停原因的分析；
（2）工程暂停原因已消除的证据；
（3）避免再次出现类似的问题的预防措施。
2. 监理单位填写
（1）"审批意见"栏应由总监理工程师填写。
（2）当同意复工时，在"审批结论"栏下的具备复工条件，同意复工处划"√"，否则在"不具备复工条件，暂不同意复工处划"√"，并说明具体原因。
3. 表格式样见表 4-8。

工程复工报审表　　　　　　　　　　　　　　　　　　　　　　　**表 4-8**

工程复工报审表 表 C1-8		资料编号	00-00-C1-××
工程名称	×××工程	日　期	××××年××月××日
致＿＿＿××监理公司＿＿＿（监理单位）： 　　＿＿＿＿＿＿＿＿＿＿＿工程，由总监理工程师签发的第（　）号工程暂停令指出的原因已消除，经检查已具备了复工条件，请予审核并批准复工。 附件：具备复工条件的详细说明 1. 地上六层①～⑫/Ⓐ～Ⓘ轴柱已按工程变更单（编号：×××）要求施工完毕。 2. 对完成的工程变更单内容自检合格，并报项目监理部签认合格。 施工单位名称：　　　　　　　　××建筑有限公司　　　　　　　项目经理（签字）：×××			
审批意见： 1. 施工单位已完成工程变更单所发生的工程项目。 2. 工程暂停的原因已消除，证据齐全、有效。 审批结论：☑具备复工条件，同意复工 　　　　　☐不具备复工条件，暂不同意复工。 监理单位名称：××监理公司　总监理工程师（签字）：××× ×××　　　日　期：××××年××月××日			

注：本表由施工单位填报，监理单位签署审批意见。

22

4.9　（　）月工程进度款报审表

1. 承包单位填写

月完成工作量统计报表（工作量统计报表含工程量统计报表）应作为附件与本报审表一并报送监理单位，工程量认定应有相应专业监理工程师的签字认可（监理单位留存备案）。

（1）承包单位应按照时间在"兹申报＿＿年＿＿月份"栏内填写申报的具体年度、月份。

（2）完成的工作量＿＿＿请予以核定栏应填写申报的具体年度、月份。

2. 监理单位填写

由负责造价控制的监理工程师审核，填写具体审核内容并签字；总监理工程师审核并签字，明确总监理工程师应负的领导责任。

3. 表格式样见表 4-9。

（　）月工程进度款报审表　　　　　　　　　　表 4-9

（　）月工程进度款报审表 表 C1-9			资料编号		001		
工程名称	×××工程		日　期		××××年××月××日		
致＿＿＿＿＿××监理公司＿＿＿＿＿（监理单位）： 兹报××××　年　××　月份完成的工作量 98254.49 元，请予以核定。 附件：月完成工作量统计报表。 施工单位名称：××建筑工程公司　项目经理（签字）：××× 经审核以下项目工作量有差异，应以核定工作量为准。本月度认定工程进度款为： 施工单位申报数（98254.49）＋监理单位核定差别数（－864.93）＝本月工程进度款数（97389.56）。							
统计表序号	项目名称	单位	申　报　表			核　定　数		
			数量	单价（元）	合计（元）	数量	单价（元）	合计（元）
3	带型基础		45.00	315.97	14218.47	44.5	315.97	14060.67
6	直形墙		153.00	388.71	59472.40	153.00	385.50	58981.50
	其他							
	小计				73690.87			73042.17
					24563.62			24347.39
合　计					98254.49			97389.56
同意按核定后的款项支付　×月份工程进度款 监理工程师签字：×××　　　　日期：××××年××月××日 监理单位名称：××监理公司　总监理工程师（签字）：×××　日期：××××年××月××日								

注：本表由施工单位填报，监理单位签署审批意见。

23

4.10 工程变更费用报审表

1. 承包单位填写

承包单位在填写该表时，应明确《工程变更单》所列项目名称，变更前后的工程量、单价、合价的差别，以及工程款的增减额度。

2. 监理单位填写

（1）由负责造价控制的监理工程师对承包单位所报审的工程变更费用进行审核。审核内容为工程量是否符合所报工程实际；是否符合《工程变更单》所包括的工作内容；定额项目选用是否正确，单价、合价计算是否正确。

（2）在"监理工程师审核意见"栏，签署具体意见并签字。监理工程师的审核意见不应签署"是否同意支付"。因为工程款的支付在相应工程验收合格后，按合同约定的期限，签署《工程款支付证书》。

（3）总监理工程师进行审查签字，明确其领导责任。

3. 表格样式见表 4-10。

工程变更费用报审表 　　　　　　　　　　　　　　　　　　　　　表 4-10

工程变更费用报审表 表 C1-10			资料编号		00-00-C1-×××	
工程名称	×××工程			日　期	××××年××月××日	

致___×× 监理公司___（监理单位）：

根据第（007）号工程变更单，申请费用如下表，请审核。

项目名称	变更前			变更后			工程款增 （＋）减（－）
	工程量	单价	合价	工程量	单价	合价	
回填土方	1000.00	￥30.00	￥30000.00	1500.00	￥30.00	45000.00	＋15000

施工单位名称：××建筑工程公司　　　　项目经理（签字）：×××

监理工程师审核意见：

1. 工程量符合所报工程实际。

2. 符合《工程变更单》所包括的工作内容。

3. 定额项目选用准确，单价、合价计算正确。

同意施工单位提出的变更费用申请。

　　　　　　　　　　　　　监理工程师签字：×××　　　　日期：××××年××月××日

监理单位名称：××监理公司　　　总监理工程师（签字）：×××　　日期：××××年××月××日

注：本表由施工单位填报，监理单位签署审批意见。

4.11 费用索赔申请表

1. 施工单位在填写该表时，应根据施工合同相应条款的约定，说明造成费用索赔的详细理由及经过，以及索赔的金额，在填写索赔金额时应使用大写。

2. "索赔的详细理由及经过"栏中应明确索赔的项目、理由以及造成索赔的详细经过。

3. "索赔金额的计算"栏应根据实际情况，依据有关定额标准进行计算。

4. "附件"栏包括监理单位与承包单位对工程变更，暂停工时的施工进度记录，工程变更单及图纸，工程变更费用报审表，索赔金额的依据材料、计算书等。

5. 表格式样见表 4-11。

费用索赔申请表   **表 4-11**

费用索赔申请表 表 C1-11		资料编号	00-00-C1-001
工程名称	×××工程	日　期	××××年××月××日

致 ___××监理公司___ （监理单位）：

根据施工合同第___12___条款的规定，由于__工程变更单（编号×××）__的变更，致使我方造成额外费用增加的原因，我方要求索赔金额共计人民币（大写）___×××××××___元，请批准。

索赔的详细理由及经过：

1. 三层Ⅰ段①～⑨/Ⓐ～Ⓙ轴剪力墙柱钢筋安装已验收合格，需要 2/3 部分拆除重做。

2. 工程变更增加的合同外的施工项目的费用。

3. 因工程变更影响工程延期增加的费用。

索赔金额的计算：

见工程量清单。

附件：证明材料

1. 工程变更单及图纸。

2. 工程变更费用报审表。

施工单位名称： ××建筑工程公司   项目经理（签字）：   关××

注：本表由施工单位填报。

4.12 工程款支付申请表

1. 承包单位按照施工合同中付款的约定，向监理单位提出付款申请时，按工程款支付的要求填写此表。

    2. 监理单位审查后根据合同的约定签署《工程款支付证书》予以答复。

    3. 表格式样见表 4-12。

工程款支付申请表 表 4-12

工程款支付申请表 表 C1-12		资料编号	00-00-C1-×××
工程名称	×××工程	日　期	××××年××月××日

致　　×× 监理公司　　（监理单位）：

    我方已完成了±0.000 以下的结构工程工作，按施工合同的规定，建设单位应在 2010 年 07 月 25 日前支付该项工程款共计（大写）×××××××，（小写）×××××××，现报上工程付款申请表，请予以审查并开具工程款支付证书。

附件：

1. 工程量清单；

2. 计算方法。

施工单位名称：××建筑工程公司　　　　　　　　　　　　　　　　　项目经理（签字）：××

注：本表由监理单位填报。

4.13　工程延期申请表

    1. "根据合同条款____条的规定"栏中填写施工合同有关工程延期的相关条款。

    2. "由于____的原因"栏填写工程延期的具体原因。

    3. "工程延期的依据及工期计算"栏应详细说明工程延期的依据，并将工期延长的计算过程。结果列于表内。

    4. "申请延长竣工日期"栏填写由于相关原因施工单位申请延长的竣工日期。

    5. "附"栏中填写相关的证明材料。

工程延期申请表 表 C1-13		资料编号	00-00-C1-××
工程名称	×××工程	日 期	××××年××月××日

致 ××监理公司 （监理单位）：

根据合同条款××条的规定，由于设计单位提出的工程变更单（编号：×××）的要求，对此项整改和施工，造成下道关键工序拖延施工 5 天的原因，申请工程延期，请批准。

工程延期的依据及工期计算：

1. 依据工程变更单（编号：×××）和施工图纸（图纸号：××）。

2. 整改和增加的施工项目在关键线路上。

3. 工期计算见工期计算书及网络图。

合同竣工日期：××××年××月××日

申请延长竣工日期：××××年××月××日

附：证明材料

施工单位名称：××建筑工程公司   项目经理（签字）：×××

注：本表由施工单位填报。

4.14 监理通知回复单

1. 承包单位整改完成自检合格后，将整改结果填写《监理通知回复单》报监理工程师进行复查，监理单位、施工单位各存一份。

2. 《监理通知》和《监理回复单》是配套使用表格，都是各专业通用表格。

3. 承包单位填写

(1) "已按要求完成了____工作"栏填写《监理通知》中相对应的内容。

(2) "详细内容"栏应写明对监理通知中所提问题发生的原因分析、整改经过和结果及预防措施等。

4. 监理单位填写："复查意见"一般由《监理通知》的签发人进行复查验收并签字确认。当监理工程师不在现场或与总监理工程师意见不一致时，由总监理工程师签字生效。

5. 表格式样见表4-14。

监理通知回复单

表 4-14

监理通知回复单 表 C1-14		资料编号	00-00-C1-×××
工程名称	×××工程	日　期	××××年××月××日

致___××监理公司___（监理单位）：

我方接到第（021）号监理通知后，已按要求完成了___对薄壁钢管暗敷设工程质量问题的整改___

_____工作，特此回复，请予以复查。

详细内容：

  我项目部收到（021号《监理通知》后，立即组织有关人员对现场已完成的薄壁钢管暗敷设工程进行了全面的质量复查，共发现此类问题9处，并立即进行整改处理：对于稳埋盒、箱先用线坠找正，位置正确后再进行固定稳埋；暗装的盒口或箱口与墙面平齐，不出现凹陷或凸出墙面的现象；暗箱的贴脸与墙面缝隙预留适中；用水泥砂浆将盒底部四周填实抹平，盒子收口平整。经自检达到电气规范要求。同时对电气施工人员进行了质量意识教育，并保证在今后的施工中严格控制施工质量，确保工程质量。

施工单位名称：××建筑工程公司　　　　　　　　　　　　　　项目经理（签字）：关××

复查意见：

监理单位名称：××监理公司　　　　　监理工程师（签字）：×××　　　日期：××××年××月××日

　　　　　　　　　　　　　　　　　总监理工程师（签字）：×××　　　日期：××××年××月××日

注：本表由施工单位填报。

4.15 建设工程质量事故调（勘）查记录及建设工程质量事故报告书

1. 发生质量事故的工程项目，应按有关规定建立质量事故档案。主要内容包括：质量事故报告、处理方案、实施记录、处理验收记录等。表格式样见表4-15、表4-16。

2. 建设工程（产品）质量事故发生后，有关单位应在24小时内向当地建设行政主管部门和其他有关部门报告。对重大质量事故，事故发生地的建设行政主管部门和其他有关部门应当按照事故类别和等级向当地人民政府和上级建设主管部门和其他有关部门报告，特别重大质量事故的调查程序按照国务院有关规定办理。

3. 质量事故报告的内容填写

报告中的工程名称、事故部位、事故性质要写具体、清楚。应预计损失费用，写清数量、金额。简述事故过程，分析原因，提出处理意见，技术负责人签字。

4. 工程质量事故的评审、处置方案

各级建设主管部门或质量监督总站接到质量事故报告后，根据初步估计的经济损失和人员伤亡情况，按事故级别组成调查组，对事故进行调查，在调查的基础上，对事故做出正确的评价和处置。技术处理方案应由设计单位出具或签认，并报质量监督部门审查签认后方可实施。

5. 实施记录

实施记录必须详细、准确、真实，并有建设（监理）单位的签认。

(1) 事故处理中必须具备的资料：

1) 与事故有关的施工图；

2) 与施工有关的资料；

3) 事故调查分析报告；

4) 技术处理资料。

(2) 质量事故的技术处理必须遵守以下原则：

1) 工程（产品）质量事故的部位、原因必须查清，必要时应委托法定工程质量检测单位进行质量鉴定或请专家论证。

2) 技术处理方案，必须依据充分、可靠、可行的原则，确保结构安全和使用功能。

3) 技术处理的方案，应委托原设计单位提出；由其他单位提供技术处理方案的，需经原设计单位同意并签认。设计单位在提供技术处理方案时，应征求建设单位的意见。

4) 施工企业必须依据技术处理方案的要求，制定可行的技术处理施工措施，做好原始记录。

5) 技术处理过程中的关键部位工序，应会同建设单位（设计单位）进行检查认可。技术处理完工，应组织验收，并持有关技术资料纳入工程档案。

(3) 事故处理记录

1) 事故处理记录内容

质量验收记录、主管领导及有关单位的签证、处理过程中各项施工记录、试验报告、原材料试验单等应完整配套归档。事故质量检查验收，必须严格按施工验收规范中有关规定进行；必要时，还要通过实测、实量，荷载试验，取样试压，仪器检测等方法来获得可靠的数据。这样，才能对事故做出明确的处理结论。

2) 质量事故处理结论

结论一般有下述几种：

①事故已经排除，可以继续施工；

②隐患已经消除，结构安全可靠；

③经补修处理后，安全满足使用要求；

④基本满足使用要求，但附有限制条件；

⑤对耐久性影响的结论；

⑥对建筑外观影响的结论等。

建设工程质量事故调（勘）查记录　　　　　　　　　表4-15

建设工程质量事故调（勘）查记录 表C1-15			资料编号	00-00-C1-××
工程名称	×××工程		日　期	××××年××月×日
调（勘）查时间	××××年××月××日×时×分至×时×分			
调（勘）查地点	北京市××区××路××号（建设地点）			
参加人员	单　位	姓　名	职　务	电　话
被调查人	河南××建筑工程公司	王××	振捣工	1360×××1456
陪同调（勘）查人员	××建筑工程公司	马××	质检员	1580×××1444
	××监理公司	史××	监理员	1390×××1215
调（勘）查笔录	2010年8月18日在地上12层剪力墙混凝土施工时，由于振捣工没有按照混凝土振捣操作规程操作，在12层×～×轴/×～×轴窗间剪力墙混凝土漏振，致使墙体出现蜂窝、露筋、露石、孔洞等质量缺陷。估计直接经济损失在1.5万元以上。			
现场证物照片	☐有　☐无　　共8张　　共8页			
事故证据资料	☐有　☐无　　共12条　　共24页			
被调查人签字	王××		调（勘）查人	史××

本表由调查人填写。

建设工程质量事故报告书 表 C1-16		资料编号	00-00-C1-×××
工程名称	×××工程	建设地点	北京市朝阳区北三环东路28号
建设单位		设计单位	北京××建筑设计所
施工单位	××建筑工程公司	建筑面积（m²） 工作量（元）	33524m²、×××××××元
结构类型	框架剪力墙	事故发生时间	××××年××月××日
上报时间	××××年××月××日	经济损失（元）	10000 元以上

事故经过、后果与原因分析：

2010 年 8 月 18 日在地上 12 层剪力墙混凝土施工时，由于振捣工没有按照混凝土振捣操作规程操作，在 12 层×～×轴/×～×轴窗间墙处漏振，致使混凝土发生蜂窝、露筋、露石、孔洞等质量缺陷。

事故发生后采取的措施：

事故责任单位、责任人及处理意见：

事故责任单位：混凝土施工班组

责任人：振捣工王××

处理意见：

1. 对直接责任者进行质量意识教育，切实加强混凝土操作规程培训学习及贯彻执行，经考核合格后持证上岗，并处以适当经济处罚。

2. 对所在班组提出批评，切实加强施工过程质量控制。

结论：经返工处理后，达到施工规范要求。

负责人	×××	报告人	×××	日期	××××年××月××日

本表由报告人填写。

4.16 试 验 计 划

1. 工程概况
(1) 项目概况；
(2) 土建施工试验工作情况。
2. 编制依据
3. 施工试验准备
(1) 人员配备；
(2) 各部门试验工作职责；
(3) 试验设施。
4. 主要试验项目
(1) 钢筋工程；
(2) 混凝土工程；
(3) 结构实体检验；
(4) 回填土工程；
(5) 防水材料检验试验；
(6) 二次结构材料试验。
5. 主要项目现场取样计划
(1) 钢筋原材取样计划；
(2) 钢筋直螺纹连接取样计划；
(3) 混凝土取样；
(4) 防水材料取样计划；
(5) 混凝土结构实体检验取样计划。
6. 现场试验管理
(1) 标养室管理；
(2) 器具管理；
(3) 资料管理。

4.17 专业承包单位资质证书及相关专业岗位证书

从事建筑活动的建筑施工企业、勘探企业、设计单位和工程监理单位，按照其拥有的注册资本、专业技术人员、技术装备和已完成的建筑工程业绩等资质条件，划分为不同的资质等级，经资质审查合格，取得相应等级的资质证书后，方可在其资质等级许可的范围内从事建筑活动。

说明：

1. 在正式施工前，项目技术部应严格审查专业分包单位的资质和专业工程操作人员上岗证书；

2. 专业分承包单位资质证明必须齐全有效，分承包单位的资质应在其资质等级许可的范围内承揽工程（资质不符合要求的不能承揽工程）；

3. 主要专业工种的操作人员必须具有上岗证书（有效期内），以当地建设行政主管部门规定为准；

4. 施工单位审查通过后，填写"分包单位资质报审表"报监理单位审核。

4.18 见 证 记 录

1. 有见证取样和送检计划

（1）单位工程施工前，建设（监理）单位应与施工单位共同制定有见证取样和送检计划。

内容包括：根据工程实际情况，按照有关规定确定工程见证取样和送检的项目；明确取样的原则与要求；依据取样原则确定应做试验总数（估）及应进行见证的次数（估）等。

（2）有见证取样和送检计划的编制应科学、合理，保证取样的连续性和均匀性。计划的实施和落应由项目技术负责人负责。表格式样见表 4-17。

2. 有见证取样和送检见证人的确定

每个单位工程须设定 1～2 名取样和送检见证人，见证人由施工现场监理人员担任，或由建设单位委派具备一定试验知识的专业人员担任。施工和材料、设备供应单位人员不得担任。

见证人员应经市建委统一培训考试合格并取得"见证人员岗位资格证书"后，方可上岗任职（取得国家和北京市监理工程师资格证书者免考）。单位工程见证人设定后，建设单位应向承监该工程的质量监督机构递交《有见证取样和送检见证人备案书》进行备案。见证人更换须办理变更备案手续。式样见表 4-18。

3. 见证取样试验室

（1）承担有见证试验的试验室，应在有资格承担对外试验业务的试验室或法定检测单位中选定，并向承监工程的质量监督机构备案。承担该项目的施工企业试验室不得承担该试验业务。

（2）每个单位工程只能选定一个承担有见证试验的试验室。

4. 见证取样和送检项目

《建筑工程施工技术管理规程》（DBJ 01—2004）和《北京市建设工程见证取样和送检管理规定（试行）》（京建【2009】289 号）

应进行有见证取样和送检的有以下项目：

（1）用于承重结构的混凝土试块（28 天标养）；

（2）用于承重墙体的砌筑砂浆试块；

（3）用于承重结构的钢筋和连接接头试件；

（4）用于承重墙的砖和混凝土小型砌块；

（5）用于拌制混凝土和砌筑砂浆的水泥；

（6）用于承重结构的混凝土中使用的掺加剂；

（7）地下、屋面、厕浴间使用的防水材料；

（8）用于结构实体检验的混凝土同条件试块（依据 GB 50204—2002 第 10.1.1）；

（9）后张张法施工的预应力张拉施 I 记录（依据 GB 50204—2002 第 3.0.3 及 6.4.3）；

（10）重要钢结构用钢材和焊接材料（依据 GB 50205—2001 附录 C）；

（11）高强度螺栓（预拉力、扭矩系数摩擦面抗滑移系数）（依据 GB 50205—2001 附录 C）；

（12）网架节点（承载力）（依据 GB 50205—2001 附录 C）；

（13）国家规定必须实行有见证取样和送检的其他试块、试件和材料；

（14）合同约定应进行见证检验的项目（依据 GB 50210—2001 第 3.2.6 条）；

（15）对材料质量发生争议需要进行仲裁时可采取见证检验（依据 GB 50210—2001 第 3.2.6 条）；

（16）民用建筑工程室内饰面采用的天然花岗石材、人造木板和饰面天造木板（依据北京市建委发布的京建质 [2002] 908 号文件）。

（17）建筑节能工程用的保温材料、绝热材料、粘结材料、增强网、幕墙玻璃、隔热型材、散热器、风机盘管机组、低压配电系统选择的电缆、电线等。

施工单位应将各种有见证试验、见证检验等原始记录，按其类别如施工物资资料、施工记录和施工试验记录进行分类整理。

取样人员应对试样的代表性和真实性负责。

5. 见证取样次数

（1）有见证取样项目和送检次数应符合国家和本市有关规定标准、法规的规定要求

（2）重要工程或工程的重要部位可以增加有见证取样和送检次数。送检试样在现场施工试验中随机抽检，不得另外进行。

（3）有见证取样和送检的各种试验项目，凡未按规定送试或送试次数达不到要求，其工程质量应由法定检测单位进行检测确定，其检测费用由责任方承担。

6. 见证记录

（1）施工过程中，见证人应按照有见证取样和送检计划，对施工现场的取样和送检进行见证，并在试样或其包装上做出标识、封志。标识和封志应标明样品名称、样品数量、工程名称、取样部位、取样日期，并有取样人和见证人签字。见证人应填写见证记录，见证记录应列入工程施工技术档案，式样见表 4-17。承担有见证取样的试验室，在检查确认委托试验文件和试样上的见证标识、封志无误后方可进行试验，否则应拒绝试验。

（2）有见证取样、送检项目的试验报告应加盖"有见证试验"专用章，由施工单位填写汇总表，式样见表 4-19，与其他施工资料一起纳入工程施工技术档案，作为评定工程质量的依据。

（3）有见证取样和送检的试验结果若达不到规定标准，试验室应向承监工程的质量监督机构报告。当试验不合格按有关规定允许加倍取样复试时，加倍取样、送检与复试也应按另规定实施。

（4）各种有见证取样和送检试验资料必须真实、完整，符合管理规定。对伪造、涂

改、更换或丢失试验资料的行为，应对责任单位和责任人依法追究责任。

见证记录表 表 4-17

见证记录	编号：00026

工程名称：×××工程

取样部位：二层顶板

样品名称：混凝土　　　　　　取样数量：150mm×150mm 试块 3 块

　取样地点：施工现场　　　　　取样日期：××××年××月××日

见证记录：

二层顶板混凝土强度等级为 C30，采用预拌混凝土，见证取样取自 02 号罐车。在试件上已做出标识，注明了取样部位、取样日期。

有见证取样和送样印章

×××工程有见证取样
和送检印章

取样人签字：×××

见证人签字：×××

　　　　　　　　　　　　　　　　　　　　　　　记录日期：××××年××月××日

有见证取样和送检见证人备案书 表 4-18

　__×××__ 质量监督站：

　__×××__ 试　验　室：

　我单位决定，由 __××__ 同志 __×××__ 工程有见证取样和送检见证人。

　有关的印章和签字如下，请查收备案。

有见证取样和送件印章	见证人签字
×××工程有见证取样 和送检印章 ××监理公司 ★ ××建筑工程公司 ★ ××集团开发公司 ★	××

　建设单位名称（盖章）：　　　　　　　　　××××年××月××日

　监理单位名称（盖章）：　　　　　　　　　××××年××月××日

　施工项目负责人签字：×××　　　　　　　××××年××月××日

工程名称：　＿＿＿×××工程＿＿＿＿＿

施工单位：　＿＿×ר筑工程公司＿＿＿

建设单位：　＿＿＿＿××公司＿＿＿＿＿

监理单位：　＿＿××监理公司＿＿＿＿

见　证　人：　＿＿＿＿×××＿＿＿＿＿＿

试验室名称：　＿＿＿×××试验室＿＿＿

试验项目	应送试总次数	有见证试验次数	不合格次数	备　　注
SE6 防水卷材	2	1	0	
钢筋原材	200	72	0	
钢筋直螺纹连接接头	80	28	0	
混凝土试块 C30	74	25	0	
施工单位：×××建筑工程公司		制表人：×××		
		填制日期：××××年××月××日		

注：此表由施工单位汇总填写。

第五章 施工技术资料

5.1 施工组织设计

施工技术资料是在施工过程中形成的，用以指导正确、规范、科学施工的文件，以及反映工程变更情况的正式文件。包括施工组织设计、施工方案、分项工程技术交底三个层次的文化，以及设计变更、洽商等文件。

5.1.1 施工组织设计的编制要求

1. 施工组织设计的重要性

施工组织设计是指导拟建工程施工全过程各项活动的技术、经济和组织的综合性文件。

施工组织设计应该在施工之前编制完成。施工组织设计编制完成后，应该报请企业主要技术负责人审批，并报工程监理审批后方能生效。

资料员应该认真收集施工组织设计文件，同时还要收集企业负责人的审批报告，这两个报告是确定施工组织设计有效性的关键文件。

2. 施工组织设计的任务和作用

施工组织设计是对施工过程实行科学管理的重要手段，是编制施工预算和施工计划的重要依据，是建筑企业施工管理的重要组成部分。

3. 施工组织设计的分类及编制原则

(1) 施工组织设计分类有以下几种：

1) 按编制的主体分类

①建设方的施工组织设计

②承建商的施工组织设计

2) 按编制的对象分类

①施工组织条件设计

②建设项目施工组织总设计

③单项工程施工组织总设计

④单位工程施工组织设计

⑤主要分部分项工程的施工组织设计

3) 按编制的时间和深度分类

①投标项目的施工组织设计（或规划）大纲

②承建项目的施工组织设计

(2) 编制原则

1) 编制施工组织设计必须全面考虑以下因素

①认真贯彻工程建设的各项方针政策。

②遵循建筑施工工艺及其技术规律，坚持合理的施工程序和施工顺序。

③采用流水施工方法、网络计划技术及线性规划法等，组织有节奏、均衡和连续的施工。

④科学地安排冬、雨期施工项目，保证全年生产的均衡性和连续性。

⑤认真执行工厂预制和现场预制相结合的方针，提高建筑工业化程度。

⑥充分利用现有机械设备，扩大机械化施工范围，提高机械化程度；改善劳动条件，提高劳动生产率。

⑦采用国内外先进施工技术，科学地确定施工方案，提高工程质量，确保安全施工；缩短施工工期，降低工程成本。

⑧尽量减少临时设施，合理储存物资，减少物资运输量；科学地布置施工平面图，减少施工用地。

2）施工组织总设计

是以群体工程（一个工厂、建筑群、生产系统）作为施工组织对象而编制的。当有了扩大初步设计或初步设计以后，一般由以主持该项目的总承建单位为主，有建设、设计和分包单位参加，共同编制。它是对整个建设项目的总的战略部署，并作为修建全工地性大型暂设工程和编制年（季）度施工计划的依据。

3）单位工程施工组织设计

是以单位工程，即一幢工业厂房、构筑物、公共建筑、民用房屋作为施工组织对象而编制的。如已有施工图设计，则单位工程施工组织设计由直接组织施工的基层编制，用以指导工程施工，并作为编制月、旬施工计划的依据。

当某些专业性分部（分项）工程系由专业化施工单位施工时，一般应由总承建单位负责与之共同研究编制单位工程施工组织设计。所编制的进度计划和施工平面图称为综合进度计划和综合施工平面图。

单位工程施工组织设计编制内容的广度和深度，应视工程规模、技术复杂程度和施工条件而定，一般有以下两种类型：

①单位工程施工组织设计。内容全面，一般用于重点的、规模较大的、技术相对复杂的或采用新技术的项目。

②简明单位工程施工组织设计（或施工方案），通常只编制施工方案并附以施工平面图和施工进度表，一般用于简单的工程或采用通用图纸的项目。

4）分部（分项）工程施工组织设计

对于工程规模大、技术复杂或施工难度大的大型工业厂房或公共建筑物，在编制单位工程施工组织设计之后，常需编制某些分部（分项）工程组织设计。如由土建施工单位施工的复杂的基础工程，钢筋混凝土框架工程，大型结构构件吊装工程，钢结构工程，有特殊要求的装修工程，以及由专业施工单位施工的大量土石方工程、特殊基础工程、设备安装工程、水暖电卫工程等。它是直接指导现场施工和编制月、旬作业计划的依据。

为了有利于贯彻，在编制方法上，应由总工程师负责与有关方面协调配合，在执行时，应向有关方面（包括具体作业班组）交底。当遇到某项目因素改变时，应及时与有关方面协商,做出再次优化的修改补充,并通知有关人员贯彻执行,以发挥施工组织设计应有的作用。

5) 施工组织设计应该在施工之前编制完成。施工组织设计编制完成后,应该报请企业主要技术负责人审批,并报工程监理审批后方能生效。

4. 施工组织设计的内容

(1) 工程概况;

(2) 开工前施工准备;

(3) 施工部署与施工方案;

(4) 施工进度计划;

(5) 施工现场平面布置图;

(6) 劳动力、机械设备、材料和构件等供应计划;

(7) 建筑工地施工业务的组织规划;

(8) 主要技术经济指标的确定。

在上述几项基本内容中,第3、4、5项是施工组织设计的核心部分。

5. 施工组织设计编制的依据主要有以下几方面:

(1) 建设地区的工程勘察和技术经济资料如地质、地形、气象、地下水位、地形图、地区条件以及测量控制网等;

(2) 计划文件如国家批准的基本建设计划、工程项目一览表、分期分批投资的期限、投资指标、管理部门的批件及施工任务书等;

(3) 建设文件施工组织总设计一般应依据批准的初步设计或技术设计、已批准的总概算计划文件等,单位工程施工组织设计则应依据本工程的全部施工图以及所需的标准图以及详细的分部、分项工程量;

(4) 工期要求包括本工程开竣工时间的规定和工期要求,以及与其他项目穿插施工的要求等;

(5) 国家及建设地区现行的有关规范、规程、规定及定额;

(6) 有关技术新成果和类似工程的经验资料等。

5.1.2 施工组织设计的编制内容

根据工程的性质、规模、结构特点、技术复杂程度及施工条件等的不同,施工组织设计的内容都可以不同。但无论是群体还是单个的工程,是总设计还是单位工程设计,其内容都应具有规模性及控制性。

一般说来施工组织设计应包括八项内容:编制依据、工程概况;施工部署;施工准备;主要项目施工方法;主要施工管理措施;技术经济指标;施工平面图等。

1. 编制依据

施工组织设计是以施工合同、施工图纸为主要编制依据。在编制过程中要根据国家、行业、地方的主要规程、规范、主要图集、主要法规和主要标准等指导施工。因此,也是施工组织设计编制的主要依据。若使用新材料、新工艺等,其编制依据可以列在其他栏中,如:住房和城乡建设部十项新技术;地质勘探报告等。编制格式见表5-1。

1. 合同

合同名称	编号	签订日期

2. 施工图

图纸类别	图纸编号	出图日期

3. 主要规程、规范

类别	名称	编号
国家		
行业		
地方		

4. 主要图集

类别	名称	编号
国家		
行业		

5. 主要标准

类别	名称	编号
国家		
行业		
地方		
企业		

6. 主要法规

类别	名称	编号
国家		
行业		
地方		
企业		

7. 其他

2. 工程概况

施工组织设计中的"工程概况"是总说明部分，是对拟建建设项目或建筑群所作的一个简单扼要、突出重点的文字介绍。有时为了补充文字介绍的不足，还可附有建设项目的平立剖面示意图以及辅助表格。

在不同类的施工组织设计中，工程概况的介绍重点应各有不同。施工组织总设计中应重点介绍建设项目总体的特点、建设地区特征等内容，对单位工程的特点可作简单介绍。在单位工程施工组织设计中，应重点介绍本工程的特点以及与项目总体或其他单位工程的联系与区别。在工程概况中，一般分为工程基本概况；建筑设计概况；结构设计概况；建筑电气和建筑设备概况等。这部分可用文字描述，也可用表格形式表述。式样见表 5-2。

工 程 概 况 表　　　　　　　　表 5-2

1. 总体概况

工程名称	
建设单位	
设计单位	
监理单位	
质量监督单位	
施工总承包单位	
施工（外）分包单位	
合同范围	
合同性质	
投资性质	
合同工期	
合同质量目标	
地理位置	
环境、地貌	
地上、地下物情况	
三通一平状况	
现场水、电、热源供应情况	
待解决问题	

可附施工现场条件图（根据工程实际情况而定）。

2. 建筑设计概况

建筑面积		地下室占地面积	
标准层建筑面积		地下部分建筑面积	
地上部分建筑面积		附属房建筑面积	
建筑用途		建筑特点	
地下层数		地下层高度	
地上层数		地上标准层高度	
非标准层高度		设备层高度及面积	
±0.00 标高		室内外高差	
基底标高		最大基坑深度	
檐口高度		建筑总高	
基本轴线距离		附属用房用途	
楼梯结构形式		建筑防火	
避雷设防		外墙保温做法	
外装修做法		内装修做法	
檐口		门头	顶棚		门窗	
墙面		屋面	墙面		楼梯	
门窗			墙裙	
阳台			地面	
勒脚			踢脚	
其他				

附典型平、剖面图。

3. 结构设计概况

建筑类别		地基类别	
地质情况		地下水性质	
地下水位		地下水质	
地基承载力		渗透系数	
防水等级		地下防水做法	
基础形式		底板厚度	
地下混凝土类别		人防等级	
地下混凝土强度等级			
地上结构形式		结构转换层位置	
屋盖结构形式			
抗震等级			
钢筋类别		钢筋接头类别	
地上混凝土强度等级			
内外墙面厚度			
结构参数	典型断面	最大断面	最小断面
梁断面尺寸			
柱断面尺寸			
最大跨度			

4. 专业设计概况

名　　称		设计要求	系统做法	管线类别
上下水	上水			
	中水			
	下水			
	雨水			
	热水			
	饮用水			
消防	消防			
	排烟			
	报警			
	监控			
风调暖燃	空调			
	通风			
	冷冻			
	采暖			
	燃气			
电力、电梯、电讯	照明			
	动力			
	变配电			

4. 专业设计概况

电力、电梯、电讯	避雷			
	电梯			
	电视			
	讯号			
	通讯			
	音响			
设备、人防	水箱			
	污水泵房			
	冷却塔			
	特种井、池			
	人防			
其他	庭院			
	绿化			
	环卫、垃圾			

5. 工程特点

该要说明本工程建筑、结构特点，施工难点及采暖的相应措施。

3. 施工部署

施工部署的内容可包含施工组织机构、总分包任务划分、工程目标、施工部署原则、施工进度计划、劳动力安排、主要分项工程量等。

(1) 施工组织机构

要有施工组织机构图，概要说明承担本工程的项目经理部资质、人员构成基本情况，见图 5-1。

(2) 总分包任务划分

要明确总承包合同范围；业主自行组织施工的范围；业主指定分包由总包管理的施工范围；总包组织内分包施工项目；总包组织外分包施工项目等。

(3) 工程目标

在施工组织设计中要明确本工程的质量目标、工期目标、安全目标、消防目标、文明施工目标等。

(4) 施工部署原则

施工部署原则是确定施工程序、确定施工起点流向、选择施工方法和施工机械的原则。

1) 确定施工程序

建造一个单位工程的施工程序一般为：接受任务阶段→开工前的准备阶段→全面施工

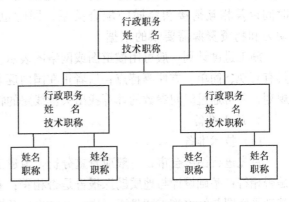

图 5-1 施工组织机构图

阶段→交工验收阶段，每一阶段都必须完成规定的工作内容，并为下阶段工作创造条件。

单位工程施工中应遵循的程序一般是：

①先地下、后地上；

②先主体后围护；

③先结构后装饰；

④先土建后设备。

2）确定施工起点流向

确定施工起点流向，就是确定单位工程在平面或竖向上施工开始的部位和进展的方向。对单层建筑物，如厂房按其车间、工段或跨间，分区分段地确定出在平面上的施工流向。对于多层建筑物，除了确定每层平面上的流向外，还须确定其各层或单元在竖向上的施工流向。

3）确定施工顺序

施工顺序是指分部分项工程施工的先后次序。合理地确定施工顺序是编制施工进度计划，组织分部分项工程施工的需要。同时，也是为了解决工种之间的搭接问题，以期做到保证质量和安全施工，充分利用空间、争取时间，实现缩短工期的目的。

4）选择施工方法和施工机械

选择施工方法和施工机械是单位工程施工中的关键问题。它直接影响施工进度、施工质量和安全，以及工程成本。编制施工组织设计时，必须根据工程的建筑结构、抗震要求、工程量的大小、工期长短、资源供应情况、施工现场的条件和周围环境，选择最佳施工方法和施工机械。

（5）施工进度计划

编制单位工程施工进度计划需要体现贯彻组织施工的各项基本原则。其基本任务是在已定的施工方案的基础上，在时间和施工顺序上作出安排，以最少的劳动力、机械和技术物资资源，保证在规定工期内完成质量合格的工程任务。它的主要作用是控制单位工程的施工进度；确定单位工程的各个施工过程的施工顺序、施工持续时间以及相互衔接和穿插的配合关系。同时也是编制季、月计划的基础，是确定劳动力和物资资源需要量的依据。

施工进度计划一般可用横道图或网络图表示。前者是采取历史较久的一种表达形式，具有直观、简单、方便等特点；后者正在国内逐渐普及，具有逻辑严密、便于科学地统筹规划，并可通过时间参数的计算找出关键线路的特点。

4. 施工准备

（1）技术准备

首先进行图纸会审，一般应着重分析，拟建工程的坐标位置与建筑总平面图上的规定是否相符；基础设计与地质勘探报告是否相符；基础的标高，基础施工是否遭遇地下水；基础平面图与结构施工图是否对应；人防出口及变形缝做法；防水收头的处理；结构主体砂浆及混凝土强度等级；预留孔洞与专业图纸是否匹配，标高是否一致；墙、柱的轴线关系与建筑图是否对应；梁、柱节点的配筋是否满足施工规范要求；楼梯间的构造；屋面防水节点的做法；屋面防水的高度是否符合施工规范；吊顶的标高与专业图纸是否对应；墙、地面的做法；不同材料做法相交圈处；伸缩缝、沉降缝的构造做法等等。

在熟悉和审查施工图纸的过程中，对所发现的问题及无法深入理解的部位和分项应做出标记，以便在图纸会审时提出。

熟悉和审查图纸一般按图纸自审、会审和一次性交底三部分组成。图纸自审由施工单位主持，并留有记录。图纸会审由建设单位主持，设计和施工单位共同参加。一次性交底是图纸会审的文字记录，由建设单位行文，三方共同会签，可作为同设计图纸等效使用。

在施工过程中，遵循技术核定和设计变更签字制度，对所发现问题办理设计变更洽商，由建设单位、设计单位、施工单位共同签证，作为指导施工、竣工验收和结算的依据。

其次备齐相关规程、规范、标准、图集、法规等，配备测量、计量、检测、试验用仪器、仪表、工具等。

再次编制项目质量计划；编制施工方案计划；试验计划；样板项与样板间计划及建设部推广的十项新技术在本工程中的应用情况及科研推广计划。

最后还应做好高程引测与定位，做好坐标点、水准点的引入。

（2）生产准备

做好三通一平。根据施工平面图所规定的位置布置临时道路、临时供水、临时用电，平整施工场地和材料用地。

1）现场临时供水计算（计算公式参见相关规范标准）

① 工程用水；

② 机械用水；

③ 现场生活用水；

④ 生活区生活用水计算式；

⑤ 消防用水；

⑥ 施工现场总用水量。

2）临时用电施工组织设计

施工现场安全用电的管理，是安全生产文明施工的重要组成部分，临时用电施工组织设计也是施工组织设计的组成部分。

临时用电施工组织设计的内容及步骤：

①现场勘探；

②确定电源进线，变电所、配电室、总配电箱、分配电箱等的位置及线路走向；

③进行负荷计算；

④选择变压器容量、导线截面和电器的类型、规格；

⑤绘制电气平面图、立面图和接线系统图；

⑥制定安全用电技术措施和电气防火措施。

施工现场临时用电计算（计算公式参见相关规范标准）：

①用电量计算；

②变压器用量计算；

③配电导线截面计算，

求出线路电流后，可根据导线持续允许电流，按表 5-3 数值选择导线截面，使导线中通过的电流控制在允许范围内。

导线标称截面	裸线			橡皮或塑料绝缘线（单芯 500V）		
（mm²）	TT 型（铜线）	LT 型（铝线）	BX 型（铜芯橡皮线）	BLX 型（铝芯橡皮线）	BV 型（铜芯橡皮线）	BLV 型（铝芯塑料线）
2.5	—	—	35	27	32	25
4	—	—	45	35	42	32
6	—	—	58	45	55	42
10	—	—	85	65	75	59
16	130	105	110	85	105	80
25	180	135	145	110	138	105
35	220	170	180	138	170	130
50	270	251	230	175	215	165
70	340	265	285	220	265	205
95	415	325	345	265	325	250
120	485	375	400	310	375	285
150	570	440	470	360	430	325
185	645	500	540	420	490	380
240	770	610	660	510	—	—

④ 编制临时用电施工组织设计的注意事项。

a. 拟建工程与外电线路的安全距离

拟建工程不得在高、低压线路下施工，高低压线路下方，不可搭设作业棚、建造生活设施或堆放构件、架具、材料及其他杂物。

拟建工程（含脚手架）的外侧边缘与外电架空线路的边线之间必须保持安全距离，其最小安全距离应不小于表 5-4 所列数值。

安全操作距离表 表 5-4

外电线路电压	1kV 以下	1～10kV 以下	95～110kV 以下	154～220kV 以下
最小安全操作距离（m）	4	6	8	10

且上下脚手架斜道禁止搭设在有外电线路一侧。

施工现场的机动车道与外电架空线路交叉时，架空线路的最低点与路面的垂直距离应不小于表 5-5 数值。

安全操作的垂直距离表 表 5-5

外电线路电压	1kV 以下	1～10kV 以下	35kV 以下
最小垂直距离（m）	6	7	7

旋转臂架式起重机的任何部位或被吊物边缘与 10kV 以下架空线路和边线最小水平距离为 2m。

对达不到以上条件规定的最小距离时，必须采取防护措施，增设屏障、遮栏、围栏或保护网，并悬挂醒目的警告标志牌。

b. 变、配电设备

配电变压器应按照（电气安装工程施工图册）进行正式安装。

柱上变压器台、室外地上变压器台均须装备围栏，围栏要严密，并应在明显部位悬挂"高压危险"警告牌，围栏内设操作台。

变、配电室内应备有电气灭火器材和安全用具体与人体应留有安全距离或采取妥善的隔离措施。

c. 配电箱及开关箱

配电系统应设置室外总配电箱和分配电箱，实行分级配电，且照明配电箱和动力配电箱应分开设置。

总配电箱应设在靠近电源地区。分配电箱应装设在用电设备或负荷相对集中地区。开关箱应由本级配电箱配电，分配电箱和开关箱距离不得超过 30m。开关箱与其控制的用电设备水平距离不超过 3m。

固定式配电箱、开关箱的下底与地面的垂直距离应大于 1.3m、小于电箱、开关箱的下底与地面垂直距离宜大于 0.6m、小于 1.5m。

所有配电箱均应标明其名称，用途，并做出分路标记，且有专人负责。

d. 照明

施工现场及临时设备照明灯线路的敷设，除护套缆线外，应单独穿管敷设。

办公室、宿舍照明灯设开关控制，工作棚、场地可采取分路控制。

（3）物资准备

1）物资准备工作程序

根据单位工程施工进度计划编制劳动力、材料、构件、加工品、施工机械等的需要量计划，用以确定建筑工地的临时设施。并按照施工的先后顺序，组织运输供应、调配劳力，以保证施工按计划、正常地进行。

编制物资需要量计划包括：主要材料需要量计划、构件需要量计划、施工机械需要量计划。

2）物资准备工作的内容

① 建筑材料的准备

建筑材料的准备主要是根据施工预算的工料分析，按照施工进度计划的使用要求，材料储备定额和消耗定额，分别按材料名称、规格、使用时间进行汇总，编制出材料需要量计划，为组织备料，确定仓库、堆放场地所需的面积和组织运输等提供依据。

② 构（配）件、制品的加工准备

根据施工预算提供的构（配）件、制品的名称、规格、质量和消耗量，确定加工方案和供应渠道以及进场后的储存地点和方式。编制出其需要量计划，为组织运输、确定堆场面积等提供依据。

③ 建筑安装机具的准备

根据采用的施工方案和安排的施工进度，确定施工机械的类型、数量和进场时间；确定施工机具的供应办法和进场后的存放地点和方式，编制建筑安装机具的需要量计划，为组织运输、确定存放场地面积等提供依据。

3）场外准备

①材料加工和订货。根据各种材料需要量计划，同建材加工和设备制造部门或单位取得联系，签订供货合同，保证按时供应；

②施工机具租赁或订购；

③做好分包和劳务安排，签订分包和劳动合同。

5.主要项目施工方法

（1）流水段划分

根据结构形式、工程量合理划分流水段，施工缝若分水平与竖向缝，应说明。附流水段划分示意图（标出轴线位置尺寸及施工缝与轴线间尺寸）。

（2）大型机械的选用

土方机械、水平与垂直运输机械（如塔吊、外用电梯、混凝土泵等），说明选择依据、选用型号、数量以及是否能满足本工程施工要求。

大型机械进场计划。

（3）测量放线

建立平面控制图、高程控制点，说明轴线控制及标高引测的依据，引至现场的轴线控制点及标高的具体位置，进行建筑物定位（平面、高程），槽边线控制，基底标高及垫层位置控制，放基础位置线。

（4）降水与基坑支护

说明施工现场地下水条件、是否需要降水、降水情况、分包单位、降水深度是否能满足施工要求、降水对相邻建筑物的影响及采取的措施。

说明工程现场施工条件、邻近建筑物等与基坑的距离、邻近地下管线对基坑的影响、基坑开挖深度、基坑放坡的坡度或基坑支护方法、分包单位、坑边立塔或超载所应采取的措施、基坑的变形观测等。

（5）土方工程

土方机械的选择（型号、数量）、挖土方向、坡道的留置、分几步开挖与基坑支护工序的穿插、土方的运输与存放、槽边护栏的设置等。

（6）钎探、验槽、地基处理

是否钎探及钎探工艺、清槽要求及验槽前的准备，是否进行地基处理及处理方法和结垫层与底板侧模板、垫层与底板混凝土施工方法（大体积混凝土、防水混凝土等特殊混凝土另编施工方案）。如利用防水导墙做底板侧模板，需说明加固措施。

（7）防水工程

1）地下防水工程

说明：地下防水层采用的材料、厚度、层数，防水材料进场是否按规定进行了外观检验及复试，分包单位情况。底板防水层施工方法、外墙防水层施工方法。防水层基层的要求、防水导墙做法、临时保护墙做法、防水层保护层做法等。变形缝、后浇带防水做法。

工程为结构自防水时，说明工程在结构施工中的防水措施（如止水带设置等）、外墙的结构处理、掺加何种外加剂等。

2）屋面防水工程

说明：屋面防水材料及施工方法、质量要求、试水要求。

（8）钢筋工程

说明：钢筋采购、加工情况，钢筋品种、等级及接头类别。底板、地梁等钢筋绑扎施工要点、马凳摆放位置及要求、垫块材料及摆放要求。墙、柱等竖向筋生根及绑扎要求、水平筋绑扎要求、钢筋搭接要求等。施工中钢筋位置的控制。钢筋保护层的要求。钢筋加工成型（特殊钢筋如套筒冷挤压、镦粗直螺纹等）及绑扎成型的验收。

主体结构若有墙体变截面，还应说明钢筋在变截面处的做法，与专业工种的配合等。

（9）模板工程

说明：模板的材料、类型，模板支撑系统的材料、规格，脱模剂种类。墙、柱、梁侧模、楼板底模支撑方法，异型模板类型及支撑方法，大模板支撑方法，电梯筒模的支撑方法。拆模时对混凝土强度的要求。层高或墙厚变化时模板的处理方法。与专业工种的配合等。

（10）混凝土工程

各部位混凝土强度等级、混凝土供应方式（现场搅拌或预拌）及运输方式（塔吊或混凝土输送泵）。使用预拌混凝土时的相关要求（如对搅拌站的技术交底、预拌混凝土进场时的验收和记录等）。使用现场搅拌混凝土时的注意事项。混凝土浇筑顺序、浇筑高度、分层振捣情况、混凝土掺加何种外加剂及掺加要求。混凝土养护方法及养护时间。施工缝的留置及处理方法、混凝土表面的处理方法、不同强度等级混凝土相接处浇筑方法。

（11）架子工程

说明内外架子类型、构造要求及与结构的拉结方式。架子搭设马道的设置位置及方法、装修内外架子的类型、邻边防护措施等。

（12）砌筑工程

说明砌体材料及使用部位、砌筑工程施工方法、砌筑高度要求、砂浆使用要求及墙压筋留置方法等。

（13）装饰工程

说明装饰工程施工方法，内外主要装饰材料及成品保护等。

（14）季节性施工措施

（15）根据工程施工进度安排，阐述主要项目在季节性施工中采取的措施是什么。冬、雨期施工保证质量的措施。

6. 主要施工管理措施

（1）质量保证措施

针对工程特点及采取新结构、新工艺的工程，应根据国家施工及验收规范，编制质量保证措施。在审查工程图纸和编制施工方案时，就应考虑保证工程质量的办法。

（2）安全保证措施

施工组织设计必须贯彻安全第一的思想，对施工全过程做出预测，提出防范措施。施工组织设计中安全技术措施应根据工程特点、施工方法、劳动组织和作业环境进行有针对性的编制，且必须渗透到工程各阶段、分项工程、单项方案和各工艺中。

（3）降低成本措施

根据年、季度技术组织措施计划，结合工程情况编制，计算有关技术经济指标。可按分部分项工程逐项提出相应的节约措施，如合理进行土方平衡，以节约土方运输和人工费；综合利用塔吊，减少吊次以节约台班费；提高模板精度，采用整装整拆，加速模板周转，以节约木材钢材；混凝土及砂浆加掺合料、外加剂以节约水泥；钢筋集中配料加工，采用先进的钢筋焊接技术以节约钢材；构件、半成品扩大预制拼装，采用整体安装以节约人工费、机械费等。

（4）消防、保卫措施

1）消防措施

①施工现场的消防安全，由施工单位负责。施工现场实行逐级防火责任制，施工单位明确一名施工现场负责人为防火负责人，全面负责施工现场的消防安全工作。且应根据工程规模配备消防干部和义务消防员，重点工程和规模较大工程的施工现场应组织义务消防队。消防干部和义务消防队在施工现场防火负责人和保卫组织领导下．负责日常消防工作。

②实行施工总承包的建设工程，总承包单位与分包单位签订的承包合同，应规定分包单位的消防安全责任，由总承包单位监督检查。

分包工程的施工单位，同样应按规定实行逐级防火责任制，接受总承包单位和建设单位的监督检查。

③临时建筑应符合防火要求，不得使用易燃材料。幢与幢距离，城区不小于 5m，郊区不小于 7m。

④施工作业用火必须经保卫部门审查批准，领取用火证，方可作业。用火证只在指定地点和限定时间内有效。

⑤施工材料的存放、保管，应符合防火安全要求，易燃品必须专库储存。拟建工程内不准作为仓库使用，不准积存易燃、可燃材料。

⑥施工现场必须设置消防车道，其宽度不得小于 3.5m。消防车道不能环行，应在适当地点修建回转车辆场地。

⑦施工现场要配备足够消防器材，并做到布局合理，经常维护、保养，采取防冻保温措施，保证消防器材灵敏有效。

⑧施工现场进水干管直径不小于 100mm。消火栓处昼夜设有明显标志，配备足够水龙带，周围 3m 内，不准存放任何物品。

⑨高度超过 24m 的拟建在施工程，应设置消防竖管，管径不小于 65mm，并随楼层的升高每隔一层设一处消防栓口，配备水龙带。

⑩使用明火时应注意的问题：现场生产、生活用火均应经主管消防的领导批准，任何人不准擅自用明火。使用明火时要远离易燃物，并准备消防器材。

现场的锅炉房要用非燃烧材料建造。烟囱临近锅炉房顶的易燃材料处要采取隔离措施，锅炉房应设在远离易燃材料的地方。如果锅炉房下风方向有易燃料场、易燃设施，应在烟囱上装防火帽。

使用木料烧火时，要随时有人看管，不准用易燃油料点火。用火完毕要认真熄火。

⑪现场设吸烟室，场内严禁吸烟。

⑫现场内从事电焊、气焊工作的人员均应受过消防知识教育，持有操作合格证。在作业前要办理用火手续，并配备适当的看火人员，看火人员应随身有灭火器具，在焊接过程中不准擅自离岗。

⑬各类电气设备、线路不准超负荷使用，线路接头要接实接牢，防止设备线路过热或

打火短路。发现问题要立即修理。

⑭存放易燃流体、可燃气瓶的库房内，照明线路要看管保护，库内要采用防焊灯具，开关应设在库外。

⑮在高压线下不准搭设临时建筑，不准堆放可燃材料。

⑯现场材料堆放中木料堆放不宜过多，垛之间保持一定防火间距。木材加工废料要及时清理以防自燃。生石灰应单独存放，不准与易燃可燃材料放在一起，并应注意防水。易燃爆物品的仓库应设在地势低处。

⑰在基础施工时，主要注意保温、养护用的易燃材料的存放。注意工地上风方向是否有烟囱落火种的可能，注意焊接时易燃材料应及时清理。

⑱在主体结构施工时，焊接量比较大，应加强看火人员。对大面积结构保温时，要设专人巡视。碘钨灯要架设牢固，距保温易燃物要保持1m以上的距离。

⑲在装饰施工时，易燃材料较多，对所用气及电线要严加管理，预防短路打火。在吊顶内安装管道时，应在吊顶易燃材料装上以前完成焊接作业。在使用易燃油漆时，要注意通风，严禁明火。

2）保卫措施

①施工现场必须按照"谁主管、谁负责"的原则确定党政主要领导干部负责保卫工作。有总、分包单位的工程，应实行总承包单位负责的保卫工作责任制，建立保卫工作领导小组，与分包单位签订保卫工作责任书，各分包单位应接受总承包单位的统一领导和监督检查。

②施工现场应建立门卫和巡逻制度，护场守卫人员要佩戴执勤标志。重点工程、重要工程要实行凭证出入制度。

③作好成品保护工作，制定具体措施，严防被盗、破坏及治安灾害事故的发生。

（5）文明施工管理

为创造良好的工作环境，养成良好的文明施工作风，增进职工身体健康，施工区域和生活区域应有明确划分，把施工区和生活区分成若干片，分片包干，建立责任区，从道路交通、消防器材、材料堆放、垃圾、厕所、厨房、宿舍、火炉、吸烟都有专人负责，使文明施工保持经常化。

（6）环境保护措施

施工现场的环境保护是文明施工的具体体现，也是施工现场管理达标的一项重要指标。所以，施工组织设计中应有针对性的环境保护措施，并在施工作业中组织实施。

1）防止大气污染

施工现场大气污染主要集中在：清理施工垃圾、道路扬尘、搅拌设备扬尘、烟尘、沥青使用等几个方面。根据工程的实际情况，施工组织设计中应制定具体措施并专人负责。

2）防止水污染

①凡进行现场搅拌作业的，必须在搅拌机前台及运输车清洗处设置沉淀池，废水经沉淀后排入市政污水管线或回收用于洒水除尘。

②凡进行现场水磨石工艺作业和使用乙炔发生罐作业产生的污水，必须控制污水流向，在合理的位置设置沉淀池，经沉淀后方可排入市政污水管线。施工污水严禁流出施工区域，污染环境。

③现场存放油料，必须对库房进行防渗漏处理，储存和使用都要采取措施，防止油料跑、冒、滴、漏，污染水体。

④施工现场临时食堂，用餐人数在 100 人以上的，应设置简易有效的隔油池，加强管理，定期掏油，防止污染。

3）防止噪声污染

①施工现场应遵照《建筑施工场界噪声排放标准》（GB 12523—2011）制定的降噪制度和措施。

②凡在居民稠密且进行强噪声作业的，必须严格控制作业时间，不得超过 22 时。必须昼夜连续作业的，应尽量采取降噪措施，做好周围群众工作，并报工地所在区、县环保局备案后方可施工。

③对人为的施工噪声应有降噪措施和管理制度，并进行严格控制，最大限度地减少噪声扰民。

7. 技术经济指标

主要包括工期指标、质量和安全指标、降低成本和节约材料指标。

8. 施工平面图

单位工程施工平面图即一幢建筑物（或构筑物）的施工现场布置图。它是施工组织设计的重要组成部分，是布置施工现场的依据，是施工准备工作的一项重要内容，也是实理有组织有计划地进行文明施工的先决条件。它按照施工方案和施工进度的要求，对施工现场的道路交通、材料仓库、附属建筑、临时房屋、临时水电管线等做出合理规划布置，从而正确处理全工地施工期间所需各项设施和永久建筑以及拟建工程之间的空间关系。如果施工平面图设计不周或贯彻不力，将会导致施工现场混乱的局面，直接影响到施工进度、生产率和经济效益。其绘制的比例一般为 1∶500～1∶1000。

对新开辟地区还应有建筑区域图，内容包括地形地貌、建筑生产企业、地方材料产地、居民村落、临时生活区位置以及铁路、道路、码头和水电源干线位置等。绘图比例一般用 1∶10000 或 1∶20000。

有的大型建设项目，施工期限较长或场地所限，必须几次周转使用场地时应按照几个阶段布置施工总平面图。

施工平面图设计的内容

施工平面图上应表明的内容包括：

1）施工总平面图上已建和拟建的地上和地下的一切房屋、构筑物及其他设施的位置和尺寸。

2）移动式起重机（包括有轨起重机）开行路线，垂直运输设施的位置，如井架等。

3）地形等高线、测量放线标桩的位置和取舍土方的地点。

4）为全工地施工服务的一切临时设备的布置位置，其中包括：

①施工用地范围，施工用的各种道路；

②加工厂、制备站及有关机械的位置；

③各种建筑材料、半成品、构件的仓库和主要堆场；

④行政管理房、宿舍、文化生活设施和福利建筑等；

⑤水源、电源、变压器位置，临时给排水管线和供电、动力设施；

⑥一切安全及防火设施的位置。

一个建设项目，建设工期往往很长，尤其是规模巨大的建设项目随着工期的进展，施工现场布置将不断改变。在这种情况下，应按不同阶段分别绘制若干张施工总平面图，或者根据工地的变化情况，及时对施工平面图进行修改和调整，以便适应不同时期的需要。一般来讲，基础、结构、装修三个施工阶段平面布置变化较大，宜分别编、绘制施工平面图。

施工平面图设计的原则

1）在满足施工的条件下，要紧凑布置，不占或少占周边环境。

2）尽可能降低运输费用，保证运输方便，减少二次搬运，最大限度地缩短工地内的运输距离。

为了缩短运距，各种材料必须按供应计划分期分批进场，充分利用场地，合理安排生产流程，材料、半成品等应尽量布置在使用地点附近，务求货运量最小。这样，既节约劳动力，又减少了材料多次转运的消耗。

3）尽量降低临时设施的修建费用，充分利用已有的或拟建的房屋、管线、道路和可缓拆的或暂不拆除的项目为施工服务。其次对必须建造的房屋，尽可能采用装拆式或临时固定式。

4）临时设施的布置，应便于工人生产和生活。合理地规划行政管理及文化生活福利用房同施工现场的相对位置，使工人至施工区的距离最近，往返时间最少。同时应尽可能将生产设施占地同行政设施占地分幅开，以利于管理。

5）符合劳动保护、技术安全和消防的要求。

为了保证顺利生产和安全施工，要求场地内道路畅通，机械设备的钢丝绳、电器等不得妨碍交通，必须通过时，应采取措施。易燃设施（如木工棚、油料库房等）和有碍人体健康的设施单独设置。此外，尚应在工地布置消防设施。

根据上述基本原则并结合施工现场具体情况，施工平面图可以设计出几个不同的方案。这些方案在技术经济上互有优缺点，须进行方案比较，从中选出技术上最先进、最安全可靠、经济上最合理的方案。

施工平面图设计的步骤

决定起重机械的位置→确定搅拌站、加工棚、仓库、材料及构件堆场的尺寸和位置→布置运输道路→布置临时设施→布置水电管线→布置安全消防设施→布置排水线路→调整优化。

以上步骤在实际设计中，往往相互牵连，互为影响，因此，要多次反复进行。除研究平面上布置是否合理以外，还必须考虑它们的空间条件是否可行和合理，特别要注意安全问题。

1）决定起重机械位置

它的位置直接影响仓库、料场、搅拌站的位置，以及道路和水、电线路的布置等。因此要优先考虑。

2）确定搅拌站、加工棚、仓库、材料及构件堆场的尺寸和位置

搅拌站、仓库和材料、构件堆场的位置应尽量靠近使用地点或将它们布置在起重机服务范围之内，并考虑到运输和装卸料的方便。

根据施工阶段、施工层部位的标高和使用时间的先后，材料、构件等堆场位置一般有

以下几种布置：

①建筑物基础和第一层施工时所用材料，应布置在建筑物的四周。此时，当基础回填土尚未完成时，应根据基槽（坑）的深度、宽度及其坡度确定材料堆放位置，使之与基槽边缘保持一定的安全距离，以免造成基槽（坑）土壁的塌方事故。

②第二层以上施工用的材料，应布置在起重机附近。

③砂、石、水泥等大宗材料应尽可能布置在搅拌站附近。

④当多种材料同时布置时，对大宗的、重量大的和先期使用的材料，应该靠近使用地点或起重机附近布置；少量的、轻的和后期使用的材料，则可布置稍远一些。

⑤按不同施工阶段、使用不同材料的特点，在同一位置上可先后布置几种不同材料。

当混凝土基础工程量较大时，混凝土搅拌站可以直接布置在基坑边缘附近，待混凝土浇筑完后再转移，以减少混凝土运输距离。

此外，木工棚和钢筋加工棚的位置可考虑布置在建筑物四周附近的地区。但应有一定的场地堆放木材、钢筋和成品。

3）布置运输道路

现场运输道路布置时应注意以下问题：

①现场道路应尽量利用已有道路或永久性道路。根据建筑总平面图上永久性道路位置，先修筑路基，作为临时道路。工程结束后，再修筑路面，这样可节约施工时间。

②现场道路应避开拟建工程和地下管道等地区。工程后期施工时，相邻拟建工程和地下管道也相继施工，避开这些地方以免造成断路的麻烦。

③现场道路尽可能设置环路以保证车辆运输行驶通畅。

4）布置行政管理及文化生活福利用临时设施

为单位工程服务的生活用临时设施是很少的，一般有工地办公室、工人休息室、工具库等临时建筑物。确定它们的位置时，应考虑使用方便，不妨碍施工，且门卫室放置在入口处。临时设施分生产、生活两类，两类设施应尽可能分隔，且布置分隔措施，不要互相干扰。

5）布置水、电管网

施工中用的临时给水管，一般由建设单位指定的干管或者自行布置的干管接至用水地点。布置时力求管网总长度最短。根据实践经验，一般面积在 5000～10000m² 的单位工程施工用水的干管用直径 100mm 管。支管直径 38mm 或 25mm。

6）布置安全消防设施

根据工程防火要求，应设立消防站（栓）。一般设置在易燃建筑物（仓库、木材加工棚）附近，且须有通畅的出口和消防车道，其宽度不宜小于 6m，且距拟建工程不大于 2m，也不宜小于 5m。沿道布置消火栓时，其间距不大于 100m，消火栓到道路距离不大于 2m。

7）布置排水线路

为保障工程施工时有效排除地面水、地下水、施工污水、生活污水、施工平面图中应明确排水线路，一般来讲，以建设单位指定的污水管道为出口。

①拟建工程四周的排水；

②道路的排水；

③临时设施的排水；

④施工用水的排水；

⑤沉淀池的布置；

⑥调整优化。

在布置施工平面图时，为使场地分配、仓库位置、管线道路布置更为经济合理，需要采取一些优化方法。常用的有以下几种优化计算方法：

①场地分配优化法；

②区域叠合优化法；

③选点相邻优化法；

④最小二乘数选线优化法。

8）施工平面图的要求

施工平面图应有比例，应能明确区分原有建筑及各类暂设（中粗线）、拟建建筑（粗线）、尺寸线（细线），应有指北针、图框及图签。图签如图 5-2 所示。

施工单位名称			工程名称		
审核	制图	日期	图 名		比 例

图 5-2 施工平面图图签

5.1.3 施工组织设计的审批

1. 施工组织设计内部审批

施工组织设计编制完成后，项目部各部门参与编制的人员在"施工组织设计会签表"上签字（表 5-6），交由项目经理签署意见并在会签表上签字。签字齐全后报上一级部门（公司技术部门），由上级部门组织同级相关部门对施工组织设计进行讨论，将讨论意见签署在"施工组织设计审批会签表"上（表 5-7）。然后由总工程师对施工组织设计进行审批，将审批意见签于"施工组织设计审批表"上（表 5-8）。

施工组织设计会签表   表 5-6

工程名称			建筑面积		结构形式		层 数	
建设单位			施工单位		编制部门			
编制人			编制时间		报审时间			
会签部门	生产经理				安 全			
	总工程师				保卫消防			
	生 产				材 料			
	技 术				机 械			
	质 量				行 政			
会签意见： 经理： 年 月 日								

施工组织设计审批会签表 表 5-7

工程名称			结构形式	
面　　积			层　　数	
建设单位			施工单位	
会签部门		会签意见		会签人签字
技术部门				
质量部门				
生产部门				
安全部门				
消防保卫部门				

施工组织设计审批表 表 5-8

工程名称		结构形式	
面　　积		层　　数	
建设单位		施工单位	
编制部门		编 制 人	
编制时间		报审时间	
审批部门		审批时间	
审 批 人			
审批意见：			

2. 施工组织设计上报审批（见第四章施工管理资料）

施工单位在完成施工组织设计内部审批后，填写工程技术文件报审表，上报建设（监理）单位批复意见，其上报流程图见图 5-3。

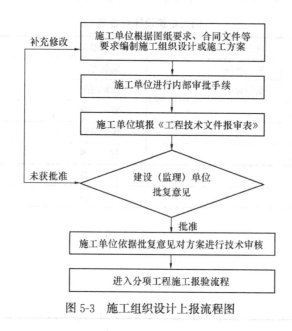

图 5-3　施工组织设计上报流程图

5.2 施 工 方 案

5.2.1 施工方案的编制内容

1. 施工方案编制依据
(1) 合同要求、设计要求;
(2) 本方案执行的主要规程、规范(国家、行业、地方);
(3) 本方案执行的主要标准、图集(国家、行业、地方);
(4) 参考本工程施工组织设计。
2. 工程概况
(1) 保留施工组织设计中共性的地方;
(2) 主要介绍本施工方案特点、难点。
3. 施工部署及任务安排
(1) 总部署:执行本方案的总体部署。
(2) 施工流水段划分:根据工程结构形式、施工要求、工程量等合理安排劳动力,划分最佳施工流水段。以保证均衡连续施工。要求用平面图形式标示并标注轴线位置及标高。
(3) 任务安排:根据施工流水段划分,充分利用工时,提高劳动效率,进行任务安排。
(4) 选定主要施工方法:选择本方案最佳的施工方法。
4. 施工准备
(1) 技术准备
1) 熟悉图纸,按设计要求准备相应的施工工艺规程;施工验收规范;施工质量检验评定标准及图集等。
2) 提供施工人员用工手续,备齐相应的上岗证及培训证书。
3) 组织施工管理人员对施工方案进行技术交底,明确施工工序及施工作业条件。
4) 备齐施工中所需的计量、测量器具,并要经检测部门检测合格,有合格证书。
5) 检查主要机具是否完好,能否满足正常施工使用。
6) 工种交接检查记录应齐全,并有交接双方工长签字认可。
(2) 材料准备
1) 本施工方案中主要采用的原材料、辅料的准备。
2) 对材料进行质量外观检查,检查是否满足质量要求并做好检查记录。
(3) 机具准备
本施工方案选用的主要机具、量具的准备。
(4) 劳动力安排
根据施工方案安排,所需主要工种、配合工种人员情况,合理安排劳动力,技术工人不能少于总工人人数的70%。
(5) 作业条件
要详细写明如下内容:

1）满足本道工序施工的必备条件。

2）要求上道工序达到的标准。

5. 施工工艺流程

绘制施工工艺流程图（用图框的形式表示），如：

□→□→□→

6. 施工方法和技术要求

（1）对本方案主要施工方法进行表述。

（2）本方案的技术要求及特殊要求要描述清楚，要附上必要的节点图、有关的计算书。

7. 质量标准及质量保证措施

（1）描述清楚本方案必须执行的质量标准。

（2）确保质量标准的实施具体措施是什么，可制定责任制，参见施工组织设计中的质量保证体系。

（3）怎样保证施工过程中质量的实施措施。

8. 环保及安全文明施工

（1）简要叙述安全文明施工的要求（北京市文明工地的具体要求）。

（2）本方案中涉及环保的措施如：排污、噪声、施工垃圾处理等。

9. 成品保护措施

（1）重点写明需要特别注意的成品保护措施，本项目的成品保护要求。

（2）要求下道工序对成品的保护要求。

10. 其他

（1）方案的计算书、布置图、节点图等。

（2）其他应说明的事宜。

5.2.2 主要施工方案的编制方法

5.2.2.1 模板工程施工方案

1. 编制依据

序　号	名　　称	编　号
1	图纸	
2	施工组织设计	
3	有关规程、规范	
4	有关标准	
5	有关法规	
6	有关图集	
7	其他	
8		

2. 工程概况

（1）设计概况：

1	建筑面积（m²）	总建筑面积		地下每层面积	
		占地面积		标准层面积	
2	层数	地下		地上	
3	层高（m）	B1		B3	
		B2		B4	
		非标层		标准层	
4	结构形式	基础类型			
		结构类型			
5	地下防水	结构自防			
		卷材防水			
		构造防水			
6	结构截面尺寸（mm）	基础底板厚度			
		外墙厚度			
		内墙厚度			
		柱截面			
		楼板			
7	楼梯结构形式				
8	坡道结构形式				
9	结构转换层	设置位置			
		结构形式			
10	施工缝设置				
11	钢筋类型	预应力			
		非预应力			
12	水电设备情况				
13	其他				

（2）现场情况：

绘模板加工区及模板存放区平面布置详图。

（3）设计图：

地下部分结构平面图（一张）。

地上部分结构平面图（一张）。

（4）工程难点：

①管理方面难点。

②技术方面难点。

3. 施工安排

（1）施工部位及工期要求：

时间 部位	开始时间			结束时间			备注
	年	月	日	年	月	日	
基础底板							
±0.00以上							
±0.00以下							
顶层及风雨间							

（2）劳动组织及职责分工：

① 管理层（工长）负责人。

② 劳务层负责人。

③ 工人数量及分工。

4. 施工准备

（1）技术准备：

① 熟悉审查图纸、学习有关规范、规程。

② 拟采用新型模板体系的资料搜集。

（2）机具准备：

列表说明现场施工使用机具的型号、数量、功率和进场日期。

（3）材料准备：

列表说明需要的材料名称、规格、数量和进场时间。

5. 主要施工方法及措施

（1）流水段的划分：±0.00以下，水平构件与竖向构件分段不一致时应分别表示。

±0.00以上，水平构件与竖向构件分段不一致时应分别表示。

（2）楼板模板及支撑配置层数。

（3）隔离剂的选用及使用注意事项。

（4）模板设计：

① ±0.00以下模板设计：

底板模板设计：类型、方法、节点图。

墙体模板设计：类型、方法、配板图、重要节点图。

柱子模板设计：类型、方法、节点图、安装图。

梁、板模板设计：类型、方法、节点图、安装图。

模板设计计算书（作附录）。

② ±0.00以上模板设计：

墙体模板设计：类型、方法、主要参数、配板图、重要节点图。

柱子模板设计：类型、方法、节点图、安装图。

梁、板模板设计：类型、方法、节点图。

门窗洞口模板设计：类型、方法、节点图。

模板设计计算书（作附录）。

③ 楼梯模板设计：类型、方法、节点图。

④ 阳台及栏板模板设计：类型、方法、节点图。

⑤ 特殊部位的模板设计：（由平面或立面特殊造型引起的）。

（5）模板的现场制作与外加工：

① 对制作与加工的要求：主要技术参数及质量标准。

② 对制作与加工的管理和验收的具体要求。

（6）模板的存放：

① 存放的位置及场地地面的要求。

②一般技术与管理的注意事项。

（7）模板的安装：

① 一般要求。

② ±0.00 以下模板安装：

底板模板的安装顺序及技术要点。

墙、柱模板的安装顺序及技术要点。

梁、板模板的安装顺序及技术要点。

③ ±0.00 以上模板安装：

墙、柱模板安装顺序及技术要点。

梁、板模板安装顺序及技术要点。

（8）模板拆除：

① 拆除的顺序。

② 侧模拆除的要求。

③ 底模拆除的要求。

④ 当施工荷载所产生的效应比使用荷载更为不利时，所采取的措施。

⑤ 后浇带模板拆除的时间及要求。

⑥ 预应力构件模板拆除的时间及要求。

（9）模板的维护与修理：

① 各类型模板在使用过程中注意事项。

② 多层板（木胶合板）、竹胶合板的维修。

③ 大钢模及其角模的维修。

（10）质量要求：

附录 1   附录 2   附录 3

5.2.2.2 钢筋工程施工方案

1. 编制依据

序　号	名　称	编　号
1	图纸	
2	施工组织设计	
3	有关规程、规范	
4	有关标准	
5	有关法规	
6	有关图集	
7	其他	

2. 工程概况
（1）设计概况

1	建筑面积（m²）	总建筑面积		地下每层面积	
		占地面积		标准层面积	
2	层数	地下		地上	
3	层高（m）	B1		B3	
		B2		B4	
		非标层		标准层	
4	结构形式	基础类型			
		结构类型			
5	结构截面尺寸（mm）	基础底板厚度			
		外墙厚度			
		内墙厚度			
		柱断面			
		梁断面			
		楼板厚度			
6	楼梯结构形式				
7	转换层位置	梁断面			
		柱断面			
8	混凝土强度等级				
9	抗震等级				
10	钢筋	非预应力筋			
		预应力筋类别及张拉方式			
11	钢筋接头形式				
12	钢筋规格				
13	其他				

（2）设计图：
标准层结构平面图一张。

3. 施工安排

(1) 施工部位及工期要求

时间 部位	开始时间			结束时间			备 注
	年	月	日	年	月	日	
基础底板							
±0.00 以上							
±0.00 以下							
顶层及风雨间							

(2) 劳动组织及责任分工：

① 管理层（工长）负责人。

② 劳务层负责人。

③ 工人数量及分工。

4. 施工准备

（1）技术准备

① 熟悉审查图纸、学习有关规范、规程。

② 拟采用新型钢筋、粗钢筋接头的资料搜集。

（2）机具准备

现场加工设备的型号、数量、功率和进场日期列表说明。

（3）材料准备

列表说明需要的材料名称、规格、数量和进场时间。

5. 主要施工方法及措施

（1）流水段的划分：±0.00 以下：水平构件与竖向构件分段不一致时应分别表示。

±0.00 以上：水平构件与竖向构件分段不一致时应分别表示。

（2）钢筋加工：绘钢筋加工厂平面布置详图。

① 钢筋除锈的方法及设备（冷拉调直、电动除锈机、手工法、喷砂法）。

② 钢筋调直的方法及设备（调直机、数控调直机、卷扬机）。

③ 钢筋切断的方法及设备（切断机，无齿锯）。

④ 钢筋弯曲的方法及设备（箍筋 135^0 弯曲的方式及技术要求）。

（3）钢筋的焊接：

① 一般要求。

② 闪光对焊的技术要求。

③ 电弧焊的技术要求。

④ 电渣压力焊（气压焊）。

设备选型

主要焊接参数的确定：焊接电流、电压、焊接时间。

质量检验：取样数量。

外观检查内容。

拉伸试验的要求。

焊接缺陷及预防措施。

（4）钢筋的绑扎

① 一般要求。

② 绑扎接头的技术要求。

③ 保证保护层厚度的措施（图示）：

a. 保证底板保护层厚度的具体措施。

b. 保证墙、柱保护层厚度的具体措施。

c. 保证梁、板保护层厚度的具体措施。

d. 保证施工缝保护层厚度的具体措施。

④ 节点构造和抗震做法（图示）。

⑤ 预应力钢筋：（详见专项方案）：

a. 预应力筋制作的一般要求。

b. 预应力筋锚具的类型。

c. 张拉控制应力的确定。

d. 先张法（后张法）的一般要求。

e. 无粘结预应力。

6. 质量要求

（1）允许偏差和检查方法。

（2）验收方法。

7. 注意事项

（1）成品保护措施。

（2）保证安全措施。

5.2.2.3 混凝土工程施工方案

1. 编制依据

序　号	名　　称	编　号
1	图纸	
2	施工组织设计	
3	有关规程、规范	
4	有关标准	
5	有关法规	
6	有关图集	
7	其他	
8		

2. 工程概况

（1）设计概况

1	建筑面积（m²）	总建筑面积		地下每层面积	
		占地面积		标准层面积	
2	层数	地下		地上	
3	层高（m）	B1		B3	
		B2		B4	
		非标层		标准层	
4	高度（m）	基础标高		基坑深度	
		檐口高度		建筑总高	
5	结构形式	基础类型			
		结构类型			
6	地下防水	结构自防水			
		材料防水			
		构造防水			
7	混凝土强度等级				
8	结构断面尺寸（mm）	基础底板厚度			
		外墙厚度			
		内墙厚度			
		柱断面			
		梁断面			
		板厚度			
9	转换层位置				
10	钢筋类别及规格				
11	变形缝位置				
12	碱集料反应类别				

（2）设计图：

±0.00 以下平面图一张（可兼作流水段划分用）。

±0.00 以上平面图一张（可兼作流水段划分图）。

3. 施工安排

（1）施工部位及工期要求

（2）混凝土供应方式

① 现场搅拌站：

a. 现场站的平面、剖面设计：

平面布置图　　　剖面布置图

平面布置图：应表示该站的占地面积、搅拌机型与台数、后台上料的方法。

各种原材料的储存位置、数量、各种原材料的计量方法。

水电源位置、环保措施、冬施措施等。

剖面图：表达机械架设高度、自动上料设备与泵的架设高度、溜槽的角度。

b. 混凝土配合比标牌的格式与内容。

② 预拌混凝土：

a. 对原材料的要求：确定其品种和规格（砂、石、水泥）。

b. 外加剂的类型、牌号及技术要求。

c. 掺和料的种类。

d. 配合比的主要参数要求：

ⓐ坍落度。

ⓑ水灰比。

ⓒ砂率。

4. 劳动组织：

（1）管理层（工长）负责人。

（2）劳务层负责人。

（3）工人数量及分工。

5. 施工准备：

（1）技术准备

a. 现场搅拌站配合比主要技术参数的要求及试配申请。

b. 现场养护室设置要求及设备的准备工作。

c. ±0.00 以下对碱集料反应的要求。

d. 对技术交底的要求。

（2）机具准备

列表说明机具的名称、数量、规格、进场日期。

（3）材料准备

列表说明材料的名称、数量、规格、进场日期。

6. 主要施工方法及措施

（1）流水段划分：应将水平构件与竖向构件分别绘制。

（2）混凝土的拌制。

①原材料计量及其允许偏差（计量设备应定期校验，骨料含水率应及时测定）。

②搅拌的最短时间。

（3）混凝土的运输：

① 运输时间的控制。

②预拌混凝土运输车台数的选定（参见《混凝土泵送施工技术规程》JGJ/T 10—2011 4.3.3）。

③现场混凝土输送方式的选择：

a. 塔式起重机吊运。

b. 泵送与塔式起重机联合使用。

c. 泵送。

（4）混凝土浇筑：

① 一般要求：

对模板、钢筋、预埋件的隐预检。

浇注过程中对模板的观察。

② 施工缝在继续浇注前的处理及要求。

③ ±0.00 以下部分：

基础底版：浇筑方法、浇筑方向、泵管布置图等。

墙体：浇筑方法、布料杆设置位置及要求。

楼板：浇筑方法。

④ ±0.00 以上部分：

a. 泵送混凝土的配管设计。

b. 混凝土泵的选型（可按《混凝土泵送施工技术规程》JGJ/T 10—2011 5.1.4 条进行验算的方法）。

c. 混凝土布料杆的选型及平面布置。

d. 工艺要求及措施：

浇注层的厚度；允许间隔时间；振捣棒移动间距。

分层厚度及保证措施；倾落自由高度；相同配比减石子砂浆厚度等。

e. 框架梁、柱节点浇筑方法及要求。

（5）混凝土的养护：

① 梁、板的养护方法。

② 墙体的养护方法。

③ 柱子的养护方法。

7. 季节施工的要求

（1）雨期施工的要求。

（2）冬期施工的要求。

8. 质量要求

（1）允许偏差和检查方法。

（2）验收方法。

9. 安全注意事项

（1）一般要求。

（2）泵送的安全要求。

附录：试验工作计划。

附图：冬期施工测温平面图。大体积混凝土测温孔平面图。

5.3 技术交底记录

5.3.1 技术交底

5.3.1.1 技术交底的概念

技术交底是施工企业管理的重要环节。它是针对工程具体的设计部位，施工项目来进行编写的。是继施工组织设计、施工方案后的第三层次的技术文件。

1. 技术交底的分类

（1）设计交底：由设计单位设计人员向参与工程项目建设的建筑单位、施工单位、监理单位进行有关工程项目设计意图和设计文件的交底。

（2）施工组织设计交底：由施工单位技术负责人向工程项目施工管理人员、技术人员、专业工长进行有关施工组织安排、施工方案、措施及质量目标等交底。

（3）分项工程施工技术交底：由工程项目技术负责人向专业工长、班组长及操作人员进行有关分项工程操作方法、技术要求、质量标准等交底。

2. 技术交底的要求

技术交底是一项技术性报强的工作，对保证工程质量至关重要，不但要把设计意图和建设单位的合理要求在工程建设中具体体现，还要贯彻上级技术指导的意图和要求。技术交底必须满足设计和施工规范、标准、规程、工艺标准和质量验评标准的规定，所有技术交底资料，都是施工技术资料的组成部分，要列入工程技术档案。技术交底必须以书面的形式进行，经过检查和审核，有签发人和被交底人的签字。工程施工的总体安排、各阶段的施工方案、季节施工措施及各分部、分项工程均应有技术交底。技术交底应强调易发生质量事故与工伤事故的部位，防止各类事故的发生。

5.3.1.2 技术交底的内容

1. 设计交底

一般以会议形式进行，文字记录由会议纪要和洽商记录两部分组成。通过设计交底了解建筑物整体风格及使用功能，明确设计意图；明确工程的关键部分和特殊部位；明确第一次设计变更及工程洽商变更。

（1）设计文件依据：上级批文、规划准备条件、人防要求、建设单位的具体要求及合同；

（2）建设项目所规划的位置、地形、地貌、气象、水文地质、工程地质、地震烈度；

（3）施工图设计依据：包括初步设计文件、市政部门要求、规划部门要求、公用部门要求、其他有关部门（如绿化、环卫、环保等）的要求，主要设计规范、甲方或市场上供应的建筑材料情况等；

（4）设计意图：包括设计思想、设计方案比较情况，结构方面、建筑方面和水、暖、电、通、煤气等的设计意图；

（5）施工时应注意事项：包括建筑材料方面的特殊要求，建筑装饰施工要求，广播音响与声学要求，基础施工要求，主体结构采用新结构、新工艺对施工提出的要求，新科技产品的应用技术。

（6）建设单位、施工单位审图中提出设计需要说明的问题。

（7）第一次变更设计及洽商。

2. 施工组织设计交底

施工组织设计交底包括施工组织设计文件内容交底、季节性施工方法交底、架子支撑方案交底、成品保护交底等。

施工组织设计经审批后，一般在开工前组织工程管理人员召开交底会，文字记录以会议纪要形式出现。

（1）施工组织设计文件交底

①明确工程整体施工部署、施工进度计划。

②阐明主要施工方法。

③确定质量目标值及技术要求。

④明确施工准备工作（人、机、料、法、环——劳动力，机具、材料、施工方法、现场环境保护）。

⑤明确文明施工措施。

（2）季节性施工交底

①明确施工部位，根据部位特点理解季节性施工方法，以便更好地执行。

②掌握质量、安全保护措施，使工程顺利进行。

（3）架子支搭方案交底

①明确架子支搭部位及用途。

②明确支搭方法及所采取的构造措施。

③明确架子日常管理措施，以保证架子的安全使用。

（4）成品保护措施交底

①明确各部位成品保护项目，以及成品保护重点部位。

②明确成品保护制度及措施，以便更好地执行。

③明确成品保护日常管理办法。

3. 分部分项工程施工技术交底

分项工程施工技术交底分为该分项工程前期交底、施工过程中交底。过程交底含样板验收后的交底、专项质量分析会后的专项技术交底、不合格品评审后的专项技术交底。按单位工程分主要分项工程技术交底。

（1）前期技术交底

①明确施工部位，使用材料品种，质量标准。

②明确施工工序及施工作业条件、施工机具。

③明确质量预控措施。

④明确本工种及相关工种间的成品保护措施。

⑤具有操作性，使操作人员依据交底可以完成本分项工程。

（2）过程中技术交底

①样板评定后的交底：若依据前期技术交底完成样板后，经验收在质量标准、材料品种或装修水准等方面有变更，可通过二次交底给以明确，为施工、结算提供依据。

②专项质量分析会后的交底：针对分析项目进行交底，并将施工方法或施工机具、劳动力等影响质量的问题，依据会议决定进行详细交底。

③不合格评审会后的交底：针对不合格工序进行交底。依据不合格评审会决定，将纠正措施预防措施进行交底。

（3）土建主要分项工程技术交底

①土方工程；

②地基与基础工程；

③防水工程（刚性防水、柔性防水）；

④模板工程；

⑤钢筋工程；

⑥混凝土工程；

⑦钢结构工程；

⑧砌筑工程；

⑨地面与楼面工程；

⑩门窗工程；

⑪装修装饰工程；

⑫屋面工程；

⑬测量交底；

⑭施工试验交底；

⑮施工安全交底；

⑯冬、雨季施工交底等。

（4）暖卫主要分项工程技术交底

①给水管道的安装；

②给水立管的安装；

③排水管道的安装；

④排水立管安装；

⑤暖气管道安装；

⑥暖气立管安装；

⑦消防管道安装；

⑧消防立管安装；

⑨消火栓、水表井安装；

⑩卫生器具安装。

（5）电气安装主要分项工程技术交底

1）照明安装工程

①硬质阻燃型塑料管暗敷设；

②硬质和半硬质阻燃型塑料管暗敷设；

③钢管明敷设；

④钢管暗敷设；

⑤吊顶内管路敷设；

⑥管线内穿线安装；

⑦灯具、吊扇安装；

⑧开关、插座安装；

⑨配电板及户表安装；

⑩配电箱（盘）安装；

⑪电话插座及组线箱安装；

⑫防雷与接地安装。

2）动力安装工程

①电缆敷设；

②电缆终端头制作；

③电缆中间头制作；

④硬母线安装；

⑤封闭母线安装；

⑥滑触线及软电缆安装；

⑦电力变压器安装；

⑧高压开关柜安装；

⑨成套配电柜（盘）安装；

⑩电动机及附属设备安装。

（6）通风与空调工程主要分项工程技术交底

①金属风管制作；

②部件制作；

③风管及部件安装；

④消声器制作与安装；

⑤通风机安装；

⑥制冷管道安装；

⑦管道防腐（油漆）；

⑧风管及设备保温；

⑨制冷管道保温。

（7）电梯安装主要分项工程技术交底

①安装前准备、拆箱点件、材料运输；

②制作样板和井道放线；

③安装导轨支架；

④安装底坑设备；

⑤安装并调试导轨；

⑥安装地坎、门框和门套；

⑦安装并调整门厅；

⑧安装机房设备；

⑨安装轿厢及对重设备；

⑩安装曳引绳和限速器绳；

⑪安装井道线槽和布线；

⑫安装机房线槽及布线；

⑬轿厢布线；

⑭安装随行电缆和保护装置；

⑮慢车调试；

⑯快车调试；

⑰喷漆（刷漆）、清理工地、验收移交。

5.3.2 技术交底编制及填写要求

5.3.2.1 技术交底编制原则

1. 根据该工程的特点及时进行编制，内容应全面，具有很强的针对性和可操作性。

2. 严格执行相关规范、工艺，但严禁生搬原文条款，应根据实际将操作工艺具体化。使操作人员在执行工艺的同时能符合规范、工艺要求，并满足质量标准。

3. 在主要分项工程施工方法交底中能够反映出递进关系，交底内容、实际操作、实物质量及质量评定四者间必须相符。

5.3.2.2 技术交底编制要求

一、内容要求

1. 设计交底包括工程建筑概况、功能概况、建筑设计关键部位、结构设计关键部位、及第一次设计变更和工程洽商变更。

2. 施工组织设计交底包括工程建筑概况、施工部署、主要施工方法及质量保证措施（含季节性施工方法及措施、架子搭设方案及构造措施）、进度计划、施工准备工作、文明施工规划（含成品保护措施）。

3. 分项工程技术交底内容应包括施工准备、操作工艺、质量要求、施工措施等几部分。

（1）施工准备

1）技术准备

①熟悉图纸，按设计要求准备相应的施工工艺规程、施工验收规范、施工质量检验评定标准及图集等。

②提供施工人员用工手续，备齐相应的上岗证及培训证书。

③所需材料要求复试的，要提供合格的材料复试检验报告单。

④备齐施工中所需的计量、测量器具，并要经验测部门检测合格，有合格证书。

⑤检查主要机具是否完好，能否满足正常施工使用。

⑥工种交接检查记录应齐全，并有交接双方工长签字认可。

2）材料准备

本分项工程主要采用的原材料、辅料的准备。

①对材料进行质量外观检查，检查是否满足质量要求。

②需要进行外观检查记录的做好检查记录。

3）机具准备

本分项工程使用的主要机具、量具等。

4）劳动力安排

根据本分项工程所需主要工种、配合工种人员情况，合理安排劳动力，技术工人不能少于总工人人数的70%。

5）作业条件

根据本分项工程的实际情况，要写清楚：

①满足本道工序施工的必备条件。

②要求上道工序达到的标准。

（2）操作工艺

1）工艺流程

本分项工程工艺流程用图框表示。

□→□→□→□

2）技术质量标准

标明本分项工程要求的技术质量标准。若有企业标准按企业标准要求。没有制定企业标准的分项工程，按国家质量验收标准和有关规范、规程执行，要有具体的量化的数值。

3）操作要点和技术要求

要明确本分项工程的主要操作要点，具体操作要描述清楚。

要表达清楚本分项工程在技术上的具体要求是什么。

（3）质量要求

1）主控项目要求

详细描述对产品或工程项目的质量起到决定性作用的检验项目的具体要求。

2）一般项目要求

简单描述对产品或工程项目的质量不起决定性作用的检验项目。

（4）其他措施

1）成品保护

本身项目的成品保护要求。

要求下道工序对成品的保护措施。

2）安全措施

本分项工程保证安全的具体措施。

与本分项工程相关的机具安全防护措施的制定。

3）文明施工

按文明施工具体要求，加强材料管理，做到活完底清。

4）环境保护

施工中垃圾的清理、废弃物的处理；减少施工噪声的具体措施。

二、交底对象

1. 重点和大型工程施工组织设计交底应由施工企业的技术负责人把主要设计要求、施工措施以及重要事项对项目主要管理人员进行交底。其他工程应有项目技术负责人进行交底。

2. 专项施工方案技术交底应由项目专业技术负责人负责，根据专项施工方案对专业工长进行交底。

3. 分项工程施工工艺技术交底应由专业工长对专业施工班组（或专业分包）进行交底。

4. 新材料、新产品、新技术、新工艺技术交底应由项目技术负责人组织有关专业人员编制完成。

5. 设计变更技术交底应由项目技术部门根据变更要求，并结合具体施工步骤、措施及注意事项等对专业工长进行交底。

5.3.2.3 技术交底填写要求

1. 依据标准表格进行填写，要求编制、报批及时，文字规范，条理清晰，填写齐全。

2. 技术交底文件编号依据质量记录管理工作程序要求进行编写，依据文件和资料控制工作程序进行管理。

3. "工程名称"与图纸图签中一致。

4. 技术交底日期应在"交底提要"写清具体日期。

5. 填写交底内容时，必须具有很强的可操作性和针对性，使施工人员持技术交底便可进行施工。

文字尽量通俗易懂，图文并茂。严禁出现详见×××规程，×××标准的话。而是将规范、规程中的条款转换为通俗语言。比如：纵向受拉钢筋的最小搭接长度，不同混凝土强度等级，不同钢筋类型其搭接倍数不同。在交底中就不能笼统写"C20混凝土、HPB235级钢，纵向受拉钢筋的最小接长度为35d"。而是应写"C20混凝土、HPB235级钢，纵向受拉钢筋的最小搭接长度的数值（用Φ10钢筋）"。

6. 技术交底只有当签字齐全后，方可生效。

5.3.2.4 主要分项工程技术交底的编制方法

●钢筋工程施工技术交底

一、作业准备

（一）机具准备

1. 加工、施工机具：列表说明应使用的加工设备；手工具、连接、检查工具等，包括张拉、切断、对焊弯钩机及力矩扳手、钢筋钩子、小撬棍、钢筋扳子、绑扎架、墨斗墨线、钢丝刷、钢卷尺等工具。

2. 运输机具：说明钢筋的运输方式（垂直＋水平），使用的机具。

（二）材料准备

1. 核对图纸配料单与配好的钢筋的型号、规格、尺寸、形状数量是否一致。

2. 检查钢筋垫块（材质、加工尺寸等）和火烧丝（材质、直径等）是否符合要求。

（三）作业条件

1. 测量放线：说明应进行的抄平放线工作，包括弹好墙、柱中线、边线、控制线、楼梯及门窗洞口的边线。

2. 施工缝清理：说明根据标高检查下层混凝土表面标高是否符合图纸要求及施工缝处的处理、清理情况。

3. 模板验收：说明施工前应完成的有关工作内容，如搭好施工用脚手架，办理模板预验收及清理工作等。

4. 交接检查：说明进行检查的内容，如放线、施工缝、钢筋根部灰浆清理，钢筋位移、钢筋的接头位置等。

二、施工操作工艺措施及主要做法要求

（一）工艺流程

应说明钢筋子项工程（分墙、柱、梁、板）的施工操作工艺流程图，并说明在每个环节应进行的具体工作。（注：钢筋加工应编制单独的钢筋加工技术交底）

（二）施工操作要点及要求

1. 钢筋加工（说明钢筋加工场地，进入现场钢筋临时堆放要求）。

2. 钢筋运输：说明现场钢筋的运输方式（塔吊、人工等）、运输过程中的要求（数量、吊点、操作面临时存放的位置等）。

3. 钢筋绑扎

（1）底板钢筋绑扎

①底板钢筋型号、强度等级、布置间距、连接方式等概况。

②安装顺序。

③绑扎底板上筋：说明绑扎间距及定位控制方法，铺筋的接头位置、错开数量、间距，钢筋相交点绑扎位置（全部或间隔绑扎）、绑扎方式。如采用搭接，其搭接长度，搭接处的绑扎要求。

④粗钢筋的连接：粗钢筋连接应单独编制技术交底。

⑤马凳的搭设：马凳做法（附图说明，包括使用材质、形状、尺寸等），布置方式、方向、间距等。

⑥绑扎底板上筋：同绑扎底板下筋方法相同。

⑦墙柱插筋的施工：插筋的位置的确定方法、间距、插入基础锚固深度、临时固定方法、防位移措施。

⑧钢筋保护层：注明主筋保护层厚度、垫块等的位置，包括布置方式、布置位置、检举固定措施等。

（2）柱钢筋绑扎

①柱钢筋型号、强度等级、布置间距、连接方式等概况。

②安装顺序。

③柱筋清理、校正：说明清理采用的工具，清理开始时间、方法和达到要求；对上道工序钢筋产生位移，采取校正的工具、方法和注意事项。如柱变截面时，注明柱截面变化的尺寸及相应的处理措施。

④套柱箍筋：说明箍筋数量，箍筋接头的放置方向，弯钩角度、平直长度。

⑤柱主筋接头错开位置、数量、距离。

⑥搭设柱筋绑扎操作架，铺设操作层（粗钢筋连接应单独编制技术交底）。

⑦绑扎箍筋：箍筋间距、定位措施及火烧丝的绑扎方式。注明加密区高度，起步筋位置，遇套筒的箍筋绑扎措施。

⑧钢筋保护层：注明主筋保护层厚度、垫块或保护层塑料卡等的位置，包括布置方式、布置位置、间距等。

（3）墙钢筋绑扎

①墙钢筋型号、强度等级、布置间距、连接方式等概况。

②安装顺序。

③钢筋清理、校正：说明清理采用的工具，清理开始时间、方法和达到要求；对上道工序钢筋产生位移，采取校正方法。如变截面时，注明柱截面变化尺寸及相应的处理措施。

④搭设绑扎操作架，铺设操作层（粗钢筋应单独编制技术交底）。

⑤立墙体竖筋：注明连接方式、接头位置及错开长度。如采用竖向定位筋，注明定位筋间距、做法（附图说明）。

⑥绑水平筋：注明绑扎筋的起步位置、间距、位置（说明竖向钢筋外侧或内侧）、间距控制方法，钢筋锚固长度、位置，搭接的长度、位置、搭接范围内水平筋道数。如设置水平定位筋，说明位置方式、做法（附图说明）。

⑦注明钢筋相交点的绑扎要求（顺扣或八字扣法，全部绑扎或间隔绑扎）；拉钩设置要求。

⑧关键部位的做法：剪力墙转角钢筋节点做法、剪力墙端节点做法、丁字墙节点做法、墙体变截面处节点做法、洞口连梁处节点做法进行图示。

⑨墙体钢筋保护层要求：注明主筋保护层厚度，垫块或塑料卡的间距、固定方式和位置等。

（4）梁钢筋绑扎

①梁钢筋型号、强度等级、布置间距、连接方式等概括。

②安装顺序：如采用先绑钢筋后封侧模，说明工序间的搭接要求。

③主梁、次梁、上筋、下筋搁置方向及相互关系（附图说明）。

④梁主筋钢筋连接方式、钢筋接头位置、错开距离等（粗钢筋连接应单独编制技术交底）。

⑤梁端钢筋锚固位置、长度。

⑥梁箍筋绑扎要求。注明加密区部位、范围、长度、箍筋弯钩叠合处布置方式。

⑦主次梁相交处附加箍筋或吊筋要求。

⑧梁保护层要求，说明塑料定位卡或垫块的间距及放置方式。

（5）楼板钢筋绑扎

①楼板钢筋型号、强度等级、布置间距、连接方式等概况。

②弹钢筋的间距分格线，按划好的间距，先摆放双向钢筋。预留孔、电线管、预埋件配合及时安装。

③绑扎钢筋：绑扎板筋采用绑扎点的布置、绑扎方式，双层钢筋上下层之间马凳规格、间距、摆放方式（附图说明）。

④钢筋搭接：绑扎接头位置及错开数量、搭接长度。

⑤钢筋锚固：楼板内主筋应锚入梁内或墙内，锚固长度、在梁内或墙内位置、水平及垂直段的长度要求。

⑥楼板钢筋保护层厚度要求，垫块的形式、规格、设置方式、间距等。

⑦说明与水电埋管、盒的施工配合、与预应力筋的交叉配合。

（6）特殊部位钢筋绑扎

楼梯、后浇带、墙、楼板施工缝等部位施工要求及措施。

（7）成品保护措施

包括防止钢筋污染的控制措施；楼板钢筋防止踩踏、堆放重物等保护措施；安装水、暖、电、门窗洞口模板等设施时，不得电焊、切割和碰动钢筋。

（三）质量要求

1. 主控项目要求

（1）当发现钢筋存在脆断、焊接性能不良或力学性能显著不正常等现象时，应及时向有关部门汇报。

（2）受力钢筋、箍筋的弯钩和弯折应符合有关规定。

（3）纵向受力钢筋的连接方式应符合设计要求。

（4）钢筋安装时受力钢筋的品种、级别、规格和数量符合有关要求。

2. 一般项目要求

（1）施工用钢筋应平直、无损伤，表面不得有裂纹、油污、颗粒状或片状老锈等。

（2）钢筋连接接头位置、搭接长度符合要求。

（3）钢筋安装控制的主要允许偏差：受力钢筋间距、排距、保护层厚度、箍筋间距等。

（四）注意事项

（1）文明施工措施。

（2）施工过程中的安全注意事项。

● 混凝土工程施工技术交底

一、作业准备

（一）机具准备

1. 施工机具：说明使用的电动工具、手持工具、检测工具，如云石机、空气压缩机、振捣器、铁锹、标尺杆、铁抹子、铁碾子、刮杠、手电筒、对讲机等。

2. 运输机具：说明现场运输方式、使用机具如塔吊、混凝土泵、布料机、料斗等。

（二）材料准备

1. 材料的种类：说明混凝土采用预拌或现场搅拌。

2. 辅助材料：泵管铺设水平及竖向的固定方式，操作架子形式（单独搭设脚手架还是利用大模板架子等）、操作平台配备原则及配合浇筑进行移动的方法和位置。

3. 季节性材料准备：季节性施工要求保温覆盖、防雨覆盖等材料。

（三）作业条件

1. 检查验收：完成钢筋、模板、水电、预应力、止水带等工序的隐检和预检。

2. 杂物清理：应明确杂物清理的方法及应达到的标准。

3. 电源、照明准备：电源和照明工作安排。

4. 交接检查要求：说明浇筑前混凝土工人的对拟浇筑部位对上道工序应检查的内容。各类架子、马道、操作平台、泵管搭设及固定准备。

5. 混凝土技术要求：说明浇筑方量、配合比、开盘浇筑手续、混凝土供应要求、浇筑时间等。

6. 混凝土技术要求：说明包括运输时间、到场时间、浇筑时间间隔等，试验项目要求及不合格混凝土的应急处理措施。

二、施工工艺措施及主要做法要求

1. 工艺流程

应说明混凝土分项工程（分墙、柱、梁、板）的施工工艺流程图，并说明每一个环节应进行的具体工作。

2. 施工操作要点及要求

（1）主要尺寸及材料做法

明确拟浇筑结构各构件（按墙、柱竖向结构、底板、梁板（楼梯）、水平结构分别说明）的主要尺寸、强度等级、初终凝时间、坍落度等方面的要求。

（2）施工缝处理

①基础底板施工缝处理：后浇带留设的具体位置、形状、宽度、浇筑时间等。

②墙柱竖向结构施工缝处理：留置的位置、处理方法、使用云石机切割、则应明确标高控制、切割深度、錾子剔凿方向、顺序、剔凿程度要求等。

③梁板（楼梯）施工缝处理：施工分界处施工缝的留置位置、处理方法，使用云石机切割，则应明确标高控制、切割深度、錾子剔凿方向、顺序、剔凿程度要求等。

（3）混凝土浇筑

1）底板混凝土浇筑

①分层浇筑：说明浇筑顺序、混凝土倾倒要求、分层厚度、振捣原则、施工缝留置位置等。

②振捣方法：主要说明振捣器的配置数据、振捣顺序、插入深度、时间控制、如何避免出现冷缝等内容。

③标高控制：标高控制的依据，进行控制办法，局部处理措施等。

④表面处理：为防止混凝土硬化过程中裂缝采取的滚压或抹压措施，明确遍数、如何操作，以及表面处理后的效果（是否毛化，如何操作）等。

⑤泌水处理：说明如何收集、汇集到何处，采取何种方法排走，排到何处（体现出环保要求）等。

⑥养护：养护的材料、方法、时间、保障措施、上人行走的时间控制，防止混凝土养护过程中裂缝的措施。

⑦成品保护：钢筋污染的处理，混凝土抹压过程中的控制措施，交活后的初期养护时间的保护措施，上荷载的时间控制，测温孔，预留埋件等的保护要求等。

2）墙、柱等竖向结构混凝土浇筑

①湿润：使用的工具、开始浇筑时间、浇水量、浇筑时应达到的效果。

②铺浆：铺设垂直运输工具、下料要求，操作要求；铺浆的方向、顺序、长度、厚度等。

③混凝土下料：下料使用的工具，下料高度控制、分层厚度控制办法，门窗洞口、预埋件周围特殊部位等下料要求。

④振捣：振捣与混凝土浇筑的配合要求，振捣工具、方法、插入深度，时间控制，插点间距要求，振捣效果的控制要求，门窗洞口、预埋件或特殊部位的振捣注意事项。

⑤表面处理：说明混凝土浇筑高度、钢筋根部的表面处理，局部有特殊要求部位的处理方法等。

⑥清理：对散落混凝土及其他杂物的清理要求。

⑦养护：养护使用的材料、方法，开始养护时间和保障措施，对截面超过 1000mm×1000mm 的构件，按照大体积构件的养护要求，进行测温控制等。

⑧成品保护：拆模时间控制、拆模后棱角保护的措施及材质、尺寸要求，施工过程中及混凝土养护对钢筋污染的控制措施。

3）梁板（楼梯）水平构件混凝土浇筑

①湿润：使用的工具、开始浇水时间、浇水量、浇筑时间达到的效果；

②铺浆：明确垂直运输工具、铺浆部位、方向、顺序、长度、厚度等要求；

③浇筑：浇筑顺序、混凝土下料高度要求、分层要求、如使用布料杆则应明确工作半径，浇筑方向、移动时间、如何操作等内容；

④振捣：说明混凝土振捣时，振捣机械的型号、布置、插入深度、移动间距等及具体的操作要求；

⑤标高控制：标高控制的依据、控制的方法等；

⑥面层处理：使用的工具、滚压或搓压的时间要求、处理的方法、达到要求等；

⑦养护：混凝土开始养护的时间，浇水量及时间间隔的控制覆盖使用的材料、覆盖要求，及覆盖养护时间；

⑧清理：对残留砂浆等杂物清理要求；

⑨成品保护：浇筑过程中对钢筋保护层厚度的控制措施；模板、钢筋、预埋件等位移的观察、控制；混凝土浇筑完毕的保护、楼梯踏步拆模后的保护要求；上人及荷载的时间控制等。

4）特殊部位混凝土浇筑

①楼梯混凝土的浇筑顺序、方法、振捣的特殊要求、抹压注意事项；

②对有抗渗要求混凝土的振捣、养护方面的要求；

③后浇带混凝土浇筑时间，混凝土技术及振捣方面的要求；

④柱头、梁接头部位混凝土强度等级不同时，混凝土分隔区域的确定及分隔方法，衔接时间及操作方法要求等。

3. 质量要求

（1）主控项目要求

①混凝土原材、强度等级、工作性符合设计和施工要求。委托搅拌站对混凝土所用的水泥、砂、石、外加剂及氯化物，碱含量，放射性分别进行并提供相应资料。

②混凝土运输、浇筑及间歇的全部时间不超过混凝土的初凝时间的主要控制措施。

③混凝土试块留置的要求，明确对不同混凝土，不同施工季节的取样数量、方法等方面的要求。

（2）一般项目要求

①施工缝的留置及处理按交底中相关内容操作并达到标准。

②后浇带的留置位置应准确，对其进行混凝土浇筑时应注意区别于普通部位的混凝土浇筑。

③混凝土浇筑完毕后，养护措施中应明确混凝土开始养护时间、间隔、浇水次数控制、覆盖措施、温度控制、上人或荷载的时间要求等内容。

④主要偏差项目控制：主要包括轴线位置、标高、截面尺寸、垂直度、表面平整度等项目。

4. 注意事项

（1）文明施工措施。

（2）施工过程中的安全措施。

5.4 图纸会审、设计变更与洽商记录

5.4.1 图纸会审记录

1. 监理、施工单位应将各自提出的图纸问题及意见，按专业整理、汇总后报建设单位，由建设单位提交设计单位做交底准备。

2. 图纸会审会议由建设单位组织设计、监理、施工单位技术负责人及有关人员参加，设计单位对各专业问题进行口头或书面交底，施工单位负责将设计交底内容按专业汇总、整理，形成图纸会审记录。

3. 图纸会审记录是在设计、监理、设计和施工单位有关项目负责人和专业负责人签认下，形成的正式图纸会审记录。任何人不得擅自在会审记录上涂改或变更内容。四方签字方可生效。图纸会审记录见表5-9。

图纸会审记录　　　　　　　　　　　　　　　　　　　　　　　　　　表5-9

图纸会审记录 C2-2		资料编号	00-00-C2-×××
工 程 名 称	×××工程	日　期	××××年××月××日
地　　点	×××会议室	专业名称	结构、建筑
序　号	图　号	图纸问题	图纸问题交底
建筑			
1	建施4	建施—4中，水沟尺寸平面图中标注为300mm，详图中为400mm。相互矛盾。	将详图中的400mm改为300mm。
2	建施5	关于地下室防水卷材材料的问题	地下室防水卷材为一层400g/m² 高分子聚乙烯防水卷材。
结构			
1	结施3	关于西侧塔吊穿过顶板留洞的问题。	由于塔吊穿过顶板，需要在顶板相应位置留洞，洞边加筋情况由设计另出图。
2	结施6	关于基础底板浇筑时地下室外墙水平施工缝位置的问题。	地下室外墙施工缝留在基础梁上方，将总说明中的凹槽缝改为外企口形式。
3	结施	总说明中底板后浇带留置力式在现场施工时有困难。	将总说明中后浇带向外突的三角做法改为向内的凹槽形式。
4	结施6	底板板筋有无主次方向的问题	由于底板为双向板，双向受力，故无主次方向之分，横纵板筋上下方向不受限制。
5	结施	关于图纸结构总说明中抗震墙落地部分的混凝土强度等级的问题	抗震墙指自底板一直到±0.00以上的墙体都为抗震墙，只在±0.00以下部分有的墙其混凝土强度等级为C35。
6	结施2	结施2中3～4 E～F轴间墙端是否有暗柱	在墙端头设置暗柱，暗柱配筋具体见结26。
7	结施15	电梯井南侧转角处如何处理？	增加一道梁（设计单出图）。
8	结施2	基础地梁的混凝土强度等级。	与底板混凝土相同，即C35。
签字栏	建设单位	监理单位	设计单位	施工单位
	×××	×××	×××	×××

1. 由施工单位整理、汇总，各与会单位会签，有关单位各保存1份。

2. 图纸会审记录应根据图纸专业（建筑、结构、给排水及采暖、电气、通风空调、智能系统等）汇总整理。

3. 设计单位应由专业设计负责人签字，其他相关单位应由项目技术负责人或相关专业负责人签认。

5.4.2　设计变更通知单

见表 5-10。

设计变更通知单　　　　　　　　　　　　　　　　　　　　　　表 5-10

设计变更通知单 C2-3		资料编号	02-01-C2-×××
工 程 名 称	×××工程	专业名称	结　　构
设计单位名称	×××建筑设计院	日　　期	××××年××月××日
序　号	图　号	变　更　内　容	
1	结89	标高 96.00m、98.225m、100.45m 三处。 Ⓐ、Ⓕ轴，①～⑩轴，和①轴Ⓐ～Ⓒ，Ⓒ～⑦轴，原设计为 5YB，现改为现浇板，混凝土强度等级为 C30。简图如下： 100.45m *qB*厚100mm,配筋为双向ϕ8@200 竖向筋锚固长度40*d* *L*断面尺寸350×500配筋构造图 6ϕ20 *qB* 98.225m *L* ϕ8@250 350 500 88J5 9 Ⓕ 96.00m ⒶⒻ①	
签字栏	监理（建设）单位 ×××	设计单位 ×××	施工单位 ×××

1. 本表由建设单位、监理单位、施工单位和城建档案馆各保存1份。

2. 涉及图纸修改的必须注明应修改图纸的图号。

3. 不允许将不同专业的洽商办理在同一份上。

4. "专业名称"栏应按建筑、结构、给排水、电气、通风空调等专业填写。

1. 设计变更是由设计方提出，对原设计图纸的某个部位局部修改或全部修改的一种记录。

2. 设计单位应及时下达设计变更通知单，内容翔实，必要时应附图，并逐条注明应修改图纸的图号。设计变更内容如有文字无法叙述清楚时，应附图说明。设计变更、工程洽商是工程竣工图编制工作的重要依据，其内容的准确性和修改图号的明确性会影响竣工图绘制质量，因此强调两点要求：其一，应分专业办理；其二，应注明修改图纸的图号。

3. 若在后期施工中，出现对前期某一变更或其中某条款重新休整的情况，必须在前期被修改条款上注明"作废"字样。

4. 设计变更等同于施工图，是工程施工和结算的依据。建设、监理、设计、施工单位各保存一份。

5. 分包单位的有关设计变更和洽商记录，应通过工程总包单位后办理。

6. 设计变更通知单由建设（监理）单位和施工单位的有关负责人及设计专业负责人签认方可生效。

7. 设计变更由项目部技术部门管理，与图纸一并发放。同一区域相同工程如需用同一个设计变更时，可用复印件或抄件，须注明原件存放处。

5.4.3 工程变更洽商记录

见表 5-11。

工程变更洽商记录   表 5-11

工程变更洽商记录 C2-4		资料编号	03-03-C2-×××
工 程 名 称	×××工程	专业名称	建 筑
提出单位名称	×××建筑工程公司	日 期	××××年××月××日
内 容 摘 要		阳台作法等	
序 号	图 号	洽 商 内 容	
1	结 37	2 号楼与 1 号楼相邻处阳台局部采用 150mm 厚混凝土加气块砌筑具体位置见示意图。 东侧示意图 西侧示意图	
2	建 28	地下室厕所、厨房地面做法见 88JXl 地 9F-2，地漏 1000mm 范围内泛水，其余房间地面做法见 88JXl 地 9F-5。	
3	建 30	六层东侧阳台地面比室内地面低 35mm，推拉门上外墙外保温板改为外墙内保温板。	
签字栏	建设单位 ×××	监理单位 ×××	设计单位 ×××	施工单位 ×××

1. 本表由建设单位、监理单位、施工单位和城建档案馆各保存 1 份。

2. 涉及图纸修改的必须注明应修改图纸的图号。

3. 不允许将不同专业的洽商办理在同 1 份上。

4. "专业名称"栏应按建筑、结构、给排水、电气、通风空调等专业填写。

1. 洽商是建筑工程施工过程中一种协调业主和施工方、施工方和设计的记录。

2. 洽商分为技术洽商和经济洽商两种，一般由施工方提供。它是工程施工、验收及改建、扩建和维修的基本而且重要的资料，也是做竣工图的重要依据。工程资料中只对技术洽商进行存档。

3. 工程洽商记录应分专业办理，内容翔实，必要时应附图，并逐条注明应修改图纸的图号。

4. 工程洽商记录应由设计专业负责人以及建设、监理和施工单位相关负责人签认。

5. 施工企业在需要变更时，应该及时办理洽商单的，不要先干活，后办理。洽商单同时要注明办理日期，以免发生纠纷。

6. 设计单位如委托建设（监理）单位办理签认，应办理委托手续。

第六章　建筑与结构工程

6.1 施 工 测 量 记 录

施工测量记录是在施工过程中形成的，确保建筑工程位置、尺寸、标高、位置和变形量等满足设计要求和规范规定的各种测量成果记录的统称。

施工测量记录主要是由工程定位测量、基槽平面标高测量记录、楼层平面放线外及标高抄测记录、楼层标高抄测，建筑物垂直度及标高测量记录、沉降观测等几部分内容组成。

施工单位应依据由建设单位提供有相应测绘资质等级部门出具的测绘成果、单位工程楼座桩及场地控制网（或建筑控制网），测定建筑物平面位置、主控轴线及建筑物±0.000标高的绝对高程，填写工程定位测量记录。

施工单位在基础垫层未做防水前，应依据主控轴线和基底平面图，对建筑物基底外轮廓线、集水坑、电梯井坑、垫层标高（高程）、基槽断面尺寸和坡度等进行抄测并填写基槽平面及标高实测记录。

施工单位应依据主控线和基础平面图在基础垫层防水保护层上进行墙柱轴线及边线、集水坑、电梯井边线的测量放线及标高实测；在结构楼层上进行墙柱轴线及边线、门窗洞口线等测量放线，实测楼层标高及建筑物各大角双向垂直度偏差填写楼层平面及标高实测记录。

施工单位应在本层结构实体完成后抄测本楼层＋0.500m（或＋1.000m）标高线并填写楼层标高抄测记录。

施工单位应在结构工程完成后和竣工时，对建筑外轮廓垂直度和全高进行实测，填写建筑外轮廓垂直度及标高测量记录。

设计和规范有要求的或施工需进行变形观测的工程，应有施工过程中及竣工后的变形观测记录，记录的内容包括：变形观测点布置图、变形量、时间荷载关系曲线图并形成报告。

施工单位在完成各种施工测量成果的同时，应报监理单位查验并签字。

6.1.1　工程定位测量记录

工程定位测量是施工单位依据测绘部门提供的放线成果、红线桩及场地控制网或建筑物控制网，测定建筑物位置、主控轴线、建筑物±0.00绝对高程等，标明现场标准水准点、坐标点位置。

以设计图纸为依据，确定标准轴线桩位置。

1. 建筑物位置线

依据规划部门指定的红线桩、建筑总平面图定出标准轴线，并做出平面控制网，绘制成图。

2. 标准水准点

标准水准点位置由规划部门提供，用来作为引入拟建建筑物标高的水准点，一般为两点或两点以上，在使用以前必须进行校核。

上述两项工作完成后，由施工单位填写工程定位测量记录。

3. 工程定位测量记录填写的要求

（1）工程名称与图纸标签栏内名称要相一致。

（2）"委托单位"指业主或总承包单位。

（3）图纸编号填写施工图纸编号，如总平面、首层建筑平面、基础平面。

（4）施测日期、复测日期按实际日期填写。

（5）"平面坐标依据、高程依据"是由测绘院或建设单位提供，应以市规划委员会钉桩坐标为标准。在填写时要写明点位编号，且与交桩资料中的点位编号一致。

（6）闭和差必须如实填写，要精确到"秒"，不得填写"合格"或"符合要求"之类的字句。要计算出闭合差，且满足 $1 < 1/10000$，$\pm\sqrt{n}$ 的要求（n 为测站数）。

（7）使用仪器栏：仪器的名称、型号标注清楚。

（8）仪器校验日期是指由法定检测单位校验的日期。

（9）定位抄测示意图要标注准确，具体要求：

①应将建筑物位置线、重要控制轴线、尺寸及指北针方向、现场标准水准点、坐标点、红线桩、周边原有建筑物、道路等采用适当比例画在此栏内。

②坐标、高程依据要标注引出位置，并标出它与建筑物的关系。

③特殊情况下，可不按比例只画示意图，但要标出主要轴线尺寸。同时须注明 ±0.000 绝对高程。

（10）复测结果一栏必须填写具体数字，各坐标点的具体数值。不能只写"合格"或"不合格"。由施工（测量）单位写。如：

①/F：①～⑩边 ±3mm；①～④边 $+1$mm，角 $+5''$；D/④：①～@边：±2mm；①～④边 0mm，角 $+8''$；引测施工现场的施工标高 $+0.500$m：53.000m，三个误差在 2mm 以内符合要求。

（11）签字栏中技术负责人为项目技术负责人；测量负责人为施测单位或部门主管；"施测人"是指定位仪器操作者，"复测人"是指施测单位的上一级测量人员。

（12）单位测量必须附加计算成果、依据资料、标准轴线桩及平面控制网示意图。

4. 工程定位测量填写范例见表 6-1

5. 工程定位测量预检合格后，由市城市规划管理向下发验收通知单（表 6-2），并将测量结果进行记录，式样表格见表 6-3。

工程定位测量记录 表 6-1

工程定位测量记录 C3-1		资料编号	00-00-C3-001
工程名称	×××工程	委托单位	××建筑工程公司
图纸编号	J1-02（总平面田）J1-04（首层建筑平面图）	施测日期	××××年××月××日
平面坐标依据	A桩 y＝304541.419 x＝501655.610	复测日期	××××年××月××日

工程定位测量记录 C3-1		资料编号	00-00-C3-001
高程依据	BM144.596	使用仪器	全站仪 TOPCON-601DZS3-1 水准仪
允许误差	$1<1/1000$，$h\leqslant\pm6mm\sqrt{n}$	仪器校验日期	××××年××月××日

定位抄测示意图：

复测结果：符合要求

桩号	距离（m）	横坐标（m）	纵坐标（m）
A		501655.610	304541.419
	98.460		
B		501753.718	304533.097
	65.708		
C		501753.396	304467.390
	98.147		
D		501655.250	304467.871
	73.549		
A			

签字栏	施工单位	××建筑工程公司	专业技术负责人	测量负责人	复测人	施测人
			×××	×××	×××	×××
	监理（建设）单位	××监理公司		专业工程师	×××	

本表由施工单位填写。

××市城市规划管理局验收通知单　　　　表 6-2

建设许可证编号 023		工程名称	×××工程
建设单位	×××公司	联系人电话	×××6031873
工程地点	西单路口东北	施工单位及联系人电话	×××建筑工程公司 ×××6566504
设计单位	×××建筑设计院	附件	总平面图一张
测量要求	核对建筑位置，临街关系，长、宽等是否与原批准件相符。		

测量条件：
请验建筑东外墙线轴退钟声胡同西红线 1747mm，南外墙线轴退西长安街北红线 14600mm，西外墙线出红线 400mm（原因见"建筑工程规划许可证附件"）。

拟定：×××　　　　　　　　　　　　　　　　核对：×××

测量日期	××××年××月××日	工程进度	施工放线	界桩情况	有
原放线单位	×××建筑工程公司			放线者	×××

验线结果：所放线均为轴线，1 轴线往西 0.45m 为外墙皮

轴交：偏南 0.046m，偏西 0.069m

轴 4：偏西 0.087m

轴 3：偏西 0.032m

轴 2：偏南 0.014m

轴 1：偏西 0.031m

草图：

测量者：××××年×月××日　　　　　　　　　　初审：××××年×月××日

工作说明：

测绘院批示：

处理意见：

注：本表一式三份，验线后请将结果退局 1 份存档。

6.1.2　基槽平面及标高实测记录

填写范例见表 6-4。

基槽平面及标高实测记录　　　　　　　　　　　表 6-4

基槽平面及标高实测记录 C3-2		资料编号	01-01-C3-×××
工程名称	×××工程	日期	××××年××月××日

验线依据及内容：

1. 定位控制桩。

2. 测绘院高程 BM4、BM5。

3. 基础平面图。

基槽平面、剖面简图：

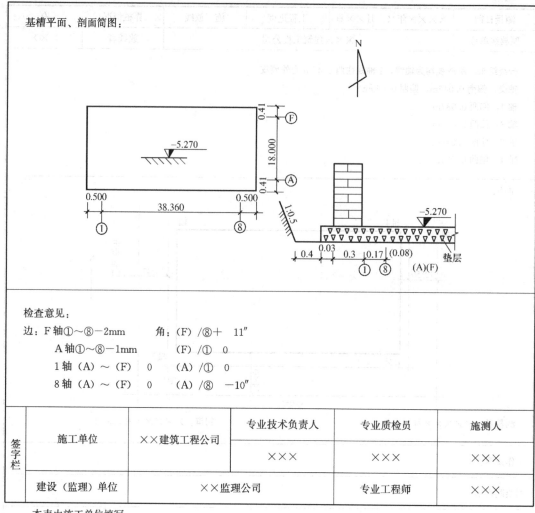

检查意见：
边：F轴①～⑧－2mm   角：（F）/⑧＋ 11″
　　A轴①～⑧－1mm   （F）/①   0
　　1轴（A）～（F） 0   （A）/①   0
　　8轴（A）～（F） 0   （A）/⑧   －10″

签字栏	施工单位	××建筑工程公司	专业技术负责人	专业质检员	施测人
			×××	×××	×××
	建设（监理）单位	××监理公司		专业工程师	×××

本表由施工单位填写。

1. 基槽验线项目

基槽放线就是根据主控轴线、基底平面图、地基基础施工方案，检验建筑物基底外轮廓线、集水坑、电梯井坑、垫层标高（高程）、基槽断面尺寸和坡度等。

2. 检查内容

建筑物基底外轮廓线位置、尺寸、集水坑、电梯井坑、垫层标高（高程）、放坡边线、坡度、基槽断面尺寸等。

3. 基槽验线记录填写要求

（1）验线根据是指由建设单位或测绘院提供的坐标、高程控制点或工程测量定位控制桩、高程点等。内容要描述清楚。

（2）基槽平面剖面简图要画出基槽平、剖面简图轮廓线，应标注主轴线尺寸、标注断面尺寸、高程。

（3）复测结果：将检查意见表达清楚，不得用"符合要求"一词代替检查意见。（应有测量的具体数据误差）。如：基底外轮廓及电梯井、集水坑位置准确无误。垫层标高

6.800m，误差均在±5mm 以内。

（4）签字栏中技术负责人为项目总工；测量负责人为施测单位主管；质量检查员为现场质检员。

（5）施工单位一栏按"谁施工填谁"的原则执行。

6.1.3 楼层平面放线及标高实测记录

填写范例见表 6-5。

楼层平面放线及标高实测记录 表 6-5

楼层平面放线及标高实测记录 C3-3		资料编号	02-01-C3-×××
工程名称	×××工程	日期	××××年××月××日
放线部位	首层（A）～（F）/0～⑧	放线内容	平面位置线

放线依据：
1. 测绘院高程 BM4、BM5。
2. 首层建筑平面图。

放线简图：

检查意见：
查四个向上传递＋0.50m（建）水平控制点
①/Ⓐ为－1mm，①/Ⓕ为 0mm，⑧/Ⓕ为 0mm，⑧/Ⓐ为 0mm
同意放样

签字栏	施工单位	××建筑工程公司	专业技术负责人	专业质检员	施测人
			×××	×××	×××
	建设（监理）单位	××监理公司		专业工程师	×××

本表由施工单位填写。

每个施工部位完成到一个水平面时，如底板、顶板要在这个平面板（顶板）上投测向上一层的平面位置线，这就是楼层放线。在完成楼层平面放线后应报监理单位审核。

1. 楼层平面放线内容

（1）依据图纸和测量方案检查施工层墙体、柱轴线和边线。

（2）依据图纸检查门、窗洞口位置线和皮数杆。

（3）依据图纸检查楼层水半线。

（4）依据测量施工方案检查轴线竖向投测控制线。

2. 楼层平面放线记录填写要求

（1）放线部位一定应注明楼层（分层、分轴线或施工流水段填写）。若是建筑面积小，没有划分施工流水段，就按轴线填写。如：二层①轴、⑥轴墙体、门窗洞口。

（2）放线依据应填写：

①定位控制桩；

②测绘院 BM1、BM2；

③地下/地上××层平面（图号××）。

（3）放线简图若是平面放线要标注轴线尺寸、放线尺寸、若是外墙、门窗洞口放线要画剖面简图，注明放线的标高尺寸。

（4）检查意见一栏由监理人员签署。要将检查意见表达清楚，不得用"符合要求"一词代替检查意见。如：e/⑦：①～A边＋3mm；⑦～④边＋1mm，角＋5′；D/④：①～⑩边＋2mm；①～④边0mm，角＋8′，本层结构面标高－6.750m，误差均在±3mm以内。

（5）签字栏中技术负责人为项目总工；测量负责人为施测单位主管；质量检查员为现场质检员。

6.1.4 楼层平面标高抄测记录

填写范例见表6-6。

楼层平面标高抄测记录   表6-6

楼层平面标高抄测记录 C3-4		资料编号	01-01-C3-×××
工程名称	×××工程	日期	××××年××月××日
放线部位	五层Ⅱ段外墙	抄测内容	＋50cm线
抄测依据： 依据绝对高程50.100m向二层外墙传递标高，抄外墙上＋0.5m平线（各开间墙上平线）。 图纸：结15。			
抄测说明简图： 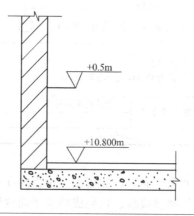			
检查意见： 经检查五层Ⅱ段外墙位置线准确，符合图纸要求，同意。			

签字栏	施工单位	××建筑工程公司	专业技术负责人 ×××	专业质检员 ×××	施测人 ×××
	建设（监理）单位	××监理公司		专业工程师	×××

本表由施工单位填写。

1. 在墙体砌筑完成，墙体模板拆除后，对于今后顶板的支模、装修都是标准高度线。

2. 楼层标高抄测记录内容包括楼层＋50cm 或＋100cm 水平控制线、门窗洞口标高控制线及用皮数杆控制的线，并报监理单位审核。

3. 楼层标高抄测记录填写要求

(1) 抄测部位应根据施工组织设计分层、分轴线或施工流水段填写明确。注明哪层哪段，如首层Ⅱ段⑤～⑩轴。

(2) 抄测内容：写明是 50cm 线还是 1m 线标高、标志点位置、测量工具（应写明抄测仪器型号、出厂编号）等，涉及数据的应注明具体数据；本栏应画简图予以说明，标明所在楼层建筑＋0.5m（或＋1.0m）水平控制线标志点位置、相对标高、重要控制轴线、指北针方向、分楼层段的具体图名等；

(3) 抄测依据：要根据测绘院给出的高程点、施工图等。

(4) 检查意见一栏由监理人员签署。要将检查意见表达清楚，不得用"符合要求"一词代替检查意见。

(5) 签字栏中技术负责人为项目总工；测量责任人为具体操作人员；质量检查员为现场质检员。

(6) 施工单位一栏按"谁施工填谁"这一原则执行。

6.1.5 建筑物垂直度、标高观测记录

填写范例见表 6-7。

建筑物垂直度、标高观测记录   表 6-7

建筑物垂直度、标高观测记录 C3-5		编号	00-00-C3-×××
工程名称	×××工程		
施工阶段	主体结构	观测日期	××××年××月××日

观测说明（附观测示意图）：
本楼总高度 30.6m。

垂直度测量（全高）		标高测量（全高）	
观测部位	实测偏差（mm）	观测部位	实测偏差（mm）
1#西北楼角	16	A 西北侧西端檐口	＋23
2#东北楼角	10	B 西北侧东端檐口	＋15

观测部位	实测偏差（mm）	观测部位	实测偏差（mm）
3♯东南楼角	17	C东侧南端檐口	＋17
4♯南侧楼角	21	D南侧西端檐口	＋20
5♯南侧西楼角	14		

结论：

经进行观测记录，实测偏差值符合《混凝土结构工程施工质量验收规范》（GB 50204—2002）的允许垂直度偏差值以内和标高高差值以内。

签字栏	施工单位	××建筑工程公司	专业技术负责人	专业质检员	施测人
			×××	×××	×××
	建设（监理）单位	××监理公司		专业工程师	×××

本表由施工单位填写。

1. 根据《混凝土结构工程施工质量验收规范》（GB 50204—2002）、《砌体工程施工质量验收规范》（GB 50203—2002）要求，在结构工程完成和工程竣工时，对建筑物垂直度和全高进行实测，并报监理单位审核。

2. 超过允许偏差且影响结构性能的部位，应制定技术处理方案，并经建设（监理）单位认可后进行处理。

3. 建筑物垂直度、标高观测记录填写要求

（1）施工阶段。

（2）观测说明：采用仪器类型，观测点位布置，观测时间的确定等，均应说明。用2″精度激光垂准仪配合量距测得全高、垂直度。用计量50m钢尺外加三项改正量得总高偏差。

（3）观测示意图

按实际建筑物轮廓画示意图，标注观测点位置。

（4）观测结果

将观测的数值填上。

（5）结论

根据观测的数值下结论。

（6）签字栏中技术负责人为项目总工；测量负责人为施测单位主管；质量检查员为现场质检员。

（7）施工单位一栏按"谁施工填谁"这一原则执行。

6.1.6 沉降观测记录

沉降观测是针对一些有特殊要求的重要工业与民用建筑物，以及 20 层以上的高层、

超高层建筑物，在施工过程以及投入使用一段时期内沉降情况的观测记录。可作为建筑物安全的有效证明资料。

根据设计要求和规范规定，凡需进行沉降观测的工程，应由建设单位委托有资质的测量单位进行施工过程中及竣工后的沉降观测工作。

测量单位应按设计要求和规范规定，或监理单位批准的观测方案，设置沉降观测点，绘制沉降观测点布置图，定期进行沉降观测记录，并应附沉降观测点的沉降量与时间、荷载关系曲线图和沉降观测技术报告。

设计和规范要求进行沉降观测的工程项目，都要按设计和规范要求设置沉降观测点，并做沉降观测记录。

一般施工企业可以自己观察施工过程的沉降情况。

沉降点的设置及观测方法应符合《建筑工程施工测量规程》（DBJ01—21—95）及有关设计的要求。

1. 应做沉降观测的范围

属于下列情况之一者应进行沉降观测：

（1）重要的工业与民用建筑物；

（2）20 层以上的高层建筑物；

（3）造型复杂的 14 层以上的高层建筑物；

（4）对地基变形有特殊要求的建筑物；

（5）单桩承受荷载在 400kN 以上的建筑物；

（6）使用灌注桩基础而设计与施工人员经验不足的建筑物；

（7）因施工使用或科研要求进行沉降观测的建筑物。

2. 沉降观测记录内容

沉降观测中，每次应记录观测时建（构）筑物的荷载变化、气象情况与施工条件的变化。

3. 沉降观测的次数和时间

（1）荷载变化期间，沉降观测周期应符合下列要求：

1）高层建筑施工期间每增加 1～2 层，电视塔、烟囱等每增高 10～15m 应观测 1 次；工业建筑应在不同荷载阶段分别进行观测，整个施工期间的观测不应少于 4 次。

2）基础混凝土浇筑、回填土及结构安装等增加较大荷载前后应进行观测。

3）基础周围大量积水、挖方、降水及暴雨后应观测。

4）出现不均匀沉降时，根据情况应增加观测次数。

5）施工期间因故暂停施工超过三个月，应在停工时及复工前进行观测。

（2）结构封顶至工程竣工，沉降周期宜符合下列要求：

1）均匀沉降且连续三个月内平均沉降量不超过 1mm 时，每三个月观测一次。

2）连续二次每三个月平均沉降量不超过 2mm 时，每六个月观测一次。

3）外界发生剧烈变化时应及时观测。

4）交工前观测一次。

5）交工后建设单位应每六个月观测一次，直至基本稳定（1mm/100d）为止。

（3）建筑物和构筑物全部竣工后观测次数

1）第一年 4 次。

2）第二年 2 次。

3）第三年以后每年一次，至下沉稳定（由沉降与时间的关系曲线判定）为止。

4. 观测期限

（1）砂土地基 2 年。

（2）黏性土地基 5 年。

（3）软土地基 10 年。

5. 建（构）筑物的基础观测要求

建（构）筑物基础观测点应埋在基础底版上，由不均匀沉降引起的基础相对倾斜值、基础挠度、平均沉降量及整体刚度较好的建（构）筑物主体结构倾斜值等的估算，应按《建筑施工测量技术规程》（DBJ11/T 446—2007）要求进行。

6. 沉降观测资料

沉降观测资料应及时整理和妥善保存，并应附有下列各项资料：

（1）根据水准点测量得出的每个观测点高程和其逐次沉降量。

（2）根据建筑物和构筑物的平面图绘制的观测点的位置图，根据沉降观测结果绘制的沉降量、地基荷载与连续时间三者的关系曲线图及沉降量分布曲线图。

（3）计算出的建筑物和构筑物的平均沉降量、对弯曲和相对倾斜值。

（4）水准点的平面布置图和构造图，测量沉降的全部原始资料。

6.2 施 工 物 资 资 料

按照建筑法的规定："建筑施工企业必须按照设计要求、施工技术标准和合同的约定，对建筑材料、建筑构配件和设备进行检验，不合格的不得使用。"

物资资料应能证实物资的合格性，证实满足规范使用要求的特性。

施工物资主要包括原材料、成品与半成品、构配件、设备等。

6.2.1 施工物资资料管理的总要求

1. 质量必须合格，应有产品质量证明文件（质量合格证明或检/试验报告单、产品许可证、产品合格证等），北京市在施工程并应符合北京市建委颁布的北京市建筑材料供应备案管理办法。

2. 合格证、试（检）验报告单或记录单的抄件（复印件）应保留原件所有内容，并注明原件存放单位，并有抄件人、抄件单位的签字和盖单（红章）。

3. 需采取技术处理的，除满足技术要求外，还应得到有关技术负责人批准后方能使用，涉及结构安全的材料需要代换时，应征得设计单位的同意，并符合有关规定方可使用。不合格物资不准使用，并注明去向。

4. 凡使用新材料、新产品、新工艺、新技术，应有具备鉴定资格单位出具的鉴定证明，产品要有质量标准、使用说明和工艺要求，使用前应按其质量标准进行检验和试验。依法定程序批准进入市场的新设备、器具和材料除符合规范规定外，应提供安装、使用、维修和试验要求等技术文件。

5. 国家规定须经强制认证的产品应有认证标志（CCC），生产厂家应提供认证证书复印件，认证书应在有效期内。

6. 涉及消防、电力、卫生、环保等有关物资，须经行政管理部门认可的，应有相应的认可文件。

7. 进口材料和设备应有商检证明和中文版的质量证明文件、性能检测报告以及中文版的安装、使用、维修和试验要求等技术文件。

8. 规范、标准要求实行见证时，应按规定进行有见证取样和送检。

9. 施工过程试验项目以及取样批量详见表 6-8，可根据工程的特殊需要另外增加试验项目。

试验项目与取样规定参考表　　　　　　　　　　　　　　　　　　　表 6-8

序号	材料名称及相关标准、规范代号		进场复验项目	组批原则及取样规定
1	水 泥	(1) 硅酸盐水泥 (2) 普通硅酸盐水泥 (3) 矿渣硅酸盐水泥 (4) 粉煤灰硅酸盐水泥 (5) 火山灰质硅酸盐水泥 (6) 复合硅酸盐水泥 (GB 175—2007)	安定性 凝结时间 强度	(1) 散装水泥: ①对同一水泥厂生产同期出厂的同品种、同强度等级、同一出厂编号的水泥为一验收批，但同一验收批的总量不得超过 500t。 ②随机从不少于 3 个罐车中各取等量水泥，经混拌均匀后，再从中称取不少于 12kg 的水泥作为试样。
		(7) 砌筑水泥 (GB/T 3183—2003)	安定性 凝结时间 强度 保水率 （砌筑工程）	(2) 袋装水泥: ①对同一水泥厂生产同期出厂的同品种、同强度等级、同一出厂编号的水泥为一验收批，但一验收批的总量不得超过 200t。 ②随机从不少于 20 袋中各取等量水泥，经混拌均匀后，再从中称取不少于 12kg 的水泥作为试样
		(8) 铝酸盐水泥 (GB 201—2000)	强度 凝结时间 细度	(1) 同一水泥厂、同一类型、同一编号的水泥，每 120t 为一取样单位，不足 120t 也按一取样单位计。 (2) 取样应有代表性，可从 20 袋中各取等量样品，总量至少 15kg。注：水泥取样后，超过 45 天使用时须重新取样试验
		(9) 快硬硅酸盐水泥 (GB 199—90)	强度 凝结时间 安定性 氧化镁 三氧化硫	(1) 同一水泥厂、同一类型、同一编号的水泥，400t 为一取样单位。不足 400t 也按一取样单位计。 (2) 取样应有代表性，可从 20 袋中各取等量样品，总量至少 14kg

序号	材料名称及相关标准、规范代号		进场复验项目	组批原则及取样规定
2	掺和物	(1) 粉煤灰 (GB/T 1596—2005)	细度 烧失量 需水量比	(1) 以连续供应相同等级的不超过 200t 为一验收批。 (2) 取样应有代表性，从 10 个以上不同部位取等量样品，总量至少 3kg
		(2) 天然沸石粉 (JGJ/T 112—97)	细度 需水量比 吸铵值	(1) 以相同等级的沸石粉每 120t 为一验收批，不足 120t 也按一批计。每一验收批取样一组（不少于 1kg）。 (2) 袋装粉取样时，应从每批中任抽 10 袋，每袋中各取样不得少于 1kg，按四分法缩取平均试样。 (3) 散装沸石粉取样时，应从不同部位取 10 份试样，每份不少于 1kg。然后缩取平均试样
3	砂 (JGJ 52—2006)		筛分析 含泥量 泥块含量	(1) 以同一产地、同一规格每 400m³ 或 600t 为一验收批，不足 400m³ 或 600t 也按一批计。每一验收批取样一组（20kg）。 (2) 当质量比较稳定、进料量较大时，可以 1000t 为一验收批。 (3) 取样部位应均匀分部，在料堆上从 8 个不同部位抽取等量试样（每份 11kg）。然后用四分法缩至 20kg，取样前先将取样部位表面铲除
4	碎石或卵石 (JGJ 52—2006)		筛分析 含泥量 泥块含量 针片状颗粒含量 压碎指标	(1) 以同一产地、同一规格每 400m³，或 600t 为一验收批，不足 400m³ 或 600t，也按一批计。每一验收批取样一组。 (2) 当质量比较稳定．进料量较大时，可以 1000t 为一验收批。 (3) 一组试样 40kg（最大粒径 10、16、20mm）或 80kg（最大粒径 31.5、40mm）取样部位应均匀分布，在料堆上从五个不同的部位抽取大致相等的试样 15 份（料堆的顶部、中部、底部）。每份 5～40kg，然后缩分到 40kg 或 80kg 送检
5	混凝土用水 (JGJ 63—2006)		pH 氯离子含量	(1) 取样数量为 23L。 (2) 取样方法：井水，钻孔水和自来水应放水冲洗管道后采集；江湖水应在中心位或水面下 300～500mm 处采集。 (3) 采集水样用的容器，应预先彻底洗净，采集时再用待采集水样冲洗三次后，才能采集水样。水样采集后加盖蜡封，保持原状

序号	材料名称及 相关标准、规范代号		进场复验项目	组批原则及取样规定
6	轻集料	轻粗集料 (GB/T 17431.1~2—2010)	筛分析 堆积密度 吸水率 筒压强度 粒型系数	(1) 以同一品种、同一密度等级每 200m³ 为一验收批，不足 200m³ 按一批计。 (2) 试样可从料堆自上到下不同部位、不同方向任选 10 点（袋装料应从 10 袋中抽取）应避免离析的及面层的材料。 (3) 初次抽取的试样量应不少于 10 份，其总料应多于试验用料量的 1 倍。拌合均匀后，按四分法缩分到试验所需的用料量；轻粗集料为 50L（以必试项目计），轻细集料为 10L（以必试项目计）
		轻细集料 (GB/T 17431.1~2—2010)	筛分析 堆积密度 表观密度	
7	石 灰	建筑生石灰 (JC/T 479—1992)	CaO+MgO 含量 未消化残渣 CO_2 含量产浆量	(1) 以同一厂家，同一类别，同一等级不超过 100t 为一验收批。 (2) 从不同部位选取，取样点不少于 12 个，每个点不少于 2kg，，缩分至 9kg
		建筑生石灰粉 (JC/T 481—1992)	CaO+MgO 含量 细度	(1) 以同一生产厂，同一类别，等级不超过 100t 为一验收批。 (2) 从本批中随机抽取 10 袋样品，总量不少于 500g，缩分至 1kg
		建筑消石灰 (JC/T 480—1992)	CaO+MgO 含量 游离水 体积安定性 细度	(1) 以同一生产厂，同一类别，等级不超过 100t 为一验收批。 (2) 从本批中随机抽取 10 袋，从每袋中抽取 500g，混匀后缩分至 1kg
8	建筑石膏 (GB/T 9776—2008)		细度 凝结时间	(1) 以同一生产厂，同等级的石膏 200t 为一验收批，不足 200t 也按一批计。 (2) 样品经四分法缩分至 0.2kg 送试
9	砌墙砖和砌块	(1) 烧结普通砖 (GB 5101—2003)	抗压强度	(1) 每 5 万~15 万块为一验收批，不足 3.5 万块也按一批计。 (2) 每一验收批随机抽取试样一组（10 块）
		(2) 烧结多孔砖 (GB 13544—2011) (GB 50203—2002)	抗压强度	(1) 每 5 万块为一验收批，不足 5 万块也按一批计。 (2) 每一验收批随机袖取试样一组（10 块）
		(3) 烧结空心砖 空心砌块 (GB 13545—2003)	抗压强度	(1) 每 3.5 万~15 万块为一验收批，不足 3 万块也按一批计。 (2) 每批从尺寸偏差和外观质量检验合格的砖中，随机抽取抗压强度试验试样一组（10 块）

序号	材料名称及相关标准、规范代号		进场复验项目	组批原则及取样规定
9	砌墙砖和砌块	(4) 非烧结普通砖 (JC/T 422—2007)	抗压强度 抗折强度	(1) 每5万块为一验收批，不足5万块也按一批计。 (2) 每批从尺寸偏差和外观质量检验合格的砖中，随机抽取强度试验试样一组（10块）
		(5) 粉煤灰砖 (JC 239—2001)	抗压强度 抗折强度	(1) 每10万块为一验收批，不足10万块也按一批计。 (2) 每一验收批随机抽取试样一组（20块）
		(6) 粉煤灰砌块 (JC 238—1991)（1996）	抗压强度	(1) 每200m³ 为一验收批，不足200m³ 也按一批计。 (2) 每批从尺寸偏差和外观质量检验合格的砌块中，随机抽取试样一组（3块），将其切割成边长200mm的立方体试件进行抗压强度试验
		(7) 蒸压灰砂砖 (GB 11945—1999)	抗压强度 抗折强度	(1) 每10万块为一验收批，不足10万块也按一批计。 (2) 每一验收批随机抽取试样一组（10块）
		(8) 蒸压灰砂空心砖 (JC/T 637—2009)	抗压强度	(1) 每10万块砖为一验收批，不足10万块也按一批计。 (2) 从外观合格的砖样中，用随机抽取法抽取2组10块（NF砖为2组20块）进行抗压强度试验和抗冻性试验
		(9) 普通混凝土空心砌块 (GB 8239—1997)	抗压强度	(1) 每1万块为一验收批，不足1万块也按一批计。 (2) 每批从尺寸偏差和外观质量检验合格的砖中随机抽取抗压强度试验一组（5块）
		(10) 轻集料混凝土小型空心砌块 (GB/T 15229—2011)	抗压强度	
		(11) 蒸压加气混凝土砌块 (GB/T 11968—2006)	立方体抗压强度 干密度	(1) 同品种、同规格、同等级的砌块，以1万块为一验收批，不足1万块也按一批计。 (2) 从尺寸偏差与外观检验合格的砌块中，随机抽取砌块，制作3组试件进行立方体抗压强度试验，制作3组试件做干体积密度检验
10	钢材	(1) 碳素结构钢 (GB 700—2006)	拉伸试验（屈服点、抗拉强度、伸长率）弯曲试验	(1) 同一厂别，同一炉罐号，同一规格、同一交货状态每60t 为一验收批，不足60t 也按一批计。 (2) 每一验收批取一组试件（拉伸、弯曲各1个）

序号	材料名称及相关标准、规范代号		进场复验项目	组批原则及取样规定
10	钢材	(2) 钢筋混凝土用热轧带肋钢筋 (GB 1499.2—2007)	拉伸试验（屈服强度抗拉强度，断后伸长率） 弯曲试验 重量偏差	(1) 同一厂别、同一炉罐号、同一规格、每60t为一验收批，不足60t也按一批计。 (2) 每一验收批取一组试件（拉伸2个、弯曲2个）。 (3) 超过60t的部分，每增加40t（或不足40t的余数），增加一个拉伸试件和一个弯曲试件
		(3) 钢筋混凝土用热轧光圆钢筋 (GB 1499.1—2008)		
		(4) 钢筋混凝土用余热处理钢筋 (GB 13014—91)	拉伸试验（屈服点、抗拉强度、断后伸长率） 弯曲试验	(1) 同一厂别、同一炉罐号、同一规格、同一交货状态，每60t为一验收批，不足60t也按一批计。 (2) 每一验收批取一组试件，其中拉伸2个、弯曲2个。 (3) 在任选的两根钢筋切取
		(5) 冷轧带肋钢筋 (GB 13788—2008)	拉伸试验（屈服点、抗拉强度、伸长率） 弯曲试验	(1) 同一牌号、同一规格、同一生产工艺、同一交货状态，每60t为一验收批，不足60t也按一批计 (2) 每一检验批取拉伸试件1个（逐盘），弯曲试件2个（每批），松弛试件1个（定期）。 (3) 在每（任）盘中的任意一端截去500mm后切取
		(6) 冷轧扭钢筋 (JG 190—2006)	拉伸试验（屈服点、抗拉强度、伸长率） 弯曲试验 重量 节距 厚度	(1) 同一牌号、同一规格、同一台轧机、同一台班每10t为一验收批，不足10t也按一批计。 (2) 每批取弯曲试件1个，拉伸试件2个，重量、节距、厚度各3个
		(7) 预应力混凝土用钢丝 (GB/T 5223—2002)	抗拉强度 伸长率 弯曲试验	(1) 同一牌号、同一规格、同一加工状态的钢丝为一验收批，每批重量不大于60t。 (2) 在每盘钢丝任意一端截取抗拉强度、弯曲和断后伸长率的试验试件各一根。规定非比例身长应力和最大力下总伸长率试验每批取3根
		(8) 中强度预应力混凝土用钢丝 (YB/T 156—1999) (GB/T 2103—88) (GB/T 10120—96)	抗拉强度 伸长率 反复弯曲	(1) 同一牌号、同一规格、同一强度等级、同一生产工艺的钢丝为一验收批，每批重量不大于60t。 (2) 每盘钢丝的两端取样进行抗拉强度、伸长率、反复弯曲的检验。 (3) 规定非比例伸长应力和松弛率试验，每季度抽检一次.每次不少于3根

序号	材料名称及相关标准、规范代号	进场复验项目	组批原则及取样规定
10	钢材	(9) 预应力混凝土用钢棒 (GB/T 5223.3—2005)	抗拉强度 断后伸长率 伸直性	(1) 同一牌号、同一规格、同一加工状态的钢棒为一验收批，每批重量不大于60t。 (2) 从任一盘钢棒任意一端截取1根试样进行抗拉强度、断后伸长率试验；每5盘取1根伸直性试验试样；规定非比例延伸强度试样为每批3根；应力松弛为每条生产线每月不少于1根。 (3) 对于直条钢棒，以切断盘条的盘数为取样依据
		(10) 预应力混凝土用钢绞线 (GB/T 5224—2003)	整根钢绞线的最大力 规定非比例延伸力 最大力总伸长率	(1) 由同一牌号、同一规格、同一生产工艺捻制的钢绞线为一验收批，每批重量不大于60t。 (2) 从每批钢绞线中任取3盘，从每盘所选的钢绞线端部正常部位截取一根进行表面质量、直径偏差、捻距和力学性能试验。如每批少于3盘，则应逐盘进行上述检验
		(11) 预应力混凝土用低合金钢丝 (YB/T 038—93)	拔丝用盘条 抗拉强度 伸长率 冷弯 钢丝 抗拉强度 伸长率 反复弯曲 应力松弛	(1) 拔丝用盘条：见本表7-3（低碳热轧圆盘条） (2) 钢丝： ①同一牌号、同一形状、同一尺寸、同一交货状态的钢丝组成。 ②从每批中抽查5%，但不少于5盘进行状态的钢丝为一验收批。 ③从上述检查合格的钢丝中抽取5%，优质钢抽取10%。不少于3盘，拉伸试验每盘一个（任意端）；不少于5盘，反复弯曲试验每盘一个（任意端去掉500mm后取样）
		(12) 一般用途低碳钢丝 (GB/T 343—94)	抗拉强度 180°弯曲 试验次数 伸长率	(1) 同一尺寸、同一锌层级别、同一交货状态的钢丝为一验收批。 (2) 从每批中抽查5%，但不少于5盘进行形状、尺寸和表面检查。 (3) 从上述检查合格的钢丝中抽取5%，优质钢抽取10%，不少于3盘，拉伸试验、反复弯曲试验每盘各一个（任意端）

序号	材料名称及 相关标准、规范代号		进场复验项目	组批原则及取样规定
11	钢 筋 连 接	焊接 (GB 50204—2010) (JC 171—2005) (1) 钢筋电阻点焊	抗拉强度 抗压强度 弯曲试验	班前焊(工艺性能试驻)在工程开工或每批钢筋正式焊接前,应进行现场条件下的焊接性能试验。试验合格后方可正式生产。试件数量及要求见以下: (1)电阻点焊制品 1)钢筋焊接骨架: ①凡钢筋级别、直径及尺寸相同的焊接骨架应视为同一类制品,且每200件为一验收批,一周内不足200件的也按一批计; ②试件应从成品中切取,当所切取试件的尺寸小于规定的试件尺寸时,或受力钢筋大于8mm时,可在生产过程中焊接试验网片,从中切取试件。 试件尺寸见图: 图 6-1 钢筋焊接试验网片与试件 (a)焊接试验网片简图; (b)钢筋焊点抗剪试件; (c)钢筋焊点拉伸试件 ③由几种钢筋直径组合的焊接骨架,应对每种组合做力学性能检验;热轧钢筋焊点,应作抗剪试验,试件数量3件;冷拔低碳钢丝焊点,应作抗剪试验及较小的钢筋作拉伸试验,试件数量3件。 2)钢筋焊接网: ①凡钢筋级别、直径及尺寸相同的焊接骨架应视为同一类制品。每批不应大于30t。或每200件为一验收批,一周内不足30t或200件的也按一批计; ②试件应从成品中切取: 冷轧带肋钢筋或冷拔低碳钢丝焊点应作拉伸试验,试件数量1件,横向试件数量1件;冷轧带肋钢筋焊点应作弯曲试验,纵向试件数量1件,横向试件数量1件;热轧钢筋、冷轧带肋钢筋或冷拔低碳钢丝的焊点应作抗剪试验,试件数量3件

序号		材料名称及 相关标准、规范代号	进场复验项目	组批原则及取样规定
11	钢筋连接	(2) 钢筋闪光对焊接头	抗拉强度 弯曲试验	(1) 同一台班内由同一焊工完成的 300 个同级别、同直径钢筋焊接接头应作为一批。当同一台班内，可在一周内累计计算；累计仍不足 300 个接头，也按一批计。 (2) 力学性能试验时，试件应从成品中随机切取 6 个试件，其中 3 个做拉伸试验，3 个做弯曲试验。 (3) 焊接等长预应力钢筋（包括螺丝杆与钢筋）。可按生产条件作模拟试件。 (4) 螺丝端杆接头可只做拉伸试验。 (5) 若初试结果不符合要求时，可随机再取双倍数量试件进行复试。 (6) 当模拟试件试验结果不符合要求时，复试应从成品中切取，数量和要求与初试时相同
		(3) 钢筋电弧焊接头	抗拉强度	(1) 工厂焊接条件下：同一钢筋级别 300 个接头为一验收批。 (2) 在现场安装条件下：每一至二层楼同接头形式、同钢筋级别的接头 300 个为一验收批。不足 300 个接头也按一批计。 (3) 试件应从成品中随机切取 3 个接头进行拉伸试验。 (4) 装配式结构节点的焊接接头可按生产条件制造模拟试件。 (5) 当初试结果不符合要求时，应再取 6 个试件进行复试
		(4) 钢筋电渣压力焊接头	抗拉强度	(1) 一般构筑物中以 300 个同级别钢筋接头作为一验收批。 (2) 在现浇钢筋混凝土多层结构中，应以每一楼层或施工区段中 300 个同级别钢筋接头作为一验收批，不足 300 个接头也按一批计。 (3) 试件应从成品中随机切取 3 个接头进行拉伸试验。 (4) 当初试结果不符合要求时，应再取 6 个试件进行复试
		(5) 钢筋电渣压力焊接头	抗拉强度	(1) 一般构筑物中以 300 个同级别钢筋接头作为一验收批。 (2) 在现浇钢筋混凝土多层结构中，应以每一楼层或施工区段中 300 个同级别钢筋接头作为一验收批，不足 300 个接头也按一批计。 (3) 试件应从成品中随机切取 3 个接头进行拉伸试验。 (4) 当初试结果不符合要求时，应再取 6 个试件进行复试

序号	材料名称及 相关标准、规范代号		进场复验项目	组批原则及取样规定
11	钢筋连接	（6）钢筋气压焊接头	抗拉强度 弯曲试验（梁、板的水平筋连接）	（1）一般构筑物中以300个接头作为一验收批。 （2）在现浇钢筋混凝土房屋结构中，同一楼层中应以300个接头作为一验收批，不足300个接头也按一批计。 （3）试件应从成品中随机切取3个接头进行拉伸试验；在梁、板的水平钢筋连接中，应另切取3个试件做弯曲试验。 （4）当初试结果不符合要求时，应再取6个试件进行复试
		（7）预埋件钢筋T形接头	抗拉强度	（1）预埋件钢筋埋弧压力焊，同类型预埋件一周内累计每300件时为一验收批，不足300个接头也按一批计。每批随机切取3个试件做拉伸试验。 图6-2　预埋件T形接头拉伸试件 1—钢板；2—钢筋 （2）当初试结果不符合规定时，再取6个试件进行复试
		机械连接包括 （1）锥螺纹连接 （2）套筒挤压接头 （3）墩粗直螺纹钢筋接头 （GB 50204—2010） （JC 171—2005）	抗拉强度	（1）工艺检验： 在正式施工前，施工过程中按同批钢筋、同种机械连接形式的接头试件不少于3根，同时对应截取接头试件的母材，进行抗拉强度试验。 （2）现场检验： 接头的现场检验按验收批进行。同一施工条件下采用同一批材料的同等级。同形式、同规格的接头每500个为一验收批。不足500个接头也按一批。每一验收批必须在工程结构中随机截取3个试件做单向拉伸试验。在现场连续检验10个验收批，其全部单向拉伸试件一次抽样均合格时，验收批接头数量可扩大一倍

103

序号	材料名称及 相关标准、规范代号	进场复验项目	组批原则及取样规定
12	防水卷材 (GB 50207—2002) (GB 50208—2002)		
13	(1) 铝箔面油毡 (JC/T 504—1992) (1996)	纵向拉力 耐热度 柔度 不透水性	(1) 以同一生产厂的同一品种、同一等级的产品，大于1000卷抽5卷，500～1000卷抽4卷，100—499卷抽3卷，100卷以下抽2卷进行规格尺寸和外观质量检验。在外观质量检验合格的卷材中，任取一卷作物理性能检验。 (2) 将试样卷材切除距外层卷头2500mm，顺纵向截取600mm的2块全幅卷材送试
	(2) 改性沥青聚乙烯胎防水卷材 (GB 18967—2003) (3) 弹性体改性沥青防水卷材 (GB 18242—2008) (4) 塑性体改性沥青防水卷材 (GB 18243—2008) (5) 自粘橡胶沥青防水卷材 (GB 23441—2009) (6) 自粘聚合物改性沥青聚酯胎防水卷材 (JC/T 898—2002)	拉力 最大拉力时延伸率（或断裂延伸率） 不透水性 低温柔度（或柔度） 耐热度	(1) 以同一类型、同一规格10000m² 的产品为一批，不足10000m² 按一批计。 (2) 在每批产品中随机抽取五卷进行单位面积、质量、厚度及外观检查。 (3) 从单位面积质量、面积、厚度及外观检查合格的卷材中任取一卷进行材料性能检验。将试样卷材切除距外层卷头2500mm后，取1m长的卷材进行材料性能检验
	(7) 合成高分子防水卷材 (GB 18173.1—2006) (8) 聚氯乙烯防水卷材 (GB 12952—2003) (9) 氯化聚乙烯防水卷材 (GB 12953—2003) (10) 氯化聚乙烯—橡胶共混防水卷材 (JC/T 684—1997)	断裂拉伸强度 扯断伸长率 不透水性 低温弯折性	(1) 以同一生产厂的同一品种、同一等级的产品，大于1000卷抽5卷，500～1000卷抽4卷，100～499卷抽3卷，100卷以下抽2卷进行规格尺寸和外观质量检验。在外观质量检验合格的卷材中，任取一卷作物理性能检验。 (2) 将试样卷材切除距外层卷头300mm后顺纵向切除1500mm的全幅卷材2块，一块作物理性能检验用，另一块备用
	(11) 玻纤胎沥青瓦 (GB/T 20474—2006)	可溶物含量 拉力 耐热度 柔度	(1) 以同一生产厂，同一等级的产品，每20000m² 为一验收批，不足20000m² 也按一批计。 (2) 从外观、重量、规格、尺寸、允许偏差合格的油毡瓦中，任取4片试件进行物理性能试验

序号	材料名称及 相关标准、规范代号	进场复验项目	组批原则及取样规定
	防水涂料 (GB 50207—2002) (GB 50207—2002)		
13	(1) 溶剂型橡胶沥青防水涂料 (JC/T 852—1999) (2) 水乳型沥青防水涂料 (JC 408—2005)	固体含量 不透水性 低温柔度 耐热度 延伸率	(1) 同一生产厂每 5t 产品为一验收批，不足 5t 也按一批计。 (2) 随机抽取，抽样数应不低于 $\sqrt{\frac{n}{2}}$（n 是产品的桶数）。 (3) 从已检的桶内不同部位，取相同量的样品，混合均匀后取两份样品，分别装入样品容器中，样品容器应留有约 5% 的空隙，盖严，并将样品容器外部擦干净立即作好标志。一份试验用，一份备用
	(3) 聚氨酯防水涂料 (GB/T 19250—2003)	固体含量 断裂延伸率 拉伸强度 低温柔性 不透水性	(1) 同一生产厂，以甲组份每 5t 为一验收批，不足 5t 也按一批计算。乙组份按产品重量配比相应增加。 (2) 每一验收批按产品的配比分别取样，甲、乙组份样品总重为 2kg。 (3) 搅拌均匀后的样品，分别装入干燥的样品容器中，样品容器内应留有 5% 的空隙，密封并作好标志
	(4) 聚合物乳液建筑防水涂料 (JC/T 864—2008)	断裂延伸率 拉伸强度 低温柔性 不透水性 固体含量	(1) 同原料、配方、连续审查的产品，出厂检验以每 5t 为一验收批，不足 5t 也按一批计 (2) 抽样按 GB/T 3186 进行。 (3) 取 4kg 样品用于检验
	(5) 聚合物水泥防水涂料 (GB/T 23445—2009)	断裂延伸率 拉伸强度 低温柔性 不透水性 抗渗性	(1) 同一类型 10t 产品为一验收批，不足 10t 也按一批计。 (2) 产品的液体组分取样按 GB/T 3186 的规定。 (3) 配套固体组分的抽样按 GB 12973—1999 中的袋装水泥的规定进行，两组份共取 5kg 样品
	防水密封涂料 (GB 50207—2002) (GB 50208—2002)		
14	(1) 建筑石油沥青 (GB 494—1998)	软化点 针入度 延度	(1) 以同一产地，同一品种，同一标号，每 20t 为一验收批，不足 20t 也按一批计。每一验收批取样 2kg。 (2) 在料堆上取样时，取样部位应均匀分布，同时应不少于五处，每处取洁净的等量试样共 2kg 作为检验和留样用

序号	材料名称及相关标准、规范代号	进场复验项目	组批原则及取样规定
14	(2) 建筑防水沥青嵌缝油膏 (JC 207—1996)	耐热性（屋面）低温柔性 拉伸粘结性 施工温度	(1) 以同一生产厂、同标号的产品每 2t 为一验收批，不足 2t 也按一批计。 (2) 每批随机抽取 3 件产品，离表皮大约 50mm 处各取样 1kg，装于密封容器内，一份作试验用，另两份留做备用
	(3) 聚氨酯建筑密封胶 (JC 482—2003) (4) 聚硫建筑密封膏 (JC 483—2006) (5) 丙烯酸酯建筑密封胶 (JC 484—1992) (1996) (6) 聚氯乙烯建筑防水接缝材料 (JC 798—1997)	拉伸模量（或拉伸粘结性）定伸粘结性 低温柔性	(1) 以同一生产厂、同等级、同类型产品每 2t 为一验收批，不足 2t 也按一批计。每批随机抽取试样 1 组，试样量不少于 1kg。（屋面每 1t 为一验收批）。 (2) 每批随机抽样，抽样数应不低于 $\sqrt{\dfrac{n}{2}}$，（n 是产品的桶数）。 (3) 从已初检的桶内不同部位，取相同量的样品，混合均匀后 A、B 组分各 2 份，分别装入样品容器中，样品容器应留有约 5% 的空隙，盖严，并将样品容器外部擦干净，立即作好标志。一份试验用，一份备用
	(7) 建筑用硅酮结构密封胶 (GB 16776—2005)	23℃拉伸粘结性 注：作为幕墙工程用的必试项为：拉伸粘结性（标准条件下）邵氏硬度 相容性试验	(1) 以同一生产厂、同一类型、同一品种的产品，每 2t 为一验收批，不足 2t 也按一批计。 (2) 随机抽样，抽样量应满足检验需用量（约 0.5kg）从原包装双组结构胶中抽样后，应立即另行密封包装
15	刚性防水材料 (GB 50207—2002) (GB 50208—2002)		
	(1) 水泥基渗透结晶型防水材料 (GB 18445—201)	抗压强度 抗折强度 粘结强度 抗渗压力	(1) 以同一生产厂每 10t 产品为一验收批，不足 10t 也按一批计。 (2) 在 10 个不同的包装中随机取样，每次取样 10kg。 (3) 取样后应充分拌合均匀，一分为二，一份送试；另一份密封保存一年，以备复验或仲裁用
	(2) 无机基渗透结晶型防水材料 (GB 23440—2009)	抗压强度 抗折强度 粘结强度 抗渗压力	(1) 连续生产同一类别，30t 为一验收批，不足 30t 也按一批计。 (2) 在每批产品中随机抽取。5kg（含）以上包装的，不少于三个包装中抽取样品；少于 5kg 包装的，不少于十个包装中抽取样品。 (3) 将所取样充分混合均匀。样品总质量为 10kg。将样品一分为二，一份为检验样品；另一份备用样品。

序号	材料名称及 相关标准、规范代号	进场复验项目	组批原则及取样规定
16	外加剂 (GB 50119—2003)		
	(1) 普通减水剂 (GB 8076—2008)	pH 密度（或细度） 减水率	
	(2) 高效减水剂 (GB 8076—2008)	pH 密度（或细度） 减水率	
	(3) 早强减水剂 (GB 8076—2008)	密度（或细度） 钢筋锈蚀 减水率	
	(4) 缓凝减水剂 (GB 8076—2008)	pH 密度（或细度） 钢筋锈蚀 1d、3d 抗压强度 减水率	(1) 掺量大于1％（含1％）的同品种的外加剂，每100t为一验收批，不足100t也按一批计。 (2) 掺量小于1％的同品种、同一编号的外加剂，每50t为一验收批，不足50t，也按一批计。 (3) 从不少于三个点取等量样品混匀。 (4) 取样数量，不少于0.2t水泥所需量
	(5) 引气减水剂 (GB 8076—2008)	pH 密度（或细度） 减水率 含气量	
	(6) 缓凝高效减水剂 (GB 8076—2008)	pH 密度（或细度） 混凝土凝结时间 减水剂	
	(7) 缓凝剂 (GB 8076—2008)	pH 密度（或细度） 混凝土凝结时间 减水剂	
	(8) 引气剂 (GB 8076—2008)	pH 密度（或细度） 含气量	
	(9) 早强剂 (GB 8076—2008)	密度（或细度） 钢筋锈蚀 1d、3d 抗压强度	
	(10) 泵送剂 (GB 8076—2008) (JC 473—2001)	pH 密度（或细度） 坍落度增加值 坍落度损失	(1) 以同一生产厂，同品种，同一编号的泵送剂每50t为一验收批，不足50t也按一批计。 (2) 从不少于三个点取等量样品混匀。 (3) 取样数量，不少于0.2t水泥所需量

序号	材料名称及 相关标准、规范代号	进场复验项目	组批原则及取样规定
16	(11) 防水剂 (JC 474—2008)	pH 密度（或细度） 钢筋锈蚀	(1) 年产 500t 以上的防水剂每 50t 为一验收批，500t 以下的防水剂每 30t 为一验收批。不足 50t 或 30t 按一批计。 (2) 从不少于三个点取等量样品混均。 (3) 取样数量，不少于 0.2t 水泥所需量
	(12) 防冻剂 (JG 475—2004)	密度（或细度） 钢筋锈蚀 －7、－7＋28 天 抗压强度比	(1) 同品种的防冻剂，每 50t 为一验收批、50t 也按一批计。 (2) 取样应具有代表性，可连续取，也可以从 20 个以上的不同部位取等量样品。液体防冻剂取样应注意从容器的上、中、下三层分别取样。每批取样数量不于少 0.15t 水泥所需量
	(13) 膨胀剂 (JG 476—2001)	限制膨胀率	(1) 以同一生产厂，同品种、同一编号的膨胀剂每 200t 为一验收批，不足 200t 也按一批计。 (2) 取样应具有代表性，可连续取，也可以从 20 个以上部位取等量样品混匀。总量不少于 10kg
	(14) 喷射用速凝剂 (JC 477—2005)	密度（或细度） 钢筋锈蚀， 混凝土凝结时间 1d 抗压强度	(1) 同一生产厂，同品种，同一编号，每 20t 为一验收批，不足 20t 也按一批计。 (2) 从 16 个不同点取等量试样混匀。取样数量不少于 4kg
17	混凝土 (GB 50204—2011) (GB 50010—2010)		
	(1) 普通混凝土 (GB 50204—2011) (GB 50010—2010)	抗压强度	试块的留置： (1) 每拌制 100 盘且不超过 100m³ 的同配合比的混凝土，取样不得少一次； (2) 每工作班拌制的同一配合比的混凝土不足 100 盘时，取样不得少于一次； (3) 当一次连续浇筑超过 1000m³ 时，同一配合比混凝土每 200m³ 混凝土取样不得少于一次； (4) 每一楼层，同一配合比的混凝土，取样不得少于一次； (5) 每次取样应至少留置一组标养养护试件，同条件养护试件的留置组数（如拆模前，拆除支撑前等）应根据实际需要确定； (6) 冬期施工时，掺用外加剂的混凝土，还应留置与结构同条件养护的用以检验受冻临界强度试件及结构同条件养护 28d、再标准养护 28d 的试件；未掺用外加剂的混凝土，应留置与结构同条件养护的用以检验受冻临界强度试件及解除冬期施工后转常温养护 28d 的同条件试件；

序号	材料名称及相关标准、规范代号	进场复验项目	组批原则及取样规定
	(1) 普通混凝土 (GB 50204—2011) (GB 50010—2010)	抗压强度	(7) 用于结构实体检验的同条件养护试件留置应符合下列规定：对混凝土结构工程中的各混凝土强度等级，均应留置同条件养护试件；同一强度等级的同条件养护试件，其留置的数量应根据混凝土工程量和重要性确定，不宜少于10组，且不应少于3组； (8) 建筑地面的混凝土，以同一配合比，同一强度等级，每一层或每1000m² 为一检验批，不足1000m² 也按一批计。每批应至少留置一组试块
17	(2) 抗渗混凝土	抗压强度 抗渗等级	(1) 试块留置 连续浇筑混凝土每500m³ 应留置一组抗渗试件（一组为6个抗渗试件），且每项工程不得少于两组。采用预拌混凝土的抗渗试件，留置组数应视结构的规模和要求而定。混凝土的抗渗性能，应采用标准条件下养护混凝土抗渗试件的试验结果评定。 (2) 冬期施工检验掺用防冻剂的混凝土性能，应增加留置与工程同条件养护28d后进行抗渗试验的试件。 (3) 留置抗渗试件的同时需留置抗压强度试件并应取自同一盘混凝土拌合物中。 (4) 取样方法同普通混凝土试块应地浇筑地点制作
	(3) 轻集料混凝土	干表观密度 抗压强度	(1) 抗压强度、稠度同普通混凝土。 (2) 混凝土干表观密度试验，连续生产的预制构件厂及预拌混凝土同配合比的混凝土每月不少于4次；单项工程每100m³ 混凝土至少一次，不足100m³，也按100m³ 计
18	回弹法检测混凝土抗压强度 (JGJ/T 23—2001)		(1) 结构或构件混凝土强度检测可采用下列两种方式，其适用范围及结构成构件数量应符合下列规定： ①单个检测：适用于单个结构或构件的检测； ②批量检测：适用于在相同的生产工艺条件下，混凝土强度等级相同，原材料、配合比、成型工艺、养护条件基本一致，且龄期相近的同类结构或构件，按批进行检测的构件，抽检数量不得少于同批构件总数的30％且构件数量不得少于10件。抽检构件时，应随机抽取并使所选构件具有代表性。

序号	材料名称及 相关标准、规范代号	进场复验项目	组批原则及取样规定
18	回弹法检测混凝土抗压强度 (JGJ/T 23—2001)		（2）每一结构或构件的测区应符合下列规定： ①每一结构或构件测区数不应少于 10 个，对某一方向尺寸小于 4.5m 且另一方向尺寸小于 0.3m 的构件，其测区数量可适当减少，但不应少于 5 个； ②相邻两测区的间距应控制在 2m 以内，测区离构件端部或施工缝边缘的距离不宜大0.5m，且不宜小于 0.2m； ③测区应选在使回弹仪处于水平方向检测混凝土浇筑侧面。当不能满足这一要求时，可使回弹仪处于非水平方向检测混凝土侧面、表面或底面； ④测区宜在构件的两个对称可测面上，也可选在一个可测面，且应均匀分布。在构件的重要部位及薄弱部位必须布置测区，并应避开预埋件； ⑤测区的面积宜大于 0.04m²； ⑥检测面应为混凝土表面，并清洁、平整，不应有疏松层、浮浆、油垢、涂层以及蜂窝、麻面，必要时可用砂轮清除疏松层和杂物，且不应有残留的粉末或碎屑； ⑦对弹击时产生颤动的薄壁、小型构件应进行固定。 （3）结构或构件的测区应标有清晰的编号，必要时应在记录纸上描述测区布置示意图和外观质量情况
19	砂浆 (GB 50203—2011) (GB 50209—2010)	抗压强度	（1）每一检验批且不超过 250m³ 砌体的各种类型及强度等级的砌筑砂浆，每台搅拌机应至少抽查一次。每次至少应制作一组（3 个）标准养护试块。如砂浆等级或配合比变更时，还应制作试块； （2）冬期施工砂浆试块的留置，除应按常温规定要求外，尚应增留不少于 1 组与砌体同条件养护的试块，测试检验 28d 强度； （3）干拌砂浆：同强度等级每 400t 为一验收批，不足 400t 也按一批计。每批从 20 个以上的不同部位取等量样品。总质量不少于 15kg，分成两份，一份送试，一份备用； （4）建筑地面用水泥砂浆，以每层或 1000m² 为一检验批。不足 1000m 也按一批计。每批砂浆至少取样一组。当改变配合比时也应相应地留量试块

序号	材料名称及相关标准、规范代号		进场复验项目	组批原则及取样规定
20	陶瓷砖	(1) 陶瓷砖 (GB/T 4100—2006) (GB 50210—2001)	吸水率（用于外墙） 抗冻（寒冷地区）	(1) 以同一生产厂、同种产品，同一级别、同一规格，实际的交货量大于 5000m² 为一批，不足 5000m²，也按一批计。 (2) 吸水率试验试样。 (3) 每块砖的表面积大于 0.04m² 时，需取 10 块整砖。 (4) 如每块砖的表面积大于 0.04m² 需取 5 块整砖。 (5) 每块砖的质量小于 50g，则需足够数量的砖使每种测试样品达到 50~100g。 (6) 抗冻性试验试样需取 10 块整砖
		(2) 彩色釉面陶瓷墙地砖 (GB/T 4100—2006)	吸水率（用于外墙） 抗冻（寒冷地区）	(1) 以同一生产厂、同种产品，同一级别、同一规格，实际的交货量大于 5000m² 为一批，不足 5000m²，也按一批计。 (2) 吸水率试验试样。 (3) 每块砖的表面积大于 0.04m² 时，需取 10 块整砖。 (4) 如每砖的表面积大于 0.04m² 需取 5 块整砖。 (5) 每块砖的质量小于 50g，则需足够数量的砖使每种测试样品达到 50~100g。 (6) 抗冻性试验试样需取 10 块整砖
		(3) 陶瓷马赛克 (JC/T 456—2005)	吸水率 耐急冷急热性	(1) 以同一生产厂的产品每 500m² 为一验收批，不足 500m² 按一批计。 (2) 从表面质量，尺寸偏差合格的试样中抽取 15 块
21	石材	(1) 天然花岗石建筑板材 (JC 830.1—2005) (GB/T 18601—2001)	放射性（室内用板材） 弯曲强度（幕墙工程） 耐冻融性	(1) 以同一产地、同一品种、等级、规格的板材每 200m³ 为一验收批，不足 200m³ 的单一工程部位的板材也按一批计。 (2) 在外观质量，尺寸偏差检验合格的板材中抽取，抽样数量按照 GB/T 18601 中 7.1.3 条规定执行。弯曲强度试样尺寸为 (10H+50) mm×100mm×Hmm（H 为试样厚度，且≤68mm），每种条件下的试样取 5 块/组（如干燥、水饱和条件下的垂直和平行层理的弯曲强度试样应制备 20 块）试样不得有裂纹、缺棱和缺角。抗冻系数试样尺寸与弯曲强度一致，无层理石材需试块 10 块，有层理石材需平行和垂直层理各 10 块进行试验
		(2) 天然大理石 (GB/T 19766—2005) (JC 830.1—2005)	放射性（室内用板材） 弯曲强度（幕墙工程） 耐冻融性	(1) 以同一产地、同一品种、等级规格的板材每 100m³ 为一验收批。不足 100m³ 的单一工程部位的板材也按一批计。 (2) 在外观质量，尺寸偏差检验合格的板材中抽取，抽样数量按照 GB/T 19766 中 7.1.3 条规定执行。具体抽样量同上

序号	材料名称及 相关标准、规范代号	进场复验项目	组批原则及取样规定
22	铝塑复合板 (GB/T 17748—2008) (GB 50210—2001)	铝合金板与夹层的剥离强度（用于外墙）	（1）同一生产厂的同一等级、同一品种、同一规格的产品 3000m² 为一验收批，不足 3000m² 的也按一批计。 （2）从每批产品中随机抽取三张板分别在每张板上取 25mm×350mm 试件两块
23	木材、木地板 (GB 50206—2001) (GB 50210—2001) (GB 50325—2001) 2006 版		
	装饰单面贴面人造板 (GB/T 15104—2006)	甲醛释放量	（1）同一地点、同一类别、同一规格的产品为一验收批。 （2）随机抽取 3 份，并立即用不会释放或吸附甲醛的包装材料将样品密封
	细木工板 (GB/T 5849—2006) 层板胶合木 (GB/T 50—2001) 实木复合地板 (GB/T 18103—2000) 中密度纤维板 (GB/T 11718—2009) (GB/T 17657—1999)	甲醛释放量	（1）同一地点、同一类别、同一规格的产品为一验收批。 （2）甲醛释放量试验需随机抽取 3 份，并立即用不会释放或吸附甲醛的包装材料将样品密封
24	墙体节能工程保温 (GB 50411—2007)		
	模塑聚苯乙烯泡沫塑料板 (GB/T 10801.2—2002)	导热系数 表观密度 压缩强度	（1）同一厂家同一品种的产品，当单位工程建筑面积在 20000m² 以下时各抽查不少于 3 次；20000m² 以上时各抽查不少于 6 次。 （2）抽样数量：2m²
	挤塑聚苯乙烯泡沫塑料板 (GB/T 10801.2—2002)	导热系数 压缩强度	（1）同一厂家同一品种的产品，当单位工程建筑面积在 20000m² 以下时各抽查不少于 3 次；20000m² 以上时各抽查不少于 6 次。 （2）抽样数量：2m²
	建筑绝热用硬质聚氨酯泡沫塑料 (GB/T 21558—2008)	导热系数 表观密度 压缩性能	

序号	材料名称及相关标准、规范代号	进场复验项目	组批原则及取样规定
24	喷涂硬质聚氨酯泡沫塑料（GB/T 20219—2006）	导热系数 表观密度 抗压强度	（1）同一厂家同一品种的产品，当单位工程建筑面积在 20000m² 以下时抽查不少于 3 次；20000m² 以上时各抽查不少于 6 次。 （2）抽样数量：7kg 干混合料
	建筑保温砂浆 （GB/T 20473—2006）	导热系数 干表观密度 抗压强度（压缩强度）	
	玻璃棉、矿渣棉、矿棉及其制品 （GB/T 13350—2008） （GB/T 1835—2007）	导热系数 密度	（1）同一厂家同一品种的产品，当单位工程建筑面积在 20000m² 以下时各抽查不少于 3 次；20000m² 以上时各抽查不少于 6 次。 （2）抽样数量：板材 2m²，管材长度 2m
25	幕墙节能工程用保温材料 （GB 50411—2007）		
	模塑聚苯乙烯泡沫塑料板 （GB/T 10801.1—2002）	导热系数 表观密度	（1）同一厂家同一品种的产品，当单位工程建筑面积在 20000m² 以下时各抽查不少于 3 次；20000m² 以上时各抽查不少于 6 次。 （2）抽样数量：2m²
	挤塑聚苯乙烯泡沫塑料板（GB/T 10801.2—2002） 建筑绝热用硬质聚氨酯泡沫塑料 （GB/T 21558—2008）	导热系数 导热系数 表观密度	（1）同一厂家同一品种的产品，当单位工程建筑面积在 20000m² 以下时各抽查不少于 3 次；20000m² 以上时各抽查不少于 6 次。 （2）抽样数量：2m²
	喷涂硬质聚氨酯泡沫塑料 （GB/T 20219—2006） 建筑保温砂浆 （GB/T 20473—2006）	导热系数 干表观密度	（1）同一厂家同一品种的产品，当单位工程建筑面积在 20000m² 以下时各抽查不少于 3 次；20000m² 以上时各抽查不少于 6 次。 （2）抽样数量：7kg 干混合料
	玻璃棉、矿渣棉、矿棉及其制品 （GB/T 13350—2008） （GB/T 1835—2007）	导热系数 密度	（1）同一厂家同一品种的产品，当单位工程建筑面积在 20000m² 以下时各抽查不少于 3 次；20000m² 以上时各抽查不少于 6 次。 （2）抽样数量：板材 2m²，管材长度 2m
26	屋面、地面节能工程用保温材料 （GB 50411—2007）		
	模塑聚苯乙烯泡沫塑料板 （GB/T 10801.1—2002）	导热系数 表观密度 压缩强度	（1）同一厂家同一品种的产品，当单位工程建筑面积在 20000m² 以下时各抽查不少于 3 次；20000m² 以上时各抽查不少于 6 次。 （2）抽样数量：2m²

序号	材料名称及相关标准、规范代号	进场复验项目	组批原则及取样规定
26	挤塑聚苯乙烯泡沫塑料板（GB/T 10801.2—2002） 建筑绝热用硬质聚氨酯泡沫塑料（GB/T 21558—2008）		（1）同一厂家同一品种的产品，当单位工程建筑面积在20000m²以下时各抽查不少于3次；20000m²以上时各抽查不少于6次。 （2）抽样数量：2m²
	喷涂硬质聚氨酯泡沫塑料（GB/T 20219—2006） 建筑保温砂浆（GB/T 20473—2006）	导热系数 干表观密度 抗压强度（压缩强度）	（1）同一厂家同一品种的产品，当单位工程建筑面积在20000m²以下时各抽查不少于3次；20000m²以上时各抽查不少于6次。 （2）抽样数量：7kg干混合料
	玻璃棉、矿渣棉、矿棉及其制品（GB/T 13350—2008）（GB/T 1835—2007）	导热系数 密度	（1）同一厂家同一品种的产品，当单位工程建筑面积在20000m²以下时各抽查不少于3次；20000m²以上时各抽查不少于6次。 （2）抽样数量：板材2m²，管材长度2m
27	采暖、通风和空调用保温材料（GB 50411—2007） 柔性泡沫橡塑绝热制品（GB/T 17794—2008） 玻璃棉、矿渣棉、矿棉及其制品（GB/T 13350—2008）（GB/T 11835—2007） 高密度聚乙烯外护管聚氨酯泡沫塑料预制直埋保温管（JGJ 114—1997）	导热系数 密度 吸水率	同一厂家同材质的产品复检次数不得少于2次
28	粘结材料（GB 50411—2007） 胶粘剂（JGJ 144—2004）（JGJ 158—2004）（JGJ 149—2003）	粘结强度（常温常态浸水48h拉伸粘结强度与水泥砂浆）	（1）同一厂家同一品种的产品，当单位工程建筑面积在20000m²以下时各抽查不少于3次；20000m²以上时各抽查不少于6次。 （2）抽样数量：5kg
	粘结砂浆（JG/T 230—2007）	拉伸粘结原强度（与聚苯板和水泥砂浆）	（1）同一厂家同一品种的产品，当单位工程建筑面积在20000m²以下时各抽查不少于3次；20000m²以上时各抽查不少于6次。 （2）抽样数量：5kg
	瓷砖粘结剂（JC/T 547—2005）（JG/T 230—2007）	粘结强度（粘结拉伸强度）	（1）同一厂家同一品种的产品，当单位工程建筑面积在20000m²以下时各抽查不少于3次；20000m²以上时各抽查不少于6次。 （2）抽样数量：5kg

序号	材料名称及 相关标准、规范代号		进场复验项目	组批原则及取样规定
29	增强网 (GB 50411—2007)			
	耐碱型玻纤网格布 (JC/T 561.2—2006)		力学性能 抗腐蚀性能	(1) 同一厂家同一品种的产品，当单位工程建筑面积在 20000m² 以下时各抽查不少于 3 次；20000m² 以上时各抽查不少于 6 次。 (2) 抽样数量：2m
	镀锌钢丝网 (QB/T 3897—1999)			(1) 同一厂家同一品种的产品，当单位工程建筑面积在 20000m² 以下时各抽查不少于 3 次；20000m² 以上时各抽查不少于 6 次。 (2) 抽样数量：2m
30	建筑外窗	(GB 50210—2001)	抗风性能 空气渗漏性能 雨水渗透性能	(1) 同一厂家的同一品种、规格的门窗及门窗玻璃每 100 樘划分为一个检验批，不足 100 樘也为一个检验批。 (2) 同一厂家的同一品种同一类型的产品个抽查不少于 3 樘
		(GB 50411—2007)	气密性 传热系数 中空玻璃露点	
31	幕墙 (GB 50411—2007) (GB/T 21086—2007)		气密性	(1) 当幕墙面积大于 3000m² 或建筑外墙面积 50%时，应现场抽取材料和配件，在检测试验室安装制作试件进行检测。 (2) 应对一个单位工程中面积超过 1000m² 的每一种幕墙均取一个试件进行检测
32	幕墙玻璃 (GB 50411—2007) (GB/T 11944—2002)		传热系数 遮阳系数 可见光透射比 中空玻璃露点	同一厂家同一产品抽查不少于一组
33	玻璃隔热型材 (GB 50411—2007) (GB 5237.6—2004) (JG/T 175—2005)		抗拉强度 抗碱强度	同一厂家同一产品抽查不少于一组
34	散热器 (GB 50411—2007)		单位散热器 金属热强度	同一厂家同一规格的散热器按其数量的 1% 见证取样送检，但不得少于 2 组
35	风机盘管机组 (GB 50411—2007)		供冷量 供热量 风量 出口静压 功率 噪声	同一厂家的风机盘管机组按数量复检 2%，不得少于 2 台

序号	材料名称及 相关标准、规范代号	进场复验项目	组批原则及取样规定
36	低压配电系统用电缆、电线 (GB 50411—2007)	截面 每芯导体电阻值	同一厂家各种规格总数的10%，且不少于2个规格
37	钢结构工程用高强螺栓 (GB 50205—2001)	连接副预应力	(1) 在施工现场待安装的检验批中随机抽取； (2) 每批应抽取8套
		连接副扭矩系数	(1) 在施工现场安装的检验批中随机抽取； (2) 每批应抽取8套
		连接摩擦面抗滑移系数	(1) 制造批可按分部（子分部）工程划分规定的工程量每2000t为一批，不足2000t可视为一批； (2) 选用两种或两种以上便面处理工艺时，每种处理工艺应单独检验； (3) 每批三组试件
38	钢网架 (GB 50205—2001)	节点承载力	每项试验做3个试件

6.2.2　施工物资进场报验

1. 施工单位和监理单位应约定涉及结构安全、使用功能、建筑外观、环保的主要物资的进场报验范围和要求。无论是建设或施工单位负责采购的物资，工程物资进场，经施工单位自检合格后，均应向建设/监理报请验收，进场报验应有时限要求，施工单位与监理单位均须按照施工合同的约定完成各自的报送和审批工作。当工程采用总承包的，分包单位的进场物资必须先报送与其签约的施工单位审核通过后，再报送建设（监理）单位查验并签字。

2. 材料、构配件进场检验记录（表6-9）

（1）材料、构配件进场后，应由建设（监理）单位会同施工单位共同对进场物资进行检查验收。填写材料、构配件进场检查记录（表6-9）。

（2）主要检查内容包括：

1）物资的出厂质量证明文件及检验（测）报告应齐全。

2）实际进场物资数量、规格和型号等应满足设计和生产计划要求。

3）外观质量应满足设计或规范要求。

4）按规定需进行抽检的材料、构配件应及时抽检，检验结果和结论齐全。

（3）按规定应进场复试的工程物资，必须在进场检查验收合格后取样复试。

（4）填写要点：

1）"工程名称"要与施工图图签一致，不得填写施工现场使用的简称。

材料、构配件进场检验记录 C4-17					资料编号	01-06-C4-×××	
工程名称		×××工程			检验日期	××年××月××日	
序号	名称	规格型号	进场数量	生产厂家 合格证号	检验项目	检验结果	备注
1	墙体轻钢龙骨	08	100m	北新材料厂 ××××	检测报告、外观质量、尺寸	合格	
检验结论： 检验结论：以上材料、构配件经外观检查合格，材质、规格型号及数量经复检均符合设计及规范要求，产品质量证明文件齐全。							
签字栏	施工单位	××建筑工程公司		专业质检员 ×××	专业工长 ×××	检验员 ×××	
	监理（建设）单位	××监理公司			专业工程师	×××	

2）"检验日期"栏按实际日期填写，一般为物资进场日期。

3）"名称"栏填写物资的名称。

4）"规格型号"栏按材料、构配件名牌填写。

5）"进场数量"栏填写物资的数量，且应有计量单位。

6）"生产厂家、合格证号"栏应填写物资的生产厂家，合格证编号。

7）"检验项目"栏填写物资的质量证明文件、外观质量、数量、规格型号等。

8）"检验结果"栏填写物资的检验情况。

9）"检验结论"栏是对所有物资从外观质量、材质、规格型号、数量做出的综合评价。

10）"专业质检员"为现场质量检查员。

11）"专业工长"为材料使用部门的主管负责人。

12）"检验员"为物资接收部门的主管负责人。

6.2.3 主要产品质量证明文件

1. 水泥

水泥采购：各施工企业在采购水泥时，应该在建设管理机构推荐的企业目录中所列企业的产品中选择，以确保来源可靠性。

水泥进场后合格证的识别与确认：

(1) 现场要核对水泥的品种、出厂编号等是否正确。

(2) 合格证必须是有效的，当水泥出厂不满 28d 时，厂家应提供施工企业 3d 的报告，报告中对水泥的基本性能、初凝、终凝时间安定性都应填写清楚，有结论。在 28d 后水泥厂家应该及时补报。

2. 半成品钢筋

（1）钢筋采用场外委托加工时，钢筋资料应分级管理，加工单位应保存的资料。

钢筋的原材出厂质量证明、复试报告连接试验报告等资料，并保证资料的可追溯性。

（2）施工单位应保存的资料。

1）加工单位提供的半成品钢筋加工出厂合格证，式样见表 6-10；

2）外观质量检查记录；

3）用于承重结构的钢筋和钢筋连接接头，若通过进场外观检查对其质量产生怀疑或监理、设计单位有特殊要求时，可进行力学性能和工艺性能的抽样复试。如监理或设计单位提出复试要求的，应事先约定进场取样复试的原则与要求。

（3）半成品钢筋出厂合格证的检验方法及要求。

合格证中应包括工程名称、委托单位、生产厂家、合格证编号、供应总量、加工及供货日期、钢筋级别规格、原材及复试编号、使用部位等内容。技术负责人签字、填表人签字、加工单位盖章。

3. 预拌混凝土

预拌混凝土资料应分级管理

（1）预拌混凝土的生产和使用

预拌混凝土的生产和使用应符合《商品混凝土质量管理规程》及《预拌混凝土》（GB/T 14902—2003）中的规定。施工现场使用预拌混凝土前应有技术交底和具备混凝土工程的标准养护条件，并在混凝土运送到浇筑地点 15min 内按规定制作试块。每单位工程、每层（段）、同一配合比，不超过 100m³ 的混凝土制作标准试块一组，其强度作为评定结构混凝土强度的依据。

预拌混凝土搅拌单位必须按规定向施工单位提供以下资料：

1）预拌混凝土运输单（表 6-11）；

2）混凝土氯化物和碱总量计算书（表 6-12）；

3）于 32d 之内提供预拌混凝土出厂合格证（表 6-13）；

4）砂石碱活性试验报告（工程结构有要求时）

预拌混凝土搅拌单位除向施工单位提供上述资料外，还应保证以下资料的可追溯性，以供查询：

1）试配记录；

2）水泥出厂合格证；

3）水泥复试报告；

4）砂子试验报告；

5）碎（卵）石试验报告；

6）轻集料试验报告；

7）外加剂产品合格证；

8）外加剂材料试验报告；

9）掺合料试验报告；

10）混凝土开盘鉴定（搅拌单位使用）；

11）混凝土抗压强度报告（出厂检验，数值填入预拌混凝土出厂合格证中）；

12）混凝土抗渗试验报告；

13）混凝土坍落度测试记录（搅拌单位测试记录）；

14）有害物含量检测报告。

半成品钢筋出厂合格证 表6-10

半成品钢筋出厂合格证 C4-1				资料编号		01-06-C4-×××	
工程名称	×××工程		合格证编号			××××-××	
委托单位	××建筑工程公司		钢筋种类			HRB335	
供应总量（kg）	30	加工日期	××年××月××日		供货日期	×年×月×日	
序号	级别规格	供应数量（t）	进货日期	生产厂家	原材料报告编号	复试报告编号	使用部位
1	HRB335Φ25	20	×年×月×日	××加工厂	42	2005-068	地下二层柱
备注：							
供应单位技术负责人 ×××		填表人 ×××			供应单位（盖章）		
填表日期：		××××年××月××日					

本表由半成品钢筋供应单位提供。

预拌混凝土运输单 表6-11

预拌混凝土运输单（正本）C4-5			资料编号		02-01-C4-×××
合同编号	×××		任务单号		×××
供应单位	×××搅拌站		生产日期		××年××月××日
工程名称及施工部位	×××工程三层①轴～⑥轴顶板				
委托单位	×××项目部	混凝土强度等级	05	抗渗等级	/
混凝土输送方式	泵送	其他技术要求			/
本车供应方量（m³）	6	要求坍落度（mm）	18±2	实测坍落度（mm）	19
配合比编号	2005-068	配合比比例		G∶W∶S∶G=	
运距（km）	16	车号	7	车次	9	司机	×××
出站时间	10∶43	到场时间	11∶23	现场出罐温度（℃）	18
开始浇筑时间	11∶26	完成浇筑时间	11∶36	现场坍落度（mm）	19
签字栏	现场验收人 ×××		混凝土供应单位质量员 ×××		混凝土供应单位签发人 ×××

119

预拌混凝土运输单（副本）C4-5			资料编号	02-01-C4-×××
合同编号	×××		任务单号	×××
供应单位	×××搅拌站		生产日期	××年××月××日
工程名称及施工部位	×××工程三层①轴～⑥轴顶板			
委托单位	×××建筑工程公司	混凝土强度等级	C25	抗渗等级 /
混凝土输送方式	泵送	其他技术要求	/	
本车供应方量（m³）	6	要求坍落度（mm）	18±2	实测坍落度（mm） 19
配合比编号	2005-068	配合比比例	G：W：S：G=	
运距（km）	16	车号 7	车次 9	司机 ×××
出站时间	10：43	到场时间 11：23		现场出罐温度（℃） 18
开始浇筑时间	11：26	完成浇筑时间 11：36		现场坍落度（mm） 19
签字栏	现场验收人	混凝土供应单位质量员		混凝土供应单位签发人
	×××	×××		×××

注：本表由混凝土供应单位填写，正本由供应单位保存，副本由施工单位保存。

混凝土碱总量计算书

表 6-12

试配编号：×××

强度等级：C10

工程名称：××工程

一、我站使用材料介绍：

1. 水泥：琉璃河长城牌 P·S 42.5 水泥，含碱量小于 0.8%；

2. 掺合料：张家口新垣Ⅱ级粉煤灰，含碱量为 1.29%；

3. 砂：王庄、三联或民旺中砂，细度模数，2.3～3.1，含泥量小于 3%，泥块含量小于 1%；

4. 石：王庄及大瓦窑 0.5～2.5cm 碎卵石，属 C 种碱活性集料；

5. 外加剂：FE－HS2 普通减水剂，碱含量为 2.49%。

二、我站 C10 混凝土总碱含量分析：

1. 我站所用 C10 混凝土配合比：

（kg/m³）

水灰比	水泥	水	掺合料	砂	石	外加剂
0.76	171	200	38	942	949	2.63

粉煤灰掺量为 20%

2. 我站所用 C10 混凝土总碱含量计算（按各种原材料厂家提供碱含量数据计算）：

水泥含碱量：$171×0.8\%=1.37kg/m^3$

掺合料含碱量：$138×1.29\%×15\%=0.27kg/m^3$

外加剂含碱量：$2.63×2.49\%=0.07kg/m^3$

总碱含量：$1.37+0.27+0.07=1.71kg/m^3$

结论：

根据《预防混凝土结构工程碱集料反应规程》（DBJ01—95—2005）规定，对于Ⅱ类工程使用 B 类低碱活性集料配制混凝土，混凝土碱含量不超过 5kg/m³，该批混凝土含碱量为 1.71kg/m³ 符合规定要求。

负责人：×××   审核：×××

预拌混凝土出厂格证 C4-4					资料编号	02-01-C4-001
订货单位	×××建筑工程公司				合格证编号	2005-118
工程名称与浇筑部位	×××工程三层①轴～⑥轴顶板					
强度等级	C25		抗渗等级	/	供应数量	30m³
供应日期	××××年××月××日			至	××××年××月××日	
配合比编号	2005-086					
原材料名称	水泥	砂	石	掺合料	外加剂	
品种及规格	P·O42.5R	中砂	5～25 碎石	Ⅱ级粉煤灰	NF-2	UEA
试验编号	C2002-016	S2002-007	G2002-007	F2002-008	J2002-003	/
每组抗压强度值（MPa）	试验编号	强度值	试验编号	强度值	备注：	
	Y2001-0243	41.8	/	/		
	/	/	/	/		
	/	/	/	/		
抗渗试验	试验编号	指标	试验编号	指标		
	/	/				
抗压强度统计结果						
组数 n		平均值		最小值	结论：合格	
/		/		/		
供应单位技术负责人			填表人			
×××			×××		加工单位（盖章）	
填表日期：××××年××月××日						

由预拌混凝土供应单位提供，建设单位、施工单位各保存 1 份。

施工单位应填写、整理以下预拌混凝土资料：

1）预拌混凝土出厂合格证；

2）混凝土抗压强度报告及抗渗报告（现场检验）；

3）混凝土浇灌记录；

4）混凝土坍落度测试记录；

5）混凝土试块抗压强度统计、评定记录（现场部分）；

6）混凝土浇灌申请及拆模申请报告。

采用现场搅拌混凝土方式的、施工单位应收集、整理上述资料中除预拌混凝土出厂合格证、预拌混凝土运输单之外的所有资料。

（2）资料的检验方法及要求

预拌混凝土出厂合格证

预拌混凝土出厂合格证由搅拌单位负责提供，应包括以下内容：订货单位、合格证编号、工程名称与浇筑部位、混凝土强度等级、抗渗等级、供应数量、供应日期、原材料品种与规格和试验编号、配合比编号、混凝土 28d 抗压强度值、抗渗等级性能试验、抗压强度统计结果及结论。技术负责人签字、填表人签字、供货单位盖章。

4. 混凝土预制构件

(1) 有关规定及要求

1) 由工厂预制的应有出厂合格证（构件加工单位提供，施工单位保存，见表 6-14、厂家资质等级证书见表 6-15）。

预制混凝土构件出厂合格证 表 6-14

预制混凝土构件出厂合格证 C4-2		资料编号	02-01-C4-001
工程名称及使用部分	×××工程	合格证编号	××××-××
构件名称　预应力圆孔板	型号规格　YKB-×	供应数量	65
制造厂家	××预制构件有限公司	企业等级证	一级
标准图号或设计图纸号	设计图号结-33	混凝土设计强度等级	C30
混凝土浇筑日期	××××年××月××日	构件出厂日期	××××年××月××日

性能检验评定结果	混凝土抗压强度		受 力 主 筋		
	达到设计强度（%）	试验编号	力学性能		工艺性能
	130	2010-××	符合要求		见钢筋原材料进场报告 056
	外观				
	质量状况			规格尺寸	
	合格			3580mm×1280mm×120mm	
	结 构 性 能				
	承载力（kPa）	挠度（mm）	抗裂检验（kPa）		裂缝宽度（mm）
	2.00	1.50	1.40		$0.12 \leqslant 0.15 \ [\omega_{max}]$

备注：		结论：各项性能指标检验均达到规范规定，产品合格，同意出厂	
供应单位技术负责人		填表人	供应单位（盖章）
×××		×××	
填表日期：××××年××月××日			

本表由预制混凝土构件供应单位提供。

人防工程防护设备生产许可证 表 6-15

建 设 系 统
人防工程防护设备生产许可证

建防××号

企业名称：北京市×××人防水泥构件厂

法人代表：×××

生产品种：钢筋混凝土防护密闭门

密闭门、悬板活门

扩散箱、窗井板等

中华人民共和国建设部人防工程办公室　章

地址：北京市×××

××××年××月××日

2）产品进厂验收：外观检查不少于5％。

3）外地进京的构件除满足上述规定外，必须按层抽检构件做结构性能检验（表6-16）。

4）混凝土预制构件所有原材料的试验报告、复试报告等质量证明文件，混凝土的性能试验报告均由构件加工单位保存，并应保证各种资料的可追溯性。

5）现场生产混凝土预制构件：

①申报生产许可手续

必须按京建质字（89）第155号文件的要求，向质量监督部门提出申请，办理施工现场加工钢筋混凝土预制构件的报审表。表中前半部分由施工单位填写，要求清楚齐全，准确真实。经上级主管部门、质量监督部门审查、核定符合要求、批准盖章后，方可进行施工。

施工现场加工钢筋混凝土预制构件的报审表，式样见表6-17。

圆孔板结构性能试验检验报告 表6-16

生产单位：××构件厂　生产日期：××××年××月××日　试验编号：××

构件名称型号：预应力圆孔板 YKB3612-1　生产工艺类型：长线张拉自然养护

项目	外形尺寸（mm）	保护层厚度（mm）	主筋规格数量	混凝土强度（MPa）	构件自重（kN）	正常使用短期荷载检验值（kPa）	承载力检验荷载设计值（kPa）
设计	3580×1180×120	20	16　5	30	7.54（1.79kPa）	5.97	7.46
实测	3582×1178×122	19	16　5	34.5			

加荷简图，仪表位置及编号

裂缝情况及破坏特征：

加荷次数时间每级	荷载（块数、格）	测 点 位 移（mm）												实测挠度（mm）	最大裂缝宽度（mm）		试验现象
		累计	V_1			V_2			V_3			V_4			南侧	北侧	
			读数	差值	累计	读数	差值	累计	读数	差值	累计	读数	差值	累计			

检 验 指 标

项目	承载力（kPa）	挠度（mm）	抗裂（kPa）	裂缝宽度（mm）
指　标	1.45	8.60	1.29	
实　测	1.70	1.34	1.40	
判　断	合　格	合　格	合　格	
结　论	试件结构性能检验合格			

试验单位：单位公章　负责人：×××　校核：×××　记录：×××　试验日期：××年×月×日

施工单位名称				电话	
工程名称					
工程地址					
生产构件地址					
技术人员	工程技术负责人：	技术职称：	学历：	专业：	
	构件生产技术负责人：	技术职称：	学历：	专业：	
质量保证体系	技术管理和人员配备：				
	质量检验管理和人员配备：				
	试验管理和人员配备：				
	技术、质量管理制度及措施：				
	生产工艺及设备：				
	技术资料管理：				
申请生产构件类型：					
			申报单位（盖章）		
			申报日期　年　月　日		
上级主管单位审查意见					
			盖章　年　月　日		
承监工程的质量监督站审核意见					
			盖章　年　月　日		
市建设工程质量监督总站核定意见					
			盖章　年　月　日		

注：1. 除生产预应力吊车梁、屋面梁、屋架须经总站核定外，其他构件类别均由承监工程的质量监督部门核定。

2. 本表一式 3 份。施工单位、承监监督站、总站各 1 份。

②现场生产预制混凝土构件施工资料

A. 施工方案和技术交底

施工方案应考虑到构件生产场地要求、模板数量、周转日期、模板结构形式及支拆方法、构件翻身、构件扶直及构件吊装等因素。

技术交底应包括施工方法、技术措施、质量及安全要求等方面。

B. 原材料选用

原材料要选用与构件生产要求相符合的原材料，主要原材料如水泥、钢筋、砂、石、外加剂等必须按有关规定做相应的材料试验；构件生产用混凝土配合比应单独设计，不应与工程混用。构件的混凝土标准强度试块需按台班单独留置，不得用当天同强度等级的工程留置试块取代，所有试验资料都应分别整理，编排在同一单位工程的原材料试验和施工试验资料中。标养 28d 抗压强度报告应按规定参加单位工程混凝土试块抗压强度的统计、评定。

C. 构件的检查验收

按规定办理的隐、预检记录及质量检查资料。

构件的检查验收需按《混凝土结构工程施工质量验收规范》（GB 50204—2002）要求执行。构件质量保证资料除原材料、施工试验外，还应有模板检查记录．钢筋半成品及成品检查记录，隐蔽工程检查记录，混凝土拌合物检查记录，构件外观检查记录，必要时需有结构检验记录。

（2）常见钢筋混凝土构件的性能

1）钢筋混凝土构件和允许出现裂缝的预应力混凝土构件，检验承载力、挠度和裂缝宽度；

2）要求不出现裂缝的预应力混凝土构件，应有承载力、挠度和抗裂检验；

3）预应力混凝土构件中的非预应力杆件按钢筋混凝土构件的要求进行检验；

4）对于设计成熟、生产数量较少的大型构件，可仅作挠度、抗裂度和裂缝宽度检验；各项性能的检验指标，由设计文件规定，对于一些指标的检验应按有关规范规定执行。

（3）混凝土预制构件出厂合格证的检验方法及要求

1）混凝土预制构件出厂合格证应由构件生产厂家质检部门提供，应包括以下主要内容：构件名称、合格证编号、构件型号及规格、供应数量、制造厂名称、企业资质等级证编号、标准图号及设计图纸号、混凝土设计强度等级及浇筑日期、构件出厂日期、构件性能检验评定结果及结论、技术负责人签字、填表人签字及单位盖章等内容。

2）预制构件的质量必须合格，如需采取技术措施的，应满足有关技术要求，经有关技术负责人设计及建设单位批准签认后，方允许使用，并应注明使用的工程名称和使用部位。

3）合格证应与实际所用预制构件物证吻合、批次对应。

5. 钢构件

有关规定及要求

钢构件出厂时，其质量必须合格，并符合《钢结构工程施工质量验收规范》（GB 50205—2002）中的有关规定，并应提交以下资料：

（1）钢构件出厂合格证（表6-18）；

钢构件出厂合格证 表6-18

钢构件出厂合格证 C4-3				资料编号	02-01-C4-×××
工程名称	×××工程			合格证编号	03-506
委托单位	××钢构件厂			焊药型号	/
钢材材质	/	防腐状况	防腐良好	焊条或焊丝名称、型号	/
供应总量（t）	60	加工日期	××××年××月××日	出厂日期	××××年××月××日
序号	构件名称及编号	构件数量	构件重量（kg）	原材报告编号	复试报告编号	使用部位
1	天井1号桁架	2	25	SO732	2005-078	屋面
备注：					
供应单位技术负责人		填表人		供应单位（盖章）	
×××		×××			
填表日期：××××年××月××日					

由钢构件供应单位提供。

（2）施工图和设计变更文件，设计变更的内容应在施工图中相应部位加以注明；

（3）制作中对技术问题处理的协议文件；

（4）钢材、连接材料和涂装材料的质量证明书或试验报告；

①钢材必须有质量证明书，并应符合设计文件的要求，如对钢材的质量有异议时，必须按规范进行力学性能和化学成分的抽样检验，合格后方能使用。

焊条、焊剂及焊药应有出厂合格证，并应符合设计要求（表6-19；表6-20）。需进行烘焙的应有烘焙记录（表6-21）。

焊条出厂质量证明书

表 6-19

客户：××建筑工程公司　　　型号：E4303　　规格：3.2mm×350mm　　净重：5kg

检验结果

化学成分	Mn	Si	Ni	Cr	Mo	V		S	P
	0.3～0.6	<0.25	—	—		—		0.035	0.040

焊接参考电流						机械性能			
焊条直径 ϕ (mm)	2.0	2.5	3.2	4.0	5.0	试验项目	σ_b MPa	$\sigma_{0.2}$ MPa	σ_5 (%)
焊接电流 (A)	4～70	50～80	80～120	150～190	180～240	保证值 一般结果	≥420（43） （44～50）	≥330（34） （≥34）	≥22 （22～32）

根据上述检查结果符合 GB 5117—1995 标准。

技术检验负责人：×××

质量保证负责人：×××

供货单位质量检验部门章

2005 年 8 月 10 日

焊剂出厂质量证明书

表 6-20

客户：×××建筑工程公司　　牌号：431　　批次：6583　　规格：8—40 目　　数量：6t

检验结果

化学成分	SiO_2	MnO	FeO	Al_2O_3	CaO	MgO	CaF_2	P	S
	42.04	35.64	1.09	3.93	2.59	6.09	3.63	0.035	0.032
化学成分	/	/	/	/	/	/	/	/	/

含水量（%）		粒度（%）		夹杂物（%）	
0.08%		8目以上2%、40目以下3%		0.09%	

机械性能	抗拉强度（N/mm²）	屈服强度（N/mm²）	伸长率（%）	冲击值（N·m/cm²）
	5390	4750	25	280

根据上述检查结果符合 GB 5293—85 标准。

技术检验负责人：×××

质量保证负责人：×××

供货单位质量检验部门章

2005 年 8 月 10 日

焊接材料烘焙记录 C5-12					资料编号		02-04-C5-××××		
工程名称					×××工程				
焊材牌号	E4303	规格（mm）		3.2×350	焊材厂家		××材料厂		
钢材材质	热轧带肋 HRB335	烘焙方法		电炉烘干法	烘焙日期		××××年××月××日		
序号	施焊部位	烘焙 数量 (kg)	烘焙要求				保温要求		备注
			烘干 温度 (℃)	烘干 时间 (h)	实际烘焙		降至 恒温 (℃)	保温 时间 (h)	
					烘焙 日期	从时分　至时分			
1	二层阳台尾筋	20	255	1	××年×× 月××日	9：00　　10：00	25	0.5	

说明：

1. 焊条、焊剂等在使用前，应按产品说明书及有关工艺文件规定的技术要求进行烘干。

2. 低氢型焊药烘干后必须存放在保温箱内，随用随取，焊条由保温箱（筒）取出到施焊的时间不得超过 2h，酸性焊条不宜超过 4h。烘干温度 250～300℃。

施工单位	××建筑工程公司	
专业技术负责人	专业质检员	记录人
×××	×××	×××

②高强度螺栓、高强度大六角头螺栓在安装前，按有关规定应复验的摩擦面抗滑移系数及连接副预拉力，或扭矩系数，合格后方可安装。应有一级、二级焊缝无损检验报告（见施工试验记录中相关内容）。

③涂料应有质量证明书，防火涂料应经消防主管部门认可。

（5）焊接工艺评定报告；

（6）有预拼要求时，钢构件验收应具备预拼装记录；

（7）构件发运和包装清单。

资料的检验方法及要求

（1）钢构件出厂合格证

钢构件出厂合格证应包括以下主要内容：工程名称、委托单位、合格证编号、钢材材质报告及其复试报告编号、焊条或焊丝及焊药型号、供货总量、加工及出厂日期、构件名称及编号、构件数量、防腐状况及使用部位、技术负责人签字、填表人签字及单位盖章等内容。合格证要填写齐全，不得漏填或错填。数据真实，结论正确，符合标准要求。

2）焊接工艺评定报告

焊接工艺评定报告，是保证钢构件焊缝质量的前提，凡是施工单位首次采用的钢材、焊接材料、焊接方法、焊后热处理等，必须进行焊接工艺评定，其主要力学性能均应达到设计要求。焊工应经过考试并取得合格证后方可从事焊接工作，合格证应注明施焊条件、有效期限。焊工停焊时间超过六个月，应重新考核。

3）焊条质量合格证

内容包括：规格、机械性能、化学成分及抗裂性。产品商标上如有技术指标可作为合格证存档。焊接母材的钢号与使用的焊条型号必须一致，否则影响焊接质量，并注明使用部位。

4）焊剂及焊药出厂合格证

焊剂及焊药出厂合格证应由生产厂家的质检部门提供，内容包括：型号、牌号、类型、生产日期、有效期限等。

5）烘焙记录

本表由施工单位填写并保存。

烘焙记录反映焊条、焊剂及焊药的烘焙情况，凡采用低氢型碱性焊条及酸性焊条，受潮时均应进行烘焙。其内容包括：烘焙方法、时间、烘焙鉴定及烘焙、测温人的签字。焊剂烘干的温度为 $250 \sim 300 ℃$，烘焙时间一般 $1 \sim 2h$。

6.2.4 主要原材料的复试报告

对工程所用的原材料按规定要求进行抽样试验，确保检验方法和精确度符合规定要求，试验数据及结论准确可靠，并应做到通过各种记录、签字、盖章等追溯原材料的来源（厂家）、质量要求、分布场所（使用部位）等。

1. 水泥

（1）常用水泥的品种及其代号

硅酸盐水泥（代号 P·Ⅰ、P·Ⅱ）；普通硅酸盐水泥（代号 P·O）；矿渣硅酸盐水泥（代号 P·S）；粉煤灰硅酸盐水泥（代号 P·F）；火山灰质硅酸盐水泥（代号 P·P）；复合硅酸盐水泥（代号 P·C）。

（2）常用水泥各龄期强度最低值（表 6-22）

常用水泥各龄期强度最低值　　　　　　　　　　表 6-22

品　种	标　号	抗压强度（N/mm²）		抗折强度（N/mm²）	
		3d	28d	3d	28d
普通硅酸盐水泥	52.5	22.0	52.5	4.0	7.0
	52.5R	26.0	52.5	5.0	7.0
矿渣硅酸盐水泥 火山灰硅酸盐水泥 粉煤灰硅酸盐水泥	32.5	10.0	32.5	2.5	5.5
	32.5R	15.0	32.5	3.5	5.5
	42.5	15.0	42.5	3.5	6.5

品　种	标　号	抗压强度（N/mm²）		抗折强度（N/mm²）	
		3d	28d	3d	28d
矿渣硅酸盐水泥 火山灰硅酸盐水泥 粉煤灰硅酸盐水泥	42.5R	19.0	42.5	4.0	6.5
	52.5	21.0	52.5	4.0	7.0
	52.5R	23.0	52.5	4.5	7.0
复合硅酸盐水泥	32.5	11.0	32.5	2.5	5.5
	32.5R	16.0	32.5	3.5	5.5
	42.5	16.0	42.5	3.5	6.5
	42.5R	21.0	42.5	4.0	6.5
	52.5	22.0	52.5	4.0	7.0
	52.5R	26.0	52.5	5.0	7.0
硅酸盐水泥	42.5	17.9	42.5	3.5	6.5
	42.5R	22.0	42.5	4.0	6.5
	52.5	23.0	52.5	4.0	7.0
	52.5R	27.0	52.5	5.0	7.0
	62.5	28.0	62.5	5.0	8.0
	62.5R	32.0	62.5	5.5	8.0
普通硅酸盐水泥	32.5	11.0	32.5	2.5	5.5
	32.5R	16.0	32.5	3.5	5.5
	42.5	16.0	42.5	3.5	6.5
	42.5R	21.0	42.5	4.0	6.5

注：表中"R"为早强水泥。

（3）常用水泥的适用范围（表 6-23）

常用水泥的适用范围　　　　　　　　　　表 6-23

水泥品种	使 用 范 围	
	适用于	不适用于
硅酸盐水泥	1. 配制高强度混凝土 2. 先张预应力制品，石棉制品 3. 道路低温下施工的工程	1. 大体积混凝土 2. 地下施工
普通硅酸盐水泥	适应性较强，无特殊要求的工程都可使用	
矿渣硅酸盐水泥	地面、地下、水中各种混凝土工程 高温车间建筑	需要早强和受冻融循环干湿交替的工程
火山灰硅酸盐水泥	地下工程、大体积混凝土工程 一般工业和民用建筑	需要早强和受冻融循环干湿交替的工程
粉煤灰硅酸盐水泥	地下工程及大体积混凝土工程 一般工业和民用建筑	需要早强和受冻融循环干湿交替的工程
复合硅酸盐水泥	地下工程、大体积混凝土工程 一般工业和民用建筑	需要早强和受冻融循环干湿交替的工程

（4）常用水泥的技术要求

常用水泥的技术要求应符合表 6-24 的规定。

		水 泥 品 种						
		P·Ⅰ	P·Ⅱ	P·O	P·S	P·P	P·F	P·C
细度	比表面积（m²/kg）	≥300	—	—	—	—	—	—
	80μm 筛筛余（%）				≤10			
凝结时间	初凝时间				≥45min			
	终凝时间		≤6h30min			≤10h		
安定性				用沸煮法检验必须合格				
氧 化 镁		水泥中≤5.0% 压蒸合格放宽至 6.0%			水泥中≤5.0% 压蒸合格放宽至 6.0%			
三氧化硫		水泥中≤3.5%			水泥中≤4%		水泥中≤3.5%	
不溶物（%）		≤0.75	≤L5	—	—	—	—	—
烧失量（%）		≤3.0	≤3.5	≤	—	—	—	—
Na₂O+0.658K₂O		要求低碱水泥时≤0.6%或协商			协　商			
强度（N/mm²）				见表 5-16				

（5）有关规定

1）水泥应有生产厂家质量部门提供的产品出厂合格证（表 6-25）。

2）有下列情况之一者，施工单位必须进行复试，并提供水泥试验报告（表 6-26）：

①用于承重结构的水泥；

②用于使用部位有强度要求的水泥；

③水泥出厂超过三个月（快硬硅酸盐水泥为一个月）；

④进口水泥；

⑤用于钢筋混凝土结构、预应力混凝土结构中的水泥、检测（验）报告应有有害物含量检验内容。

（6）产品质量合格证的检验方法及要求

产品合格证检验内容包括：厂别、品种、强度等级、出厂日期、抗压强度、抗折强度、安定性、凝结时间和试验编号等。各种项目应填写齐全，不得漏填或错填，并由使用单位注明其代表数量。抗压、抗折强度以 28d 标养为准。

（7）水泥试验报告单的检验方法及要求

1）水泥各龄期抗压、抗折强度指标均应达到规定要求。

2）每张试验报告单中的各项目必须填写齐全、准确、真实，无未了项。

3）试验结论明确，编号必须填写，签字盖章齐全。

4）检查报告单上的试验数据是否达到规范标准值。

5）若发现问题应及时报有关部门处理，并将处理结论一并存档。

6）核实试验报告单是否齐全，核实复试报告日期和实际使用日期是否有超期漏检的，不允许先施工后试验。

7）单位工程的水泥复试批量和实际用量要基本一致。

8）若有降级使用的水泥，必须经技术负责人批审，并注明使用工程项目及部位。

9）检查水泥的有效期，过期必须做复试。

10）要与其他施工技术资料对应一致，交圈吻合，如以试验编号为线索将出厂质量证明资料、水泥试验报告（复试）、砂浆及混凝土配合比申请通知单、砂浆及混凝土抗压强度报告等资料贯穿起来，水泥厂别、品种、强度等级一致，进出厂日期应吻合。

表 6-25

水泥出厂合格证

出厂水泥试验报告

购货单位：××公司　　序号 2205-02

水泥出厂合格证 / 出厂水泥试验报告

购货单位：××公司　　序号　　共　页　第　页

出厂水泥试验报告（P·O）

水泥品种	矿渣硅酸盐水泥（P·O）
强度等级	#32·5R
出厂编号	K205
出厂日期	2009 年 8 月 2 日
检验日期	2009 年 8 月 1 日
报告日期	2009 年 9 月 4 日
生产方式	旋窑

水泥物理性能

项目	国家标准	读数	平均值	剔除	平均值
28 天抗折强度（MPa）	≮5.5	7.40 / 7.40 / 7.45	7.4		
28 天抗压强度（MPa）	≮32.5	42.0　41.8 / 41.6　41.9 / 41.8　41.7			

注：强度检验方法依据 GB/T 17671—1999（ISO 法）

批准：×××　　审核：×××　　化验室：×××

（××水泥集团 化验室检验专用章）

出厂水泥试验报告（P·S）

水泥品种	矿渣硅酸盐水泥（P·S）
强度等级	#32.5
出厂编号	K205
出厂日期	2009 年 8 月 2 日
检验日期	2009 年 8 月 1 日
报告日期	2009 年 9 月 4 日
生产方式	旋窑

化学成分（%）

项目	国家标准	实际结果
熟料中 MgO	≯5.0%	3.85
水泥中 SO₃	≯3.50%	2.20
其他		—

水泥中掺加混合材料

混合材名称	国家标准	实际掺量
活性	20%~70%	29.13
其他	≯8%	—

水泥物理性能

项目		国家标准	实际检测
细度	0.080mm 方孔筛筛余	≯10.0%	3.2
凝结时间	初凝	≯45 分钟	4 小时 00 分钟
凝结时间	终凝	≮10 小时	6 小时 10 分钟
安定性	沸煮法	合格	合格
安定性	雷氏法	<5.0mm	合格

项目	国家标准	读数	平均值	剔除	平均值
强度（MPa）3 天折	≮3.5	4.40 / 4.45 / 4.40	4.4		
强度（MPa）3 天抗压	≮16.0	19.4　19.2 / 19.0　19.3 / 19.2　19.1	19.2		

注：强度检验方法依据 GB/T 17671—1999（ISO 法）

批准：×××　　审核：×××　　化验室：×××

（××水泥集团 化验室检验专用章）

131

水泥试验报告 C4-7				资料编号	01-06-C4-×××
				试验编号	2005-0125
				委托编号	2005-061
工程名称	×××工程			试样编号	010
委托单位	×××建筑工程公司			试验委托人	×××
品种及强度 等级	P.O42.5	出厂编号 及日期	K205 2009 年 08 月 02 日	厂别牌号	××
代表数量	200t	来样日期	2009 年 08 月 10 日	试验日期	2009 年 08 月 11 日

	一、细度	1.80μm 方孔 筛余量		/ %		
		2. 比表面积		/ m²/kg		
	二、标准稠度用水量（P）	25.4%				
	三、凝结时间	初凝	2h20min	终凝	3h45min	
	四、安定性	雷式法	/	饼法	/	
	五、其他					

六、强度（MPa）

	抗折强度				抗压强度			
	3 天		28 天		3 天		28 天	
试验结果	单块值	平均值	单块值	平均值	单块值	平均值	单块值	平均值
	4.5		8.7		23.0		52.5	
					23.8		53.2	
	4.3	4.4	8.8	8.7	23.2	23.5	52.7	28
					24.1		53.8	
	4.3		8.7		23.8		53.2	
							53.1	

结论：

依据 GB175-2007 标准，此批水泥安定性合格，凝结时间合格，符合 P·O42.5 水泥要求。

批准	×××	审核	×××	试验	×××
试验单位	×××试验中心				
报告日期	××××年××月××日				

2. 钢筋

（1）常见钢筋种类

热轧带肋、热轧光圆、低碳钢热轧盘条、余热处理钢筋、冷轧带肋钢筋。

（2）常见钢筋牌号和化学成分及技术性能指标

1）热轧带肋

① 牌号和化学成分应符合表 6-27 中的规定。

牌　号	化　学　成　分（%）					
	C	Si	Mn	P	S	Ceq
HRB335	0.25	0.80	1.60	0.045	0.045	0.52
HRB400	0.25	0.80	1.60	0.045	0.045	0.54
HRB500	0.25	0.80	1.60	0.045	0.045	0.55

② 各牌号钢筋的参考化学成分及其范围可参照表 6-28 中的规定。

HRB335、HRB400 钢筋参考化学成分及其范围　　　　表 6-28

牌　　号	原牌号	化学成分（%）						P	S
		C	Si	Mn	V	Nb	Ti	不大于	
HRB335	20MnSi	0.17～0.25	0.40～0.80	1.20～1.60	—	—		0.045	0.045
HRB400	20MnSiV	0.17～0.25	0.20～0.80	1.20～1.60	0.04～0.12			0.045	0.045
	20MnSiNb	0.17～0.25	0.20～0.80	1.20～1.60		0.02～0.04		0.045	0.045
	20MnTi	0.17～0.25	0.17～0.37	1.20～1.60	—	—	0.02～0.05	0.045	0.045

③ 钢筋的力学性能应符合表 6-29 中的规定。

钢筋的力学性能　　　　　　　　　　表 6-29

牌　　号	公称直径（mm）	σ_s（或 $p0.2$）（MPa）	σ_b（MPa）	δ_5（%）
		不小于		
HRB335	6～25 28～50	335	490	16
HRB400	6～25 28～50	400	570	14
HRB500	6～25 28～50	500	630	12

④ 钢筋的弯曲性能应符合表 6-30 中的规定。

钢筋的弯曲性能　　　　　　　　　　表 6-30

牌　　号	公称直径 a（mm）	弯曲试验/弯心直径
HRB335	6～25/28～50	3a/4a
HRB400	6～25/28～50	4a/5a
HRB500	6～25/28～50	6a/7a

2）冷轧带肋钢筋

① 冷轧带肋钢筋用盘条的参考牌号和化学成分应符合表 6-31 中的规定。

钢筋牌号	盘条牌号	化学成分（%）					
		C	Si	Mn	V、Ti	S	P
CRB550	Q215	0.09～0.15	≤0.30	0.25～0.55	—	≤0.050	≤0.045
CRB650	Q235	0.14～0.22	≤0.30	0.30～0.65	—	≤0.050	≤0.045
CRB800	24MnTi	0.19～0.27	0.17～0.37	1.20～1.60	Ti：0.01～0.05	≤0.045	≤0.045
	20MnSi	0.17～0.25	0.40～0.80	1.20～1.60	—	≤0.045	≤0.045
CRB970	41MnSiv	0.37～0.45	0.60～1.10	1.00～1.40	V：0.05～0.12	≤0.045	≤0.045
	60	0.57～0.65	0.17～0.37	0.50～0.80	—	≤0.035	≤0.035
CRB1170	70Ti	0.66～0.70	0.17～0.37	0.60～1.00	Ti：0.01～0.05	≤0.045	≤0.045
	70	0.67～0.75	0.17～0.37	0.50～0.80	—	≤0.035	≤0.035

② 钢筋的力学性能和工艺性能应符合表 6-32 中的规定。

钢筋的力学性能和工艺性能　　　　表 6-32

牌　号	σ_b (MPa) 不小于	伸长率（%）不小于		弯曲试验 180°	反复弯曲次数	松弛率 初始应力 $\sigma_{con}=0.7\sigma_b$	
		δ_{10}	δ_{100}			1000h（%）不大于	10h（%）不大于
CRB550	550	8.0	—	$D=3d$	—	—	—
CRB650	650	—	4.0		3	8	5
CRB800	800	—	4.0		3	8	5
CRB970	970	—	4.0		3	8	5
CRB1170	1170	—	4.0		3	8	5

注：表中 D 为弯心直径，d 为钢筋公称直径。

③ 钢筋的弯曲性能应符合表 6-33 中的规定。

钢筋的弯曲半径（mm）　　　　表 6-33

钢筋公称直径	4	5	6
弯曲半径	10	15	15

3）热轧光圆钢筋

① 热轧直条光圆钢筋牌号及化学成分应符合表 6-34 中的规定。

表面形状	钢筋级别	强度等级代号	牌号	化学成分				
				C	Si	Mn	P	S
							不大于	
光圆	I	R235	Q235	0.14～0.22	0.12～0.30	0.30～0.65	0.045	0.050

② 热轧光圆钢筋技术指标应符合表 6-35 中的规定。

热轧光圆钢筋技术指标　　表 6-35

表面形状	钢筋级别	强度等级代号	公称直径（mm）	屈服点 σ_s（MPa）	抗拉强度 σ_b（MPa）	伸长率 δ_s（%）	冷弯 d—弯心直径 a—钢筋公称直径
				不小于			
光圆	I	R235	8～20	235	370	25	180° $d=a$

③ 热轧光圆盘条牌号及化学成分应符合表 6-36 中的规定。

热轧光圆盘条牌号及化学成分　　表 6-36

牌号	化学成分（%）					脱氧方法
	C	Mn	Si	S	P	
			不 小 于			
Q195	0.06～0.12	0.25～0.50	0.30	0.050	0.045	F. b. Z
Q195C	≤0.10	0.30～0.60		0.040	0.040	
Q215A	0.09～0.15	0.25～0.55		0.50	0.045	F. b. Z
Q215B			0.30	0.045		
Q215C	0.10～0.15	0.30～0.60		0.040	0.040	
Q235A	0.14～0.22	0.30～0.65		0.050	0.045	F. b. Z
Q235B	0.12～0.20	0.30～0.70	0.30	0.045		
Q235C	0.13～0.18	0.30～0.60		0.040	0.00	

④ 热轧光圆盘条技术指标应符合表 6-37 的规定。

热轧光圆盘条技术指标　　表 6-37

牌号	屈服点 σ_s（MPa）	抗拉强度 σ_b（MPa）	伸长率 δ_s（%）	冷弯 d—弯心直径 a—钢筋公称直径
	不小于			
Q215	215	375	27	$d=0$
Q235	235	410	23	$d=0.5a$

4）余热处理钢筋技术指标应符合表 6-38 的规定。

表面形状	钢筋级别	强度等级代号	公称直径 (mm)	屈服点 σ (MPa)	抗拉强度 σ_b (MPa)	伸长率 (%)	冷弯 d—弯心直径 a—钢筋公称直径	
				不小于				
月牙肋	Ⅲ	KL400	8～25	440	600	14	90°	$d=3a$
			28～40				90°	$d=4a$

（3）进口钢筋的试验项目

进口钢筋进场后，应进行力学性能的检验（拉力试验，冷弯试验）、化学成分分析、可焊性试验。符合国产Ⅱ级热轧带肋钢筋力学性能和可焊性能要求，作非预应力筋时可代替国产Ⅱ级钢筋使用。

（4）有关规定及要求

1）钢筋应有出厂质量证明书或厂方试验报告单，施工单位在使用前应按有关标准的规定抽取试件做力学性能试验。填写实例见表 6-39 和表 6-40。

2）有下列情况之一者，还必须做化学成分检验。

① 进口钢筋；

② 在加工过程中，发生脆断、焊接性能不良和力学性能显著不正常的。

3）有特殊要求的还应进行相应专项试验。

4）不同等级、不同国家生产的钢筋进行焊接时，应有可焊性检测报告。

5）钢筋的级别、牌号和直径应按设计要求采用。需要代换时，必须有设计单位签证的洽商手续方能使用。

6）对于混垛钢筋，按重新复试的低等级钢筋使用，并且注明使用部位，不允许用在重要的结构部位，并应通过设计办理洽商后方能使用。

7）盘条钢筋，只能使用建筑用的盘条，不能将拉丝盘条、包装用盘条用于工程上。

8）对有抗震要求的框架结构，纵向受力筋的强度应满足设计要求，当设计无具体要求时按一、二级抗震等级，检验所得的抗拉强度实测值 δ_b 和屈服强度实测值 δ_s 的比值不应小于 1.25。钢筋的屈服强度实测值与钢筋的强度标准值的比值 $\delta_s/\delta_标$，不应大于 1.3。

（5）钢筋产品合格证的检验方法及要求

1）钢筋产品合格证由钢筋生产厂质量检验部门提供，内容包括：钢号、规格、数量、机械性能（屈服点、抗拉强度、延伸率、冷弯）、化学成分（碳、磷、硅、锰、硫、钒等）的数据及结论、出厂日期、检验部门印章、合格证的编号。合格证要填写齐全，不得漏填或错填，数据真实，结论正确，符合标准要求。并由使用单位注明其代表数量及使用部位。

允许有同一牌号、同一冶炼方法、同一浇注方法的不同炉罐号组成混合批，但各炉含碳量之差不超过 0.02%，含锰量之差不超过 0.15%。要按钢筋标牌查实，看是否可作混合批，否则分别测试。

2）钢筋原材试验报告单的检验方法及要求：

① 以图纸或洽商所需钢筋的品种规格为依据，检查各规格的钢筋是否已经做复试，试验报告单的报告日期应在施工试验的混凝土试压报告单的制模日期之前和施工日志相比，不允许先使用后试验。

表 6-39

质量证明书
QUALITY CERTIFICATE
×××钢铁股份有限公司
TANG SHANIRDN AND STEEI IIMI TED
产品名称：热轧带肋钢筋
CONMODITY

收货单位：
PURCHASER
规　格：
DIMEHSION
合同编号：××056
CONTRACT NO.
技术条件 GEI499—1993
TECKHICAL CONDITION

生产许可证号：
COMPANY PROCESSLIDEHSE NO 74851
总重量：
TOYAL WEIGT 58.300t
车　号：4656889
TRAIN NO.
证明书号：40003560
CERTIFICATE NO.

炉批号 HEATNO	牌号 GRADE	重量(t) WEIGHT	化学成分 (%) CHE MICAL COMPOSITION							拉伸试验 TENSILE TEST			弯曲试验 BENDTEST		强屈比 YIELDRATID	冲击试验 INPACT TEST	
			C	Mn	Si	S	P	V	Ceq	σ$_b$	σ$_s$	δ$_5$	弯曲 BEND d=3	反弯 REBEND 正45°反23° d=4a	σ$_b$/σ$_s$	℃	Aer
			×100		×1000					MPa		%					J
D2-7758	HRB335		21	143	50	13	27		0.45	545.550	380.375	23.26	完好、完好				
D1-9918	HRB335		22	135	49	16	29		0.45	540.535	375.370	28.26	完好、完好				
D3-8728	HRB335		19	138	57	17	25		0.42	520.535	360.360	25.24	完好、完好				
D1-7795	HRB335		20	141	51	24	19		0.43	575.570	390.385	25.26	完好、完好				
D3-5799	HRB335		20	135	52	18	20		0.45	546.550	365.370	24.25	完好、完好				

备注：Cr、Ni、Cu、N含量保证
REM ARKS=CERTIFY FDR Cr、Ni、Cu、N CONTENT

交货状态：热轧
DELIERY CONDITION HUF-RDLLED
发货日期：××年××月××日

地址：××××　电报挂号：××年××月××日　电话：×××××××　材质复员用章　×××飞材料公司
进场日期：××年××月××日　代表数量：22.50t
收料人：×××
使用部位：地下一层
日期：××年××月××日

钢材试验报告 C4-6						资料编号	01-06-C4-001
						试验编号	2009-0857
						委托编号	2009-16136

工程名称	×××工程				试件编号	11	
委托单位	×××建筑工程公司				试验委托人	×××	
钢筋种类	热轧带肋	规格或牌号	HRB335		生产厂	×××	
代表数量	25t	来样日期	××年××月××日		试验日期	××年××月××日	
公称直径厚度	25mm				公称面积	7.06mm²	

	力学性能试验结果					弯曲性能试验结果		
试验结果	屈服点 (MPa)	抗拉强度 (MPa)	伸长率 (%)	σ_b实/σ_s实	σ_s实/σ_b标	弯心直径	角度	结果
	380	580	30	1.53	1.13	75	180	合格
	375	570	31	1.52	1.12	75	180	合格

	化 学 分 析						
	分析编号	化学成分（%）					其他：
		C	Si	Mn	P	S	Ceq

结论：

依据 GB1499.2—2007 标准，符合 HRB335 要求。

批　准	×××	审　核	×××	试　验	×××
试验单位	×××试验中心				
报告日期	××××年××月××日				

② 核查该工程的钢筋原材试验报告单项目是否齐全、准确、真实，无未了项。

③ 试验结论明确、编号必须填写、签字盖章齐全。

④ 检查试验数据是否达到规范规定的标准值。若发现问题，应及时取双倍试样做复试或报有关部门处理，并将复试合格单或处理结论附于此单后一并存档。

⑤ 检查批量总和和总需求量是否相符合。

⑥ 检查钢筋试验中的使用时间、品种、规格是否与下列内容相关部分吻合，即：施工记录、施工日志（钢筋施工）、隐检（钢筋隐检）、质量验收（钢筋检验批）及洽商等。

3. 砖及砌块

（1）砖

1）砖（以烧结多孔砖为例）的分类

按主要原料砖分为黏土砖、页岩砖、煤矸石砖和粉煤灰砖。

2）砖的强度等级

砖的强度等级应符合表 6-41 的规定。

强度等级	抗压强度平均值 $f\geqslant$	变异系数 $\delta\leqslant0.21$	变异系数 $\delta>0.21$
		—强度标准值 $f_x\geqslant$	单块最小抗压强度值 $f_{min}\geqslant$
MU30	30.0	22.0	25.0
MU25	25.0	18.0	22.0
MU20	20.0	14.0	16.0
MU15	15.0	10.0	12.0
MU10	10.0	6.5	7.5

3）砖的抗风化性能

砖的抗风化性能应符合表 6-42 的规定。

项目 砖种类	严重风化区				非严重风化区			
	5h 沸者吸水率,%$\leqslant$		饱和系数$\leqslant$		5h 沸者吸水率,%$\leqslant$		饱和系数$\leqslant$	
	平均值	单块最大值	平均值	单块最大值	平均值	单块最大值	平均值	单块最大值
黏土砖	21	23	0.85	0.87	23	25	0.88	0.90
粉煤灰砖	23	25			30	32		
页岩砖	16	18	0.74	0.77	18	20	0.78	0.80
煤矸石砖	19	21			21	23		

注：粉煤灰掺入量（体积比）小于 30％时按黏土砖规定判定。

（2）砌块

1）粉煤灰砌块

粉煤灰砌块按抗压强度分 MU10、MU15 两个等级，使用于民用及一般工业建筑的墙体和基础。其质量标准见表 6-43。

项目	指标	
	MU10	MU15
抗压强度（MPa）	三块试件平均值不小于 10.0 其中一块最小值不小于 8.0	三块试件平均值不小于 15.0 其中一块最小值不小于 12.0
人工碳化后强度（MPa）	不小于 6.0	不小于 9.0
干缩值（mm/m）	不大于 1	
密度（kg/m³）	不大于产品设计密度 150	
抗冻性	强度损失率不超过 25％，外观无明显疏松、剥落或裂缝	

2）混凝土空心小型砌块

小型砌块强度等级：承重砌块分 MU3.5、MU5.0、MU7.5、MU10、MU15.0、MU20.0 六个等级。

按抗渗砌块分为防水砌块和普通砌块。普通砌块其强度等级与抗压强度的关系见表 6-44；相对含水率应符合表 6-45 中的规定；抗冻性应满足表 6-46 中的规定；抗渗性应用符合表 6-47 中的规定。

普通砌块强度等级与抗压强度的关系　　　　　　表 6-44

强度等级	抗压强度（MPa）	
	平均值不小于	单块最小值不大于
MU20.0	20.0	16.0
MU15.0	15.0	12.0
MU10	10.0	8.0
MU7.5	7.5	6.0
MU5	5.0	4.0
MU3.5	3.5	2.8

相 对 含 水 率　　　　　　表 6-45

使用地区	相对含水率（%）		
	潮 湿	中 等	干 燥
相对含水率不大于	45	40	35

注：潮湿—指平均相对湿度大于 75% 的地区；

　　中等—指平均相对湿度 50%～75% 的地区；

　　干燥—指平均相对湿度小于 50% 的地区。

抗 冻 性　　　　　　表 6-46

使用环境条件		抗冻等级	抗冻性指标
非采暖地区		不规定	—
采暖地区	一般环境	D15	强度损失≤25%
	干湿交替环境	D25	质量损失≤5%

注：非采暖地区—指最冷月份平均气温高于 −5℃ 的地区；

　　采暖地区—指最冷月份平均气温低于或等于 −5℃ 的地区。

抗 渗 性　　　　　　表 6-47

项目名称	抗渗性能指标（mm）
水面下降高度	三块中任一块不大于 10

（3）有关规定及要求

1）砖及砌块应有出厂合格证或质量证明书，外观检查应符合相应标准规定。

2）用于承重结构的，应有强度等级的检验报告（式样表 6-48）和进场复试报告（表 6-49）。

（4）产品合格证的检验方法及要求

1）砖的质量证明书内容应包括品种、强度等级、批量及抗压强度平均值、抗压强度标准值、试验日期，并有厂家检验部门印章，项目应齐全，不得漏填或填错，数据真实，结论正确，符合标准要求。

2）砌块出厂时，必须提供产品质量合格证。内容包括厂名、品种、批量编号、证书编号、发证日期和产品标记、强度等级等，并由检验单位签章。

（5）试验报告单的检验方法及要求

1）检查砖试验报告单上的项目是否齐全、准确、真实、无未了项、试验室盖章签字齐全。

2）检查试验编号是否填写。

3）检查试验数据是否达到规范规定的标准值。若发现问题应及时报有关部门处理，并将处理结论附后一并存档。

4）核对使用日期，不允许先使用后试验。

5）检查各试验报告单批量总和是否与单位工程总需求量相符。

6）应与其他技术资料对应一致，交圈吻合，相关资料有：预检记录、质量评定、施工组织设计、技术交底、洽商等。

表 6-48

京市质监认字006号

CNACL

No.0258

(1998) 量认 (京) 字 (R0110) 号

报告编号：ZH2001—013

检 验 报 告
TEST REPORT

样品名称：烧结多孔砖（小空心）
Sample Description

委托单位：×××砖厂
Applicant

检验类别：委托检验
Test type

北京市建筑材料质量监督检验站
BEIJING BUILDING MATERIAL QUALITY SUPERVISION TEST CENTER

报告编号：NO.XH2009-011

委托单位	×××砖厂	检验类别	委托检验
样品名称	烧结多孔砖（小空心）	样品数量	(1998)量认(京)字(R0110)号 25 块
型号、规格	240mm×115mm×90mm	样品等级	（空白）
生产单位	×××砖厂	来样日期	2009 年 06 月 20 日
检验依据	GB 13544—2000《烧结多孔砖》		
检验项目	强度、吸水率、石灰爆裂、泛霜、冻融		
检验结论	该样品经检验，其检验项目检验结果符合 GB 13544—2000 标准中一等品的要求，强度级别为10 等级。 签发日期：2009 年 7 月 8 日 复印报告不重盖本站红章无效		
附注：本检验结果仅对来样负责 （以下空白）			

批准：×××　　　　　　　　　审核：×××　　　　　　　　　主检：×××

报告编号 NO.XH2003-011

序号		检验项目		标准要求 （一等品）	检验结果	结论
1	强度	抗压强度 （MPa）	平均值	≥10.0	12.8	符合
			单块最小值	≥6.0	11.6	
		抗折荷重 （kN）	平均值	≥5.5	7.0	
			单块最小值	≥3.0	5.8	
2		吸水率（%）		≤25	18	符合
3		石灰爆裂		符合规定	无爆裂区域	符合
4		泛霜		不允许出现 中等泛霜	出现轻微泛霜	符合
5	冻融	干质量损失（%）		≤2	0.3	符合
		外观质量		符合规定	外观无损	

(1998) 量认(京)字(R0110) 号

备注：（以下空白）

批准：×××　　　　　　　　审核：×××　　　　　　　　主检：×××

砌墙砖（砌块）试验报告　　**表 6-49**

<table>
<tr><td colspan="4" rowspan="3">砌墙砖（砌块）试验报告
C4-14</td><td>资料编号</td><td>02-03-C4-001</td></tr>
<tr><td>试验编号</td><td>2005-0121</td></tr>
<tr><td>委托编号</td><td>2005-99</td></tr>
<tr><td>工程名称</td><td colspan="3">×××工程</td><td>试样编号</td><td>02</td></tr>
<tr><td>委托单位</td><td colspan="3">×××建筑有限公司</td><td>试验委托人</td><td>×××</td></tr>
<tr><td>种　　类</td><td colspan="3">烧结多孔砖</td><td>生 产 厂</td><td>×××砖厂</td></tr>
<tr><td>强度等级</td><td>10.0</td><td>密度等级</td><td></td><td>代表数量</td><td>5 万</td></tr>
<tr><td>试件处理日期</td><td>×年×月×日</td><td>来样日期</td><td>×年×月×日</td><td>试验日期</td><td>××年××月××日</td></tr>
</table>

<table>
<tr><td rowspan="13">试
验
结
果</td><td colspan="8">烧结普通砖</td></tr>
<tr><td colspan="3" rowspan="2">抗压强度平均值 f
(MPa)</td><td colspan="3">变异系数 $\delta\leqslant 0.21$</td><td colspan="2">变异系数 $\delta\leqslant 0.21$</td></tr>
<tr><td colspan="3">强度标准值 f_k（MPa）</td><td colspan="2">单块最小强度值 f_k（MPa）</td></tr>
<tr><td colspan="3">11.3</td><td colspan="3">8.6</td><td colspan="2"></td></tr>
<tr><td colspan="8">轻集料混凝土小型空心砌块</td></tr>
<tr><td colspan="6">砌块抗压强度（MPa）</td><td colspan="2" rowspan="2">砌块干燥表观密度（kg/m³）</td></tr>
<tr><td colspan="3">平　均　值</td><td colspan="3">最　小　值</td></tr>
<tr><td colspan="3"></td><td colspan="3"></td><td colspan="2"></td></tr>
<tr><td colspan="8">其他种类</td></tr>
<tr><td colspan="6">抗压强度（MPa）</td><td colspan="2">抗折强度（MPa）</td></tr>
<tr><td rowspan="2">平均值</td><td rowspan="2">最小值</td><td colspan="2">大面</td><td colspan="2">条面</td><td rowspan="2">平均值</td><td rowspan="2">最小值</td></tr>
<tr><td>平均值</td><td>最小值</td><td>平均值</td><td>最小值</td></tr>
<tr><td></td><td></td><td></td><td></td><td></td><td></td><td colspan="2"></td></tr>
</table>

结论：

依据 GB 13544—2000 标准，符合 MUl0 的烧结多孔砖的要求。

<table>
<tr><td>批　　准</td><td>×××</td><td>审核</td><td>×××</td><td>试验</td><td>×××</td></tr>
<tr><td>试验单位</td><td colspan="5">×××试验中心</td></tr>
<tr><td>报告日期</td><td colspan="5">××××年××月××日</td></tr>
</table>

碎（卵）石试验报告 C4-9			编　　号	02-03-C4-001
			试验编号	20025-0050
			委托编号	2005-0202
工程名称	×××工程		试样编号	08
委托单位	×××建筑工程公司		试验委托人	×××
种类、产地	卵石		公称粒径	5～31.5mm
代表数量	600t	来样日期　×年×月×日	试验日期	×年×月×日

试验结果	一、筛分析	级配情况	☑ 连续粒级　　□单粒级
		级配结果	5～31.5mm，31.5 累计筛余 2，19 累计筛余 35， 9.5 累计筛余 78
		最大粒径	31.5mm
	二、含泥量		0.4％
	三、泥块含量		0.2％
	四、针、片状颗粒含量		3％
	五、压碎指标值		0.9％
	六、表观密度		—kg/m³
	七、堆积密度		—kg/m³
	八、碱活性指标		低碱活性
	九、其他		—

结论：

　依据 JGJ 52—2006 标准，含泥量合格，泥块含量合格，针片状含量合格，筛分析合格。

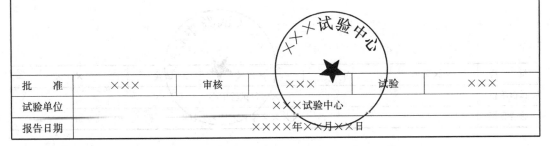

批　　准	×××	审核	×××	★	试验	×××
试验单位	×××试验中心					
报告日期	××××年××月××日					

145

砂试验报告 C4-8				编　　号	02-03-C4-001
				试验编号	2005-0005
				委托编号	2005-0320
工程名称	×××工程			试样编号	2
委托单位	×××建筑工程公司			试验委托人	×××
种　　类	中砂			产　　地	××
代表数量	600t	来样日期	×年×月×日	试验日期	×年×月×日
试验结果	一、筛分析	1. 细度模数（μ_f）	2.6		
		2. 级配区域	二区		
	二、含泥量	2.3%			
	三、泥块含量	0.3%			
	四、表观密度	kg/m³			
	五、堆积密度	kg/m³			
	六、碱活性指标				
	七、其他				

结论：

　　依据 JGJ 52—2006 标准，含泥量，泥块含量合格，属二区中砂，5mm 筛孔累计筛余大于 10%。

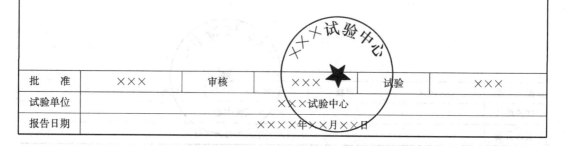

批　　准	×××	审核	×××	试验	×××
试验单位	×××试验中心				
报告日期	××××年××月××日				

4. 砂、碎（卵）石

（1）有关规定

1）砂、石使用前应按规定取样进行必试项目试验。

砂子的试验项目有：颗粒级配、含泥量、泥块含量等；

石子的试验项目有：颗粒级配、含泥量、泥块含量、针片状颗粒含量、压碎指标等。

2）当含泥量和有害杂质含量超过规范规定时，应采取相应的技术措施，要满足技术要求，经有关技术负责人审批后，方能使用。

3）含水率的多少和混凝土质量相关．要经常测定砂的含水率．以便及时调整配合比用水量和用砂量。

4）对重要部位混凝土工程要做筛分级配，用于配制有特殊要求的混凝土，还需做相应的项目试验。按规定应预防碱—集料反应的工程或结构部位所使用的砂、石，供应单位应提供砂、石的碱活性检验报告。碎（卵）石试验报告式样见表 6-50。砂试验报告式样见表 6-51。

（2）砂技术要求

1）砂颗粒级配区见表 6-52。

砂颗粒级配区　　　　　　　　　表 6-52

累计筛余（%）　　级配区 筛孔尺寸（mm）	Ⅰ区	Ⅱ区	Ⅲ区
5.00	10～0	10～0	10～0
2.50	35～0	25～0	15～0
1.2	65～35	50～10	25～0
0.630	85～71	70～41	40～16
0.315	95～80	92～70	85～55
0.160	100～90	100～90	100～90

2）砂中含泥量及泥块含量应符合表 6-53 中的规定。

砂中含泥量及泥块含量　　　　　　　　　表 6-53

混凝土强度等级	大于或等于 C30	小于 C30
含砂量（按重量计%）	≤3.0	≤5.0
泥块含量（按重量计%）	≤1.0	≤2.0

（3）碎石或卵石技术要求

1）碎石或卵石的颗粒级配范围见表 6-54。

级配情况	供称粒径(mm)	累计筛余按重量计(%)											
		筛孔尺寸(圆孔筛)(mm)											
		2.36	4.75	9.50	16.0	19.0	26.5	31.5	37.5	53.0	63.0	75.0	90
连续粒级	5~10	95~100	80~100	0~15	0	—	—	—	—	—	—	—	—
	5~16	95~100	85~100	30~60	0~10	0	—	—	—	—	—	—	—
	5~20	95~100	90~100	40~80	—	0~10	0	—	—	—	—	—	—
	5~25	95~100	90~100	—	30~70	—	0~5	0	—	—	—	—	—
	5~31.5	95~100	90~100	70~90	—	15~45	—	0~5	0	—	—	—	—
	5~40	—	95~100	70~90	—	30~65	—	—	0~5	0	—	—	—
单粒粒级	10~20	—	95~100	85~100	—	0~15	—	—	—	—	—	—	—
	16~31.5	—	95~100	—	85~100	—	0~10	0	—	—	—	—	—
	20~40	—	—	95~100	—	80~100	—	—	0~10	0	—	—	—
	31.5~63	—	—	—	95~100	—	75~100	45~75	—	0~10	0	—	—
	40~80	—	—	—	—	95~100	—	—	70~100	—	30~60	0~10	0

2) 碎石或卵石中含泥量及泥块含量应符合表 6-55 中的规定。

混凝土强度等级	大于或等于 C30	小于 C30
含泥量（按重量计%）	≤1.0	≤2.0
泥块含量（按质量计%）	≤0.5	≤0.7
针、片状颗粒含量（按重量计%）	≤15	≤25

注：对有抗渗或其他要求的混凝土用碎石或卵石，其含泥量应不大于 3.0%、泥块含量不应大于 0.50%，如含泥基本上是非黏土质的石粉时，含泥量可由表中的 1.0%、2.0%分别提高的 1.5%、3.0%。对于 C10 和 C10 以下的混凝土用碎石或卵石，根据水泥强度等级，其含泥量可予以放宽到 2.5%、泥块含量可予以放宽到 1.0%、针、片状颗粒含量可予以放宽到 40%。

3) 碎石及卵石的压碎指标值见表 6-56 中的规定。

品 种		混凝土强度等级	压碎指标值（%）
碎石	沉积岩	C60~C40	≤10
		≤C35	≤15
	变质岩或生成的火成岩	C60~C40	≤12
		≤C35	≤20
	火成岩	C60~C40	≤13
		≤C35	≤30
卵石	卵石	C60~C40	≤12
		≤C35	≤16

轻集料试验报告 C4-15				资料编号	03-01-C4-×××××
				试验编号	2005-002
				委托编号	2005-0100
工程名称	×××工程			试样编号	02
委托单位	×××建筑有限公司			试验委托人	×××
种 类	黏土陶粒	密度等级	800	产 地	×××
代表数量	200m³	来样日期	×年×月×日	试验日期	×年×月×日
试验结果	一、筛分析	1. 细度模数（细骨料）			
		2. 最大粒径（粗骨料）		15mm	
		3. 级配情况		☑ 连续粒级　□ 单粒级	
	二、表观密度		kg/m³		
	三、堆积密度		790kg/m³		
	四、筒压强度		4.5MPa		
	五、吸水率（1h）		10.16％		
	六、粒型系数				
	七、其他				
结论： 　依据 GB/T 174311—1998 标准，符合 5～20 连续粒级，密级等级为 600，检验项目合格。					
批　准	×××	审　核	×××	试　验	×××
试验单位	×××试验中心				
报告日期	××××年××月××日				

（4）试验报告单的检验方法及要求

1）检查砂、石试验报告单上的项目是否齐全、准确、真实、无未了项、实验室盖章签字齐全。

2）检查试验编号是否填写。

3）检查试验数据是否达到规范规定的标准值。若发现问题，应及时取双倍试样对不合格项目做复试或报有关部门处理，并将复试合格单或处理结论附于此单后一并存档。

4）核对使用日期，不允许先使用后试验。

5）检查各试验报告单批量总和是否与单位工程总需求量相符。

6）检查试验报告单产品的品种、规格、产地、细度模数、含泥量、试验编号是否和砂浆、混凝土配合比申请单及砂浆配合比通知单相应项目一致。

7）检查砂浆、混凝土配合比日期和配合比通知单试压报告日期是否相吻合，品种是否一致。

5. 轻集料

轻集料一般用于结构或结构保温用混凝土，表观密度轻、保温性能好的轻集料，也可用于保温用轻混凝土。使用前应进行复试，见表 6-57。

凡粒径在 5mm 以上、堆积密度小于 1000kg/m³ 者，称为轻粗集料。粒径小于 5mm、小于堆积密度 1200kg/m³ 者，称为轻细集料（轻砂）。

（1）轻集料的密度等级

轻集料的密度等级见表 6-58。

轻集料的密度等级　　　　　表 6-58

密 度 等 级		堆积密度范围（kg/m³）
轻 粗 集 料	轻 砂	
300	—	210～300
400	—	310～400
500	500	410～500
600	600	510～600
700	700	610～700
800	800	710～800
900	900	810～900
1000	1000	910～1000
—	1100	1010～1100
—	1200	1110～1200

（2）轻粗集料的筒压强度及强度等级

轻粗集料的筒压强度及强度等级见表 6-59。

轻粗集料的筒压强度及强度等级　　　　　表 6-59

密度等级	筒压强度（MPa）		强度等级（MPa）	
	碎石型	普通和圆球形	普通型	圆球形
300	0.2/0.3	0.3	3.5	3.5
400	0.4/0.5	0.5	5.0	5.0
500	0.6/1.0	1.0	7.5	7.5
600	0.8/1.5	2.0	10	15
700	1.0/2.0	3.0	15	20
800	1.2 / 2.5	4.0	20	25
900	1.5/3.0	5.0	25	30
1000	1.8/4.0	6.0	30	40

注：碎石型天然轻集料取斜线以左值；其他碎石型轻集料取斜线以右值。

（3）试验报告单的检验方法及要求

1）检查轻集料试验报告单上的项目是否齐全、准确、真实、无未了项、试验室盖章签字齐全。

2）检查试验编号是否填写。

3）检查试验数据是否达到规范规定的标准值。若发现问题应及时在同一批中取双倍试样不合格项目做复试或报有关部门处理，并将复试合格单或处理结论附于此单后一并存档。

4）校对使用日期，不允许先使用后试验。

5）检查各试验报告单批量总和是否与单位工程总需求量相符。

6）检查试验报告单产品的品种、产地、粒径、含泥量、试验编号是否和轻集料混凝土配合比申请单及配合比通知单相应项目一致。

6. 外加剂

（1）常见外加剂的品种、适用范围及性能指标

1）常见外加剂的品种适用范围见表 6-60。

常见外加剂的品种适用范围 表 6-60

品 种		使 用 范 围
减水剂	普 通	日最低气温 5℃ 以上现浇或预制混凝土、钢筋混凝土及预应力混凝土
	高 效	日最低气温 0℃ 以上现浇或预制混凝土、钢筋混凝土及预应力混凝土、配制大流动性混凝土、高强混凝土以及蒸养混凝土
引气剂、引气减水剂		抗冻混凝土、抗渗混凝土、泌水严重的混凝土、贫混凝土、轻集料混凝土以及对饰面有要求的混凝土
缓凝剂、缓凝减水剂		大面积混凝土、炎热气候下施工的混凝土以及需长时间停放或长距离运输的混凝土
早强剂、早强减水剂		蒸养混凝土及常温、低温和负温（最低气温不低于 −5℃）条件下施工的早强或防冻要求的混凝土
防冻剂		负温条件下施工的混凝土
膨胀剂	补偿收缩混凝土（砂浆）	屋面防水；地下防水、贮罐水池、基础后浇缝、混凝土构件补强、防水堵漏、预填集料混凝土以及钢筋混凝土、预应力钢筋混凝土等
	填充用膨胀混凝土（砂浆）	机械设备的底座灌浆、地脚螺栓的固定、梁柱接头的浇筑、管道接头的填充和防水堵漏等
	自应力混凝土	常温下使用的自应力钢筋混凝土压力管

2）掺外加剂混凝土性能指标应符合表 6-61～表 6-64 中规定。

（2）外加剂出厂检验

外加剂检验项目，根据其品种不同按表 6-65 项目进行检验。

（3）有关规定及要求

1）应有生产厂家的质量证明书或合格证、技术检验单、产品说明书。内容包括厂名、品种、包装、质量（重量）、出厂日期、有关性能和使用说明。使用前应进行性能试验并出具掺量配合比试配单。产品合格证见表 6-66。

2）用于结构工程的所有外加剂，使用前还应进行钢筋的锈蚀试验和抗压强度比试验。见表 6-67，还应有检测部门提供的产品委托检验报告，见表 6-68。

3）型式检验：

① 检验项目：匀质性指标、混凝土性能指标。

掺外加剂混凝土性能指标

表6-61

试验项目	普通减水剂		高效减水剂		早强减水剂		缓凝高效减水剂		缓凝减水剂		引气减水剂		早强剂		缓凝剂		引气剂	
	一等品	合格品	一等品	合格品	一等品	合格品	一等品	合格品	一等品	合格品	一等品	合格品	一等品	合格品	一等品	合格品	一等品	合格品
减水率（%）	≥8	≥5	≥12	≥10	≥8	≥5	≥12	≥10	8	≥5	≥10	≥10	—	—	—	—	≥6	≥6
泌水率比（%）	≤95	≤100	≤90	≤95	≤95	≤100	≤100	≤100	≤100	≤100	≤70	≤80	≤100	≤100	≤100	≤110	≤70	≤80
含气量（%）	≤3.0	≤4.0	≤3.0	≤4.0	≤3.0	≤4.0	≤4.5	≤4.5	＜4.5	＜5.5	>3.0	>3.0	—	—	—	—	>3.0	>3.0
凝结时间之差（min） 初凝	-90~+120	-90~+120	-90~+120	-90~+120	-90~+90	-90~+90	>+90	>+90	>+90	>+90	-90~+90	-90~+90	-90~+90	-90~+90	>+90	>+90	-90~+90	-90~+90
凝结时间之差（min） 终凝	-90~+90	-90~+90	-90~+90	-90~+90	-90~+90	-90~+90	—	—	—	—	-90~+90	-90~+90	-90~+90	-90~+90	-90~+90	-90~+90	-90~+90	-90~+90
抗压强度比（%）不小于 1d	—	—	140	130	140	130	—	—	—	—	—	—	135	125	—	—	—	—
抗压强度比（%）不小于 3d	115	110	130	120	130	120	125	120	100	100	115	110	130	120	100	90	95	80
抗压强度比（%）不小于 7d	115	110	125	115	115	110	125	115	110	110	110	110	110	105	100	90	95	80
抗压强度比（%）不小于 28d	110	105	120	110	105	100	120	110	110	105	100	100	100	95	100	90	90	80
收缩率（%）	≤135	≤135	≤135	≤135	≤135	≤135	≤135	≤135	≤135	≤135	≤135	≤135	≤135	≤135	≤135	≤135	≤135	≤135
相对耐久性指标 200次（%）	—	—	—	—	—	—	—	—	—	—	≥80	≥60	—	—	—	—	≥80	≥60
钢筋锈蚀	应说明对钢筋有无锈蚀危害																	

注：1. 除含气量外，表中所列数据为掺外加剂混凝土与基准混凝土的差值或比值。

2. 凝结时间指标，"—"号表示提前，"+"号表示延缓。

3. 相对耐久性指标一栏中，"200次≥80和60"表示将28d龄期的掺外加剂混凝土试件冻融循环200次后，动弹性模量保留值≥80%或60%。

4. 对于可以用高频振捣排除的、由外加剂引入的气泡的产品，允许用高频振捣，达到某种类型性能指标要求的外加剂，可按本表进行命名和分类，和包装上注明"用于高频振捣的＊＊剂"。

试 验 项 目		性 能 指 标				
		泵送剂		防水剂（砂浆）		防水剂（混凝土）
		二等品	合格品	一等品	合格品	—
安定性（净浆安定性）		—	—	合格	合格	合格
坍落度增加值（cm）		≥10	≥8	—	—	—
泌水率比（%）	常 压	≤100	—	—	—	≤80
	压 力	≤95	—	—	—	—
含气量（%）		≤4.5	≤5.5	—	—	—
坍落度保留值（cm）	30min	12		—	—	—
	60min	10		—	—	—
凝结时间之差（min）	初 凝	—	—	不早于 45min	不早于 45min	-90～+120
	终 凝	—	—	不迟于 10h	不迟于 10h	-90～+120
抗压强度比（%）不小于	3d	85	80	—	—	—
	7d	85	80	100	95	110
	28d	85	80	90	85	100
	90d	85	80	85	80	100
收缩率比（%）		≤135		≤110	≤120	≤110
相对耐久性（%）		200 次≥80%或≥300		—	—	—
48h 吸水量比（%）		—		≤65	≤75	≤65
渗水压力比（%）		—		≥300	≥200	—
渗透高度比（%）		—		—	—	≤30
抗冻性能（50 次冻融循环）%	慢冻法 抗压强度损失率比	—		100	100	100
	慢冻法 质量损失率比	—		100	100	100
	快冻法 相对动弹性模量比	—		100	100	100
	快冻法 质量损失率比	—		100	100	100
对钢筋的锈蚀作用		—		说明有无锈蚀		

注：“200 次≥80”表示 28d 龄期的受检混凝土试件冻融循环 200 次后，动弹性模量保留值不小于 80%；“≥300”
表示试件冻融循环后，动弹性模量保留值等于 80% 时，受检混凝土与基准混凝土冻融循环次数的比值不小于
300%相对耐久性不作为泵送剂的控制指标，但当泵送剂用于有抗冻融要求的混凝土时，必须满足此要求。

试验项目		性能指标					
		防冻剂					
		一 等 品			合 格 品		
减水率（%）不小于		8			一		
泌水率比（%）不大于		100			100		
含气量（%）不小于		2.5			2.0		
凝结时间之差（min）	初凝	−120～+120			−150～+150		
	终凝	−120～+120			−150～+150		
抗压强度比（%）不小于	温度规定（℃）	−5	−10	−15	−5	−10	−15
	R_{28}	95		90	90		85
	R_{-7+28}	95	90	85	90	85	80
	R_{-7+56}	100			100		
	90d	100					
收缩率比（%90d）		≤120					
抗渗压力（或高度）比%		不小于 100（或不大于 100）					
相对耐久性指标（%）		50 次冻融强度损失率比≤100					
钢筋锈蚀		应说明对钢筋有无锈蚀危害					

试验项目			膨胀剂性能指标
化学成分	含水率（%）　不大于		3.0
	氧化镁（%）　不大于		5.0
	总碱量（%）　不大于		0.75
	氯离子（%）　不大于		0.05
物理性能	细度	比表面积（m²/kg）不小于	250
		0.08mm 筛筛余（%）不大于	10
		1.25mm 筛筛余（%）不大于	0.5
	凝结时间	初凝（min）不早于	45
		终凝（h）不迟于	10
	限制膨胀率（%）不小于	水中　7d 不小于	0.025
		水中　28d 不大于	0.10
		空气中 28d 不小于	−0.020
	抗压强度（MPa）不小于	7d	25.0
		28d	45.0
	抗折强度（MPa）不小于	7d	4.5
		28d	6.5

测定项目	外加剂品种									备 注
	普通减水剂	高效减水剂	早强减水剂	缓凝高效减水剂	缓凝减水剂	引气减水剂	早强剂	缓凝剂	引气剂	
固体含量	√	√	√	√	√	√	√	√	√	
密度										液体外加剂必测
细度										粉状外加剂必测
pH	√	√	√	√	√	√				
表面张力		√							√	
泡沫性能						√			√	
氯离子含量	√	√	√	√	√	√	√	√		
硫酸含量										含有硫酸的早强减水剂或剂必测
总碱量	√	√	√	√	√	√	√	√	√	年至少一次
还原糖分	√							√		本质素磺酸钙减水剂必测
水泥净浆流动度	√	√	√	√	√					两种任选一种
水泥砂浆流动度	√	√	√	√	√	√	√	√		

泵送剂产品出厂合格证   表 6-66

产品名称：天宇303泵送剂			检验编号：2005-66	
试验日期：××××年××月××日			报告日期：××××年××月××日	
外加剂种类：（液体）			固体含量：38%	
试验项目	单位	标准值	实测值	单项判定
坍落度增加值	cm	＞8	12	
压力泌水率比	%	＜100		
减水率	%	＞10	20	
坍落度保留值 30min	cm	＜10	18	
坍落度保留值 60min	cm	＞8	17	
水泥净浆流动度	cm	＞22	23	
对钢筋锈蚀作用		对钢筋无锈蚀		
按水泥掺量	正温	2%	负温	%
凝结时间		使用水泥品种	基准水泥	
		批号		
结论				

检验单位

原件在搅拌站

复印人：×××

搅拌站章

混凝土外加剂试验报告 C4-10			资料编号	02-01-C4-001
			试验编号	2009-0033
			委托编号	2009-100
工程名称	×××工程		试样编号	06
委托单位	×××建筑工程公司		试验委托人	×××
产品名称	天宇303泵送剂	生产厂 ×××	生产日期	×年×月×日
代表数量	2t	来样日期 ×年×月×日	试验日期	×年×月×日
试验项目	如下			

试验结果	试验项目	试验结果
	1. 坍落度保留值	H30：163mm　　H60：137mm
	2. 压力泌水率比	74%
	3. 抗压强度比	R7：124%　　R28：111%
	4. 对钢筋的锈蚀情况	对钢筋无锈蚀

结论：

依据 JC 473—2001 标准，该产品性能符合检验要求。

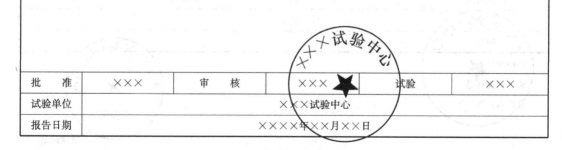

批　准	×××	审　核	×××	试验	×××
试验单位	×××试验中心				
报告日期	××××年××月××日				

受检单位：×××建筑材料厂　　　　　　　　　　　报告编号：WJ00-0032

报告日期：200 年 05 月 06 日　　　　　　　　　　样品名称：天宇 303 泵送剂

生产单位：×××建筑材料厂　　　　　　　　　　　规格型号：液体

检验依据：JC 473—92（96）　混凝土泵送剂

检验项目		标准值	检测结果	单项判定
坍落度增加值	cm	≥8	14	合格
压力泌水比	%	≤100	26	合格
含 气 量	%	≤5.5	1.6	合格
坍落度保留值	30min cm	≥10	18.0	合格
	60min cm	≥8	17.5	合格
抗压强度比	3d %	≥80	153	合格
	7d %	≥80	147	合格
	28d %	≥80	145	合格
对钢筋锈蚀作用	—	对钢筋无锈蚀	对钢筋无绣蚀	合格
掺量（占水泥重量的）	—	—	3.0	

检验结论及意见：该产品经检验，以上结果均符合标准中合格品的规定。

质量检验专用章

本检验结果只对样负责

检验单位：×××　　批准：×××　　审核：×××　　试验：×××

原件在搅拌站：

复印人：×××

② 检验条件：

有下列情况之一者，应进行型式检验。

A. 新产品或老产品转厂生产的试制定型鉴定；

B. 原料和生产工艺改变时；

C. 正常生产时，每半年进行一次检验；

D. 产品连续停产（泵送剂三个月含三个月、防水剂半年），重新恢复生产时；

E. 出厂检验结果和上次型式检验有较大差异（相对误差大于 5％）时；

F. 国家质量监督机构提出进行型式检验要求时。

（4）产品合格证及质量证明书的检验方法及要求

检查其内容是否齐全，包括：厂别、品种及型号、包装、重量、出厂日期、主要性能及成分、适用范围及适宜掺量、性能检验合格证、贮存条件及有效期、适用方法及注意事项等，应填写清楚、准确、完整，以证明其质量符合标准。防冻剂，应摘取一份防伪认证标志，附贴于产品出厂合格证上，存档保存。

（5）试验报告单的检验方法及要求

1）试验报告应由相应资质等级的建筑试验室签发。

2）检查试验报告单上的项目是否齐全、准确、真实、无未了项、试验室盖章签字齐全。

3）检查试验编号是否填写。

4）检查试验数据是否达到规范规定的标准值。若发现问题应及时报有关部门处理，并将处理结论附于此单后一并存档。

5）查对产品合格证、混凝土（砂浆）施工资料及施工日志，确定外加剂是否在有效期内。

6）核对使用日期．与混凝土（砂浆）试配单比较是否合理，不允许先使用后试验。

7）检查各试验报告单批量总和是否与单位工程总需求量相符。

8）检查混凝土（砂浆）试配单的外加剂名称及掺量与其抗压强度试验报告单的外加剂名称、产地和使用说明的名称、产地是否一致。

7. 掺合料（只列粉煤灰）

（1）有关规定

使用粉煤灰、蛭石粉、沸石粉等掺合料应有质量证明书和材料试验报告。见表 6-69、表 6-70，进场后做复试式样见表 6-71。

粉煤灰合格证　　　　　　　　　　　　　　　表 6-69

生产厂家：×××		
检验项目	单　位	检验结果
细度（0.045（四））	％	19
含水量	％	0.5
烧失量	％	6
三氧化硫	％	1.5
需水量比	％	104
等　级		二级
结　论	依据 CB 1596—2005 标准，符合二级粉煤灰要求	
备　注		

检验人员：×××　　　　　　　　　　　　　　　日期：××××年××月××日

北京市建筑材料质量监督检验站检验报告

表 6-70

受检单位：××× 　　　　　　　　　　　　　　　　　　报告编号：×××

报告日期：××年××月××日　　　送样日期：××年××月××日　　　样品名称：粉煤灰

生产单位：×××

检验依据：GB 176—2005 用于水泥和混凝土中的粉煤灰

GB/T176—2008（水泥的化学分析方法）　　　　　　　(1998)量认(京)字(R0110)号

检验项目、单位	标准值（Ⅱ级）	检测结果	单项判定
细度（0.045mm 筛筛余）（%）	≤20	19	合格
含水量（%）	≤1	1.6	合格
烧失量（%）	≤8	1.0	合格
三氧化硫（%）	≤3	1.6	合格
需水量比	≤105	93	合格
Na_2O（%）	—	1.23	—
K_2O（%）	—	0.51	—
碱含量（Na_2O 10.658K_2O）（%）	—	0.92	—

检验结论及结果：该样品经检验，以上结果符合标准级Ⅱ粉煤灰指标要求。

本检验结果只对来样负责　　　　　　　　　　　　　　　检验性质：委托检验

检验单位：×××　　主管：×××　　审核：×××　　试验：×××

混凝土掺合料试验报告

表 6-71

混凝土掺合料试验报告 C4-11			资料编号	02-01-C4-001
			试验编号	2009-0010
			委托编号	2009-08
工程名称	×××工程		试样编号	09
委托单位	×××项目部		试验委托人	×××
掺合料种类	粉煤灰	等级　　Ⅱ级	产地	××
代表数量	200t	来样日期　×年×月×日	试验日期	×年×月×日

试验结果	一、细度	1. 0.045mm 方孔筛筛余	16，8　　　%
		2. 80μm 方孔筛筛余	/　　　%
	二、需水量比		98　　%
	三、吸铵值		%
	四、28 天水泥胶砂抗压强度比		/
	五、烧失量		7.2 %
	六、其他		29%

结论：
符合 GB 1596—2005 标准，符合Ⅱ级粉煤灰的指标要求。

批准	×××	审核	×××	试验	×××
试验单位	×××试验中心				
报告日期	××××年××月××日				

（2）粉煤灰质量标准和分类

粉煤灰质量标准和分类见表 6-72。

粉煤灰质量标准和分类   表 6-72

序号	指标	粉煤灰级别		
		Ⅰ	Ⅱ	Ⅲ
1	细度（0.045mm 方筛筛余）（%）不大于	12	20	45
2	烧失量（%）不大于	5	8	15
3	需水量比（%）不大于	95	105	115
4	三氧化硫（%）不大于	3	3	3
5	含水量（%）	1	1	不规定

（3）适应范围

1）Ⅰ级粉煤灰：允许用于后张预应力钢筋混凝土构件及跨度小于 6m 的先张预应力钢筋混凝土构件。

2）Ⅱ级粉煤灰：可用于普通钢筋混凝土及轻骨料钢筋混凝土。

3）Ⅲ级粉煤灰：用于无筋混凝土和砂浆。

（4）粉煤灰取代水泥百分率

粉煤灰取代水泥百分率见表 6-73。

粉煤灰取代水泥百分率   表 6-73

混凝土强度等级	取代硅酸盐水泥、普通硅酸盐水泥百分率（%）	取代矿渣硅酸盐水泥百分率（%）
C15 以下	15～25	10～20
C20	10～15	10
C2～C30	15～20	10～15

注：1. 以 42.5 级水泥配成的混凝土取表中下限，以 42.5 级水泥配成的混凝土取表中上限。

2. C30 以上的混凝土强度等级按 C25、C30 粉煤灰取代水泥百分率进行，但必须通过试验决定。

（5）试验报告单的检验方法及要求

1）试验报告应由相应资质等级的建筑试验室签发。

2）检查试验报告单上的项目是否齐全、准确、真实、无未了项、试验室盖章签字齐全。

3）检查试验编号是否填写。

4）检查试验数据是否达到规范规定的标准值。若发现问题，应及时重新取双倍试件做复试或报有关部门处理，并将处理结论附于此单后一并存档。

5）核对使用日期，与混凝土（砂浆）试配单比较是否合理，不允许先使用后试验。

6）检查各试验报告单批量总和是否与单位工程总需求量相符。

7）检查混凝土（砂浆）试配单的掺合料名称及掺量与其抗压强度试验报告单的掺合料名称、产地是否一致。

8. 防水材料

防水材料主要包括防水涂料、防水卷材、粘结剂、止水带、膨胀胶条、密封膏、密封胶、水泥基渗透结晶性防水材料等。

（1）常见防水卷材及其物理力学性能指标

1）聚合物改性沥青复合胎防水卷材

① SBS 改性沥青复合胎防水卷材物理力学性能指标见表 6-74（北京地方标准，外埠仅供参考）及表 6-75（国家标准：弹性体改性沥青）。

SBS 改性沥青复合胎防水卷材物理力学性能　　　　　　表 6-74

序号	项目		指标	
			Ⅰ	Ⅱ
1	可溶物含量 （g/m²）	2mm	1300	
		3mm	2100	
		4mm	2900	
2	不透水性	压力，0.3MPa	不 透 水	
		保持时间，30min		
3	耐热度	90℃	无滑动、无流淌、无滴落	
4	拉力（N）	纵 向	≥450	≥600
		横 向	≥400	≥500
5	低温柔度	−18℃	无 裂 纹	
6	撕裂强度 （N/50mm）	纵 向	≥250	
		横 向	≥200	
7	人工气候加速老化 （720h）	外 观	无滑动、无流淌、无滴落	
		拉力保持率 （%）	纵 向	≥80	
			横 向		
		低温柔度	−10℃	无 裂 纹	

SBS 弹性体改性沥青　　　　　　表 6-75

序号	胎基		PY		G	
	型号		Ⅰ	Ⅱ	Ⅰ	Ⅱ
1	可溶物含量 （g/m²）≥	2mm	—		1300	
		3mm	2100			
		4mm	2900			
2	不透水性	压力（MPa）≥	0.3		0.2	0.3
		保持时间（min）≥	30			

序号	胎 基		PY		G	
	型 号		Ⅰ	Ⅱ	Ⅰ	Ⅱ
3	耐热度（℃）		90	105	90	1
			无滑动、流淌、滴落			
4	拉力（N/50mm）≥	纵 向	450	800	350	500
		横 向			250	300
5	最大拉力时延伸率（%）≥	纵 向	30	40	—	
		横 向				
6	低温柔度（℃）		—18	—25	—18	—25
			无 裂 纹			
7	撕裂强度（N）≥	纵 向	250	350	250	350
		横 向			170	200
8	人工气候加速变化	外 观	1 级			
			无滑动、流淌、滴落			
		拉力保持率（%）≥ 纵向	80			
		低温柔度（℃）	—10	—20	—10	—20
			无裂纹			

注：表中 1～6 项为强制性项目。

② APP 改性沥青复合胎防水卷材物理力学性能指标见表 6-76（北京地方标准，外埠仅供参考）及表 6-77（国家标准）。

APP 改性沥青复合胎防水卷材物理力学性能　　　　表 6-76

序号	项 目		指 标	
			Ⅰ	Ⅱ
1	可溶物含量（g/m²）	2mm	1300	—
		3mm	2100	
		4mm	2900	
2	不透水性	压力，0.3MPa	不透水	
		保持时间，30min		
3	耐热度	110℃	无滑动、无流淌、无滴落	
4	拉力（N）	纵 向	≥450	≥600
		横 向	≥400	≥500
5	低温柔度	—5℃	无裂纹	
6	撕裂强度（N/50mm）	纵 向	≥250	
		横 向	≥200	
7	人工气候加速老化（720h）	外 观	无滑动、无流淌、无滴落	
		拉力保持率（%） 纵 向	≥80	
		横 向		
		低温柔度 3℃	无裂纹	

注：Ⅰ指胎体材料为玻纤毡和玻纤网格布、棉混合纤维无纺布和玻纤网格布，Ⅱ指胎体材料为聚酯毡和玻纤网格布。

APP 改性沥青复合胎防水卷材物理力学性能　　　　表 6-77

序号	胎　基		PY		G	
	型　号		Ⅰ	Ⅱ	Ⅰ	Ⅱ
1	可溶物含量 (g/m²) ≥	2mm	—			1300
		3mm	2100			
		4mm	2900			
2	不透水性	压力（MPa）≥	0.3		0.2	0.3
		保持时间（min）≥	30			
3	耐热度（℃）①		110	130	110	130
			无滑动、流淌、滴落			
4	拉力（N/50mm）≥	纵　向	450	800	350	500
		横　向			250	300
5	最大拉力时延伸率（%）≥	纵　向	25	40		
		横　向				
6	低温柔度（℃）		−5	−15	−5	−15
			无　裂　纹			
7	撕裂强度（N）≥	纵　向	250	350	250	350
		横　向			170	200
8	人工气候加速老化	外　观	1 级			
			无滑动、流淌、滴落			
		拉力保持率（%）≥　纵　向	80			
		低温柔度（℃）	3	−10	3	−10
			无　裂　纹			

注：表中 1~6 项为强制性项目。

① 当需要耐热度超过 130℃卷材时，该指标可由供需双方协商确定。

2）三元乙丙防水卷材物理性能指标应符合表 6-78 中要求。

三元乙丙防水卷材物理性能指标　　　　表 6-78

序号	项　目		指　标	
			一等品	合格品
1	拉伸强度（MPa）≥		8	7
2	折断伸长率（%）≥		450	450
3	直角型撕裂强度（N/cm）≥		280	245
4	不透水性	0.3MPa×30min	合格	—
		0.1MPa×30min	—	合格
5	粘合性能（胶与胶）	无处理	合格	合格
		热空气老化 80℃×168h	合格	合格
		耐碱性 10%Ca（OH)₂×168h	合格	合格

序号	项目		指标	
			一等品	合格品
6	低温弯折性	（℃）≤	−45	−40
7	耐碱性 （10%Ca(OH)$_2$ ×168h室温）	拉伸强度变化率（%）	−20～20	−20～20
		折断伸长率，变化率减小值，不超过（%）	20	20

3）聚氯乙烯防水卷材物理性能指标应符合表6-79中要求。

聚氯乙烯防水卷材物理性能指标　　　　　　　　表6-79

序号	项目	P 型			S 型	
		优等品	一等品	合格品	一等品	合格品
1	拉伸强度（MPa）不小于	15.0	10.0	7.0	5.0	2.0
2	断裂伸长率（%）不小于	250	200	150	200	120
3	热处理尺寸变化率（%）不小于	2.0	2.0	3.0	5.0	7.0
4	低温弯折性−20℃	无裂纹				
5	抗渗透性	不透水				
6	抗穿孔性	不透水				
7	剪切状态下的粘合性	$\delta_{sa} \geq 2.0$N/mm 或在接缝外断裂				
8	热老化处理	外观质量	无气泡、不粘结、无孔洞			
		拉伸强度相对变化率（%）	±20		±25	＋50 −30
		断裂伸长率相对变化率（%）				
		低温弯折性	−20℃无裂纹		−15℃无裂纹	−20℃无裂纹
9	人工候化处理	拉伸强度相对变化率（%）	±20		±25	＋50 −30
		断裂伸长率相对变化串（%）				
		低温弯折性	−20℃无裂纹		−15℃无裂纹	−20℃无裂纹
10	水溶液处理	拉伸强度相对变化率（%）	±20		±25	±20
		断裂伸长率相对变化率（%）				±25
		低温弯折性	−20℃无裂纹		−15℃无裂纹	−20℃无裂纹

注：下部表头为"试验室处理后卷材相对于未处理时的允许变化"

4）氯化聚乙烯防水卷材物理性能指标应符合表 6-80 中要求。

氯化聚乙烯防水卷材物理性能指标　　　　　　　　表 6-80

序号	项　　目	Ⅰ型			Ⅱ型		
		优等品	一等品	合格品	优等品	一等品	合格品
1	拉伸强度（MPa）不小于	12.0	8.0	5.0	12.0	8.0	5.0
2	断裂伸长率（%）不小于	300	200	100	100		
3	热处理尺寸变化率（%）不小于	纵2.5 横1.5	3.0		1.0		
4	低温弯折性−20℃	无裂纹					
5	抗渗透性	不透水					
6	抗穿孔性	不透水					
7	剪切状态下的粘合性	$\delta_{sa} \geq 2.0$N/mm					

试验室处理后卷材相对于未处理时的允许变化

		外观质量	无气泡、疤痕、裂缝、粘结及孔洞					
8	热老化处理	拉伸强度相对变化率（%）	±20		+50 −20	±20		+50 −20
		断裂伸长率相对变化率（%）			+50 −30			+50 −30
		低温弯折性	−20℃ 无裂纹	−15℃ 无裂纹		−20℃无裂纹		−15℃ 无裂纹
9	人工候化处理	拉伸强度相对变化率（%）	±20		+50 −20	±20		+50 −20
		断裂伸长率相对变化串（%）			+50 −30			+50 −30
		低温弯折性	−20℃ 无裂纹	−15℃ 无裂纹		−20℃无裂纹		−15℃ 无裂纹
10	水溶液处理	拉伸强度相对变化率（%）	±20	±30		±20	±30	
		断裂伸长率相对变化率（%）						
		低温弯折性	−20℃ 无裂纹	−15℃ 无裂纹		−20℃无裂纹		−15℃ 无裂纹

注：Ⅱ型卷材的断裂伸探率是指最大拉力时的延伸率。

5）沥青、焦油改性沥青、焦油防水卷材物理性能指标应符合表 6-81 中要求。

序号	项　　目		聚酯胎	麻布胎	复合胎	玻纤胎	聚乙烯胎 无胎自黏
1	拉力（N） 不小于	纵　向	400	400	350	300	70
		横　向	400	400	300	200	70
2	断裂延伸率（%） 纵横向均不小于	无 处 理	30	5	5	3	300
		加热 80℃ 168h					240
3	耐热率（℃）垂直 2h， 涂盖层无滑动		APP 改性沥青 110，其他 85				90
4	柔度（℃）弯 180 度　无裂纹 厚度大于 4mm　γ＝25mm 厚度小于 4mm　γ＝15mm		优质氧化沥青 5 APP 改性沥青　－5 其他　－15				－10
5	不透水性	压力（MPa）	0.2				
		时间（min）	30				

6）硫化型橡胶防水卷材物理性能应符合表 6-82 中要求。

硫化型橡胶防水卷材物理性能指标　　　表 6-82

序号	项　　目		L 型	G 型	Z 型
1	扯断强度（MPa）不小于		7.0	5.0	3.0
2	扯断伸长率（%）不小于		450	250	200
3	直角撕裂强度（N/cm）不小于		245	200	150
4	不透水性	压力（MPa）	0.3	0.2	0.1
		时间（min）	30	30	30
5	低温弯折性（℃）无裂纹		－25	－20	－15
6	粘合性（N/mm）不小于		2		
7	热处理尺寸变化率（%）不小于		2	2	3
8	热老化性能（%） 不大于	扯断强度变化率	－20～－50		
		扯断伸长率变化率	－30	－30	－30
9	脆性温度（℃）不小于		－40	－35	－20
10	臭氧老化（PPhm） 40℃　168h，静态伸长 20%无裂纹		100	75	75

7）高分子防水片材中均质片的物理性能指标应符合表 6-83 中要求；复合片的物理性能指标应符合表 6-84 中的要求。

项　目		指　标									
		硫化橡胶类				非硫化橡胶类			树脂类		
		JL1	JL2	JL3	JL4	JF1	JF2	JF3	JS1	JS2	JS3
断裂拉伸强度(MPa)	常温≥	7.5	6.0	6.0	2.2	4.0	3.0	5.0	10	16	14
	60℃≥	2.3	2.1	1.8	0.7	0.8	0.4	1.0	4	6	5
扯断伸长率(%)	常温≥	450	400	300	200	450	200	200	200	550	500
	−20℃≥	200	200	170	100	200	100	100	15	350	300
撕裂强度（kN/m）≥		25	24	23	15	18	10	10	40	60	60
不透水性,30min无渗漏		0.3MPa	0.3MPa	0.2MPa	0.2MPa	0.3MPa	0.2MPa	0.2MPa	0.3MPa	0.3MPa	0.3MPa
低温弯折（℃）≤		−40	−30	−30	−20	−30	−20	−20	−20	−35	−35
加热伸缩量(mm)	延伸<	2	2	2	2	2	4	4	2	2	2
	收缩<	4	4	4	4	4	6	10	6	6	6
热空气老化(80℃×168h)	断裂拉伸强度保持率（%）≥	80	80	80	80	90	60	80	80	80	80
	扯断伸长率保持率(%)≥	70	70	70	70	70	70	70	70	70	70
	100%伸长率外观	无裂纹	无裂纹	无裂纹	无裂纹	无裂纹	无裂纹	无裂纹	无裂纹	无裂纹	无裂纹
耐碱性[10%Ca(OH)$_2$ 常温×168h]	断裂拉伸强度保持率（%）≥	80	80	80	80	80	70	70	80	80	80
	扯断伸长率保持率（%）≥	80	80	80	80	90	80	70	80	90	90
臭氧老化(40℃×168h)	伸长率40%,500PPhm	无裂纹	—	—	—	无裂纹	—	—	—	—	—
	伸长率20%,500PPhm	—	无裂纹	—	—	—	—	—	—	—	—
	伸长率20%,200PPhm	—	—	无裂纹	—	—	—	—	无裂纹	无裂纹	无裂纹
	伸长率20%,100PPhm	—	—	—	无裂纹	—	无裂纹	无裂纹	—	—	—
人工候化	断裂拉伸强度保持率（%）≥	80	80	80	80	80	70	80	80	80	80
	扯断伸长率保持率(%)≥	70	70	70	70	70	70	70	70	70	70
	100%伸长率外观	无裂纹	无裂纹	无裂纹	无裂纹	无裂纹	无裂纹	无裂纹	无裂纹	无裂纹	无裂纹

项　目		指　标									
		硫化橡胶类				非硫化橡胶类			树脂类		
		JL1	JL2	JL3	JL4	JF1	JF2	JF3	JS1	JS2	JS3
粘合性能	无处理	自基准线的偏移及剥离长度在 5mm 以下，且无有害偏移及异状点									
	热处理										
	碱处理										

注：1. 人工候化和粘合性能项目为推荐项目。

2. 适用试验条目见《高分子防水材料　第 1 部分：片材》(GB 18173.1—2006)标准中相关内容。

高分子防水片材复合片的物理性能　　　　　　　　　　　　表 6-84

项　目		种　类			
		硫化橡胶类	非硫化橡胶类	树脂类	
		FL	FF	FS1	FS2
断裂拉伸强度 (N/cm)	常温≥	80	60	100	60
	6012≥	30	20	40	30
胶断伸长率 (%)	常温≥	300	250	150	400
	—2012≥	150	50	10	10
撕裂强度(N)≥		40	20	20	20
不透水性，30min 无渗漏		0.3MPa	0.3MPa	0.3MPa	0.3MPa
低温弯折(℃)≤		—35	—20	—30	—20
加热伸缩量 (mm)	延伸<	2	2	2	2
	收缩<	4	4	2	4
热空气老化 (80℃×168h)	断裂拉伸强度保持率(%)≥	80	80	80	80
	胶断伸长率保持率(%)≥	70	70	70	70
耐碱性 [10%Ca(OH)$_2$ 常温×168h]	断裂拉伸强度保持率(%)≥	80	60	80	80
	胶断伸长率保持率(%)≥	80	60	80	80
臭氧老化(40℃×168h)，200PPhm		无裂纹	无裂纹	无裂纹	无裂纹
人工候化	断裂拉伸强度保持率(%)≥	80	70	80	80
	胶断伸长率保持率(%)≥	70	70	70	70

注：适用试验条目见《高分子防水材料　第一部分：片材》(GB 18173.1—2006)标准中相关内容。

(2) 卷材胶粘剂的质量要求

1) 改性沥青胶粘剂的粘结剥离强度不应小于 8N/10mm。

2) 合成高分子胶粘结剂的粘结剥离强度不应小于 15N/10mm，浸水 168h 后粘结剥离强度保持率不应小于 70%。

(3) 防水涂料

1) 水性沥青基防水涂料物理性能指标应符合表 6-85 中要求。

水性沥青基防水涂料物理性能指标 表 6-85

序号	项 目		AE—1		AE—2	
			一等品	合格品	一等品	合格品
1	外 观		搅拌后为黑色或黑灰色均质膏体或黏稠体，搅匀和分散在水溶液中无沥青丝	搅拌后为黑色或黑灰色均质膏体或黏稠体，搅匀和分散在水溶液中显沥青丝	搅拌后为黑色或蓝褐色均质液体，搅拌棒上不粘附任何颗粒	搅拌后为黑色或蓝褐色液体，搅拌棒上不粘附明显颗粒
2	固体含量(%)不小于		50		43	
3	延伸性(mm)不小于	无处理	5.5	4.0	6.0	4.5
		处理后	4.0	3.0	4.5	3.5
4	柔韧性		5±1℃	10±1℃	15±1℃	10±1℃
			无裂纹、断裂			
5	耐热性(℃)		无流淌、起泡和滑动			
6	粘结性(MPa)不小于		0.20			
7	不透水性		不渗水			
8	抗冻性		20 次无开裂			

2) 聚氨酯防水涂料物理性能指标应符合表 6-86 中要求。

聚氨酯防水涂料物理性能指标 表 6-86

序号	项 目		一等品	合格品
1	拉伸强度(MPa)	无处理大于	2.45	1.65
		加热处理	无处理值的 80%～150%	不小于无处理值的 80%
		紫外线处理	无处理值的 80%～150%	不小于无处理值的 80%
		碱处理	无处理值的 60%～150%	不小于无处理值的 60%
		酸处理	无处理值的 80%～150%	不小于无处理值的 80%
2	断裂时的延伸率(%)大于	无处理	450	350
		加热处理	300	200
		紫外线处理	300	200
		碱处理	300	200
		酸处理	300	200
3	加热伸缩率(%)小于	伸 长	L	
		缩 短	4	6
4	拉伸时的老化	加热处理	无裂缝及变形	
		紫外线处理	无裂缝及变形	
5	低温柔性(℃)	无处理	−35 无裂纹	−30 无裂纹
		加热处理	−30 无裂纹	−25 无裂纹
		紫外线处理	−30 无裂纹	−25 无裂纹
		碱处理	−30 无裂纹	−25 无裂纹
		酸处理	−30 无裂纹	−25 无裂纹

序号	项 目	一等品	合格品
6	不透水性 0.3MPa30min	不 渗 漏	
7	固体含量(%)	≥94	
8	适用时间(min)	≥20 黏度不大于 10^5MPa·s	
9	涂膜表干时间(h)	≤4 不粘手	
10	涂膜实干时间(h)	≤12 无黏着	

3) 水乳型焦油基防水涂料、溶剂型防水涂料和溶剂型焦油基防水涂料物理性能指标应符合表 6-87 中要求。

水乳型焦油基防水涂料、溶剂型防水涂料和溶剂型焦油基 表 6-87
防水涂料物理性能指标

序号	项 目		水乳型	溶剂型	
			焦油基	沥青基	焦油基
1	干燥时间 8h 不小于	表 干	2	2	24
		实 干	24	24	72
2	延伸性(mm) 不小于	无处理	7	4.5	7
		碱处理	5	3.5	5
		热处理	5	3.5	5
		紫外线处理	4	3.5	4
3	固体含量（%）不小于		-45		
4	粘结强度（MPa）不小于		0.2		
5	耐热性(80±2)℃ 5h		不流淌，不起泡		
6	抗冻性冻融 20 次		不 开 裂		
7	不透水性	压力（MPa）	0.1		
		时间（min）	30		
8	柔度 —10℃ γ=5mm		无 开 裂		

4) 聚合物基防水涂料物理性能指标应符合表 6-88 中要求。

聚合物基防水涂料物理性能指标 表 6-88

序号	项 目		品 种				
			Ⅰ类	Ⅱ类	Ⅲ类	Ⅳ类	Ⅴ类
1	固体含量（%）		按企业标准执行			94	企标
2	干燥时间（h）	表干不小于	4				
		实干不小于	12				
3	拉伸断裂强度（MPa）不小于		1.0	1.5	5	1.65	2.0
4	断裂拉长率（%）不小于		300	450	150	200	150

序号	项目		品　种				
			Ⅰ类	Ⅱ类	Ⅲ类	Ⅳ类	Ⅴ类
5	柔　度 $\gamma=5mm$ 不裂（℃）	无处理 加热处理 老化处理	−20 −15 −15	−20 −15 −15	−20 −15 −15	−20 −25 −25	−10 −10 −10
6	耐热性，处理后		伸长率保持率不小于80% 强度变化率不小于±20%				
7	耐碱性，处理后		同　上				
8	耐老化，处理后		同　上				
9	不透水性	压力（MPa）	0.2	0.3			
		时间（min）	30				
10	粘结强度（MPa）不小于					0.5	1

注：Ⅰ类：以丙基酸合成树脂乳液为基的防水涂料；

　　Ⅱ类：以硅橡胶乳液为基的水乳性防水涂料和氯丁橡胶为基的溶剂型防水涂料；

　　Ⅲ类：其他聚合物基的高强型防水涂料；

　　Ⅳ类：适用于湿基面施工的聚氨酯防水涂料；

　　Ⅴ类：聚合物—水泥基防水涂料。

（4）密封材料

密封材料是填充于建筑物的接缝、裂缝、门窗框、玻璃周边及管道接头或其他结构的连接处起防水、气密作用的材料。

1）改性沥青密封材料性能要求应符合表 6-89 中规定。

改性沥青密封材料性能要求 表 6-89

试　验　项　目		性　能　要　求	
		Ⅰ类	Ⅱ类
粘结延伸率（%）	不浸水		250
	浸水		250
粘结性（25±1）℃拉伸（mm）		15	
耐热度（80℃，5h）下垂（mm）		4	4
柔性　不高于（℃）		−10	−20 无裂纹
回弹率（%）			80
施工度（mm）		22	

注：Ⅰ类为改性石油沥青类；Ⅱ类为改性焦油沥青类。

2）合成高分子密封材料性能要求应符合表 6-90 中规定。

合成高分子密封材料性能要求 表 6-90

试　验　项　目		性　能　要　求	
		Ⅰ类	Ⅱ类
粘结性	粘结强度（MPa）	≥0.1	≥0.02
	延伸率（%）	≥200	≥250
柔性　不高于（℃）		−30	−20
拉伸—压缩 循环性能	拉伸压缩率（−20%～120%）	±20	−20
	200 次破坏面积	≤25%	

3）主要有以下列性能判定其好坏程度：

① 不透水、不透气性；

② 与被粘结物之间形成防水连续体：即粘结性、施工性等；

③ 有良好的伸缩性：即适应受温度、湿度、振动变化所引起变形的反复作用；

④ 有良好的耐候性：即在日光、雨雪等环境长期作用下保持原性能。

（5）有关规定

1）各种防水材料，必须具有材料检验报告（建筑材料质量监督检验站做的当年的试验报告），见表 6-91，产品质量认可证及产品生产许可证，式样见表 6-92、表 6-93。还应有厂家的检测报告，见表 6-94。（北京施工的项目还必须取得北京市城乡建设委员会颁发的《北京市建筑工程材料供应备案管理手册》）

2）外包装上所贴北京市建筑防水材料使用认证防伪"标志"。

3）新型及进口防水材料须有经市建材产品质量监督检验合格，并报市建委科技处批审手续。

4）在施工前应按规定进行外观检查（根据不同材料选定不同外观检查表）及复试，合格后方可使用。高聚物改性沥青防水卷材外观质量检查表式样见表 6-95。复试报告表式样见表 6-96、表 6-97。

5）检查试验报告的委托单位、工程名称、品种及标号是否与沥青玛帝脂配合比申请单及试验报告单上的对应项目相一致。

6）检查试验单代表数量总和是否与总需求量相符。

表 6-91

报告编号：SF01—CJ020

检 验 报 告
TEST REPORT

样品名称：SBS 改性沥青防水卷材（复合胎 25 号）
Sample Description

委托单位：×××防水建材厂
Applicant

检验类别：委托抽检
Test type

北京市建筑材料质量监督检验站

BEIJING BUILDING MATERIAL QUALITY SUPERVISION TEST CENTER

××市建筑材料质量监督检验站
检验报告（TEST REPORT）

委托单位 Applicant	××市魏各庄防水建材厂	检验类别 Test type	委托抽检
样品名称 Sample Descriphon	SBS 改性沥青防水卷材	样品编号 No of Sample	FS01-CJ020
型号、规格 Type Specification	复合胎 25 号	等级 Grade	合格品
来样日期 Applicant Date	（空白）	样品数量 Sample Quantity	2m²
生产单位 Manufacturer	××防水建材厂	商标 Trade Mark	建国
抽样地点 Sampling Site	××防水建材厂成品库	抽样基数 Popuation	450 卷
抽样日期 Smapling Date	2009 年 06 月 05 日	抽样人 Sampling by	××× ×××
检验依据 Ref. Documents for the test	DBJ 01—53—2001《弹性沥青防水材料》		
检验项目 Test ltem	拉力，不透水性，耐热度，柔度，可溶物含量		
检验结论 Test Conclusion	该样品经检验，其检验结果均符合 DBJ 01—53—2001 标准中 合格品要求，判为合格品。 签发日期：2009 年 06 月 16 日 复印报告未重盖本站红章无效 NO copy of this report is valid without original special red stamp		
附注（Remarks）：（空白）			

复印无效

批准：×××　　　　　　　　　审核：×××　　　　　　　　　主检：×××
Approved by:　　　　　　　　　Inspected by:　　　　　　　　　Tested by:

序号	检验项目		标准要求（合格品）	检验结果	本项结论
1	可溶物含量（g/m²）		≥1300	(1998)量认(京)字(R0110)号 1302	符合
2	拉力（N）	纵向	≥450	561	符合
		横向	≥400	430	符合
3	不透水性		0.3MPa，30min 不透水	不透水	符合
4	耐热度		90℃，⊥，2h涂层无滑动	涂层无滑动	符合
5	柔度		−18℃，30min，R=15mm 无裂纹	无裂纹	符合

复印无效

备注：（以下空白）

批准：×××

Approved by:

审核：×××

Inspected by:

主检：×××

Tested by:

表 6-92

认可号：京通技监质字第××号

发证日期：2000 年 12 月 19 日

有效期：2002 年 12 月 18 日止

发证机关： （盖章）

北京市××质量技术监督局

产品质量认可证

经考核，你单位具备生产下列产品的质量保证能力，实物质量抽检合格，为质量认可产品。

"丹利"牌聚氨酯、改性沥青防水卷材、建筑胶等系列防水材料。

表 6-93

北京市××防水建材厂

生产的 弹性体沥青防水卷材

……××防水建材厂……经审，符合有关条件，特发此证。复印无效。

证书编号 XK23-103……

有效期至……一九九八年三月十一日

全国工业产品生产许可证

产品名称：SBS 改性沥青防水卷材　　　　　　检测日期：××年××月××日

　　　　　（复合胎 25 号）　　　　　　　　　试验温度：26℃

检验依据：BJ/RZ01　Ⅰ类　弹性沥青防水卷材

项　目	单　位	标　准　值	实　测　值
不透水性	—	0.3MPa，30min	不透水
耐热性	—	90℃/2h	无变化
低温柔性	—	−18℃	符合
纵向拉力	N/5cm	≥450	480
横向拉力	N/5cm	≥400	430
延伸率	％	7.3	3

检验结论及意见：

检测结果按 DBJ 01—53—2001 弹性沥青防水卷材指标合格

主管：×××　　　　　　　　　　质量检验科××　　　　　　　试验：×××

　　　　　　　　　　　　　　　　　防水建材厂章

防水卷材外观检查记录				资料编号		04-01-C5-×× ×	
工程名称及使用部位				×× ×工程屋面			
卷材名称及规格		SBS弹性体沥青卷材复合胎12mm		卷材种类		高聚物改性沥青防水卷材	
进场数量		1000m²		进场时间		×× 年×× 月×× 日	
抽检数量		5 卷		抽检时间		×× 年×× 月×× 日	
卷材种类	序号	检查项目	外观质量要求			检查结论	备注
沥青防水卷材	1	孔洞、硌伤	不允许				
	2	露胎、涂盖不均	不允许				
	3	折纹、折皱	距卷芯 1000mm 以外，长度不应大于 100mm				
	4	裂纹	距卷芯 1000mm 以外，长度不应大于 10mm				
	5	裂口、缺边	边缘裂口小于 20mm，缺边长度小于 50mm，深度小于 20mm				
	6	每卷卷材的接头	不超过一处，较短的一段不应小于 2500mm，接头处应加长 150mm				
高聚物改性沥青防水卷材	1	孔洞、缺边、裂口	不允许			符合要求	
	2	边缘不整齐	不超过 10mm			符合要求	
	3	胎体露白、未浸透	不允许			符合要求	
	4	撒布材料粒度、颜色	均匀			符合要求	
	5	每卷卷材的接头	不超过一处，较短的一段不应小于 1000mm，接头处应加长 150mm			符合要求	
合成高分子防水卷材	1	折痕	每卷不超过 2 处，总长度不超过 20mm				
	2	杂质	大于 0.5 颗粒不允许，每 1m² 不超过 9mm²				
	3	胶块	每卷不超过 6 处，每处面积不大于 4mm²				
	4	凹痕	每卷不超过 6 处，深度不超过本身厚度的 30%，树脂类深度不超过 15%				
	5	每卷卷材的接头	橡胶类每 20m 不超过 1 处，较短的一段不应小于 3000mm，接头处应加长 150mm；树脂类 20m 长度内不允许有接头				
签字栏	施工单位		×× ×建筑工程公司×× 项目部				
	技术负责人		材料负责人		检查人		
	×× ×		×× ×		×× ×		

本表由施工单位填写并保存。

注：本表依据《屋面工程技术规范》（GB 50207—2002）编制。

				资料编号	04-01-C4-×××
	防水卷材试验报告 C4-13			试验编号	2009—0020
				委托编号	2009—066
工程名称及部位	×××工程屋面			试件编号	8
委托单位	×××建筑工程公司			试验委托人	×××
种类、等级、牌号	SBS 弹性体沥青卷材复合胎 1～3mm			生产厂	××
代表数量	1000m²	来样日期	×年×月×日	试验日期	×年×月×日

试验结果	一、拉伸试验	1. 拉力	纵	470N	横	421N
		2. 拉伸强度	纵	/ MPa	横	/ MPa
	二、断裂伸长率（延伸率）		纵	/ %	横	/ %
	三、耐热度	温度（℃）	90	评定	合 格	
	四、不透水性	合 格				
	五、柔韧性（低温柔性、低温弯折性）	温度（℃）	—18	评定	合 格	
	六、其他	/				

结论：

依据 GB 18242—2008 标准，符合 SBS 改性沥青复合胎防水卷材 I 要求。

批 准	×××	审 核	×××	试 验	×××
试验单位	×××试验中心				
报告日期	××××年××月××日				

179

防水涂料试验报告 C4-12			资料编号	03-01-C4-××××
			试验编号	2009—0120
			委托编号	2009—025
工程名称及部位	×××工程厕浴间		试件编号	02
委托单位	×××建筑工程公司		试验委托人	×××
种类、型号	聚氯酯防水涂料		生产厂	××
代表数量	2t	试验日期 ×年×月×日	来样日期	×年×月×日

试验结果	一、延伸性	/ mm			
	二、拉伸强度	3.45MPa			
	三、断裂伸长率	558％			
	四、粘结性	/ MPa			
	五、耐热度	温度（℃）	/	评定	/
	六、不透水性	合 格			
	七、柔韧性（低温）	温度（℃）	—30	评定	合格
	八、固体含量	95％			
	九、其他	/			

结论：				
依据 GB/T 19250—2003 标准，符合聚氯酯防水涂料合格品要求。				
批 准	×××	审核	×××	试验 ×××
试验单位	×××试验中心			
报告日期	×××年××月××日			

7）应与其他技术资料对应一致，交圈吻合，相关资料有：施工记录、隐检记录、质量评定、施工组织设计、技术交底、洽商等。

8）施工时，应有施工单位许可证，操作者上岗证。

9）各种接缝密封，粘结材料，应具有质量证明文件，使用前应按规定抽样复验，具有试验报告。使用沥青玛琋脂做为粘结材料，应有配合比通知单和试验报告。

（6）产品合格证及质量证明书的检验方法及要求

检查其内容是否齐全，包括：产地、品种、标号、各项试验指标、合格证编号、出厂检验部印章，以证明其质量是否符合标准。

（7）试验单的检验方法及要求

1）数据要真实，结论要明确，盖章签字齐全。

2）填写试验编号，以备查找。

3）将试验结果与性能指标对比，以确定其是否符合规范的技术要求：有去向说明，且不能用在工程上。

4）检查试验报告日期，严禁先施工后试验。

9. 钢材

（1）有关规定及要求

钢材必须有质量证明书，并应符合设计文件的要求，如对钢材的质量有异议时，必须按规范进行力学性能和化学成分的抽样检验，合格后方能使用。

（2）钢材机械性能试验报告单的检验方法及要求

1）检查钢材试验报告单上的项目是否齐全、准确、真实、无未了项、试验室盖章签字齐全。

2）检查试验编号是否填写。

3）检查试验报告单的品种、规格是否与产品合格证和图纸上的品种规格一致。

4）检查试验数据是否达到规范规定的标准值。若发现问题应及时取双倍试样做复试或报有关部门处理，并将复试合格单或处理结论附于此单后一并存档。

5）核对使用日期，检查需要试验的钢材是否有先使用后试验的现象。

6）应与其他技术资料对应一致，交圈吻合，相关资料有：钢材焊接试验报告、钢筋隐检、现场预应力混凝土试验记录、现场预应力张拉施工记录、质量验收、施工组织设计、技术交底、洽商等。钢材机械性能试验报告见表6-98，金相试验报告见表6-99。

钢材机械性能试验报告 表 6-98

钢材机械性能试验报告						资料编号			
钢材机械性能试验报告						试验编号		2005—0008	
						委托编号		2005—01002	
(1999) 量认 (京) 字 (U0182) 号 工程名称及部位	×××工程					试件编号		G4	
委托单位	××建筑工程公司					试验委托人		×××	
材　质	钢筋	级别及牌号		HRB335		规格与产地		φ28 宣钢	
代表数量	10t	来样日期		×年×月×日		试验日期		×年×月×日	
试验结果		力学性能试验结果					冷弯性能试验结果		
	试件编号	屈服点 MPa	抗拉强度 MPa	距 mm	伸长率 %	收缩率 %	冲击值 J/m²	面弯	背弯	侧弯
		70	575	140	29	/	/	/	/	合格
		375	580	140	28	/	/	/	/	合格
结论： 依据 GB 1499—1998 标准，符合 HRB335 要求。									
负责人		审核			计算			试验	
×××		×××			×××			×××	
报告日期	××××年××月××日								

	任务编号	建质检（焊）字（2001）第（050）号
IMA 金相证书报告 (98) 量认 (国) 字 (E0516) 号	报告编号	H 金 2001-001

工程名称	×××工程				
委托单位	×××建筑公司	试验委托人	×××		
试件名称	腹板底板焊	检验项目	金　相		
材质状态	焊态（Q235）	数　量	2	编　号	1#、2#
检验标准	GB/T4354—94	来样日期	2001.05.11		
试验条件		试验日期	2001.05.15～2001.05.25		

试验结果：

1#

焊缝组织：一次组织先共析铁素体沿原奥氏体粗大晶介析出，边缘有少量珠光体分布。晶介为粒状贝氏体、针状铁素体的混合组织以及方向性分布的粒贝，粒贝中的岛状相已有分解。

热影响区粗晶区：组织为粒状贝氏体，侧板条贝氏体、无碳贝氏体和针状铁素体，部分晶介有先共析铁素体分布。

热影响区细晶区：铁素体、粒状贝氏体、珠光体及少量针状铁素体。

热影响区不完全重结晶区：铁素体、珠光体呈团簇，不均匀带状分布。

母材组织：铁素体、珠光体呈带状分布。

2#

焊缝组织：送检样品上未见有焊缝一次组织。焊缝二次组织为铁素体和珠光体，分布仍可略见原柱晶的方向性。

热影响区粗晶区：粒状贝氏体、方向性分布的粒贝、铁素体和针状铁素体。从组织情况看为受再热影响的粗晶区部位。

热影响区细晶区：铁素体、珠光体呈团簇状不均匀带状分布。

母材组织：同1#。

技术负责人	审　核	检　验　人	
×××	×××	×××	（单位公章）
报告日期	2009 年 5 月 25 日		

10. 门窗

钢门窗、铝合金门窗、塑钢门窗应有出厂合格证、生产许可证及检测报告。见表 6-100。

全国工业产品生产许可证

　　北京××钢窗厂生产的单、双扇带玻璃带亮窗甲级钢质防火门窗经审查，符合有关条件，特发此证，以资证明。

证书编号 XK21-401-0

有效期至　2009 年 12 月 31 日

1998 年　中华人民共和国公安部

（法定部门）章

（1）实行备案管理的建筑门窗范围

1）各种空/实腹钢制门窗（含彩色涂层钢板门窗）；

2）各种铝合金门窗；

3）各种塑料门窗；

4）各种复合型材料门窗；

5）铝合金幕墙（待行业标准颁布后实行）。

门窗备案回执式样见表 6-101。

表 6-101

北京市消防产品备案回执

京消技备字第 20011125 号

北京市××门窗……

经审查，……生产的下列消防产品通过了国家消防检测部门的检测，且质量体系符合要求，予以备案。

产品名称、规格型号：GFJ-F2 普通型钢质防火卷帘；GFJ-F4 复合型钢质防火卷帘；单、双扇带玻璃、单、双扇带亮窗，单、双扇带玻璃带亮窗甲、乙、丙级钢质防火门；单、双扇，单、双扇带玻璃，单、双扇带亮窗；单、双扇带玻璃带亮窗甲级木质防火门；单、双扇，单、双扇带玻璃带亮窗乙级木质防火门。

此回执当年有效，不得复印。

（2）进场检测及复试

必须符合设计要求并达到规范规定的标准。

1）进场钢窗应按使用数量抽检 1％。

2）铝合金窗应按使用数量 10％抽样检查。

3）新建、扩建、翻建和改建的节能住宅的外窗应进行复试。即对进入现场的外窗的抗风压性、气密性和雨水渗透性进行抽样检测。检测报告式样见表 5-95。单位工程建筑面积在 5000m² 以下，且为同一厂家、同一等级的外窗抽检一组（三樘）；在 5000m² 以上，且为同一厂家、同一等级的外窗抽检二组（六樘）。外窗进场复试由建设（监理）单

183

位进行抽样并委托建委指定的法定检测单位进行试验。试验资料应纳入工程施工技术资料档案。未进行复试的由质量监督机构对责任方依法进行查处，并责令补做复试。

北京地区新建的 5 万平方米以上群体和 10 万平方米以上住宅小区工程，实行竣工节能检测。检测项目为围护结构传热系数和房间气密性。检测数量为 5 万～20 万平方米抽测 1 组；20 万平方米以上的，每增加 10 万平方米以内增加 1 组。

工程完工后，由建设（监理）单位委托法定建筑节能检测单位进行检测。竣工节能检测应选取有代表性的房间或预计节能效果较差者进行。检测合格的，由建设单位承担检测费用；检测不合格的，应由责任方承担检测费用。对达不到节能要求的住宅工程，应限期返修处理。建筑节能措施验收单式样见表 6-102。检测报告见表 6-103、表 6-104。

建筑节能措施验收单　　　　　　　　　　　　　　　　表 6-102

年　月　日

工　程　概　况		节　能　措　施		
工程名称		外墙构造做法	墙体材料品种	构造示意图
建筑面积			墙体材料厂家	
层　数			保温材料品种	
结构类型			保温材料厂家	
开工日期		屋面构造做法	屋面板品种	构造示意图
竣工日期			屋面板厂家	
建设单位			保温材料品种	
设计单位			保温材料厂家	
施工单位		外门窗	种　类	
监理单位			厂　家	
			传热系数	
质量监督机构核查意见： （盖章） 年　月　日	设计部门意见： （盖章） 年　月　日	建设（监理）单位意见： （盖章） 年　月　日		施工单位意见： （盖章） 年　月　日

表 6-103

检 测 报 告

国建质检（窗）字（××）第××号

委托
受检
单位：中航珠海企业集团红海工业公司

名称：铝合金推拉窗（90 系列）

检验类别：　　委托检验

国家建筑工程质量监督检验中心
××××年××月××日

表 6-104

国家建筑工程质量监督检验测试中心
产品质量检测报告

国建质检（窗）字（××）第×号

送检单位	中航珠海企业集团红海工业公司	批号或出厂日期	
产品名称	铝合金推拉窗（90 系列）	送样数量	叁樘
型号规格	1500×1500×90	检测设备	风压检测设备
检测项目	空气渗透性、雨水渗漏性、风压变形性		
检测依据	GB 7106、GB 7107、GB 7108		

检 测 结 论

空气渗透性能属国标 GB 7107 第 3 级

雨水渗漏性能属国标 GB 7108 第 5 级

抗风压性能属国标 GB 7106 第 1 级

国家建筑工程质量监督检测中心

建筑门窗项目监督检测部

××年××月××日

负责人：×××　　审核人：×××　　报告整理人：×××　　　　检测人：×××

国建质检（窗）字××第××

开启缝长	7.06m	总面积	2.25m²
玻璃品种	白色平板玻璃	镶嵌方式	干法和湿法
玻璃密封材料	玻璃胶和胶条	框扇密封材料	毛刷
玻璃最大尺寸：	宽 610mm　　　长 1260mm　　　厚 5mm		
气　温	14.5℃	气压 99.2kPa	相对湿度/%
检测日期	××年××月××日	报告日期	××年××月××日

检 测 结 果

空气渗透性：10Pa 下，单位缝长，每小时渗透量为 1.8m³/hm

　　　　　　（10Pa 下，单位面积，每小时渗透量为 5.65m³/hm²）

雨水渗漏性：保持未发生渗漏的最高压力为 100Pa

风压变形性：变形检测结果主要受力杆件相对挠度为 1/300 时，风压值为 1.5kPa。

安全检测结果正压为 3.5kPa。

备注：

风压变形性　　　　　　　　　　　　　　　　　　　　　　　　　GB 7106—86

等　级	Ⅰ	Ⅱ	Ⅲ	Ⅳ	Ⅴ	Ⅵ
Pa	3500	3000	2500	2000	1500	1000

空气渗透性　　　　　　　　　　　　　　　　　　　　　　　　　GB 7107—86

等　级	Ⅰ	Ⅱ	Ⅲ	Ⅳ	Ⅴ
m³/hm	0.5	1.5	2.5	4.0	6.0

雨水渗透性　　　　　　　　　　　　　　　　　　　　　　　　　GB 7107—86

等　级	Ⅰ	Ⅱ	Ⅲ	Ⅳ	Ⅴ	Ⅵ
Pa	500	350	250	150	100	50

保温性　　　　　　　　　　　　　　　　　　　　　　　　　　　GB 8484—87

等　级	Ⅰ	Ⅱ	Ⅲ	Ⅳ	Ⅴ
W/m²·K	2.00	3.00	4.00	5.00	6.40

隔声性　　　　　　　　　　　　　　　　　　　　　　　　　　　GB 8485—87

等　级	Ⅰ	Ⅱ	Ⅲ	Ⅳ	Ⅴ	Ⅵ
dB	45	40	35	30	25	20

11. 保温材料

(1) 屋面保温材料

屋面保温层材料，应有出厂合格证。厚度、密度及热工性能应符合设计要求。

1) 屋面保温材料应具有吸水率低、表观密度和导热系数较小，并有一定强度的性能。

2) 松散保温材料的质量应符合下列要求：

① 膨胀蛭石的粒径宜为 3～15mm；堆积密度应小于 300kg/m³；导热系数应小于 0.14W/m·K。

② 膨胀珍珠岩的粒径宜为 0.15mm；粒径小于 0.15mm 的含量不应大于 8%；堆积密度应小于 120kg/m³；导热系数应小于 0.7W/m·K。

3) 板状保温材料的质量应符合表 6-105 中的要求：

4) 整体现浇保温层原材料的质量应符合下列要求：

① 膨胀蛭石、膨胀珍珠岩的质量应符合松散保温材料的有关规定。

② 沥青膨胀珍珠岩所使用的沥青宜采用 10 号建筑石油沥青。

③ 水泥膨胀蛭石及水泥膨胀珍珠岩中所用水泥的强度等级不应小于 32.5 号。

5) 保温隔热材料应检验下列项目：

① 松散保温材料应检查粒径、堆积密度。

② 板块保温材料应检查密度、厚度、板的形状和强度。

板状保温材料的质量要求

表 6-105

项　　目	聚苯乙烯泡沫塑料类		硬质聚氨酯泡沫塑料	泡沫玻璃	微孔混凝土类	膨胀蛭石（珍珠岩）制品
	挤　压	模　压				
表观密度（kg/m³）	≥32	15～30	≥30	≥150	500～700	300～800
导热系数［W/（m·K）］	≤0.03	≤0.041	≤0.027	≤0.062	≤0.22	≤0.26
抗压强度（MPa）	—	—	—	≥0.4	≥0.4	≥0.3
在10%形变下的压缩应力（MPa）	≥0.15	≥0.06	≥0.15	—	—	—
70℃，48h后尺寸变化率（%）	≤2.0	≤5.0	≤5.0	≤0.5	—	—
吸水率（V/V,%）	≤1.5	≤6	≤3	≤0.5	—	—
外观质量	板的外形基本平整，无严重凹凸不平；厚度允许偏差为5%，且不大于4mm					

（2）外墙保温板

外墙保温板（BG 01-30-96）性能应符合表 6-106 中的规定。合格证见表 6-107。

外墙保温板性能

表 6-106

项　　目	单　位	充气石膏保温板	增强水泥聚苯板	增强石膏聚苯板	聚合物水泥聚苯板	水泥聚苯保温板
面密度	kg/m²	≤20	≤30	≤25	≤25	25
含水率	%	≤5	≤15	≤5	≥10	15
当量热阻	m²K/W	≥0.6	≥0.8	≥0.8	≥0.8	≥0.8
抗弯荷载	N	≥1.8G	≥1.8G	≥1.8G	≥1.8G	≥8G
抗冲击性	—	垂直冲击10次，背面无裂纹为合格				
燃烧性能	—	不　燃	难　燃	难　燃	难　燃	难　燃

注：1. G—板材的自重（单位：N）；

　　2. 抗弯荷载为板重和外加荷载之和。

产品出厂合格证（保温材料）

表 6-107

产品名称：增强石膏聚苯板

检验依据：DBJ 01—30—96			
项　　目	单　　位	标　准　值	实　测　值
面密度	kg/m³	≤25	20.5
含水率	%	≤5	3.7
当量热阻	m²·K/W	≥0.8	0.75
抗弯荷载	N	≥1.8G	290.5
抗冲击性	—	垂直冲击10次，背面无裂纹为合格	板背面无裂纹
燃烧性能		难　燃	难　燃

备注：整板自重 G 为 117.5N。

　　试验结论及检查意见：经检验本产品符合 DBJ 01—30—96 标准，产品合格。

生产单位：××材料厂（章）　　　　主管：×××　　　　　　　检验：×××

12. 轻质隔墙材料

应有出厂合格证（表 6-108），并符合国家和市有关标准规定，采用市建委科技处公布的用于隔断墙的推荐产品，新型材料需经鉴定推荐使用，严格进厂检验。

产品出厂合格证（保温材料） 表 6-108

产品名称：增强石膏聚苯板

检验依据：DBJ 01—30—96			
项　　目	单　　位	标　准　值	实　测　值
面密度	kg/m³	≤25	20.5
含水率	%	≤5	3.7
当量热阻	m² · K/W	≥0.8	0.75
抗弯荷载	N	≥1.8G	290.5
抗冲击性	—	垂直冲击 10 次，背面无裂纹为合格	板背面无裂纹
燃烧性能	—	难燃	难燃
备注：整板自重 G 为 117.5N。			
试验结论及检查意见：经检验本产品符合 DBJ 01—30—96 标准的规定，产品合格。			

生产单位：×××材料厂　　　（章）　　　主管：×××　　　　检验：×××

13. 玻璃幕墙

玻璃幕墙施工工程一般为分包工程，分包单位应具有完整的质量保证体系确保工程质量，总包单位应严格评定及选择分供方：验证其资质等级、施工执照、生产能力、施工业绩、服务质量等。

所有玻璃幕墙的设计、制作和安装施工都应进行全过程的质量控制，并应符合《玻璃幕墙工程技术规范》（JGJ 102—2003）的规定，并有资质证书。

（1）幕墙型材等质量证明资料

玻璃幕墙用铝合金材料及钢材和玻璃、五金件、保温材料、防火材料等应有质量证明资料包括：出厂合格证性能检测报告（如铝合金型材应有涂膜厚度的检测，玻璃有安全性能检测报告）。

1）玻璃幕墙采用铝合金材料应符合现行国家标准《铝合金建筑型材》（GB/T 5237）中规定的高精级和《铝及铝合金阳极氧化膜与有机聚合物　第 1 部分：阳极氧化膜》（GB/T 8013.1—2007）的规定。

2）玻璃幕墙采用铝合金的阳极氧化膜厚度不应低于现行国家标准《铝及铝合金阳极氧化膜与有机聚合物　第 1 部分：阳极氧化膜》（GB/T 8013.1—2007）中规定的 AA15 级。幕墙的主要铝合金型材横截面大小应经计算确定，铝合金杆件型材截面受力部分的壁厚不应小于 3mm。

3）与玻璃幕墙配套用的铝合金门窗应符合下列现行国家规定

《铝合金门窗》（GB/T 8478—2008）

4）玻璃幕墙采用的钢材应符合下列现行国家标准的规定

《碳素结构钢》（GB/T 700—2006）

《优质碳素结构钢技术条件》（GB/T 699　1999）

《合金结构钢技术条件》（GB/T 3077—1999）

《低合金高强度结构钢》(GB/T 1591—2008)

《碳素结构钢和低合金结构钢热轧薄钢板和钢带》(GB 912—2008)

《碳素结构钢和低合金结构钢热轧厚钢板和钢带》(GB/T 3274—2007)

5) 玻璃幕墙采用的不锈钢材应符合下列现行国家标准的规定

《不锈钢棒》(GB/T 1220—2007)

《不锈钢冷加工钢棒》(GB/T 4226—2009)

《不锈钢冷轧钢板》(GB/T 3280—2007)

《不锈钢热轧钢板和钢带》(GB/T 4237—2007)

《冷顶锻用不锈钢丝》(GB/T 4232—2009)

6) 对于可能直接造成人身伤害的玻璃幕墙应采取安全玻璃。玻璃幕墙使用热反射镀膜玻璃时，应采用真空磁控阴极溅射镀膜玻璃。玻璃幕墙用玻璃应符合下列现行国家标准的规定

《建筑用安全玻璃　第 2 部分：钢化玻璃》(GB 15763.2—2005)

《建筑用安全玻璃　第 3 部分：夹层玻璃》(GB 15763.3—2009)

《加层玻璃》(GB 9962)

《中空玻璃》(GB/T 11944—2002)

《平板玻璃》(GB 11614—2009)

《加丝玻璃》(JC 433—1991 (1996))

7) 玻璃幕墙宜采用岩棉、矿棉、玻璃棉、防火板等不燃烧性或难燃烧性材料作隔热保温材料，同时应采用铝箔或塑料薄膜包装的复合材料，作为防水和防潮材料。

(2) 密封材料质量证明资料

1) 玻璃幕墙采用的密封胶条应符合下列现行国家标准的规定

《建筑橡胶密封垫—预成型实芯硫化的结构密封垫用材料规范》(HG/T 3099—2004)

《硫化橡胶或热塑性橡胶　密度的测定方法》(GB/T 533—2008)

《硫化橡胶或热塑性橡胶　压入硬度试验方法　第 1 部分：邵氏硬度试法（邵氏硬度)》(GB/T 531.1—2008)

《合成橡胶的牌号规范》(GB/T 5577—2008)

《中空玻璃用弹性密封胶》(JC/T 486—2001)

《建筑窗用弹性密封剂》(JC/T 485—2007)

《工业用橡胶板》(GB/T 5574—2008)

2) 玻璃幕墙用的氯丁密封胶性能应符合表 6-109 中的规定。

氯丁密封胶性能　　　　　　　　　　　　　　　表 6-109

项　　目	指　　标	项　　目	指　　标
稠　　度	不流淌，不塌陷	低温柔性（−40℃，棒直径 10mm）	无裂纹
含固量	75%	剪切强度	0.1N/mm²
表干时间	≤15min	施工温度	−5～50℃
固化时间	≤12h	施工性	采用手工注胶机不流淌
耐寒性（−40℃）	不龟裂		
耐热性（90℃）	不龟裂	有效性	12 月

3）耐候硅酮密封胶应采用中性胶，其性能应符合表 6-110 中的规定，不得使用过期的。

耐候硅酮密封胶性能 表 6-110

项 目	指 标	项 目	指 标
表干时间	1~1.5h	极限拉伸强度	0.11~0.14N/mm²
流淌性	无流淌	撕裂强度	3.8N/mm
初步固化时间（25℃）	3d	固化后的变位承受能力	25%≤δ≤50%
完全固化时间	7~14d	施工温度	5~48℃
邵氏硬度	20~30 度	有效性	9~12 月

4）结构硅酮密封胶应采用高模数中性胶，应在有效期内使用，过期不得使用，并应进行结构硅酮密封胶性能检验及其与接触材料的相容性试验。其性能应符合表表 6-111 中的规定。结构硅酮密封胶相容性试验报告应由结构胶制造厂进行，式样见表 6-112。

硅酮密封胶与其接触材料相容性能 表 6-111

序号	项 目			技术指标
1	下垂度	垂直放置（mm） 不大于		3
		水平放置		不变形
2	挤出性（g） 不大于			10
3	适用期（见注）（mm） 不大于			20
4	表干时间（h） 不大于			3
5	邵氏硬度（度）			30~60
6	拉伸粘结性	拉伸粘结强度（MPa）不小于	标准条件	0.45
			90℃	0.45
			−30℃	0.45
			渗水后	0.45
			水—紫外线光照后	0.45
		粘结破坏面积（%） 不大于		5
7	热老化	热失重（%） 不大于		10
		龟裂		无
		粉化		无

注：仅适用于双组分产品。

| 试验开始时间： | | 试验标准： | | 登记号： | |
| 试验完成时间： | | 用　户： | | 试验者： | |

试验材料标记： 试验结构胶： 基准密封胶： 附　件：		试　验　试　件		试　验　试　件	
		密封缝向上	密封缝向下	密封缝向上	密封缝向下
试样编号		1　2　3	4　5　6	7　8　9	10　11　12
颜色及外观变化	基准密封胶				
	试验密封胶				
玻璃粘结破坏百分率（%）	基准密封胶				
	试验密封胶				
附件粘结破坏百分率（%）	基准密封胶				
	试验密封胶				
说　明					

（3）玻璃幕墙的性能试验

玻璃幕墙的性能试验包括下列项目：

风压变形性能、雨水渗漏性能、空气渗透性能、平面内变形性能、保温性能、隔声性能、耐撞击性能。

14. 木结构工程物资

木结构工程物资主要包括方木、原木、胶合木胶合剂和钢连接件等，应有出厂质量合格证等证明文件。

木材、胶合木的胶缝和钢件应有复试报告。

木构件应有含水率试验报告。木结构用圆钉应有强度检测报告。

15. 装饰、装修物资

（1）装饰装修物资主要包括抹灰材料、地面材料、门窗材料、吊顶材料、轻质隔墙材料、饰面板（砖）、涂料、裱糊与软包材料和细部工程材料等。

（2）主要物资料应有出厂质量证明文件，包括出厂合格证、检验（测）报告和质量保证书等。

（3）应复试的物资主要有人造木板、室内花岗石、油漆和安全玻璃等，须按规定进行复试，并应有相应复试报告、花岗岩、硝基漆检验报告式样详见表 6-113、表 6-114。

表 6-113

检 测 报 告

京建质检 (CL) 字 (××) 第××号

工程
产品　名称：山东白麻花岗岩

委托单位：×××建筑公司

检验类别：材料质量检测

北京×××××建设工程质量检测所
××××年××月××日

北京××××建设工程质量检测所
检 验 报 告

报告日期：××××年××月××日

委托单位	×××建筑公司	结构类型	框 架
工程名称	×××工程	建筑面积	2500m²
建设单位	×××公司	样品名称	花岗岩 山东白麻
设计单位	×××建筑设计公司	规格型号	800mm×800mm
施工单位	×××建筑工程公司	检验项目	放射性
监理单位	×××监理公司	检验数量	1组
监督单位	北京×××	试验室条件 气温	23℃
工程地址	×××	湿度	50%
检验依据	GB 50325—2001	气压	102kPa
检验设备	低本底多道γ能谱仪	检验类别	委托检验

检 验 数 据

项 目	标 准 值	实 测 值
镭-226 放射性比活度（Bq/kg）	/	23.27
钍-232 放射性比活度（Bq/kg）	/	9.50
钾-40 放射性比活度（Bq/kg）	/	2330.60
内照射指数（I_{Rn}）	≤1.0	0.12
外照射指数（I_{r}）	≤1.0	0.65
检验结论		该石材样品内、外照指数符合《民用建筑工程室内环境污染控制规范》（GB 50325—2001）A类无机非金属装修材料放射性指标的规定要求。
备注		检验结果仅对来样负责

批准：××× 审核：××× 主检：×××

表 6-114

检测报告

京建质检（CL）字（××）第××号

工程
产品　名称：　__硝基酸__

委托单位：__×××公司__

检验类别：__材料质量检测__

北京×　××××建设工程质量检测所
××　××年××月××日

分析测试结果报告单

样品名称：硝基漆

送样单位：×××公司

送样时间：××××年××月××日

测试项目：甲醛、挥发性有机化合物

测试依据：GB 18581—2001《溶剂型木器涂料中有害物质限量》

测试结果：详见下表：

检 测 项 目	GB 18581—2001（硝基漆类）	含 量（实测）
甲醛（mg/kg）		214
挥发性有机化合物（g/L）	750	642

检测结论：来样材料的甲醛、挥发性有机化合物含量符合《溶剂型木器涂料中有害物质限量》标准中规定值。

批准：×××　　　　　　　审核：×××　　　　　　　试验：×××

报告日期：××××年××月××日

16. 新材料、新产品

对工程结构、施工安全和工程使用功能有重大影响的新技术、新产品或尚无国家、行业和地方性标准作为技术依据的项目，必须通过鉴定。

（1）新材料、新产品必备条件

新技术、新工艺在工程中应用时，必须具备下列条件之一：

1）市建委签发的《科技成果鉴定证书》；

2）非市建委签发项目，《科技成果鉴定证书》须经市建委审查备案．并签发《科技成果鉴定证书备案表》；

3）市建委（或区、县建委，局、总公司）批准的《北京市城乡建设新技术、新材料试点工程申报书》；

4）市建委《北京市城乡建设新技术、新产品推广应用证》。

（2）新材料、新产品的质量标准、使用说明和工艺要求

新材料、新产品的质量标准必须由厂家提供。使用单位要及时索要。

新材料、新产品的使用说明和工艺要求在使用前必须认真阅读，并作为施工技术资料存档。

（3）新材料、新产品的检验记录

新材料、新产品进厂必须按其质量标准检验并做好检验记录，记录包括：检验项目、

取样方法和数量、检测数据、结论及参加单位人员的签章。

6.2.5 主要产品及环保产品检测报告

1. 有关规定

对于下列物资应有国家法定检测机构出具的性能检测报告

钢材、水泥、外加剂、防水材料、砖（砌块）、门窗、吊顶饰面材料、饰面板材、饰面砖、涂料、玻璃、壁纸和墙布防火和阻燃、装修用粘结剂、隔声/隔热/阻燃/防潮材料。

2. 指标限量要求

（1）无机非金属建筑材料和装修材料

1）民用建筑工程所使用的无机非金属建筑材料，包括砂、石、砖、水泥、商品混凝土、预制构件和新型墙体材料等，其放射性指标限量应符合表 6-115 的规定。

无机非金属建筑材料放射性指标限量　　　　　表 6-115

测定项目	限　　量	测定项目	限　　量
内照射指数（I_{Rn}）	≤1.0	外照射指数（I_r）	≤1.0

2）民用建筑工程室内用溶剂型涂料，应按其规定的最大稀释比例混合后，测定总挥发性有机化合物（TVOC）和苯的含量，其限量应符合表 6-116 的规定。

无机非金属装修材料放射性指标限量　　　　　表 6-116

测 定 项 目	限　　量	
	A	B
内照射指数（I_{Rn}）	≤1.0	≤1.3
外照射指数（I_r）	≤1.3	≤1.9

3）空心率大于 25% 的建筑材料，其天然放射性核素镭-226、钍-232、钾-40 的放射性比活度应同时满足内照射指数（I_{Rn}）不大于 1.0、外照射指数（I_r）不大于 1.3。

4）建筑材料和装修材料放射性指标的测试方法应符合现行国家标准《建筑材料放射性核素限量》（GB 6566）的规定。

（2）人造木板及饰面人造木板

1）民用建筑工程室内用人造木板及饰面人造木板，必须测定游离甲醛含量或游离甲醛释放量。

2）人造木板及饰面人造木板，应根据游离甲醛含量或游离甲醛释放量限量划分为 E_1 类和 E_2 类。

3）当采用环境测，试舱法测定游离甲醛释放量，并依此对人造木板进行分类时，其限量应符合表 6-117 的规定。

环境测试舱法测定游离甲醛释放量限量　　　　　表 6-117

类　　别	限量（mg/m³）
E_1	≤0.12

4）当采用穿孔法测定游离甲醛含量，并依此对人造木板进行分类时，其限量应符合

表 6-118 的规定。

5）当采用干燥器法测定游离甲醛释放量，并依此对人造木板进行分类时，其限量应符合表 6-119 的规定。

穿孔法测定游离甲醛含量分类限量

表 6-118

类　别	限量（mg/100g，干材料）
E_1	≤9.0
E_2	>9.0，≤30.0

干燥器法测定游离甲醛释放量分类限量

表 6-119

类　别	限量（mg/L）
E_1	≤1.5
E_2	>1.5，≤5.0

6）饰面人造木板可采用环境测试舱法或干燥器法测定游离甲醛释放量，当发生争议时应以环境测试舱法的测定结果为准；胶合板、细木工板宜采用干燥器法测定游离甲醛释放量；刨花板、中密度纤维板等宜采用穿孔法测定游离甲醛含量。

7）穿孔法及干燥器法，应符合国家标准《人造板及饰面人造板理化性能试验方法》（GB/T 17657—1999）的规定。

（3）涂料

1）民用建筑工程室内用水性涂料，应测定总挥发性有机化合物（TVOC）和游离甲醛的含量，其限量应符合表 6-120 的规定。

室内用水性涂料中总挥发性有机化合物（TVOC）和游离甲醛限量　　　表 6-120

测定项目	限　量	测定项目	限　量
TVOC（g/L_n）	≤200	游离甲醛（g/kg）	≤0.1

2）民用建筑工程室内用溶剂型涂料，应按其规定的最大稀释比例混合后，测定总挥发性有机化合物（TVOC）和苯的含量，其限量应符合表 6-121 的规定。

室内用溶剂型涂料中总挥发性有机化合物（TVOC）和苯限量　　　表 6-121

涂料名称	TVOC（g/L）	苯（g/kg）	涂料名称	TVOC（g/L）	苯（g/kg）
醇酸漆	≤550	≤5	酚醛磁漆	≤380	≤5
硝基清漆	≤750	≤5	酚醛防锈漆	≤270	≤5
聚氨酯漆	≤700	≤5	其他溶剂型涂料	≤600	≤5
酚醛清漆	≤500	≤5			

3）聚氨酯漆测定固化剂中游离甲苯二异氰酸酯（TDI）的含量后，应按其规定的最小稀释比例计算出的聚氨酯漆中游离甲苯二异氰酸酯（TDI）含量，且不应大于 7g/kg。测定方法应符合国家标准《气相色谱测定氨基甲酸酯预聚物和涂料溶液中未反应的甲苯二异氰酸酯（TDI）单体》（GB/T 18446—2001）的规定。

（4）胶粘剂

1）民用建筑工程室内用水性胶粘剂，应测定其总挥发性有机化合物（TVOC）和游离甲醛的含量，其限量应符合表 6-122 的规定。

室内用水性胶粘剂中总挥发性有机化合物（TVOC）和游离甲醛限量 表 6-122

测定项目	限　　量	测定项目	限　　量
TVOC（g/L）	≤50	游离甲醛（g/kg）	≤1

2）民用建筑工程室内用溶剂型胶粘剂，应测定其总挥发性有机化合物（TVOC）和苯的含量，其限量应符合表 6-123 的规定。

室内用溶剂型胶粘剂中总挥发性有机化合物（TVOC）和苯限量 表 6-123

测定项目	限　　量	测定项目	限　　量
TVOC（g/L）	≤750	苯（g/kg）	≤5

3）聚氨酯胶粘剂应测定游离甲苯二异氰酸酯（TDI）的含量，并不应大于 10g/kg，测定方法可按国家标准《气相色谱测定氨基甲酸酯预聚物和涂料溶液中未反应的甲苯二异氰酸酯（TDI）单体》（GB/T 18446—2001）进行。

（5）水性处理剂

民用建筑工程室内用水性阻燃剂、防水剂、防腐剂等水性处理剂，应测定总挥发性有机化合物（TVOC）和游离甲醛的含量，其限量应符合表 6-124 的规定。

室内用水性处理剂中总挥发性有机化合物（TVOC）和游离甲醛限量 表 6-124

测定项目	限　　量	测定项目	限　　量
TVOC（g/L）	≤200	游离甲醛（g/kg）	≤0.5

6.2.6 室内环境污染物检测报告

1. 有关规定

（1）民用建筑工程所使用的材料应按《民用建筑工程室内环境污染控制规范》（GB 50325—2010）要求做污染物检测，应有污染物含量检测报告。

（2）民用建筑工程室内装饰装修用花岗石材应有放射性复试报告，人造木板及饰面人造板应有甲醛含量复试报告。

2. 室内环境污染物浓度表

民用建筑工程验收时，必须进行室内环境污染物浓度检测。检测结果应符合表 6-125 的规定。

民用建筑工程室内环境污染物浓度限量 表 6-125

污　染　物	Ⅰ类民用建筑工程	Ⅱ类民用建筑工程
氡（Bq/m³）	≤200	≤400
游离甲醛（mg/m³）	≤0.08	≤0.12
苯（mg/m³）	≤0.09	≤0.09
氨（mg/m³）	≤0.2	≤0.5
TVOC（mg/m³）	≤0.5	≤0.6

3. 环保验收资料

民用建筑工程及其室内装修工程验收时，应提供下列环保资料。

工程地质勘察报告、工程地点土壤中氡浓度检测报告、工程地点土壤天然放射性核素镭-226、钍-232、钾-40 含量检测报告；土壤检测报告实例见表 6-126 和表 6-127。

表 6-126

检 测 报 告

京建质检（CL）字（××）第××号

工程
产品 名称：×××工程

委托单位：×××房地产公司

检验类别：室内环境质量检测

北京××××建★工程质量检测所
××××年××月××日

北京××××建设工程质量检测所
检 验 报 告

报告日期：××××年××月××日   第1页 共1页

委托单位	北京×××房地产公司	结构类型		框架剪力墙
工程名称	×××工程	建筑面积		380000m²
建设单位	北京×××房地产公司	样品名称		土 壤
设计单位	中国×××设计研究院	规格型号		现场回填土
施工单位	北京×××建筑工程公司	检验项目		放射性
监理单位	北京市×××监理公司	检验数量		1组
监督单位	北京市×××站二室	试验室条件	气温	23℃
工程地址	北京市×××		湿度	50％
检验依据	GB 50325—2010		气压	102kPa
检验设备	低本底多道γ能谱仪	检验类别		委托检验

检 验 数 据

项　目	标 准 值	实 测 值
镭-226 放射性比活度（Bq/kg）	/	23.19
钍-232 放射性比活度（Bq/kg）	/	42.32
钾-40 放射性比活度（Bq/kg）	/	811.84
内照射指数（I_{Rn}）	≤1.0	0.12
外照射指数（I_r）	≤1.0	0.42
检验结论	该土壤样品内、外照射指数符合《民用建筑工程室内环境污染控制规范》（GB 50325—2010）A类无机非金属装修材料放射性指标限量的规定要求。	
备　注	检验结果仅对来样负责	

批准：×××   审核：×××   主检：×××

表 6-127

(98) 量认 (国) 字 (U0282) 号

检 测 报 告

京建质检（QT）字（××）第××号

工程
产品
名称：×××档案室

委托单位：×××建筑工程公司

检验类别：室内环境质量检测

北京××××建★工程质量检测所
××××年××月××日

检 验 报 告 首 页

委托单位	北京×××建筑工程公司	结构类型	砖混
建设单位	北京×××房地产公司	建筑面积	××××
设计单位	中国×××设计研究院	室内气温	28℃
施工单位	北京×××建筑工程公司	室内湿度	平均60％
监理单位	北京市×××监理公司	室内气压	100.4kPa
工程地址	北京市×××	检验项目	甲醛、TVOC、苯、氨、氡

一、概况：

为了解民用建筑工程室内环境空气质量，达到严格控制民用建筑室内环境空气质量的目的，北京市建设工程质量监督单位委派北京××××建设工程质量检测所对北京某建筑施工的某某档案馆进行抽检，对108室、212室的室内空气中甲醛、TVOC、苯、氨、氡的浓度进行检测。

检测所依据国家质监总局和建设部联合颁布的《民用建筑工程室内环境污染控制规范》（GB 50325—2001）和《居住区大气中苯、甲苯和二甲苯卫生检验标准方法　气相色谱法》（GB 11737—89）；《公共场所空气中氨测定方法　靛酚蓝分光光度法》（GB/T 18204.25—2000）；《环境空气中氡的标准测量方法》（GB/T 14582—93），甲醛采用现场检测法；苯、TVOC采用气相色谱法；氨采用靛酚蓝分光光度法；氡采用活性炭盒法对上述单元的室内环境质量进行检测。

取样范围、数量由委托单位指定，取样部位按规定随机抽取。

检测结果见表一。

北京××××建设工程质量检测所。

检 验 报 告 首 页

二、检测结果：表一

房　　号		108室	212室
检测点位置 m	距地	1.00	1.00
	距墙	东 3.00	东 3.00
	距墙	北 1.50	北 1.50
环境条件	温度	28.0℃	28.3℃
	气压	100.5kPa	100.4kPa
现场氡浓度 Bq/m³	限量值	Ⅰ类民用建筑工程≤200、Ⅱ类民用建筑工程≤400	
	检测值	23.13	37.58
现场甲醛浓度 mg/m³	限量值	Ⅰ类民用建筑工程≤0.08、Ⅱ类民用建筑工程≤0.12	
	检测值	0.036	0.036
现场氨浓度 mg/m³	限量值	Ⅰ类民用建筑工程≤0.2、Ⅱ类民用建筑工程≤0.5	
	检测值	0.17	0.13
现场苯浓度 mg/m³	限量值	Ⅰ类民用建筑工程≤0.09、Ⅱ类民用建筑工程≤0.09	
	检测值	0.039	0.030
现场 TVOC 浓度 mg/m³	限量值	Ⅰ类民用建筑工程≤0.5、Ⅱ类民用建筑工程≤0.6	
	检测值	10.171	1.345

北京××××建设工程质量检测所。

检 验 报 告 首 页

三、结论：

依据《民用建筑工程室内环境污染控制规范》（GB 50325—2001）；《居住区大气中苯、甲苯和二甲苯卫生检验标准方法 气相色谱法》（GB 11737—89）；《公共场所空气中氨测定方法 靛酚蓝分光光度法》（GB/T 18204.25—2000）；《环境空气中氡的标准测量方法》（GB/T 14582—93）检测结论如下：

1. 房号为 108、212 的被检测房间，室内环境氡浓度平均含量小于 II 类民用建筑工程室内环境污染物氡限量 400 Bq/m³ 的浓度值，检测结果合格。

2. 房号为 108、212 的被检测房间，室内环境游离甲醛浓度平均含量小于 II 类民用建筑工程室内环境污染物游离甲醛限量 0.12mg/m³ 的浓度值，检测结果合格。

3. 房号为 108、212 的被检测房间，室内环境苯浓度平均含量小于 II 类民用建筑工程室内环境污染物苯限量 0.09mg/m³ 的浓度值，检测结果合格。

4. 房号为 108、212 的被检测房间，室内环境 TVOC 浓度平均含量超过 II 类民用建筑工程室内环境污染物 TVOC 限量 0.6mg/m³ 的浓度，检测结果不合格。

5. 房号为 108、212 的被检测房间，室内环境氨浓度平均含量小于 II 类民用建筑室内环境污染物氨限量 0.5 mg/m³ 的浓度值，检测结果合格。

北京××××建设工程质量检测所。

检 验 报 告 首 页

检测依据：

《民用建筑工程室内环境污染控制规范》（GB 50325—2001）

《居住区大气中苯、甲苯和二甲苯卫生检验标准方法　气相色谱法》（GB 11737—89）

《公共场所空气中氨测定方法　靛酚蓝分光光度法》（GB/T 18204.25—2000）

《环境空气中氡的标准测量方法》（GB/T 14582—93）

检测设备：

美国 4160 型甲醛分析仪、GC112A 气相色谱仪

1380 空盒气压表、瑞康 1 型低本底多道 γ 能谱仪

TY-9700 数字温湿度计、QC-1 和 QC-2 大气采样器

7230G 可见分光光度计、RJ-ZH-I 型热解吸与转化仪

检测日期及环境：

××××年××月 ××日　晴　30℃

参加检测人员：

×××　×××　×××

检测负责人：×××

审核：×××

批准：×××

北京××××建设工程质量检测所。

6.3 施 工 记 录

施工记录是施工单位在施工过程中形成的，为保证工程质量和安全的各种内部检查记录的统称。主要内容有：隐蔽工程验收记录、交接检查记录、地基验槽记录、地基处理记录、桩施工记录、混凝土浇灌申请书、混凝土养护测温记录、构件吊装记录、预应力筋张拉记录等。

6.3.1 隐蔽工程验收记录

6.3.1.1 定义

隐蔽工程是施工过程中关系建筑物安全，但最终都是被隐蔽看不到的部位。隐蔽工程是上道工序被下道工序所掩盖，其自身的质量无法再进行检查的工程。

隐蔽工程验收记录即对隐蔽工程进行检查。并通过表格的形式将工程隐检项目的隐检内容、质量情况、检查意见、复查意见等记录下来，作为以后各项建筑工程的合理使用、维护、改造、扩建等重要的技术资料。凡未经过隐蔽工程验收或验收不合格的工程，不得进行下道工序的施工。隐检合格后方可进行下道工序施工。

建设工程主体结构施工过程中，钢筋安装工程、混凝土工程试件留置、防水工程施工等施工过程和隐蔽工程验收时，施工单位必须在监理单位见证下拍摄不少于一张照片留存于施工技术资料中。拍摄的照片应注拍摄时刻、拍摄人、拍摄地点，以及照片对应的工程部位和检验批。

6.3.1.2 隐检程序

隐蔽工程检查是保证工程质量与安全的重要过程控制检查记录，应分专业（土建专业、给排水专业、电气专业、通风空调专业等）；分系统（给水系统、排水系统等）；分区段（划分的施工流水段）；分部位（主体结构、装饰装修等）；分工序（钢筋工程、防水工程等），分层进行。

隐蔽工程施工完毕后，由专业工长填写隐检记录单，项目技术负责人组织监理单位旁站、施工单位专业工长、质量检查员共同参加。验收符合要求后，由监理单位签署审核意见，并下审核结论。若检查存在问题，则在审核结论中给予明示。对存在的问题，必须按处理意见进行处理，处理后对该项进行复查，并将复查结论填入栏内。

检查的依据：施工图纸、图纸会审、设计变更/洽商；有关国家现行标准、规范：工程建设国家标准（GB），建筑工程行业标准（JGJ），城镇建设工程行业标准（CJJ），中国工程建设标准化协会标准（CECS），地方标准（DBJ），相关施工方案；材料、构配件、设备出厂质量证明、试（检）验报告；检验批质量验收记录等。

6.3.1.3 隐检记录的填写要求

1. 工程名称—与施工图纸中图签一致。

2. 隐检项目—按实际检查项目填写。要按独立项目分别填写，不要把几个隐检项目写在一张隐检记录上。应具体写明（子）分部工程名称和施工工序主要检查内容。如：桩基工程钢筋笼安装、支护工程锚杆安装、门窗工程（预埋件、锚固件或螺栓安装）、吊顶工程（龙骨、吊件、填充材料安装）。

3. 隐检部位—按实际检查部位填写。如："层"填写地下/地上____层；"____轴"填写横起止轴/纵起止轴，轴线数字码、英文码标注须带圆圈；"____标高"填写墙柱梁板起止标高或顶标高；"部位"填写具体楼层段的墙柱梁板。

4. 检查时间—按实际检查时间填写。

5. 隐检依据—施工图纸、设计变更、工程洽商及相关的施工质量验收规范、规程。本工程的施工组织设计、施工方案技术交底等。特殊的隐检项目如新材料、新工艺、新设备等要标注具体的执行标准文号或企业标准文号。

6. 主要材料或设备—按实际发生材料、设备项目填写，各主要材料规格型号要表述清楚。应填写详细具体，与工程实际相符，如钢筋绑扎，填写钢筋、绑扎丝及具体规格等。

7. 隐检记录编号—按专业工程分类编码填写，按组卷要求进行组卷。

8. 隐检内容—必须按标准、规范将隐检的项目、具体内容描述清楚，要点突出且展开，条理清晰。主要原材料的复试报告单编号，要把连接件的复试报告编号，主要施工方法，如钢筋绑扎隐检就要对钢筋的搭接倍数有定量的说明，接头错开位置有具体尺寸。第一根水平筋绑扎的尺寸等。若文字不能表述清楚，可用示意简图进行说明。（严禁照抄条文或填写笼统模糊简单、内容不全。）

9. 审核意见—审核意见要明确，隐检的内容是否符合要求要描述清楚。然后给出审核结论，根据检查情况在相应的结论框中画勾。在隐检中一次验收未通过的要注明质量问题，并提出复查要求。

10. 复查结论—此栏主要是针对一次验收出现的问题进行复查，因此要对质量问题改正的情况描述清楚。在复查中仍出现不合格项，按不合格品处置。

11. 本表由施工单位填报，其中审核意见、复查结论由监理单位填写。各方签字后生效。

6.3.1.4　主要隐检项目及填写内容

土建工程需办理隐检的项目有地基基础工程与结构工程和预应力的钢筋工程、结构工程中的防水工程（地下防水、厕浴防水、屋面防水）、外墙外（内）保温构造节点做法；建筑装饰装修工程中的门窗工程、地面工程、抹灰工程等；幕墙工程、钢结构工程等。

一、地基基础工程与结构工程

1. 土方工程

（1）检查内容：依据施工图纸、地质勘探报告、有关施工验收规范要求，基槽、房心回填前检查基底清理情况，基底标高，基底轮廓尺寸等情况。

（2）填写要求：土方工程隐检记录中要注明施工图纸编号，地质勘测报告编号，将检查内容描述清楚。填写范例见表6-128。

2. 支护工程

（1）检查内容：依据施工图纸、有关施工验收规范要求和基坑支护方案、技术交底检查锚杆、土钉的品种规格、数量、插入长度、钻孔直径、深度和角度。检查地下连续墙成槽宽度、深度、倾斜度、钢筋笼规格、位置、槽底清理、沉渣厚度情况。

（2）填写要求：支护工程隐检记录中要注明施工图纸编号，地质勘测报告编号，锚杆钉的品种规格、数量、插入长度、钻孔直径等主要数据描述清楚。

3. 桩基工程

(1) 检查内容：依据施工图纸、有关施工验收规范要求和桩基施工方案、技术交底检查钢筋笼规格、尺寸、沉渣厚度、清孔等情况。

(2) 填写要求：桩基工程隐检记录中要注明施工图纸编号，地质勘测报告编号，将检查的钢筋笼规格、尺寸、沉渣厚度、清孔等情况描述清楚。

4. 地下防水工程

(1) 检查内容：依据施工图纸、有关施工验收规范要求和防水施工方案、技术交底检查混凝土的变形缝、施工缝、后浇带、穿墙套管、预埋件等设置的形式和构造等情况。检查防水层的基层处理，防水材料的规格、厚度、铺设方式、阴阳角处理、搭接密封处理等情况。

常用的结构施工缝部位柱留水平施工缝（基础顶面、梁下、楼板柱帽下）等设垂直施工缝，留在平行于板短边的任何位置。有主次梁的楼板应该留在次梁跨度 1/3 的范围内。

(2) 填写要求：地下防水工程隐检记录中要注明施工图纸编号，刚性防水混凝土的强度等级、抗渗等级，柔性防水材料的型号、规格、防水材料的复试报告编号、施工铺设方法、搭接长度、宽度尺寸等情况。还应将阴阳角处理、附加层情况等描述清楚。必要时可附简图加以说明。填与范例见表 6-129～表 6-131。

5. 结构钢筋绑扎

(1) 检查内容：钢筋工程是结构的骨架，因此在隐蔽之前必须对其材料、绑扎、连接情况详细检查并记录。依据施工图纸、有关施工验收规范要求和钢筋施工方案、技术交底，检查钢筋的品种、规格、数量、位置、锚固和接头位置、搭接长度、保护层厚度、钢筋及垫块绑扎和钢筋除锈等情况。

(2) 填写要求：钢筋工程隐检记录中要注明施工图纸编号，主要钢筋原材复试报告编号，钢筋竖向水平各自的型号、排距、保护层尺寸，箍筋的型号、间距尺寸，钢筋绑扎接头长度尺寸，垫块规格尺寸等。若钢筋规格与图纸不相符，还应将钢筋代用变更的洽商编号填写清楚。检查内容应尽量描述清楚。填写范例见表 6-133 和表 6-134。

(3) 钢筋绑扎隐检内容填写要点：

● 暗柱钢筋：

1) 暗柱根部钢筋上水泥浆已经清理干净。

2) 为保证暗柱主筋位置准确，采用定距框控制。

3) 柱箍筋绑扎：

① 柱箍筋的个数根据图纸要求确定，第一根箍筋距两端 50mm 开始设置。

② 在立筋上画箍筋位置线，然后从上往下采用缠扣法绑扎。

③ 箍筋的接头应沿柱子立筋交错布置绑扎，箍筋与主筋要垂直，绑扎丝头应向里。

④ 暗柱箍筋与墙筋绑扎要求：暗柱箍筋与墙水平筋错开 20mm 以上，不得并在一起。

● 墙体、暗柱、连系梁钢筋：

1) 墙根部钢筋上水泥浆已经清理干净。

2) 墙体钢筋已经调整。即位移过大要求按 1:6 调整，一级钢筋弯钩一律朝里，不垂直的调垂直。

3）起步筋要求：

① 暗柱边第一根墙筋距柱边的距离为 50mm。

② 墙第一根水平筋距离混凝土板面 50mm。

③ 暗柱第一根箍筋距混凝土板面 30mm。

④ 连系梁距暗柱边箍筋起步 50mm。

⑤ 连系梁箍筋入柱一个箍筋 50mm。

4）墙体竖筋搭接处要求：

① 搭接长度不小于 45d，搭接处保证有三根水平筋。绑扎范围不少于三个扣。墙体立筋 50%错开，其错开距离不小于相邻接头中到中 1.3 倍搭接长度。

②墙体水平筋节点要求相邻绑扎接头错开。

5）竖向梯子筋要求：

① 采用比墙筋大一个规格的钢筋制作，以代替竖筋。

② 顶模筋等于墙厚减 2mm。250mm、300mm、350mm 厚的墙顶模筋长度应为 248mm、298mm、348mm。

③ 顶模筋自立筋至端头的长度为水平筋保护层加水平筋直径减 1mm，如保护层为 15mm，ϕ12 水平筋，长度为 15+12-1=26mm，顶模的根数为 3 根。顶模筋端头刷好防锈漆。

④ 非顶模筋每侧长度为水平筋直径。

⑤ 每段墙竖向梯子筋设置数量要求间距为 1m，每段墙 2 个或 2 个以上，要求同一标高，绑扎到位。

6）水平梯子筋的要求：

① 采用短料钢筋制作。

② 水平梯子筋按图制作并符合该段墙的钢筋间距，专墙专用。

③ 墙体筋绑扎时设在墙模板口以上 300mm，并绑扎到位。

7）柱的定距框：

要求制作准确，绑扎牢固。

8）保护层要求：

① 柱、墙、梁均采用塑料垫块，符合保护层厚度，钢筋直径和强度要求。

② 设置间 600mm×600mm，呈梅花形布置。

③ 梁、柱筋垫块设置在主筋上，墙筋垫块设置在墙水平筋上。

9）对箍筋的要求：

① 弯钩必须平行，弯钩角度为 135°。

② 平直部分为 10d，且两根长短一致。

③ 弯心符合主筋直径，即与主筋绑扎到位。

④ 四个角在同一平面上。

⑤绑扎牢固。

⑥ 柱箍筋开口分别设在四个角。

⑦ 对柱、过梁箍筋要求直径，间距符合设计要求。凡要求箍筋加密的，其间距按 5d 且 10cm 控制。即大于 ϕ20 以 10cm 控制，小于 ϕ20 以 5d 控制。

⑧ 连系梁箍筋要求不倾斜，间距均匀，开口设在上部两边。

⑨ 单支箍按图纸要求设置，弯钩为135°，平直长度为10d。

10）洞口加筋要求：

凡是洞口墙筋截断处要加三边开口箍筋。并按图纸要求附加洞口加筋。

11）连系梁钢筋锚固：

长度必须符合设计和规范要求。

12）梁主筋必须设在箍筋四角，两排主筋间距为钢筋直径小于或等于25mm。

● 顶板钢筋：

1）板筋绑扎前的控制：

① 对墙筋、连系梁筋及施工缝处板筋水泥浆已清理干净。

② 设置水平梯子筋及暗柱定距框。以上各项未做完不得进行板筋绑扎。

2）网眼尺寸偏差不得超过10mm。

3）起步筋第一根板筋距墙边尺寸50mm。

4）绑丝要求：

①上筋绑丝朝下，下筋绑丝朝上，与钢筋垂直。

② 绑丝甩头长短基本一致，长度不超过50mm。

③ 相邻绑丝呈"八"字绑扣。

5）混凝土板面钢筋：

① 不准用电弧点焊。

② 有出电线管时应采用"Z"字形钢筋绑扎牢固。

6）双层网片间的钢筋马凳设置。

① 设置间距不大于1m，且高度满足保护层要求，制作符合要求。

② 马凳高度：板厚－保护层×2－两排钢筋直径。

7）保护层顶板15mm，梁主筋25mm，偏差不能超过3mm。

8）板筋垫块：

① 采用塑料垫块，厚度和强度符合保护层要求。

② 垫块间距不大于600mm，梅花形设置。

9）板面预留洞，周围钢筋预留洞直径大于200mm，小于300mm时，板筋应弯曲绕管通过。

10）钢筋端头锚固要求：锚固至外侧竖筋边。

6. 结构钢筋连接

（1）检查内容：每项工程钢筋连接的方法是由设计确定的，钢筋连接的方法有焊接、机械连接、搭接等多种工艺方法。在资料中要反映设计的要求，要核对施工组织设计的落实情况。依据施工图纸、有关施工验收规范要求和钢筋施工方案、技术交底等要求，检查钢筋连接形式、连接种类、接头位置、数量和连接质量。若是焊接，还要检查焊条、焊剂的产品质量，检查焊口形式、焊缝长度、厚度、表面清渣等情况。

（2）填写要求：钢筋连接隐检记录中要注明施工图纸编号，钢筋连接试验报告编号，钢筋连接的种类（焊接、机械连接），连接形式（锥螺纹连接、滚压直螺纹连接、钢套筒连接、剥肋直螺纹连接、电渣压力焊、闪光对焊等），焊（连）接的具体规格尺寸、数量、接头位置描述清楚。不同连接形式分别填写隐检记录。填写范例见表6-134、表6-135。

7. 外墙内（外）保温构造节点做法

（1）检查内容：依据施工图纸、有关施工验收规范要求和施工方案、技术交底检查构造节点的连接方法等情况。

（2）填写要求：隐检记录中要注明施工图纸编号，保温材料的种类规格、厚度墙板连接的节点简图等。将检查内容描述清楚。填写范例见表6-136。

土方工程隐蔽工程验收记录　　　　　　表6-128

隐蔽工程验收记录 C5-1		资料编号	01-01-C5-×××
工程名称	×××工程		
隐检项目	土方工程	隐检日期	××××年××月××日
隐检部位	基础层①～⑳/Ⓐ～Ⓖ轴线　标高　－3.4		

隐检依据：施工图图号结施－1、结施－3、地质勘察报告（编号005），设计变更/洽商（编号＿／＿）及有关国家现行标准等

主要材料名称及规格/型号：＿＿＿＿＿＿／＿＿＿＿＿＿

隐检内容：

1. 基底标高为－3.40m，槽底土质为粉砂、细砂土、水位与地质勘察报告相符；

2. 基槽土层已挖至－3.40m，基底清理到位，浮土、松土清除到持力层，无砖块、石头等杂物；

3. 基底轮廓尺寸。

隐蔽内容已做完，请予以检查。

影像资料的部位、数量：

申报人：×××

检查意见：

经核查：基底标高、基底轮廓尺寸符合设计要求；槽底土质与地质勘察报告相符，清槽工作到位，未出现地下水，同意进行下道工序。

检查结论：　☑同意隐蔽　　☐不同意，修改后进行复查

复查结论：

复查人：　　　　　　　　　　　复查日期：

签 字 栏	施工单位	××建筑工程公司	专业技术负责人	专业质检员	专业工长
			×××	×××	×××
	监理（建设）单位	××监理公司	专业工程师		×××

本表由施工单位填写，并附影像资料。

隐蔽工程验收记录		资料编号	01-05-C-×××
工程名称		×××工程	
隐检项目	地下防水工程	隐检日期	××××年××月××日
隐检部位	地下基础外墙⑪轴 标高		－5.40

隐检依据：施工图图号　建防 3、结防 1、地下防水施工方案、技术交底，设计变更/洽商（编号　／　）及有关国家现行标准等

　　主要材料名称及规格/型号：SBS 防水卷材，型号 PY-1；聚氨酯涂膜防水材料

隐检内容：

　　1.SBS 防水材料复试合格，复试报告编号 2003-055。防水涂料复试合格，复试报告编号 2003-086。

　　2.卷材的长边搭接为 100mm、短边搭接 150mm，转角接缝在立墙上距平面 600mm 处，接缝严密，搭接压实，上下层和相临接缝错开 500mm，阴阳角处附加层的宽度≥500mm，无损伤、空鼓等现象，并且符合有关规范的要求。见图：

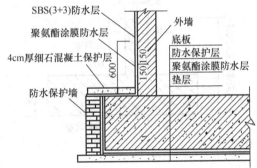

　　隐蔽内容已做完，请予以检查。
　　影像资料的部位、数量：

申报人：×××

检查意见：

　　经检查防水卷材规格、厚度符合设计要求及有关规范的规定。卷材搭接符合要求，各层粘接牢固，阴阳角处的附加层满足要求，符合有关施工验收规范规定。

检查结论：√ 同意隐蔽　　□ 不同意，修改后进行复查

复查结论：

复查人：　　　　　　　　　　　　　复查日期：

签字栏	施工单位	××建筑工程公司	专业技术负责人	专业质检员	专业工长
			×××	×××	×××
	建设（监理）单位	××监理公司	专业工程师		×××

本表由施工单位填报，并附影像资料。

隐蔽工程验收记录 C5-1		编号	01-06-C5-×××
工程名称		×××工程	
隐检项目	施工缝	隐检日期	××××年××月××日
隐检部位	地下二层　①～⑧ /Ⓐ～Ⓓ轴线	标高	－3.6

隐检依据：施工图图号结施 8、混凝土施工方案，设计变更/洽商（编号＿／＿）及有关国家现行标准等
　　　　主要材料名称及规格/型号：＿＿／＿＿

隐检内容：
地下二层①～⑧轴Ⓐ～Ⓓ轴外墙水平施工缝形式为外企口施工缝形式，设置在基础梁顶，检查施工缝位置，尺寸及剔毛情况（施工缝具体形式见下图），施工缝表面剔掉软弱层，露出石子。

隐蔽内容已做完，请予以检查。

影像资料的部位、数量：

　　　　　　　　　　　　　　　　　　　　　　　　　　　申报人：×××

检查意见：
地下二层施工缝位置留置符合施工规范规定，同意进行下道工序。

检查结论：☑ 同意隐蔽　　□ 不同意，修改后进行复查

复查结论：

复查人：　　　　　　　　　　　　　复查日期：

签字栏	施工单位	××建筑工程公司	专业技术负责人	专业质检员	专业工长
			×××	×××	×××
	建设（监理）单位	××监理公司		专业工程师	×××

本表由施工单位填报，并附影像资料。

214

隐蔽工程验收记录 C5-1		资料编号	01-06-C5-×××
工程名称		×××工程	
隐检项目	后浇带	隐检日期	××××年××月××日
隐检部位	地下一层　③～④ /Ⓐ～Ⓒ轴线	标高	－4.2

隐检依据：施工图图号结施 6 ，设计变更/洽商（编号　/ 　）及有关国家现行标准等
主要材料名称及规格/型号：孔径 5mm 细目钢板网

隐检内容：
检查基础底板后浇带处理情况
1. 后浇带位置留置在③～④轴间距④轴 3m 处，后浇带宽 800mm。
2. 后浇带两边混凝土的浮石浮浆已剔除。将 2 层孔径 5mm 的细目钢板网用铅丝绑扎，固定在模板上。

隐蔽内容已做完，请予以检查。

影像资料的部位、数量：

申报人：×××

检查意见：
经检查后浇带处理符合要求，同意进行下道工序。

检查结论：☑同意隐蔽　☐不同意，修改后进行复查

复查结论：

复查人：　　　　　　　　　　　复查日期：

签字栏	施工单位	××建筑工程公司	专业技术负责人	专业质检员	专业工长
			×××	×××	×××
	监理（建设）单位	××监理公司	专业工程师	×××	

本表由施工单位填报，并附影像资料。

隐蔽工程验收记录 C5-1		资料编号	01-06-C5-×××
工程名称		×××工程	
隐检项目	钢筋绑扎	隐检日期	××××年××月××日
隐检部位	地下二层墙　①～⑧/Ⓐ～Ⓓ　轴线　　－4.05～－2.95m标高		

隐检依据：施工图图号结施—2，结施—3，结施—11，结施—12，设计变更/洽商

　　　　　（编号　/　）及有关国家现行标准等。

主要材料名称规格/型号：φ12、φ14

隐检内容：

　1. 墙厚 300mm，钢筋双向双层，水平筋 Φ12@200，在内侧；竖向筋 Φ14@150，在外侧；

　2. 墙体的钢筋搭接绑扎，搭接长度 42d（Φ12：405mm/Φ14：588mm），接头纵横 50%；

　3. 墙体定位筋采用 Φ12 竖向梯子筋，每跨 3 道，上口设水平梯子筋与主筋绑牢；

　4. 竖向筋起步距柱 50mm，水平筋起步距梁 50mm，间距、排距均匀；

　5. 绑扎丝为双铅丝，每个相交点八字扣绑扎，丝头朝向混凝土内部；

　6. 墙外侧保护层 35mm，内侧 20mm，采用塑料垫块，间距 600mm，梅花形布置；

　7. 钢筋均无锈蚀、污染已清理干净，如钢筋原材做复试，另附钢筋原材复试报告 2005-26。

　隐检内容已做完，请予以检查。

　影像资料的部位、数量：

　　　　　　　　　　　　　　　　　　　　　　　　　　　　申报人：×××

检查意见：

　1. 地下二层①～⑧/Ⓐ～Ⓓ轴墙钢筋品种、级别、规格、配筋数量、位置、间距符合设计要求。

　2. 钢筋绑扎安装质量牢固，无漏扣现象，观感符合要求，搭接长度 42d。

　3. 墙体定位梯子筋各部位尺寸、间距准确与主筋绑扎。

　4. 保护层厚度符合要求，采用塑料垫块绑扎牢固，间距 600mm，梅花形布置。

　5. 钢筋无锈蚀无污染，进场复试合格，符合《混凝土结构工程施工质量验收规范》（GB 50204—2002）规定。

检查结论：☑ 同意隐蔽　　☐ 同意，修改后进行复查

复查结论：

复查人：　　　　　　　　　　　　　　复查日期：

签字栏	施工单位	××建筑工程公司	专业技术负责人	专业质检员	专业工长
			×××	×××	×××
	监理（建设）单位	××监理公司		专业工程师	×××

本表由施工单位填写，并附影像资料。

隐蔽工程验收记录 C5-1		资料编号	02-01-C5-×××
工程名称		×××工程	
隐检项目	钢筋绑扎	隐检日期	××××年××月××日
隐检部位	首层Ⅳ段⑧轴偏西 4.952m 后浇加强带至①～⑫轴偏东 4.85m 加强带/Ⓐ轴至Ⓐ～Ⓕ轴加强带内墙		

隐检依据：施工图图号　S407、S408　，设计变更/洽商
　　（编号　/　）及有关国家现行标准等。
主要材料名称规格/型号：钢筋型号 Φ6　8　10　14　16　18　20　22　25　28

隐检内容：

1. 内墙 500 竖向筋　16@200，水平筋　14@200，竖向筋在内水平筋在外，内墙 400 竖向筋　18@200，水平筋　14@100，竖向筋在内水平筋在外，内墙 200 竖向筋　14@200，水平筋　12@100，竖向筋在内水平筋在外。起步筋距混凝土面层 50mm，外墙保护层迎水面为 40mm，内侧为 20mm，内墙保护层均为 15mm，保护层均采用塑料垫块；拉钩为 φ6@600 梅花形布置。

2. 暗柱：GJZ19：20　28 箍筋　10@100；GJZ21：14　22 箍筋　8@100；GJZ22：24　22 箍筋　8@100；GJZ24：28　25 箍筋　10@100；GAZ27：20　28 箍筋　10@100；GJZ28：26　22 箍筋 8@100；GJZ29：26　20 箍筋　8@100；GYZ30：18　20 箍筋　8@100；GYZ31：29　22 箍筋　8@100；GJZ32：21　25 箍筋　10@100；GJZ33：34　25 箍筋　8@100。

3. 钢筋直径小于 18 的钢筋采用搭接绑扎，搭接长度，16 为 762mm，14@100 为 666mm，接头以 50% 相互错开，暗柱主筋为 22、25、28 采用直螺纹连接；钢筋直径大于 18 的钢筋采用直螺纹连接，墙竖筋>18、柱的接头位置：第一层位于柱净高的 1/3 处，第二层与第一层相错主筋直径的 35d；墙竖筋<18 的按规范搭接。

4. 墙体梯子筋、搭接节点、暗柱节点、双 F 卡具检查完毕，符合要求，钢筋均无锈蚀无污染。

5. 绑扣均采用八字形，绑丝丝头全部向混凝土内部；塑料垫块强度、厚度、规格、型号已经预检完毕符合要求。

6. 钢筋锚固长度：钢筋直径 25 的锚固 850mm；钢筋直径 14 的锚固 476mm，钢筋直径 16 的锚固 544mm，钢筋直径 20 的锚固 680mm，钢筋直径 22 的锚固 748mm，钢筋直径 28 的锚固 952mm。

隐检内容已做完，请予以检查。
影像资料的部位、数量：

　　　　　　　　　　　　　　　　　　　　　　　　　申报人：×××

检查意见：
1. 钢筋品种、级别、规格、配筋数量、位置、间距符合设计要求。
2. 钢筋绑扎安装质量牢固，无漏扣现象，观感符合要求。
3. 墙体定位梯子筋各部位尺寸及间距准确并与主筋绑牢。
4. 保护层厚度符合要求。
5. 钢筋无锈蚀、无污染，进场复试合格。

符合设计要求和《混凝土结构工程施工质量验收规程》（DBJ 01-82-2005）、《混凝土结构工程施工质量验收规范》GB 50204—2002 规定。

检查结论：☑ 同意隐蔽　　□ 同意，修改后进行复查

复查结论：

复查人：　　　　　　　　　　　　复查日期：

签字栏	施工单位	××建筑工程公司	专业技术负责人	专业质检员	专业工长
			×××	×××	×××
	监理（建设）单位	××监理公司	专业工程师		×××

本表由施工单位填写，并附影像资料。

表 C5-1	拍 摄 图 片
	拍摄人： ××× 拍摄时刻： ××年××月××日 拍摄地点： 施工现场 工程部位： 首层Ⅳ段⑧轴偏西 4.952m 后浇加强带至①～⑫轴偏东 4.85m 加强带/Ⓐ轴至Ⓐ～Ⓕ轴加强带内墙 检验批： 9
	拍摄人： ××× 拍摄时刻： ××年××月××日 拍摄地点： 施工现场 工程部位： 首层Ⅳ段⑧轴偏西 4.952m 后浇加强带至①～⑫轴偏东 4.85m 加强带/Ⓐ轴至Ⓐ～Ⓕ轴加强带内墙 检验批： 9
	拍摄人： 拍摄时刻： 拍摄地点： 工程部位： 检验批：

本表由施工单位填写。

隐蔽工程验收记录 C5-1	资料编号	01-06-C5-×××
工程名称	×××工程	

隐检项目	钢筋接头（滚压直螺纹）	隐检日期	××××年××月××日
隐检部位	地下二层 ④～Ⓐ/④～Ⓒ轴线 标高－5.8		

隐检依据：施工图图号结施8、结施12、结施13，设计变更/洽商（编号 / ）及有关国家现行标准等
主要材料名称及规格/型号：Φ22、Φ25Φ直螺纹套筒、中25；Ⅱ级钢筋 HRB335Φ22、Φ25

隐检内容：

1. 地下二层4～1西1.5m至④～⑭/④～Ⓒ至④～Ⓐ范围内的墙体、暗柱钢筋绑扎施工的钢筋接头：滚压直螺纹钢筋连接，Φ25接头403个。滚压直螺纹钢筋连接接头钢筋丝头饱满，螺纹大径低于中径的不完整扣，累积长度不超过两倍周长，钢筋丝头长度误差为两扣，螺纹尺寸误差不得大于2扣，钢筋接头位置错开≥900mm。钢筋接头及套筒要保持清洁，无锈蚀；未连接处的钢筋端头丝扣要用丝头保护套保护，避免污蚀损坏。并且符合施工规范的要求。

2. 附滚压直螺纹套筒连接试验报告。试验编号：2003-0056

隐蔽内容已做完，请予以检查。

影像资料的部位、数量：

申报人：×××

检查意见：
经检查钢筋连接符合施工规范要求，连接后的直螺纹丝头外露小于1个完整的丝扣，套筒外观清洁。同意进入下道工序。

检查结论：☑ 同意隐蔽 ☐ 不同意，修改后进行复查

复查结论：

复查人： 复查日期：

签字栏	施工单位	××建筑工程公司	专业技术负责人	专业质检员	专业工长
			×××	×××	×××
	监理（建设）单位	××监理公司	专业工程师		×××

本表由施工单位填报，并附影像资料。

隐蔽工程验收记录 C5-1		资料编号	02-01-C5-××
工程名称		×××工程	
隐检项目	钢筋接头（滚压直螺纹）	隐检日期	××××年××月××日
隐检部位	首层Ⅳ段⑧轴偏西4.952m后浇加强带至①～⑫轴偏东4.85m加强带/Ⓐ轴至Ⓐ-Ⓕ轴加强带内墙		

隐检依据：施工图图号9_____，设计变更/洽商（编号_/_ ）及有关国家现行标准等
主要材料名称及规格/型号：<u>钢筋型号　18　20　22　25　28</u>

隐检内容：

1. 直螺纹套筒有合格证等质量证明齐全，连接套筒表面无裂痕，螺牙饱满、接头丝扣饱满，直螺纹连接符合《钢筋机械连接通用技术规程》（JGJ 107—2010）的相关规定。

2. 直螺纹丝头加工长度：18为22.5mm、20为25mm、22为27.5mm、25为31.5mm，丝头牙形饱满无毛刺，拧紧后外露丝扣不超过一个完整丝扣。

3. 同一断面内直螺纹接头数量不超过50％，18连接接头错开不小于630mm，20连接接头错开不小于700mm，22连接接头错开不小于770mm，25连接接头错开不小于875mm，28连接接头错开不小于980mm。

4. 连接时钢筋规格和连接套筒的规格一致，钢筋螺纹的形式、螺距、螺纹外径与连接套筒匹配，钢筋和连接套筒的丝扣干净，完好无损。

5. 直螺纹套筒拧紧后经力矩扳手检查合格后用红油漆标示清楚。

6. 直螺纹现场取样后采用同规格钢筋焊接补强，焊接长度为10d，焊缝高度为0.3d，焊缝宽度为08d；18焊接长度不小于180mm，20焊接长度不小于200mm，22焊接长度不小于220mm，25焊接长度不小于250mm，28焊接长度不小于280mm。

7. 直螺纹接头复试合格。实验编号：18：JL2011-06652、JL2011-06653；20：JL2011-06654；22：JL2011-06655到JL2011-06659；25：JL2011-06662、JL2011-06663；28：JL2011-06661。

影像资料的部位、数量：

申报人：×××

检查意见：

经检查钢筋连接符合施工规范要求，连接后的直螺纹丝头外露小于1个完整的丝扣，套筒外观清洁。同意进入下道工序。

检查结论：☑ 同意隐蔽　　□ 不同意，修改后进行复查

复查结论：

复查人：　　　　　　　　　　　　　　　复查日期：

签字栏	施工单位	××建筑工程公司	专业技术负责人	专业质检员	专业工长
			×××	×××	×××
	监理（建设）单位	××监理公司		专业工程师	×××

本表由施工单位填报，并附影像资料。

表 C5-1	拍摄图片
	拍摄人：××× 拍摄时刻：××年×月×日 拍摄地点： 施工现场 工程部位： 首层 Ⅳ 段 ⑧ 轴偏西4.952m 后浇加强带至 ①～⑫轴偏东 4.85m 加强带/Ⓐ轴至 Ⓐ～Ⓕ轴加强带内墙 检验批：
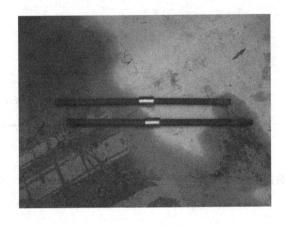	拍摄人：××× 拍摄时刻：××年×月×日 拍摄地点： 施工现场 工程部位： 首层 Ⅳ 段 ⑧ 轴偏西4.952m 后浇加强带至 ①～⑫轴偏东 4.85m 加强带/Ⓐ轴至 Ⓐ～Ⓕ轴加强带内墙 检验批：
	拍摄人： 拍摄时刻： 拍摄地点： 工程部位： 检验批：

本表由施工单位填写。

隐蔽工程验收记录 C5-1		资料编号	02-01-C5-××
工程名称		×××工程	
隐检项目	外墙保温	隐检日期	××××年××月××日
隐检部位	六层⑥轴线外墙　　　　标高 14.6		

隐检依据：施工图图号　结施 75　，设计变更/洽商（编号 ___/___ ）及有关国家现行标准等
主要材料名称及规格/型号：___50mm 厚熄型聚苯板___

隐检内容：

　1. 外墙外保温板采用 50mm 厚熄型聚苯板，板的背面做成燕尾槽，燕尾槽宽 100mm，深 10mm，间距 100mm。
　2. 保温板之间用聚苯胶连接，接缝严密，粘结牢固。
　3. 与钢筋连接的锚固件已涂刷防锈漆。
　4. 垫块铺设稳定。

隐蔽内容已做完，请予以检查。

影像资料的部位、数量：

申报人：×××

检查意见：

　　经检查外保温板的规格、型号符合设计要求。与钢筋连接的锚固件均涂防锈漆且垫块铺设稳定。保温板接缝严密，粘结牢固，同意进行下道工序。

检查结论：☑ 同意隐蔽　　☐ 不同意，修改后进行复查

复查结论：

复查人：　　　　　　　　　　　　　　　　　　　复查日期：

签 字 栏	施工单位	××建筑工程公司	专业技术负责人	专业质检员	专业工长
			×××	×××	×××
	监理（建设）单位	××监理公司		专业工程师	×××

本表由施工单位填报，并附影像资料。

二、建筑装饰、装修工程

1. 地面工程

(1) 检查内容：依据施工图纸、有关施工验收规范要求和施工方案、技术交底检查各基层（垫层、找平层、隔离层、填充层）的材料品种、规格、铺设厚度、铺设方式、坡度、标高、表面情况、节点密封处理等情况。

(2) 填写要求：地面工程隐检记录中要注明施工图纸编号，地面铺设的类型（石材地面、木材地面、水泥地面、板材地面），材料的品种规格等，将检查内容描述清楚。填写范例见表 6-137。

地面工程隐蔽工程验收记录 表 6-137

隐蔽工程验收记录 C5-1		资料编号	03-01-C5-×× ×
工程名称		×× ×工程	
隐检项目	地面工程	隐检日期	×× ××年×× 月×× 日
隐检部位		Ⅱ段六层⑧～⑩ /④～⑧轴线　标高 7.6	
隐检依据：施工图图号 建施 59　技术交底，设计变更/洽商（编号 ＿/＿ ）及有关国家现行标准等 主要材料名称及规格/型号：＿＿/＿＿			
隐检内容： 　　六层地面基层已处理，基层表面干净，无杂物、无浮浆、无移动水泥块。管根部及阴角将浮浆剔除，与大面基层标高一致。清理到位。全部地面均用水湿润。 　　隐蔽内容已做完，请予以检查。 　　影像资料的部位、数量： 　　　　　　　　　　　　　　　　　　　　　　　　　　　　　申报人：×× ×			
检查意见： 　　经检查地面基层清理到位，且全部浇水润湿，同意进行下道工序。 检查结论：☑ 同意隐蔽　　□ 不同意，修改后进行复查			
复查结论： 复查人：　　　　　　　　　　　　　　　　　　　复查日期：			

签字栏	施工单位	×× 建筑工程公司	专业技术负责人	专业质检员	专业工长
			×× ×	×× ×	×× ×
	监理（建设）单位	×× 监理公司		专业工程师	×× ×

本表由施工单位填报，并附影像资料。

2. 厕浴防水

（1）检查内容：依据施工图纸、有关施工验收规范要求和施工方案、技术交底检查基层表面、含水率、地漏、套管、卫生洁具根部、阴阳角等部位的处理情况。防水层墙面的涂刷情况。

（2）填写要求：厕浴防水隐检记录中要注明施工图纸编号，防水材料的复试报告编号，防水材料的品种、涂刷厚度，玻纤布的搭接宽度，地漏、套管、卫生洁具根部附加层的情况，防水层从地面延伸到墙面的高度尺寸等。将检查内容描述清楚。填写范例见表6-138。

厕浴间防水隐蔽工程验收记录　　　　　　表 6-138

隐蔽工程验收记录 C5-1		资料编号	03-01-C5-×××
工程名称			×××工程
隐检项目	厕浴间防水	隐检日期	××××年××月××日
隐检部位			10层1号卫生间轴线　标高16.2

隐检依据：施工图图号　<u>建施38</u> 技术交底，设计变更/洽商（编号　<u>　/　</u>）及有关国家现行标准等
主要材料名称及规格/型号：<u>聚氨酯防水涂料</u>

隐检内容：

1. 基层表面平整，有找平坡度，无空鼓、起砂等缺陷。基层含水率符合施工要求（＜9%）。
2. 地漏、套管、卫生洁具根部、阴阳角等细部均做防水附加层。
3. 防水层从地面延伸到墙面，高出地面100mm。
4. 玻纤布的接槎按顺流水方向搭接，搭接宽度100mm。
5. 防水涂膜涂刷均匀。

隐蔽内容已做完，请予以检查。

影像资料的部位、数量：

　　　　　　　　　　　　　　　　　　　　　　　　　　　申报人：×××

检查意见：

经检查3号卫生间防水涂膜涂刷均匀，无漏刷。细部作法及墙面涂刷高度符合施工规范要求，同意进行下道工序。

检查结论：[√] 同意隐蔽　　[ ] 不同意，修改后进行复查

复查结论：
　复查人：　　　　　　　　　　　　　　　　　　　　　　复查日期：

签字栏	施工单位	×××建筑工程公司	专业技术负责人	专业质检员	专业工长
			×××	×××	×××
	监理（建设）单位	××监理公司		专业工程师	×××

本表由施工单位填报，并附影像资料。

224

3. 抹灰工程

（1）检查内容：依据施工图纸、有关施工验收规范要求和施工方案、技术交底检查具有加强措施的材料规格、固定方法、搭接情况等。

（2）填写要求：抹灰工程隐检记录中要注明施工图纸编号，水泥复试报告编号。将不同材料基体交接处表面的抹灰采取的防止开裂的加强措施描述清楚。填写范例见表6-139。

抹灰工程隐蔽工程验收记录

表 6-139

隐蔽工程验收记录 C5-1		资料编号	03-02-C5-×××	
工程名称		×××工程		
隐检项目	抹灰工程	隐检日期	××××年××月××日	
隐检部位	六层⑥～⑩　Ⓐ～Ⓓ轴线　标高 26.4			
隐检依据：施工图图号 建施 88、技术交底，设计变更/洽商（编号 ___/___ ）及有关国家现行标准等 主要材料名称及规格/型号：水泥砂浆、钢板网				
隐检内容： 基层清理干净，在隔墙接缝处采取加强措施。将钢板网钉在隔墙接缝处和阴角处，与基体的搭接宽度 150mm。 隐蔽内容已做完，请予以检查。 影像资料的部位、数量： <div align="right">申报人：×××</div>				
检查意见： 经检查抹灰基层清理干净，易产生裂缝处有加强措施，同意进行下道工序。 检查结论：☑ 同意隐蔽　□ 不同意，修改后进行复查				
复查结论： 复查人：　　　　　　　　　　　　　　　　　　复查日期：				
签字栏	施工单位	×××建筑工程公司	专业技术负责人	专业质检员	专业工长
			×××	×××	×××
	监理（建设）单位	××监理公司		专业工程师	×××

本表由施工单位填报，并附影像资料。

4. 门窗工程

（1）检查内容：依据施工图纸、有关施工验收规范要求和施工方案、技术交底检查预埋件和锚固件、螺栓等数量、位置、间距、埋设方式、与框的连接方式、防腐处理、缝隙的嵌填、密封材料的粘结等情况。

（2）填写要求：门窗工程隐检记录中要注明施工图纸编号，门窗的类型（木门窗、铝合金门窗、塑料门窗、玻璃门、金属门、防火门），预埋件和锚固件的位置，木门窗预埋木砖的防腐处理、与墙体间缝隙的填嵌材料、保温材料等。金属门窗的预埋件位置、埋设方式、密封处理等情况。塑料门窗内衬型钢的壁厚尺寸，门窗框、副框和扇的安装固定片活膨胀螺栓的数量等情况要描述清楚。特种门窗的防火防腐处理，与框的连接方式等。填写范例见表 6-140。

门窗工程隐蔽工程验收记录 **表 6-140**

<table>
<tr><td colspan="2">隐蔽工程验收记录
C5-1</td><td colspan="2">资料编号</td><td colspan="2">03-03-C5-×××</td></tr>
<tr><td colspan="2">工程名称</td><td colspan="4">×××工程</td></tr>
<tr><td colspan="2">隐检项目</td><td>门窗工程</td><td>隐检日期</td><td colspan="2">××××年××月××日</td></tr>
<tr><td colspan="2">隐检部位</td><td colspan="4">二层①～⑩/Ⓐ～Ⓕ轴线　标高 8.3</td></tr>
<tr><td colspan="6">隐检依据：施工图图号 建施 110、技术交底，设计变更/洽商（编号 / ）及有关国家现行标准等
主要材料名称及规格/型号：90 系列塑钢窗</td></tr>
<tr><td colspan="6">隐检内容：
1. 窗洞水平基准线和洞口水平中心线；洞口垂直基准线和洞口垂直中心线均用墨斗弹出。
2. 窗洞口须留铁件数量、规格符合施工规范要求，且位置正确安装牢固。
3. 辅框已固定，其对角线的误差在允许范围内。
隐蔽内容已做完，请予以检查。
申报人：×××</td></tr>
<tr><td colspan="6">检查意见：
经检查辅框安装牢固，洞口位置线清晰准确，同意进行下道工序。
检查结论：☑ 同意隐蔽　☐ 不同意，修改后进行复查</td></tr>
<tr><td colspan="6">复查结论：

复查人：　　　　复查日期：</td></tr>
<tr><td rowspan="3">签字栏</td><td rowspan="2">施工单位</td><td rowspan="2">×××建筑工程公司</td><td>专业技术负责人</td><td>专业质检员</td><td>专业工长</td></tr>
<tr><td>×××</td><td>×××</td><td>×××</td></tr>
<tr><td>监理（建设）单位</td><td colspan="2">××监理公司</td><td>专业工程师</td><td>×××</td></tr>
</table>

本表由施工单位填报，并附影像资料。

5. 吊顶工程

（1）检查内容：依据二次设计施工图纸、有关施工验收规范要求和施工方案、技术交底检查吊顶龙骨材质、规格、间距、连接固定方式、表面防火防腐处理、吊顶材料外观质量情况、接缝和角缝情况等。

（2）填写要求：吊项工程隐检记录中要注明施工图纸编号，洽商记录编号，吊顶类型（明龙骨吊顶、暗龙骨吊顶），采用骨架类型（轻钢龙骨、铝合金龙骨、木龙骨等），吊顶材料的种类（石膏板、金属板、矿棉板、塑料板、玻璃板），材料的规格，吊杆、龙骨的材质、规格、安装间距及连接方式，金属吊杆、龙骨表面的防腐处理。木龙骨的防腐、防火处理等情况描述清楚。吊顶内的各种管道设备的检查及水管试压等情况也应描述清楚。

填写范例见表 6-141。

吊顶工程隐蔽工程验收记录

表 **6-141**

隐蔽工程验收记录 C5-1		资料编号	03-04-C5-××
工程名称		×××工程	
隐检项目	吊顶工程	隐检日期	××××年××月××日
隐检部位		四层大厅⑦~⑧轴线　标高 10.5	

隐检依据：施工图图号 建施 60、技术交底，设计变更/洽商（编号洽 2003-056）及有关国家现行标准等
主要材料名称及规格/型号：30mm×50mm 木方、Φ8 膨胀螺栓

隐检内容：
1. 四层大厅采用 30mm×50mm 木龙骨吊顶，龙骨呈方格状布置，间距 300mm×300mm。
2. 木龙骨材料干燥，全部涂刷防火涂料。
3. 木龙骨用启口连接，座钉，刷胶固定；与顶棚用膨胀螺栓和射钉连接固定。
4. 吊顶内各种电线管已穿光，喷淋头，烟感器已安装完毕。请求封板。
隐蔽内容已做完，请予以检查。
影像资料的部位、数量：

申报人：×××

检查意见：
　　经检查，木龙骨材料干燥，防火涂料涂刷均匀，龙骨平直稳定。方格尺寸准确，同意进行下道工序。
检查结论：☑ 同意隐蔽　　☐ 不同意，修改后进行复查

复查结论：

复查人：　　　　　　　　　　　　　　　　　　　　　　　复查日期：

签字栏	施工单位	×××建筑工程公司	专业技术负责人	专业质检员	专业工长
			×××	×××	×××
	监理（建设）单位	××监理公司	专业工程师		×××

本表由施工单位填报，并附影像资料。

6. 轻质隔墙工程

（1）检查内容：依据施工图纸、有关施工验收规范要求和施工方案、技术交底检查预埋件、连接件、拉结筋的位置、数量、连接方法、与周边墙体及顶棚的连接、龙骨连接、间距、防火防腐处理、填充材料设置等情况。

（2）填写要求：轻质隔墙工程隐检记录中要注明施工图纸编号，轻质隔墙的类型（板材隔墙、骨架隔墙、活动隔墙、玻璃隔墙），板材的种类（复合轻质隔墙板、石膏空心板、预制或现制钢丝网水泥板等），规格型号，预埋件、连接件的位置及连接方法描述清楚。

填写范例见表 6-142。

隐蔽工程验收记录 C5-1		资料编号	03-05-×××
工程名称		×××工程	
隐检项目	轻质隔墙	隐检日期	××××年××月××日
隐检部位		五层⑥~⑦/Ⓓ~Ⓕ轴线　标高 17.6	
隐检依据：施工图图号 建施 33、技术交底，设计变更/洽商（编号 ＿/＿ ）及有关国家现行标准等 主要材料名称及规格/型号：轻钢龙骨、石膏隔墙板			
隐检内容： 　　1. 轻钢龙骨安装：采用 100mm 延顶、延地龙骨，6 道竖龙骨间距 500mm，加横撑龙骨三道。安装牢固。 　　2. 骨架内设备管线安装按施工图纸要求完毕。 　　3. 骨架中的隔声保温材料（岩棉）已固定。 　　经查，竖向、横向龙骨均无偏差，符合质量要求，请求封板。 　　影像资料的部位、数量： 　　　　　　　　　　　　　　　　　　　　　　　　　申报人：×××			
检查意见： 　　龙骨安装牢固，墙面已进行防火、防腐处理，骨架隔墙中设备管线安装完毕，同意隐检，可进行下道工序。 检查结论：☑ 同意隐蔽　　□ 不同意，修改后进行复查			
复查结论： 复查人：　　　　　　　　　　　　　　　　　　　　　　复查日期：			

签字栏	施工单位	×××建筑工程公司	专业技术负责人	专业质检员	专业工长
			×××	×××	×××
	监理（建设）单位	××监理公司	专业工程师		×××

本表由施工单位填报，并附影像资料。

7. 细部工程

（1）检查内容：依据施工图纸、有关施工验收规范要求和施工方案、技术交底检查预埋件或后置埋件的数量、规格、位置等情况。用方木制成的格栅骨架的防腐处理，螺钉防锈处理等情况。

（2）填写要求：细部工程隐检记录中要注明施工图纸编号，材料的种类，又无特殊要求。护栏扶手、橱柜、窗帘盒、窗台板等安装的预埋件的数量、规格、位置及连接方法，将检查内容描述清楚。

填写范例见表 6-143。

隐蔽工程验收记录 C5-1		资料编号	03-10-C5-×× ×
工程名称		××× 工程	
隐检项目	细部工程	隐检日期	××××年××月××日
隐检部位		Ⅰ段八层窗帘盒　轴线　标高	

隐检依据：施工图图号 建施 8、技术交底，设计变更/洽商（编号___/___ ）及有关国家现行标准等
主要材料名称及规格/型号：窗帘盒

隐检内容：
1. 窗帘盒观感质量，外形尺寸、规格；
2. 窗口标高线已按要求弹好，两端伸出口膀尺寸一致，距顶板标高一致。
3. 已核查预埋件位置且固定牢固。
隐蔽内容已做完，请予以检查。
影像资料的部位、数量：

　　　　　　　　　　　　　　　　　　　　　申报人：×××

检查意见：
经检查，窗帘盒外观尺寸，观感质量符合要求，预埋件位置正确，可以进行下道工序作业。
检查结论：☑ 同意隐蔽　　□ 不同意，修改后进行复查

复查结论：

复查人：　　　　　　　　　　　　　　　　　　　　复查日期：

签字栏	施工单位	×××建筑工程公司	专业技术负责人	专业质检员	专业工长
			×××	×××	×××
	监理（建设）单位	××监理公司	专业工程师		×××

本表由施工单位填报，并附影像资料。

8. 饰面板（砖）工程

（1）检查内容：依据二次设计施工图纸、有关施工验收规范要求和施工方案、技术交底检查预埋件（后置埋件）、连接件规格、数量、位置、连接方法、防腐处理、防火处理等情况。有防水构造要求的应检查防水层、找平层的构造做法。

（2）填写要求：饰面板（砖）工程隐检记录中要注明施工图纸编号，饰面工程材料的种类（石材、木装饰墙、软包墙、金属板墙），板材的规格、龙骨间距等。将检查内容描述清楚。

填写范例见表 6-144。

隐蔽工程验收记录 C5-1		资料编号	03-07-C5-××
工程名称		×××工程	
隐检项目	干挂石材	隐检日期	××××年××月××日
隐检部位	首层大厅西立面层①～⑪轴　标高 2.6		

隐检依据：施工图图号 建施 58、技术交底，设计变更/洽商（编号　/　）及有关国家现行标准等
主要材料名称及规格/型号：角钢（50mm×50mm）、槽钢（80mm×40mm）

隐检内容：
　　干挂大理石槽钢、角铁龙骨按设计要求安装完毕，其安装寸尺如图：

　　安装方法：槽钢与角铁接触部位焊接，用 16cm 膨胀螺栓与 16cm 圆铁焊接穿墙将槽钢固定。并对槽钢、角钢龙骨进行防锈处理。
　　隐蔽内容已做完，请予以检查。
　　影像资料的部位、数量：

　　　　　　　　　　　　　　　　　　　　　　　　　　　　申报人：×××

检查意见：
　　龙骨安装符合设计要求，锚固无松动。焊接点满焊，符合施工规范要求。龙骨防锈漆涂刷均匀，同意进行下道工序。

检查结论：☑ 同意隐蔽　☐ 不同意，修改后进行复查

复查结论：

复查人：　　　　　　　　　　　　　　　　　　　　　　复查日期：

签字栏	施工单位	×××建筑工程公司	专业技术负责人	专业质检员	专业工长
			×××	×××	×××
	监理（建设）单位	××监理公司		专业工程师	×××

本表由施工单位填报，并附影像资料。

9. 幕墙工程

(1) 检查内容：依据二次设计施工图纸、有关施工验收规范要求和施工方案、技术交底检查构件与主体结构的连接节点的安装；幕墙四周、幕墙表面与主体结构之间间隙节点的安装；幕墙伸缩缝、沉降缝、防震缝及墙面转角节点的安装；幕墙防雷接地节点的安装等情况。

(2) 填写要求：幕墙工程隐检记录中要注明施工图纸编号，幕墙类型（玻璃幕墙、金属幕墙、石材幕墙），主要材料的规格型号，预埋件具体位置，主体结构与立柱、立柱与横梁连接节点安装及防腐处理；防雷节点的位置，防火、防水、保温情况等，将检查内容描述清楚。

填写范例见表 6-145。

幕墙工程隐蔽工程验收记录　　　　　　　　　　　　　　　　　表 6-145

隐蔽工程验收记录 C5-1		资料编号	03-07-C5-×× ×
工程名称		× × ×工程	
隐检项目	幕墙工程	隐检日期	× × × ×年× ×月× ×日
隐检部位		10 层西北立面 ⑤～⑧轴线　　标高 27.2	

隐检依据：施工图图号 建施156、施工方案，设计变更/洽商（编号＿＿/＿＿ ）及有关国家现行标准等
主要材料名称及规格/型号：预埋铁、钢角码立挺

隐检内容：

　　1. 预埋铁与钢角码焊接牢固，焊缝饱满，表面均涂刷防锈漆。

　　2. 立挺与钢角码之间采用绝缘垫隔离，用螺栓紧固。

　　3. 幕墙四周、幕墙内表面与主体结构之间、间隙节点符合设计要求。

　　4. 幕墙伸缩缝、防震缝及转角节点符合设计要求。

　　5. 预埋铁与结构主筋相连形成回路。

　　6. 立挺与槽梁安装均在同一平面，符合施工及设计要求。

隐蔽内容已做完，请予以检查。

影像资料的部位、数量：

　　　　　　　　　　　　　　　　　　　　　　　　　　　　　　申报人：× × ×

检查意见：
经检验上述项目均符合设计及施工规范要求，同意进行下道工序。

检查结论：☑ 同意隐蔽　　☐ 不同意，修改后进行复查

复查结论：

复查人：　　　　　　　　　　　　　　　　　　　　　　　　复查日期：

签字栏	施工单位	× × ×建筑工程公司	专业技术负责人	专业质检员	专业工长
			× × ×	× × ×	× × ×
	监理（建设）单位	× ×监理公司		专业工程师	× × ×

本表由施工单位填报，并附影像资料。

三、建筑屋面工程

1. 屋面细部

（1）检查内容：依据施工图纸、有关施工验收规范要求和施工方案、技术交底检查屋面基层、找平层、保温层的情况，材料的品种、规格、厚度、铺贴方式、附加层、天沟、泛水和变形缝处细部做法、密封部位的处理等情况。

（2）填写要求：屋面细部隐检记录中要注明施工图纸编号，屋面基层情况，找平层坡度，保温材料的厚度、规格尺寸，将检查内容描述清楚。填写范例见表 6-146 和表 6-147。

屋面找平层隐蔽工程验收记录   表 6-146

隐蔽工程验收记录 C5-1		资料编号	04-01-C5-×××
工程名称		×××工程	
隐检项目	屋面找平层	隐检日期	××××年××月××日
隐检部位		Ⅰ段屋面层 ①～⑥/Ⓐ～Ⓓ轴线 标高 52.8	

隐检依据：施工图图号 建施-1、结施-3，设计变更/洽商（编号 ___/___ ）及有关国家现行标准等
主要材料名称及规格/型号：水泥砂浆

隐检内容：

  屋面基层找平已按设计要求（2%）找坡。阴角处抹成圆弧形。基层表面平整，无蜂窝，无起砂。

  基层表面干燥，用油毡（1000mm×1000mm）铺于表层，24h 后揭起油毡无水气。

  隐蔽内容已做完，请予以检查。

  影像资料的部位、数量：

申报人：×××

检查意见：

  经检查基层表面无起砂，表面干燥，可以进行下道工序。

检查结论：☑ 同意隐蔽   ☐ 不同意，修改后进行复查

复查结论：

复查人：   复查日期：

签字栏	施工单位	×××建筑工程公司	专业技术负责人	专业质检员	专业工长
			×××	×××	×××
	监理（建设）单位	××监理公司		专业工程师	×××

本表由施工单位填报，并附影像资料。

232

隐蔽工程验收记录 C5-1		资料编号	04-01-C5-×× ×
工程名称		×××工程	
隐检项目	屋面保温层	隐检日期	××××年××月××日
隐检部位		Ⅰ段屋面层 ①～⑥/Ⓐ～Ⓓ轴线 标高 52.8	

隐检依据：施工图图号 结施 205，设计变更/洽商（编号__/__）及有关国家现行标准等
主要材料名称及规格/型号：FN-290 高强憎水珍珠岩

隐检内容：
屋面保温板的铺设：
1. 保温材料选用 FN-290 高强憎水珍珠岩，板厚 100mm。
2. 保温板铺贴牢固，拼缝严密。上面用焦砟找坡，坡度为 2%。
3. 屋面出气孔，排水管根部四周细部作法。
隐蔽内容已做完，请予以检查。
影像资料的部位、数量：

申报人：×××

检查意见：
经检查外保温板的规格、型号符合设计要求。与钢筋连接的锚固件均涂防锈漆且垫块铺设稳定。保温板接缝严密，粘结牢固，同意进行下道工序。

检查结论：☑ 同意隐蔽　☐ 不同意，修改后进行复查

复查结论：

复查人：　　　　　　　　　　　　　　　　　　　复查日期：

签字栏	施工单位	×××建筑工程公司	专业技术负责人	专业质检员	专业工长
			×××	×××	×××
	监理（建设）单位	××监理公司	专业工程师		×××

本表由施工单位填报，并附影像资料。

2. 屋面防水

（1）检查内容：依据施工图纸、有关施工验收规范要求和施工方案、技术交底检查基层含水率，防水层的材料品种、规格、厚度、铺贴方式等情况。

（2）填写要求：屋面防水隐检记录中要注明施工图纸编号，防水材料复试编号，防水材料的品种、规格型号，防水卷材搭接长度、上下层错开搭接尺寸等，附加层、细部及密封部位处理等描述清楚。填写范例见表 6-148。

隐蔽工程验收记录 C5-1		资料编号	04-01-C5-×××
工程名称		×××工程	
隐检项目	屋面防水层	隐检日期	××××年××月××日
隐检部位		Ⅰ段屋面层 ①～⑥/Ⓐ～Ⓓ轴线　标高 52.8	

隐检依据：施工图图号 <u>建施-1、结施-3</u> ，设计变更/洽商（编号<u>　/　</u>）及有关国家现行标准等
主要材料名称及规格/型号：<u>氯化聚乙烯卷材 1000mm×1000mm</u>

隐检内容：
    1. 采用氯化聚乙烯防水材料，合格证、检测报告、复试报告齐全，合格。（复试报告编号：2003-009）
    2. 热熔法，满粘满铺施工。
    3. 卷材长边搭接 100mm，短边搭接 150mm。
    4. 屋面细部的排水孔、通风孔、阴阳角、转角处均铺设附加层。
    5. 防水卷材在立面收头。将卷材压入檐口槽内，并压紧压实。
    隐蔽内容已做完，请予以检查。
    影像资料的部位、数量：

申报人：×××

检查意见：
    经检查外保温板的规格、型号符合设计要求。与钢筋连接的锚固件均涂防锈漆且垫块铺设稳定。保温板接缝严密，粘结牢固，同意进行下道工序。
检查结论：☑ 同意隐蔽　　□ 不同意，修改后进行复查

复查结论：

复查人：　　　　　　　　　　　　　　　　　　　　　　　复查日期：

签字栏	施工单位	×××建筑工程公司	专业技术负责人	专业质检员	专业工长
			×××	×××	×××
	监理（建设）单位	××监理公司	专业工程师		×××

本表由施工单位填报，并附影像资料。

6.3.2　交接检查记录

一、适用范围

本表适用于不同施工单位之间的移交检查，当前一专业工程施工质量对后续专业工程施工质量产生直接影响时，应进行交接检查。须强调一点，不同工序之间交接应填写《工序交接检查记录》。可自行设定，不使用《交接检查记录》。

下列几种情况需要做交接检查记录：

1. 某工序完成后，移交下道工序时（如：防腐专业队完成地下防水工程后移交给土建施工单位继续施工。总承包单位完成粗装修后移交给精装修单位施工）；

2. 某一分项（分部）工程完成后，由一个施工单位向另一个施工单位进行移交（如：

支护与桩基分项工程完工后移交给土建施工单位进行结构施工。土建结构分部工程施工完成后移交给幕墙施工单位进行幕墙施工);

3. 工程施工未完, 施工单位变换, 则前任施工单位要向后任施工单位办理交接检查。

二、填写要求

1. 本表由移交单位形成, 其中交接内容由移交单位填写, 检查结果由接收单位填写;

2. 由移交单位和接收单位共同签认的《交接检查记录》方可生效。

填写范例见表6-149。

交 接 检 查 记 录 表 6-149

交接检查记录 C5-2		资料编号	00-00-C5-××××
工程名称		×××工程	
移交单位名称	×××建筑工程公司	接收单位名称	×××幕墙有限责任公司
交接部位	主体结构	检查日期	××××年××月××日
交接内容: 　我公司以完成1~14层主体结构的施工, 并通过了主体结构验收, 可以转入下道工序施工, 请接收单位检查。			
检查结果: 　经移交、接收、双方单位共同检查, 外墙体外观及混凝土结构强度试压报告, 均符合设计要求。混凝土表面观感质量良好, 墙体各部位预埋件位置基本正确, 牢固, 符合图纸及规范的要求。同意移交。			
复查意见: 复查人:　　　　　　　　　　　　　　　　　　　　　　　　　　　　复查日期:			
签字栏	移交单位		接收单位
	×××		×××

本表由移交单位填写。

6.3.3 地基验槽检查记录

基础验槽记录是土方挖出槽底设计标高, 钎探完成之后进行的, 对建筑物持力层情况的验收。它关系到地基承载力、建筑物下沉倾斜等一系列结构安全问题。是保证建筑物整体安全的很重要的环节。地基验槽是所有新建工程必不可少的一项重要工作, 因此要按有关规定要求 (如北京市执行《关于加强建设工程地基与基础质量验收管理的若干规定》) 执行。

地基与基础验槽工作应由勘察、设计、建设、施工等单位共同进行验收签认。如地基验槽未通过, 需要进行地基处理, 应由勘察、设计单位提出处理意见并填写地基处理记录。

一、验收内容

1. 基坑验收内容:

(1) 依据地质勘探报告验收地基土质是否与报告相符, 核对基坑的土质和地下水情况, 是否与勘察报告一致。

（2）依据图纸核查基坑的位置、平面尺寸、基槽底标高等是否符合设计文件。

（3）若地基土与报告不相符，则需办理地基土处理洽商。对人工处理的地基，应按有关范围和设计文件的要求进行验收。

（4）审查钎探报告：包括钎探点布置图及钎探记录。检查基坑底面以下有无空穴、古墓、古井、防空掩体、地下埋设物及其他变异。

钎探情况中如发现异常，应在备注栏内注明。须地基处理时，应将处理范围（平面、竖向）标注在钎探点平面图上，并注明处理依据和意见。对以下情况可以停止钎探：

① 若 N_{10} 超过100或贯入10cm锤击数超过50，则停止贯入；

② 如基坑不深处有承压水层，钎探可造成冒水涌砂或持力层为砾石层、卵石层，且厚度符合设计要求时，可不进行钎探。如需对下卧层继续试验，可用钻具钻穿坚实土层后再做试验。

（5）对深基础，还应检查基坑对附近建筑物、道路、管线是否存在不利影响。

2. 预制桩基验收内容：

（1）施工前必须按照规范或设计要求作试桩，试桩的数量、做法应符合规定，试桩记录和质量检验报告应满足规范和设计要求；

（2）每根预制桩均应有完整的贯入度记录、锤击数、桩位图及桩的编号、截面尺寸、长度、入土深度、桩位偏差、施工机械、施工日期等；

（3）沉桩过程中，应对土体侧移和隆起、超孔隙水压力、桩身应力与变形、沉桩对相邻建筑物与设施的影响有无异常进行监测；

（4）必须按规定对桩位进行抽样检测，检测结果应合格。

3. 对钻孔或挖孔灌注桩验收内容：

（1）检查成孔过程中有无缩颈和坍孔，成孔垂直度、沉渣或虚土、孔底土扰动以及持力层均应符合设计要求。

（2）钢筋规格与钢筋笼制作应符合设计要求。

（3）混凝土的材料、配合比、坍落度、制作方法等，均应符合规范和设计要求，混凝土试验结果应满足设计要求。

（4）浇筑混凝土时，混凝土面标高与导管管口标高控制应适当，混凝土贯入量应符合设计要求。

（5）对大直径挖孔桩，应有专人下入孔内，对开挖尺寸、有无虚土、岩土条件等进行检验。

（6）按规定必须对桩进行抽样检测的，检验结果应合格。

二、地基验槽检查记录填写要求

1. 工程名称—与施工图纸中图签一致。

2. 验槽日期—按实际检查时间填写。

3. 验槽部位—按实际检查部位填写。若分段则要按轴线标注清楚。

4. 检查依据—施工图纸、设计变更、工程洽商及相关的施工质量验收规范、规程。本工程的施工组织设计、施工方案技术交底。

5. 验槽内容—注明地质勘查报告编号，基槽标高、断面尺寸，必要时可附断面简图示意。

注明土质情况，附钎探记录和钎探点平面布置图，在钎探图上用红蓝铅笔标注软弱、硬土情况。

若采用桩基还应说明桩的类型、数量等，附上桩基施工记录，桩基检测报告等。

6. 检查意见—检查意见要明确，验槽的内容是否符合要求要描述清楚。然后给出检查结论，根据检查情况在相应的结论框中画勾。在检查中一次验收未通过的要注明质量问题，并提出具体地基处理意见。

7. 对进行地基处理的基槽，还需再办理一次地基验槽记录，在内容栏，要将地基处理的洽商编号写上，基体的处理方法等描述清楚。

8. 本表由施工单位填报，其中检查意见、检查结论由勘察单位监理单位填写。各方签字后生效。

9. 地基验槽记录是施工中重要的记录，必须妥善保存，由施工单位、建设单位、监理单位勘察单位、设计单位各保存一份。

地基验槽检查记录见表 6-150。

地基验槽检查记录表   表 6-150

地基验槽检查记录 C5-3		资料编号	01-01-C5-001
工程名称	×××工程	验槽日期	××××年××月××日
验槽部位	⑥～⑧轴/Ⓐ～Ⓒ轴基槽		

依据：施工图纸（施工图纸号 结施2、勘察报告 ）、设计变更/洽商（编号 ／ ）及有关规范、规程。

验槽内容：

 1. 基槽开挖至勘探报告第 3 层，持力层为3 层。

 2. 基底绝对高程和标高 6.20m 。

 3. 土质情况 亚黏土 。

 （附 ☑ 钎探记录及钎探点平面布置图）

 4. 桩位置 ／ 、桩类型 ／ 、数量 _____ ，承载力满足设计要求。

 （附：施工记录、桩基检测记录）

 注：若建筑工程桩或没有人工支护，则相应在第4条填写处划"/"。

              申报人：×××

检查意见：

 经检查：基坑位置、平面尺寸、持力层核查、基底绝对高程和相对标高、定位检查符合设计要求；基坑土质均匀密实，符合地质勘探报告（编号××）。

 地下水情况：槽底在地下水位上1米，无坑、穴洞。

检查结论：☑ 经验正常，可进行下道工序 □ 需要地基处理

签字公章栏	建设单位 ×××	监理单位 ×××	设计单位 ×××	勘察单位 ×××	施工单位 ×××

本表由施工单位填写

6.3.4 地基处理记录

一般包括地基处理方案、地基处理的施工记录、地基处理记录。处理的结果应符合加固的原理、技术要求、质量标准等。

6.3.4.1 地基处理方案

1. 基槽挖至设计标高，经勘察、设计单位、建设（监理）单位、施工单位共同验槽，对实际地基与地质勘察报告不相符或不符合设计要求的基槽，拟定处理方案及措施并办理全过程洽商。

2. 处理方案中应有工程名称、验槽时间、钎探记录分析。标注清楚需要处理的部位；写明需要处理的实际情况、具体方法及是否达到设计和规范要求。最后必须经设计、勘探人员签认。

3. 对需要处理的基础，处理之后的情况应该在表中写明复验结果，要明确是合格（或不合格），要明确可（否）进行下道工序的施工，不能有未了事项。不可以模糊的下基本合格这样的结论。

6.3.4.2 地基处理的施工试验记录

1. 灰土、砂、砂石三合土地基应有土质量干密度或贯入度试验记录。并应做击实试验，提出最大干密度、最佳含水率及根据密实度的要求提供最小干密度的控制指标。对于一般小型工程又无击实试验条件的单位，最大干密度可按施工规范计算。用贯入仪、钢筋或钢叉等实测贯入度大小不应低于通过试验确定的贯入度数值。混凝土地基应按规定取试块，并做好强度试验记录。

2. 重锤夯实地基应有试夯报告及最后下沉量和总下沉量记录。

（1）试夯后，分别测定和比较坑底以下 2.5m 深度内，每隔 0.25m 深度处，夯实土与原状土的密实度，其试夯密实度必须达到设计要求。应按试夯报告确定的技术参数，对照检查最后实际沉降量和总下沉量。实际总下沉量不少于试夯确定的总下沉量的 90%。最后下沉量可采用表 6-151 中的数值。

最后下沉量 表 6-151

土的类别	最后下沉量（mm）	土的类别	最后下沉量（mm）
黏性土及湿陷性黄土	10～20	砂土	5～10

注：最后下沉量是指重锤最后两击平均每击土面的沉落值。

（2）施工前，应在现场进行试夯，选定夯锤重量、锤底直径和落距。

夯锤重量宜采用 2～3t，落距一般采用 2.5～4.5m。锤重与底面积的关系，应符合锤重在底面积上的单位并压力为 1.5～2.2N/cm²。

（3）试夯结束后应做试夯报告及试夯记录，式样见表 6-152。

（4）在夯实工程中，应做好重锤夯实施工记录，式样见表 6-153。

3. 记录

强夯地基应对锤重、间距、夯击点布置及夯击次数做好记录。

（1）锤重：常用夯锤重为 10～25t。最大夯锤重为 40t。

（2）间距：第一遍夯击点一般间距为 5～9m，以后各遍夯击点间距可与第一遍相同，也可适当减小。对处理深度较深或单击能力较大的工程，第一遍夯击点间距宜适当增大。

重锤夯实试夯记录　　　　　　　　　　　　　　　　　表 6-152

施工单位：

工程名称：　　　　　　　　　　　　　　　　试夯日期：

试夯地点及试夯编号：　　　　　　　　　　试夯土质：

夯锤重量：　　t　　锤底直径：　　m　落距：　　m

落锤方法：地基天然含水量：　　％为达到最佳含水率　　％而加的水量　　kg/m²

1. 观测点下沉观测结果

	夯击遍数	0	2	4	6	7	8	9	10	11	12	13	14	15	16
观测点 1	水准读数下沉量（mm）														
	累计下沉量（mm）														
观测点 2	水准读数下沉量（mm）														
	累计下沉量（mm）														
观测点 3	水准读数下沉量（mm）														
	累计下沉量（mm）														

2. 土样试验结果

		0.25	0.5	0.75	1.00	1.25	1.50	1.75	2.00	2.25	2.30
原状土	密度（g/cm³）										
	含水率（％）										
	干密度（g/cm³）										
夯实土	密度（g/cm³）										
	含水率（％）										
	干密度（g/cm³）										

重锤夯实施工记录　　　　　　　　　　　　　　　　　表 6-153

施工单位：　　　　　　　　　　　　地基土质：

工程名称：

夯锤重量：　　t　　锤底直径：　　m　落距：　　m

落锤方法：

施工地段及面积	夯打日期		气候条件	含水量（％）		实际加水量（L/m²）	夯击遍数		最后下沉量（cm）	预留土层厚度（cm）	底面标高		总下沉量（cm）	备注
	开始	完成		天然	最佳		规定	实际			夯前	夯后		

（3）夯击点布置：夯击点的位置可根据建筑结构类型布置。对于基础面积较大的建筑物或构筑物，可按等边三角形或正方形布置夯点；对于办公楼、住宅建筑等，可根据承重墙位置设置夯击点，一般可采用等腰三角形布置夯点，这样保证了横向承重墙以及纵墙和横墙交接处墙基下均有夯击点；对于工业厂房可按柱网布置夯击点。

（4）夯击次数：夯击次数应通过现场试夯确定，以夯坑的压缩量最大、夯坑周围隆起量最小为原则。可从现场试夯得到的锤击数和夯沉量关系曲线确定。但要满足最后两击的平均夯沉量不大于 50mm，当夯击能力较大时不大于 100mm，且夯坑周围地面不发生过大隆起。

（5）强夯地基施工记录，式样见表 6-154。

强夯地基施工记录　　　　　　　　　　　　　　　　表 6-154

施工单位：

工程名称：　　　　　　　　　施工日期：　　年　　月　　日

建筑物名称：　　　　　　　　夯击遍数：　第　　遍

夯击坑编号	夯击次数	落距（m）	锤顶面距地面高（cm）					时间
			一	二	三	四	平均	
备注		锤体高度：　　cm						

工程负责人：　　　　　　　　　　　　　　　　　　　　　　　记录：

6.3.4.3　地基处理检查记录填写要求

1. 地基处理记录内容：包括地基处理依据、方式、处理部位、深度及处理结果等，当地基处理范围较大，内容较多，用文字描述较困难时，应附简图示意。地基处理完成，应由勘察、设计单位复查（填写在"检查意见"栏），如勘察、设计单位委托监理单位进行复查，应有书面的委托记录。

2. 处理依据及方式：依据：施工图纸（图纸号　　）、设计变更/洽商（编号　　）；有关国家现行标准、规范：如《建筑地基基础工程施工质量验收规范》（GB 50202—2002）、《建筑地基处理技术规范》（JGJ 79—2002/J 220—2002）及相关方案、技术交底等。

3. 处理部位及深度：绘制拟处理的基槽（坑）平面、竖向简图，含处理范围位置、重要控制轴线、尺寸、标高、放坡边线、基槽断面尺寸、深度及指北针方向、具体的图名。

4. 处理结果：按地基处理方案/洽商采取的施工处理过程、措施及具体做法。

5. 检查意见：由勘察、设计单位复查后填写，符合设计要求和规范规定。

地基处理记录见表 6-155、表 6-156。

地基验槽检查记录 C5-3		编　号	01-01-C5-001
工程名称	×××工程	验槽日期	××××年××月××日
验槽部位	⑥～⑧轴、Ⓐ～Ⓒ轴		

依据：施工图纸（施工图纸号 结施2、勘察报告 ）、设计变更/洽商（编号 ＿/＿ ）及有关规范、规程。

验槽内容：

　1. 基槽开挖至勘探报告第 3 层，持力层为 3 层。

　2. 基底绝对高程和标高 6.20m 。

　3. 土质情况 亚黏土 。

（附 √ 钎探记录及钎探点平面布置图）

　4. 工程桩位置 ＿/＿ 、桩 ＿/＿ 类型、数量 ＿＿ ，桩承载力满足设计要求。（附桩基施工记录、桩基检测记录）

　　_____。

　　_____。

　　_____。

　注：若建筑工程桩或没有人工支护，则相应在第4条填写处划"/"。

　　　　　　　　　　　　　　　　　　　　　　　　　　申报人：×××

检查意见：

　　经检查发现基槽－6.2m、－2.7m 处有两块矿土地质，尺寸为 8m×10m、5m×5.5m 两块深度约为 500mm（如图所示）。与地质勘探报告中土质情况有出入，需进行处理。

检查结论：□ 无异常，可进行下道工序　　☑ 需要地基处理

签 字 公 章 栏	建设单位	监理单位	设计单位	勘察单位	施工单位
	××集团开发公司 ★ ×××	××监理公司 ★ ×××	××建筑设计院 ★ ×××	××地质勘察院 ★ ×××	××建筑工程公司 ★ ×××

本表由施工单位填写。

地基处理记录 C5-4		资料编号	01-01-C5-001
工程名称	×××工程	日　期	××××年××月××日

处理依据及方式：

　　将砂土挖出（挖到卵石层），用级配砂石回填，逐层进行，每回填 200mm 用平板振动器振捣密实一次。

处理部位及深度（或用简图表示）－6.2m 处尺寸为 8m×10m；－2.7m 处尺寸为 5m×5.5m。

　　两块深度约为 500mm。

　　有 / ☑ 无附页（图）

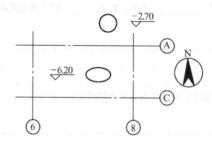

　　有/无附页（图）

处理结果：

　　⑥～⑧轴Ⓐ～Ⓒ轴基槽如图标示的部位，挖至卵石层，用级配砂石逐层进行回填，每回填 200mm 用平板振动器振捣密实。

审查意见：

　　经审查，基础处理结果符合勘察院和设计部门要求，同意验槽

　　　　　　　　　　　　　　　　　　　　　　　审查日期：××××年××月××日

签 字 栏	监理单位	设计单位	勘察单位	施工单位	××建筑工程公司		
	×××	×××	×××	专业技术负责人	专业质检员	专业工长	
				×××	×××	×××	

注：1. 本表由施工单位填写。

　　2. 审查意见应由勘察、设计单位签署。

6.3.5 地基钎探记录 (应附图)

钎探记录用于检验浅层土（如基槽）的均匀性，确定地基的容许承载力及检验填土的质量。主要包括钎探平面布置图和钎探记录。

1. 钎探点平面布置图

（1）项目部技术人员根据基础平面图，按照规范要求，绘制钎探点平面布置图。钎探点平面布置图应与实际基槽（坑）一致，应标出方向及基槽（坑）各轴线，各轴号要与设计基础图一致。

（2）钎探点的布置依据设计规定，当设计无规定时，应按规范规定执行，也可参照表6-157 执行。

打 钎 排 列 表　　　　　　　　　　　表 6-157

槽宽 (cm)	排列方式 及图标	间距 (m)	深度 (m)	槽宽 (cm)	排列方式 及图标	间距 (m)	深度 (m)
小于 80	中心一排	1.5	1.5	大于 200	梅花形	1.5	2.0
80～200	两边错开	1.5	15	柱基	梅花形	1.5～2.0	1.5, 并不浅于短边

（3）钎探点平面布置图上各点应与现场各钎探点一一对应，不得有误。图上各点应沿槽轴方向按顺序编号，并注在图上。实例见图6-3。

（4）基槽（坑）局部进行处理，应将处理范围（平面、竖向）标注在钎探平面布置图中，处理范围（部位、尺寸、标高）、形式、方法（或方案）以洽商形式记录下来（注明洽商号，并与隐检记录、试验报告单、质检记录相吻合），并注明处理依据。处理过程及取样报告等均一同汇总进入档案。

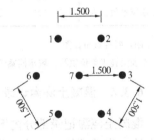

图 6-3　钎探孔布置示意图

2. 钎探记录

（1）专业工长负责钎探的实施，按照钎探图及有关规定进行钎探并做好原始记录。钎探记录表中施工单位、工程名称要写具体、锤重、自由落距、钎径、钎探日期要依据现场情况填写，工长、质检员、打钎负责人的签字要齐全。钎探中如发现异常情况，应在地基钎探记录表的备注栏注明。

（2）以下情况可停止钎探：

1）若贯入 30cm 的锤击数超过 100 或贯入 10cm 锤击数超过 50，可停止贯入。

2）如基坑不深处有承压水层，钎探可造成冒水涌砂，或持力层为砾石层或卵石层，且厚度符合设计要求时，可不进行钎探。如需对下卧层继续试验，可用钻具钻穿坚实土层后再做试验。

3）专业工长负责钎探的实施，并做好原始记录。钎探日期要根据现场情况填写。

（3）钎探记录表原则上应有原始记录表，污染严重的可重新抄写，但原始记录仍要原样保存好，附在新件之后。重新抄写的记录数据、文字与原件要一致。填写实例见表6-158。

地基钎探记录 C5-5		资料编号		01-01-C5-001	
工程名称	×××工程		施工单位	×××	
套锤重	10kg	自由落距	50cm	钎径	25mm	钎探日期	××年××月××日

顺序号	各步锤击数							备注
	cm 0～30	cm 30～60	cm 60～90	cm 90～120	cm 120～150	cm 150～180	cm 180～210	
1	8	12	17	31	39	48		
2	7	15	29	35	40	56		
3	12	23	27	36	42	51		
4	7	15	28	41	53	62		
5	8	19	32	40	58	66		
6	11	21	35	38	50	62		
7	9	18	30	45	53	59		
专业技术负责人	×××	专业工长		×××		记录人		×××

附：钎探点布置图

本表由施工单位填写，城建档案馆、建设单位、施工单位各保存1份。

6.3.6　混凝土浇灌记录

混凝土浇灌记录部分内容根据预拌混凝土运输单内容整理，应包括以下主要内容：工程名称、浇筑部位、搅拌单位名称、配合比编号、强度等级、初凝时间及车号、出站时刻、到场时刻、开始浇筑时刻、浇筑完时刻、运输时间、等待时间、浇筑时间、总耗用时间、供应速度、接槎时间、实测坍落度、结论等。（见表6-159仅供参考）。

×××工程混凝土浇灌记录　　　　　　表 6-159

浇灌部位：底板　　　　　　搅拌单位名称：×××搅拌站　　　　　　配合比编号：×××

强度等级：C30　　　　　　初凝时间：3小时40分钟

序号	车号	出站时刻	到场时刻	开始浇灌时刻	浇灌完时刻	运输时间	等待时间	浇灌时间	总耗用时间	接槎时间	出站间隔	选用地泵	实测坍落度(cm)	结论
1	13	10：54	11：35	11：39	11：49	0时41分	0时04分	0时10分	0时55分				16	符合要求
2	24	11：30	12：07	12：10	12：25	0时37分	0时03分	0时15分	0时55分	0时21分	0时46分		17	符合要求

序号	车号	出站时刻	到场时刻	开始浇灌时刻	浇灌完时刻	运输时间	等待时间	浇灌时间	总耗用时间	接槎时间	出站间隔	选用地泵	实测坍落度（cm）	结论
3	73	12：05	12：46	12：49	13：00	0时41分	0时03分	0时11分	0时55分	0时24分	0时35分		16	符合要求
4	46	13：10	13：50	13：54	14：06	0时40分	0时04分	0时12分	0时56分	0时54分	1时5分		15	符合要求

注：1. 接槎时间为前车出站至后车开始浇灌时间；出站间隔为前后两车出站时间间隔。

2. 若为现场搅拌的混凝土，施工单位应视具体情况选择相应项目填写。

工长：×××　　　　　　质检：×××　　　　技术：×××　　　　××××年××月××日

6.3.7　混凝土浇灌申请书

混凝土浇灌申请应由施工班组填写申报，由监理单位和技术负责人或质量检查人员批准，每一台班都应填写。表中各项都应根据实际情况填写清楚、齐全，不得有缺项、漏项。准备工作应逐条完成，并在"是"上打"√"，否则补好后再申请。准备工作核实完备后，方可批准浇灌混凝土（见表6-160）。

混凝土浇灌申请书 C5-6		资料编号	01-01-C5-001
工程名称	×××工程	申请浇灌日期	××××年××月××日××时
申请浇灌部位	地上二层顶板	申请方量（m³）	20
技术要求	/	强度等级	C30
搅拌方式 （搅拌站名称）	×××搅拌站	申请人	×××

依据：施工图纸（施工图纸号 结施 3 ××）；
  设计变更/洽商（编号 __/__）和有关规范、规程。

施工准备检查	专业工长 （质检员）签字
1. 隐检情况：☑ 已 □ 未做隐检；	×××
2. 模板情况：☑ 已 □ 未做隐检；	×××
3. 水电预埋情况：☑ 已 □ 未完成并未经检查。	×××
4. 施工组织情况：☑ 已 □ 未完备。	×××
5. 机械设备准备情况：☑ 已 □ 未准备。	×××
6. 保温及有关准备。□ 是 □ 否	

审批意见：
  按要求施工准备已做好。
  审批结论：☑ 同意浇筑 □ 整改后自行浇筑 □ 不同意，整改后重新申请
  审批人：×××   审批日期：××××年××月××日
                 施工单位名称：×××建筑工程公司

注：1. 本表由施工单位填写。
  2. "技术要求" 栏应根据混凝土合同的具体要求填写。

6.3.8 混凝土拆模申请单

1. 在拆除现浇混凝土结构板、梁、悬臂构件等底模和柱墙侧模前，应填写本表并附同条件混凝土强度报告，报项目专业技术负责人审批，通过后方可拆模。

2. 符合《混凝土结构工程施工质量验收规范（2010 版）》（GB 50204—2002）中 4.3 模板拆除和附录 D 结构实体检验用同条件养护试件强度检验有关规定要求。

附录 D 结构实体检验用同条件养护试件强度检验

D.0.1 同条件养护试件的留置方式和取样数量，应符合下列要求：

（1）同条件养护试件所对应的结构构件或结构部位，应由监理（建设）、施工等各方共同选定；

（2）对混凝土结构工程中的各混凝土强度等级，均应留置同条件养护试件；

（3）同一强度等级的同条件养护试件，其留置的数量应根据混凝土工程量和重要性确定，不宜少于 10 组，且不应少于 3 组；

（4）同条件养护试件拆模后，应放置在靠近相应结构构件或结构部位的适当位置，并应采取相同的养护方法。

246

D.0.2 同条件养护试件应在达到等效养护龄期时进行强度试验。

等效养护龄期应根据同条件养护试件强度与在标准养护条件下 28d 龄期试件强度相等的原则确定。

D.0.3 同条件自然养护试件的等效养护龄期及相应的试件强度代表值，宜根据当地的气温和养护条件，按下列规定确定：

(1) 等效养护龄期可取按日平均温度逐日累计达到 600℃·d 时所对应的龄期，0℃及以下的龄期不计入；等效养护龄期不应小于 14d，也不宜大于 60d；

(2) 同条件养护试件的强度代表值应根据强度试验结果按现行国家标准《混凝土强度检验评定标准》(GBJ 107) 的规定确定后，乘折算系数取用；折算系数宜取为 1.10，也可根据当地的试验统计结果作适当调整。

D.0.4 冬期施工、人工加热养护的结构构件，其同条件养护试件的等效养护龄期可按结构构件的实际养护条件，由监理（建设）、施工等各方根据本附录第 D.0.2 条的规定共同确定。

3. "审批意见"栏：该部位混凝土强度等级符合设计要求和《混凝土结构工程施工质量验收规范》(GB 50204—2002) 中 4.3 模板拆除和附录 D 规定要求，同意拆模。（同条件混凝土抗压强度报告另附）（表 6-161）

混凝土拆模申请单 表 6-161

混凝土拆模申请单 C5-7			资料编号	01-01-C5-001
工程名称	×××工程			
申请拆模部位	地上二层顶板			
混凝土强度等级	C30	混凝土浇筑完成时间　××年××月××日	申请拆模日期	××年××月××日
构件类型（注：在所选择构件类型的口内划"√"）				
墙	柱	板： 跨度≤2m √ 2m＜跨度≤8m 跨度＞8m	梁： 跨度≤8m 跨度＞8m	□ 悬臂构件
拆模时混凝土强度要求		龄 期 (d)	同条件混凝土抗压强度 (MPa)	达到设计强度等级 (%)	强 度报告编号
应达到设计强度的 75%（或＿＿MPa）		14	30	100	2002-086
审批意见： 　　　　　　同意拆模。 　　　　　　批准拆模日期：××××年××月××日				
施工单位	×××建筑工程公司			
专业技术负责人	专业质检员		申请人	
×××	×××		×××	

注：1. 本表由施工单位填报并保存。

2. 拆模时混凝土强度规定：当设计有要求时，按设计要求，当设计无要求时，应按现行规范要求。

3. 如结构形式复杂（结构跨度变化较大）或平面不规则，应附拆模平面示意图。

石实际用量=配合比中石用量×(1+石含水率)。

6.3.9　混凝土开盘鉴定

1. 用于承重结构及抗渗防水工程使用的混凝土，开盘鉴定是指第一次使用的配合比，在混凝土出厂前由混凝土供应单位自行组织相关人员进行开盘鉴定。

2. 采用预拌混凝土的，应对首次使用的混凝土配合比在混凝土出厂前，由混凝土供应单位自行组织相关人员进行开盘鉴定。

3. 采用现场搅拌混凝土的，应有项目部组织监理单位、搅拌机组、混凝土试配单位进行开盘鉴定工作，共用认定试验室签发的混凝土配合比确定的组成材料是否与现场施工所用材料相符，以及混凝土拌和物性能是否满足设计要求和施工需要。开始生产时应至少留置一组标准养护试件，作为验证配合比的依据检验方法：检查开盘鉴定资料和试件强度试验报告。表中各项都应根据实际情况填写清楚、齐全，不得有缺项、漏项。要有明确的鉴定结果和鉴定结论，签字齐全。

4. 混凝土所用主要原材料，水泥、砂、石、外加剂等应与配合比中材料吻合，如有变化应调整配合化。

5. 混凝土试配配合比应换算为实际使用配合比。

　　根据现场砂、石的含水率，换算出实际单方混凝土加水量，砂、石用量。

　　　　实际加水量＝配合比中的用水量－砂用量×砂含水率－石用量×石含水率。

　　　　　　砂实际用量＝配合比中砂用量×（1＋砂含水率）。

6. 混凝土试块抗压强度试压后再填入表中。

（表6-162）

混凝土开盘鉴定　　　　　　　　　　　　　　　　表 6-162

混凝土开盘鉴定						资料编号	01-06-C5-××
工程名称及部位	×××工程地下一层柱					鉴定编号	2010-0096
施工单位	××建筑工程公司					搅拌方式	机械
强度等级	C40					要求坍落度	(180±30) min
配合比编号	2010—050					试配单位	×××试验室
水灰比	0.41					砂率	39%
材料名称	水泥	砂	石	水	外加剂	掺合料	
每 m³ 用量（kg）	382	741	1027	174	9.66	68	
调整后每盘用量	砂含水率6.0%　　石含水率0.0%						
（kg）	1146	2356	3081	389	28.98	204	

鉴定结果	鉴定项目	混凝土拌合物			混凝土试块抗压强度 $f_{cu,28}$（MPa）	原材料与申请单是否相符
		坍落度	保水性	黏聚性		
	设计	(180±30) mm			42.1	相符合
	实测	160mm	良好			

鉴定结论：
　　混凝土配合比中，组成材料与现场施工所用材料相符合。混凝土拌合物性能满足要求。

建设（监理）单位	混凝土试配单位负责人	施工单位技术负责人	搅拌机组负责人
×××	×××	×××	×××
鉴定日期	×××年××月××日		

本表由施工单位填写并保存。

6.3.10 混凝土坍落度和维勃稠度

1. 坍落度和维勃稠度都是混凝土拌合物稠度指标，坍落度适用于塑性和流动性混凝土拌合物，维勃稠度适用于干硬性拌合物。坍落度和维勃稠度只能填写一个，坍落度或维勃稠度的允许偏差应分别符合表6-163、表6-164中规定。

坍落度允许偏差　　　表 6-163

坍落度（mm）	允许偏差（mm）
≤40	±10
50～90	±20
≥100	±30

维勃稠度允许偏差　　　表 6-164

维勃稠度（S）	允许偏差（mm）
≤10	±3
11～20	±4
21～30	±6

2. 现场混凝土坍落度检验记录及施工现场取样的混凝土试块制作应在混凝土交验前完成，取样在交货地点进行。（表6-165仅供参考）。

混凝土坍落度现场检查记录　　　表 6-165

混凝土坍落度现场检查记录						资料编号		02-01-C5-×××	
工程名称及浇筑部位		×××工程三层①轴~⑥轴顶板				浇筑日期		×年××月××日	
混凝土强度等级	C25	设计坍落度（m）		18±2		申请方量（m³）		36	
序号	车号	方量（m³）	到场时间	抽测时间		实测坍落度（mm）		偏差值（m）	备注
				时	分				
1	10	6	11：23	11	24	19			
签字栏	施工单位		××建筑工程公司						
	技术负责人		专业工长			记录人员			
	×××		×××			×××			

本表由施工单位填写。

6.3.11 混凝土测温记录

混凝土工程中凡是进行大体积混凝土施工和冬季施工的都应该有混凝土的养护测温记录，这是监控混凝土质量情况的重要方法。各项工程都应该对混凝土的测温工作有详细的技术方案。

应执行《混凝土结构工程施工质量验收规范》（GB 50204—2002）。测温工作必须由专人进行，并通过培训方可上岗。

测温的具体要求应有书面交底，执行人必须按照规定操作。原始记录签字完毕后交技术员归档。混凝土搅拌测温记录和混凝土养护测温记录（应附图）填写实例见表6-166、表6-167。

混凝土搅拌测温记录 C5-8				资料编号			02-01-C5-×××			
工程名称			×××工程			施工部位		地上×层顶板1号		
混凝土强度等级			C25			坍落度		18cm		
水泥品种及强度等级			P·O32.5			搅拌方式		机 械		

测温时间				大气温度（℃）	原材料温度（℃）				出罐温度（℃）	入模温度（℃）	备注
年	月	日	时		水泥	砂	石	水			
2005	12	3	10	+5	+5	+16	+4	+62	+18	+16	现场搅拌
2005	12	3	12	+6	+5	+15	+4	+61	+18	+16	现场搅拌
2005	12	3	14	+8	+5	+12	+5	+65	+20	+17	现场搅拌
2005	12	3	16	+6					+18	+15	预拌混凝土
2005	12	3	18	+5					+19	+16	预拌混凝土
2005	12	3	20	+2					+17	+15	预拌混凝土
2005	12	3	22	0					+18	+16	预拌混凝土
2005	12	3	24	-2					+19	+16	预拌混凝土
施工单位			×××建筑工程公司								
技术负责人			质检员					记录人			
×××			×××					×××			

本表由施工单位填写。

混凝土养护测温记录表 C5-9													资料编号		01-06-C5-×××		

工程名称			×××工程														
部 位			地下一层内墙				养护方法			综合蓄热法			测温方式		温度计		

测温时间			大气温度（℃）	各测孔温度（℃）												平均温度（℃）	间隔时间（h）	成熟度（m）	
月	日	时		1#	2#	3#	4#	5#	6#	7#	8#	9#	10#	11#	12#			本次	累计
12	3	10	+5	14	13	15	16	14	13	12	14	16	13	13	12	13.5			
12	3	12	+6	14	12	14	15	14	12	12	13	15	13	12	12	13.1	2	56.6	56.6
12	3	14	+8	12	12	13	15	13	12	11	13	14	12	12	11	12.1	2	55.2	111.8
12	3	16	+6	11	12	11	14	13	11	11	12	13	12	12	10	11.8	2	53.9	165.7
12	3	18	+5	11	11	10	13	12	11	11	12	13	11	11	10	11.1	2	52.9	218.6
12	3	20	+2	10	9	10	12	11	10	10	11	12	10	11	9	10.4	2	51.5	270.1
12	3	22	0	9	9	9	11	11	9	9	10	11	10	10	9	9.8	2	50.2	320.3
12	3	24	-2	9	8	9	9	10	9	9	10	11	9	10	8	9.2	2	49	369.3
12	4	2	-3	7	6	8	8	9	8	7	9	10	7	8	7	7.8	2	47	416.3
技术负责人			工 长										测温员					
×××			×××										×××					

本表由施工单位填写。

一、测温起止时间

1. 室外日平均气温连续 5d 低于 5℃时起，至室外日平均气温连续 5d 高于 5℃冬施结束。

2. 对于采用大模板工艺施工和滑模工艺施工的结构工程，由于施工工艺对拆模的要求，当大气平均温度低于 15℃转入低温施工时就应开始测温。

二、测温的项目、测温次数

测温的项目、测温次数见表 6-168。

测温项目、测温次数   表 6-168

测 温 项 目	测 温 次 数
1. 室外温度	每昼夜不少于 4 次，此外还需测最高、最低气温
2. 工作环境温度	
3. 水泥、水、砂、石、外加剂溶液温度	每一工作班不少于 4 次
4. 混凝土、砌筑砂浆出罐温度	每一工作班不少于 4 次
5. 混凝土入模、砂浆上墙温度	每一工作班不少于 4 次
6. 混凝土养护温度 （1）综合蓄热法	每隔 6h 测量一次　⟶ 未掺防冻剂 6h 　　　　　　　　　　⟶ 掺防冻剂 ①
（2）蒸汽养护法	
升温、降温阶段	每隔 1h 测量一次
恒温阶段	每隔 2h 测量一次
（3）干热养护	
升温、降温阶段	每隔 1h 测量一次
恒温阶段	每隔 2h 测量一次

三、测温孔的设置要求

1. 全部测温孔均应由现场技术部门编号，并绘制布置图（包括位置和深度）。

2. 测温时，测温仪表应采取与外界气温隔离措施，并留置在测温孔内不少于 3min。

3. 测温孔的设置：

（1）测温孔的设置一般应选择温度变化较大、容易散失热量、构件易于受冻结的部位（西北部或背阴的地方）设置。

（2）现浇混凝土：

1）梁（包括简支梁和连续梁）。测温孔应垂直于梁轴线。梁每 3m 长设置 1 个，每跨至少 1 个，孔深 1/3 梁高；圈梁每 3m 长设置 1 个，每跨至少 1 个，孔深 10cm。

2）楼板（包括基础底板）：

① 每 15cm² 设置 1 个，每间至少设置 1 个，孔深 1/2 板厚，测孔垂直于板面。

② 箱型底板，每 20m² 设置测孔 1 个，孔深 15cm。厚大的底板应在底板的中、下部增设一层或两层测温点，以掌握混凝土的内部温度，测孔垂直于板面。

3）柱：

① 在柱头和柱脚各设置测温孔 2 个，与柱面成 30°倾斜角。孔深 1/2 柱断面边长。

② 独立柱基，每个设置测温孔 2 个，孔深 15cm。

（3）砖混结构

1）砖混结构构造柱。每根柱上、下各设置测温孔1个，与柱面成30°倾斜角，孔深10cm。

2）条形基础。每5m长设置测温孔1个，孔深15cm。

（4）现浇框架结构的墙体

当墙体厚度≤20cm时，应单面设置测温孔，孔深1/2墙厚；当墙体厚度＞20cm时，可双面设置测温孔，孔深1/3墙厚且不小于10cm。测温孔与板面成30°倾斜角。

1）每15m² 设置测温孔1个，每道墙至少设置1个，孔深10cm。

2）大面积墙体测温孔按纵、横方向不大于5m的间距设置。

（5）框架剪力墙结构（大模板工艺）

①掺防冻剂的混凝土未达到受冻临界强度之前每隔2h测量一次，达到受冻临界强度以后每隔6h测量一次。

②墙体横墙每条轴线测一块模板，纵墙轴线之间采取梅花形布置，每块板单面设置测温孔3个，对角线布置，上、下测孔距大模板上、下边缘30～50cm，孔深10cm²。

（6）预制框架柱现浇接头

每根柱上端接头设置测温孔1个，与柱面成30°倾斜角。孔深1/2混凝土接头高度。每根柱下端接头设置测温孔2个，与柱面成30°倾斜角。孔深1/2柱断面边长。

（7）预制大梁的叠合层板缝宽度大于12cm配筋的钢筋混凝土

每根梁设置测孔1个，最大不超过10m长。孔深10cm。

（8）现浇阳台挑檐：雨罩及室外楼梯休息平台等零星构件

1）凡是以个为单位的，每个设置测温孔2个。

2）凡是以长度为单位的，宜每隔3～4m左右设置1个测温孔。

（9）室内抹灰工程

将最高最低温度计或普通温度计设置在楼房北面房间，距地面50cm 处，每50～100m² 设置1个。

（10）现场预制构件

现场预制构件测温孔的设置，参照相应的现浇构件要求设置测温点。

6.3.12 大体积混凝土养护测温记录（应附图）

大体积混凝土施工应对入模时大气温度、各测温孔温度、内外温差和裂缝进行检查和记录。大体积混凝土应力计算表见表6-169。填写实例见表6-170。大体积混凝土养护测温应附测温点布置图，包括测温点的布置部位、深度等。表格中各温度值需标注正负号。

6.3.13 构件吊装记录

（1）构件吊装记录适用于预制混凝土框架结构及大型预制混凝土构件、钢构件、木构件的安装。吊装记录内容包括构件名称、安装位置、搁置与搭接长度、接头处理、固定方法、标高等。

（2）有关构件吊装规定，允许偏差和检验方法见相关规范。

大体积混凝土应力计算表

表 6-169

项目及计算公式	符号含义
(1) 结构计算温差 $\Delta T_i = \Delta T_m + \Delta T_y$ $\Delta T_m = \Delta T_{mi} - \Delta T_{m(i+1)}$ $T_m = \Delta T_2 + 1/2(T_1 - T_2)$ $\Delta T_y = T_{yi} - T_{y(i+1)}$ $T_{y(t)} = \xi_{y(t)}/\alpha$ $\xi_{y(t)} = \xi_y^0(1 - e^{-0.01t}) \times M_1 \times M_2 \times \cdots\cdots M_{10}$	ΔT_i—某龄期段结构计算温差（℃）； ΔT_m—某龄期段混凝土内平均温度温差（℃）； ΔT_y—某龄期段混凝土收缩当量温差（℃）； T_m—某龄期混凝土内平均温度（℃）； T_y—某龄期混凝土收缩当量温度（℃）； $\xi_{y(t)}$—某龄期混凝土收缩值； α—混凝土膨胀系数，取 1×10^{-5}（1/℃）； ξ_y^0—标准状态下混凝土极限收缩值，取 3.24×10^{-4}； $M_1 \cdots\cdots M_{10}$—各修正系数；
(2) 某龄期段最大温度拉应力 $\sigma_{i(t)} = E_{i(t)} \cdot \alpha \cdot \Delta T_{1(t)} \times (1 - 1/\mathrm{ch}\beta_i L/2) S_{i(t)}$ $\mathrm{ch}\beta L/2 = (e^{\beta L/2} + e^{-\beta L/2})/2$ $E_{i(t)} = E_0(1 - e^{-0.09t})$ $\beta = (C_x/h \cdot E_{i(t)})^{1/2}$ $C_x = C_{x1} + C_x{}'$	$\sigma_{i(t)}$—某龄期段最大温度拉应力（MPa）； $E_{i(t)}$—各龄期段混凝土弹性模量（MPa）； ch—双曲余弦函数； β—地基约束系数； L—混凝土长度（mm）； E_0—混凝土弹性模量（N/mm²）； C_x—地基对结构阻力系数； C_{x1}—单纯地基的阻力系数； $C_x{}'$—单位面积地基上桩的阻力系数
(3) 累计最大拉应力 $\sigma_{\max} = \Sigma\sigma_{i(t)}/(1 - v)$	v—泊松比，取 0.15
(4) 安全系数 $K = f_t/\sigma_{\max}$	K—抗裂安全系数，$K > 0.15$； f_t—混凝土抗拉强度设计值（N/mm²）

大体积混凝土测温记录表

表 6-170

大体积混凝土测温记录表 C5-10						资料编号		01-06-C5-×××			
工程名称		×××工程				施工单位		××建筑工程公司			
养护方法		综合蓄热法			测温方式		温度计		测温部位		底板
测温时间			大气温度（℃）	入模温度（℃）	孔号	各测温孔温度（℃）		$t_{中}-t_{上}$（℃）	$t_{中}-t_{下}$（℃）	$t_{气}-t_{上}$（℃）	内外最大温差记录（℃）	裂缝宽度（m）
月	日	时										
6	29	10	28	35	3	上	31.5	6		3.5	2.5	无
						中	37.5					
						下						
6	29	12	29	35	3	上	32	4		3	1	无
						中	36					
						下						
6	29	14	31	36	3	上	32.5	4.5		1.5	3	无
						中	37					
						下						

大体积混凝土测温记录表 C5-10						资料编号		01-06-C5-×××	
工程名称	×××工程					施工单位		××建筑工程公司	
养护方法	综合蓄热法			测温方式		温度计	测温部位		底板
测温时间	大气温度 (℃)	入模温度 (℃)	孔号	各测温孔温度 (℃)		$t_中-t_上$ (℃)	$t_中-t_下$ (℃)	$t_气-t_上$ (℃)	内外最大温差记录 (℃)	裂缝宽度 (m)

月	日	时	大气温度 (℃)	入模温度 (℃)	孔号	各测温孔温度 (℃)		$t_中-t_上$ (℃)	$t_中-t_下$ (℃)	$t_气-t_上$ (℃)	内外最大温差记录 (℃)	裂缝宽度 (m)
6	29	16	29	33	3	上	31	7		2	5	无
						中	38					
						下						

审核意见：混凝土测温点布置位置正确，测温措施控制严格，经测温计算各项数据符合设计及规范要求。

施工单位	××建筑工程公司	
技术负责人	专业责任人	测温员
×××	×××	×××

注：1. 附测温点布置图，本表由施工单位填写。

　　2. $t_气$ 表示大气温度。

（3）构件吊装记录的填写要求：

1）表中各项均应填写清楚、齐全、准确。另附吊装附图。

2）另附吊装附图：构件类别、型号、编号位置应与平面图及结构吊装施工记录一致，并写图名。

3）安装位置：平面位置，用轴线表示；安装检查：构件搁置与搭接尺寸；构件在支座上的搭压长度；接头（点）处理：具体处理方式；固定方法：与结构的连接方法；标高复测等，应填写实际的结构标高。

4）吊装结论：可注明安装过程出现的问题、如何处理以及质量情况等。吊装结果是否符合要求等。

填写实例见表6-171。

6.3.14 焊接材料烘焙记录

焊接材料使用前的烘焙将直接影响焊接质量，因此应烘焙的焊接材料在使用前必须按要求烘焙，留存烘焙记录。有关规定及要求见施工物资-钢筋（材）相关规定。

填写实例见表6-172。

6.3.15 地下工程防水效果检查记录

地下工程验收时，应对地下工程有无渗漏现象进行检查，并填写地下防水工程检查记录。

（1）为保证地下防水工程施工质量，强化地下防水工程的质量验收，《地下防水工程施工质量验收规范》（GB 50208—2002）中第8.0.8条及附录C增加了关于地下结构验收的渗漏水检查的规定，检查内容包括裂缝、渗漏部位、大小、渗漏情况、处理意见等。当地下结构工程存在渗漏水现象时，必须按实际情况，绘制地下工程"背水内表面的结构工程展开图"，作为地下防水工程验收必备文件。并且地下防水效果检查已列入单位工程重要的安全、功能检查项目，必须引起高度重视。

构件吊装记录   **表6-171**

构件吊装记录 C5-11			资料编号			02-04-C5-×××	
工程名称		×××工程					
使用部位	一层大厅	吊装日期		××年××月××日—××年××月××日			
序号	构件名称 及编号	安装位置	安 装 检 查				备注
			搁置与搭 接尺寸	接头（点） 处理	固定方法	标高检查	
1	钢梁GL2C	⑧～ⓐ/e～⑤轴	合格	喷砂	高强度螺栓	合格	
2	钢梁GL2b	⑧～ⓐ/e～⑤轴	合格	喷砂	高强度螺栓	合格	
3	钢梁GL2	⑧～⑩/e～⑤轴	合格	喷砂	高强度螺栓	合格	
4	钢梁GL2a	⑧～ⓐ/e～⑤轴	合格	喷砂	高强度螺栓	合格	
结论： 合 格							
施工单位		×××钢结构厂					
专业技术负责人		专业质检员			记录人		
×××		×××			×××		

焊接材料烘焙记录   **表6-172**

焊接材料烘焙记录 C5-12					资料编号		02-04-C5-×××		
工程名称			×××工程						
焊材牌号	E4303	规格（mm）	3.2×350		焊材厂家		天津大桥		
钢材材质	热轧带肋 HRB335	烘焙方法	电炉烘干法		烘焙日期		2010年6月30日		
序号	施焊部位	烘焙 数量 （kg）	烘焙要求				保温要求		备注
			烘干 温度 （℃）	烘干 时间 （h）	实际烘焙		降至 恒温 （℃）	保温 时间 （h）	
					烘焙日期	从 时分　至 时分			
1	首层①～④/ⓐ～ⓓ 轴框架柱	100	265	1	2010年 6月30日	9：00　10：30	30	1	
说明： 1. 焊条、焊剂等在使用前，应按产品说明书及有关工艺文件规定的技术要求进行烘干。 2. 焊接材料烘干后必须存放在保温箱内，随用随取，焊条由保温箱（筒）取出到施焊的时间不得超过2h，酸性焊条不宜超过4h；烘干温度250℃～300℃。									
施工单位		××建筑工程公司							
专业技术负责人		专业质检员				记录人			
×××		×××				×××			

本表由施工单位填写。

（2）填写要求："检查内容"栏：按《地下防水工程施工质量验收规范》（GB 50208—2002）中第8.0.8条及附录C和施工技术方案填写。"检查结果"栏：经检查：背水内表面的混凝土墙面无湿渍及渗水现象，防水工程质量验收合格，符合设计及《地下防水工程质量验收规范》（GB 50208—2002）要求。

填写实例见表6-173。

地下工程防水效果检查记录

表 6-173

地下工程防水效果检查记录 C5-13		资料编号	01-05-C5-×××
工程名称		×××工程	
检查部位	地下室一层	检查日期	××××年××月××日

检查方法及内容：

检查人员用干手触摸混凝土墙面或用吸墨纸（报纸）贴附背水墙面检查①～⑥轴墙体的湿渍面积；有无裂缝和渗水现象。

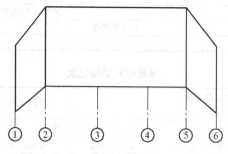

检查结果：

经检查地下一层①～⑥轴背水内表面的混凝土墙面无湿渍及渗水现象。符合《地下防水工程质量验收规范》（GB 50208—2002）的要求，可以进行下道工序施工。

复查意见：

复查人：   复查日期：

签字栏	施工单位	××建筑工程公司	专业技术负责人	专业质检员	专业工长
			×××	×××	×××
	监理（建设）单位	××监理公司		专业工程师	×××

由施工单位填写。

6.3.16 防水工程试水检查记录

凡有防水要求的房间应有蓄水、淋水检查记录。表格中"试水简况"：应注意特殊部位蓄水检查方法，如厕浴间管根处、地漏处和屋面细部构造等。

一、蓄水试验记录

填写实例见表6-174。

防水工程试水检查记录 C5-14		资料编号	03-01-C5-××××××
工程名称		×××工程	
检查部位	地上二层厕浴间	检查日期	××××年××月××日
检查方式	☑第一次蓄水　□第二次蓄水	蓄水时间	从2005 年 5 月 8 日 8：20 时 至2005 年 5 月 9 日 8：20 时
	□淋水　　□雨期观察		

检查方法及内容：

　　将厕浴间门口、地漏周围做围挡高 5cm，从 8 日上午 8：00 开始放水，8：20 放水完毕，蓄水最浅水位为 20cm，蓄水至 9 日 8：20，蓄水时间为 24h。

检查结果：

　　9 日上午 8：30 进行检查，无渗漏现象，符合要求。

复查意见：

复查人：　　　　　　　　　　　　　　　　　　　　　　　　　复查日期：

签字栏	施工单位	××建筑工程公司	专业技术负责人	专业质检员	专 业 工 长
			×××	×××	×××
	监理（建设）单位	××监理公司		专业工程师	×××

本表由施工单位填写。

1. 厕浴间蓄水试验方法及要求

（1）凡厕浴间等有防水要求的房间必须有防水层及安装后蓄水检验记录（一次蓄水），卫生洁具安装完后应做100％的二次蓄水试验，质检员检查合格签字记录；

（2）蓄水时间（不得少于 24h）；

（3）蓄水深度（蓄水最浅水位不应低于 20mm）。

2. 屋面蓄水试验方法及要求

屋面工程完工后，应对细部构造（屋面天沟、檐沟、檐口、泛水、水落口、变形缝、伸出屋面管道等）、屋面高低跨、女儿墙根部、出屋面的烟（风）道、接缝处和保护层进行雨期观察或淋水、蓄水检查。

有女儿墙的屋面防水工程，能做蓄水试验的宜做蓄水检验。

（1）蓄水试验应在防水层施工完成并验收后进行；

（2）将水落口用球塞堵严密，且不影响试水；

（3）蓄水深度（最浅处不应小于 20mm）；

（4）蓄水时间为 24h。

二、淋水试验记录

1. 外墙淋水试验方法及要求

预制外墙板板缝，应有 2h 的淋水无渗漏试验记录。

（1）预制外墙板板缝淋水数量为每道墙面不少于 10%～20% 的缝，且不少于一条缝；

（2）试验时在屋檐下竖缝处 1.0m 宽范围内淋水，应形成水幕；

（3）淋水时间为 2h；

（4）试验时气温在 +5℃ 以上。

2. 屋面淋水试验方法及要求

高出屋面的烟、风道、出气管、女儿墙、出入孔根部防水层上口应做淋水试验。

（1）屋面防水层应进行持续 2h 淋水试验。

（2）沿屋脊方向布置与屋脊同长度的花管（钢管直径 38mm 左右，管上部钻 3～5mm 的孔，布置两排，孔距 80～100mm 左右），用有压力的自来水管接通进行淋水（呈人工降水状）。

（3）风道、出气管、女儿墙、出入孔根部防水层上口应做淋水试验，并做好记录。

三、雨期观察记录

冬期施工的工程，应在来年雨期之前补作淋水、蓄水试验，或做好雨期观察记录。记录主要包括：降雨级数、次数、降雨时间、检查结果、检查日期及检查人。

四、不具备蓄水和淋水试验条件

对于不具备全部屋面进行蓄水和淋水试验条件的屋面防水工程，除做好雨季观察记录外，对屋面细部、节点的防水应进行局部蓄水和淋水试验。

1. 水落口应做蓄水检验，时间不少于 2h。

2. 女儿墙、出屋面管道、烟（风）道防水卷材上卷部位等应做淋水试验，时间不少于 2h。

6.3.17 通风（烟）道、垃圾道检查记录

1. 烟（风）道应做通（抽）风和漏风、串风实验，要求 100% 检查，并做好记录。

（1）主烟（风）道可先检查，检查部位按轴线记录；副烟（风）道可按户门编号记录。

（2）垃圾道应全数检查畅通情况，并做检查记录。

注：a. 主烟（风）道到可先检查，检查部位按轴线记录；副烟（风）道可按户门编号记录。

　　b. 检查合格记（√），不合格记（×）。

　　c. 第一次检查不合格记（×），复查合格后在（×）后面记录（√）。

2. 垃圾道应检查其是否通畅，要求 100% 检查，并做好记录。

式样见表 6-175。

通风（烟）道、垃圾道检查记录 表6-175

建筑通风（烟）道、垃圾道检查记录 C5-15				资料编号		00-00-C5-××	
工程名称		×××工程		检查日期		××××年××月××日	
检查部位和检查结果					检查人	复检人	
检查部位	主烟（风）道		副烟（风）道		垃圾道	检查人	复检人
	烟道	风道	烟道	风道			
⑦～⑩/ⓔ～ⓕ	√		√			×××	
④～⑥/ⓓ～ⓕ		√		√		×××	
④～⑥/ⓖ～ⓗ		√		×√		×××	×××
①～④/ⓗ～ⓙ	√		√			×××	
⑤～⑥/ⓑ～ⓕ		×√		√		×××	×××
⑦～⑨/ⓘ～ⓙ	√		√			×××	
⑩～⑫/ⓕ～ⓕ	×√		√			×××	×××
⑭～⑯/ⓓ～ⓕ		√		√		×××	
⑭～⑮/ⓖ～ⓗ		√		√		×××	
⑯～⑲/ⓗ～ⓙ	√		√			×××	
⑭～⑮/ⓑ～ⓕ		√		√		×××	
⑬～⑪/ⓒ～ⓖ	√		√			×××	
施工单位		×××建筑工程公司					
专业技术负责人		专业质检员		专业工长			
×××		×××		×××			

注：1. 主烟（风）道可先检查，检查部位按轴线记录；副烟（风）道可按户门编号记录。

2. 检查合格记（√），不合格记（×）。

3. 第一次检查不合格记录（×），复查合格后在（×）后面记录（√）。

本表由施工单位填写。

6.3.18 桩基施工记录

（1）基坑支护变形监测记录：在基坑开挖和支护结构使用期间，应以设计指标及要求为依据进行过程监测，如设计无要求，应按规范规定对支护结构进行监测，并做变形监测记录。

（2）桩施工记录：桩（地）基施工应按规定做桩施工记录，检查内容包括孔位、孔径、孔深、桩体垂直度、桩顶标高、桩位偏差、桩顶完整性和接桩质量等。

（3）桩施工记录应由有相应资质的专业施工单位负责提供。

6.3.19 现场预应力张拉记录

预应力工程的张拉施工是影响施工质量、安全的重要工序，必须加强过程质量控制，做好张拉施工记录。按《混凝土结构工程施工质量验收规范》（CB 50204—2002）中预应力分项工程规定执行。

一、资质证明

现场从事预应力张拉施工的单位，必须按照市建委有关文件要求取得资质证明，否则不能进行预应力张拉施工。

二、现场预应力张拉施工记录的主要内容

1. 锚夹具、预应力筋质量证明；

2. 各种试验记录；

（1）预应力工程用混凝土应按规范要求留置标养、同条件试块，有相应抗压强度试验报告。

（2）有粘结预应力工程灌浆用水泥浆应有性能试验报告。预应力孔道灌浆一般为素水泥浆。为减少泌水率，获得饱满、密实的灌浆效果，灌浆用水泥浆的水灰比和泌水率应符合规范要求。同时，密实的水泥浆既能为预应力筋提供可靠的防腐保护，又能提供有效的粘结力保证预应力筋与混凝土的共同工作，规范规定其抗压强度不应小于 $30N/mm^2$。

3. 施工方案或技术交底。施工方案（技术交底）重点要反映出工程特点、施工强度要求、预应力筋分布情况、张拉力数值、张拉工艺理论伸长值计算等。

4. 张拉设备校验应由具有计量设备检定资格的单位完成。

5. 预检记录、钢筋隐检记录、应力检测和质量检验评定资料。质量检查重点是预应力筋的外观检查、数量及位置检查和张拉前混凝土的抗压强度报告。

6. 预应力张拉施工应实行见证管理，按规定做见证张拉记录。预应力张拉原始施工记录应归档保存。

①预应力筋张拉记录（一）主要包括以下内容：施工部位，预应力筋规格，平面示意图，张拉程序，应力记录，伸长量等。

②预应力筋张拉记录（二）是对每根预应力筋的张拉实测值进行记录。

6.3.20 有粘结预应力结构灌浆记录

一、有关规定和要求

预应力筋张拉后，孔道应及时灌浆；当采用电热法时，孔道灌浆应在钢筋冷却后进行。

用连接器连接的多跨连续预应力筋的孔道灌浆，应张拉完一跨随即灌注一跨，不得在各跨全部张拉完毕后，一次连续灌浆。

孔道灌浆应采用强度等级不低于 32.5 的普通硅酸盐水泥配制的水泥浆；对空隙大的孔道，可采用砂浆灌浆。水泥浆及砂浆强度，均不应小于 $20N/mm^2$。灌浆用水泥浆的水灰比宜为 0.4 左右，搅拌后 3h 泌水率宜控制在 2%，最大不得超过 3%，当需要增加孔道灌浆的密实性时，水泥浆可掺入对预应力筋无腐蚀作用的外加剂。

灌浆前孔道应湿润，洁净；灌浆顺序宜先灌注下层孔道；灌浆应缓慢均匀地进行，不得中断，并应排气通顺；在灌满孔道并封闭排气孔后，宜再继续加压至 0.5～0.6MPa，稍后再封闭灌浆孔。

不掺外加剂的水泥浆，可采用二次灌浆法。

二、有粘结预应力筋灌浆记录

填写有粘结预应力结构灌浆记录。应包括以下主要内容：灌浆孔状况、水泥浆的配比状况、灌浆压力、灌浆量等。

6.3.21 钢结构施工记录

1. 构件吊装记录：

钢结构吊装应有构件吊装记录，内容包括构件型号、外观检查、标高、垂直偏差等，应符合设计和现行标准、规范要求。

2. 烘焙记录

钢结构焊工必须持证上岗，并在其考试合格项目及其认可范围内施焊，注意检查焊工合格证的有效期。

钢结构焊接材料是指焊条、焊丝、焊剂和瓷环等，在使用前，应按规范规定和产品说明书要求进行烘焙，有烘焙记录。

3. 钢结构安装施工记录：

(1) 钢结构主要构件指钢屋（托）架、桁架、钢梁、钢柱等，应按规范规定做安装施工记录。依据《钢结构工程施工质量验收规范》（GB 50205—2001），钢结构的安装偏差检查涉及的项目和内容很多，可以说钢结构工程的重要构件、单元均应做安装偏差的检查，且允许偏差检查应符合设计及规范的要求。钢结构的整体垂直度和整体平面弯曲的安装允许偏差为强制性条文（GB 50205—2001）中 10.3.4 及 11.3.5 必须严格执行；钢网架的挠度值检查为强制性条文（GB 50205—2001）中 12.3.4 必须严格执行。网架（索膜）结构的施工记录可参考钢结构施工记录。

(2) 钢结构主要受力构件安装应检查垂直度、侧向弯曲等安装偏差，并做施工记录。

(3) 钢结构主体结构在形成空间刚度单元并连接固定后，应检查整体垂直度和整体平面弯曲度的安装偏差，并做施工记录。

(4) 钢网架结构总拼完成后及屋面工程完成后，应检查挠度值和其他安装偏差，并做施工记录。

6.3.22 幕墙工程施工记录

1. 幕墙注胶检查记录

幕墙注胶施工过程中应进行检查记录，检查内容包括宽度、厚度连续性、均匀性、密实度和饱满度等。

2. 幕墙淋水检查记录

幕墙工程施工完成后，应在易渗漏部位进行淋水检查，填写防水工程试水检查记录，见表 6-176。

防水工程试水检查记录 C5-15		资料编号	03-03-C5-××
工程名称		×××工程	
检查部位	①轴～④轴玻璃幕墙	检查日期	××××年××月××日
检查方式	第一次蓄水 ☐ 第二次蓄水	蓄水时间	从 _ 年_ 月_ 日 _ 时 至 _ 年_ 月_ 日 _ 时
	✓ 淋水　☐ 雨期观察		

检查方法及内容：
　　幕墙淋水试验装置安装在被检幕墙的外表面，喷水水嘴离幕墙 550mm，在被检幕墙表面形成连续水幕，每一检验区域喷淋面积为 1800mm×1800mm，喷水量 4L 喷淋时间持续 5min。

检查结果：
　　室内观察无渗漏现象。

复查意见：
复查人：　　　　　　　　　　　　　　　　　　　　　　　复查日期：

签字栏	施工单位	××建筑工程公司	专业技术负责人	专业质检员	专业工长
			×××	×××	×××
	×监理（建设）单位	××监理公司	专业工程师	×××	

本表由施工单位填写。

3. 幕墙工程施工记录应由有相应资质的专业施工单位负责提供。

6.3.23　木结构工程施工记录

(1) 应检查木桁架、梁和柱等构件的制作、安装、屋架安装允许偏差和屋盖横向支撑的完整性等，并做施工记录。

(2) 木结构工程施工记录应由有相应资质的专业施工单位负责提供。

6.3.24　其他有特殊要求的工程施工记录

施工记录中应注明项目名称、技术和质量要求、施工情况及施工中遇到的问题。检验评定应有明确结论。建设及设计单位应参加。

1. 保温：指外墙保温（节能要求和保温做法等）。

2. 隔声：按设计要求和有关规范、标准规定如实提供施工记录。

3. 防火：按设计要求和有关规范、标准规定如实提供施工记录。并应符合消防部门要求，经消防部门验收合格后，方可投入使用。

4. 耐火：按设计要求和有关规范、标准规定如实提供施工记录。并应符合消防部门要求，经消防部门验收合格后，方可投入使用。

6.3.25　施工检查记录

6.3.25.1　施工检查的概念

检查是在自检的基础上由质量检查员、专业工长对施工过程某重要工序进行把关检查，把工作中的偏差检查记录下来，并加以认真解决。检查是防止质量事故发生的有效途径，检查合格方可进入下道工序施工。

6.3.25.2 施工检查的程序和依据

① 程序：需办理检查的分项工程完成后，由班组填写自、互检记录表，专业工长核定后填写预检记录，项目技术负责人组织，项目质量检查员、专业工长及班组长参加验收并将检查意见填入栏内。如检查中发现问题，施工班组进行整改后，再对本分项工程进行复验，将复查意见填入复查意见栏中。未经检查或检查未达到合格标准的不得进入下道工序。

② 依据：施工图纸（图纸号）、图纸会审、设计变更/洽商（编号）。

有关国家现行标准、规范，如工程建设国家标准（GB），建筑工程行业标准（JCJ），城镇建设工程行业标准（CJJ），中国工程建设标准化协会标准（CECS），北京市地方标准（DBJ 01），相关施工方案；检验批质量验收记录等。

6.3.25.3 施工记录检查表填写要求

1. 工程名称—与施工图纸中图签一致。

2. 检查项目—按实际检查项目填写。要按独立项目分别填写，不要把几个检查项目统写在一张施工检查记录上。

3. 检查部位—按实际检查部位填写。同隐检记录相应要求。

4. 检查时间—预检记录按实际检查时间填写，能反映工程实际情况，可以作为今后合理使用、维护、改造、扩建的重要技术资料。要求填写项目齐全，日期必须注明　年　月　日。

5. 检查依据—施工图纸、设计变更、工程洽商及相关的施工质量验收规范、规程。工程的施工组织设计、施工方案技术交底等。

6. 主要材料或设备—应填写详细具体，与工程实际相符，按实际发生材料、设备项目填写，各规格型号要表述清楚，如钢模板、架管等。

7. 施工检查记录编号—按专业工程分类编码填写，按组卷要求进行组卷。

8. 检查内容—应将检查的项目、具体内容描述清楚。如模板、施工缝、半成品钢筋加工制作（梯子定位筋、马登铁、箍筋等）。必须按标准、规范填写详细具体，要点突出且展开，条理清晰，如模板工程（节点做法，放样检查）、地上混凝土结构施工缝、半成品钢筋加工制作并附简图。（严禁照抄条文或填写笼统模糊简单、内容不全）

9. 检查意见—检查意见要明确。在检查中一次验收未通过的要注明质量问题，并提出复验要求。

10. 复查意见—此栏主要是针对一次验收的问题进行复查，因此要对质量问题改正的情况描述清楚。在复查中仍出现不合格项，按不合格品处置。在预检中一次验收未通过，应注明不合格内容，并在"复查意见"一栏中注明二次检查意见，在复查中仍出现不合格项，则按 ISO 9001：2000 不合格品管理程序进行处置。

6.3.25.4 主要施工检查记录填写内容

施工检查项目有模板检查、预制构件安装预检、设备基础预检及混凝土结构工程施工缝的预检（地下部分的施工缝办理隐检记录，地上部分的施工缝办理施工检查记录）、管道预留孔洞、管道预埋套管等。

一、模板工程检查

检查内容：依据图纸和技术交底要求检查模板表面的清理、使用脱模剂的种类及脱模剂的涂刷；检查模板的几何尺寸、轴线、标高、预埋件及预留洞口的位置；模板支撑情况包括牢固性、接缝严密性；模板清扫口的留置、模内清理情况；节点细部做法（需绘制节点大样图的检查实际放样图尺寸）、止水要求、模板起拱情况等。填写范例见表6-177、表6-178。

施工检查记录（通用） 表6-177

施工检查记录 C5-19		资料编号	02-01-C5-×××
工程名称	×××工程	检查项目	墙体模板
检查部位	二层⑤～Ⓐ/⑤～Ⓖ墙体、暗柱、梁	检查日期	××××年××月××日

检查依据：施工图纸（施工图纸号 结4、结7、模板施工方案）、
　　　　　设计变更/洽商（编号 ＿／＿）和有关规范、规程。
　　　　　主要材料或设备：＿＿＿／＿＿＿
　　　　　规格/型号：　定型钢大模板

检查内容：

1. 二层⑤～Ⓐ/⑤～Ⓖ东6m范围墙体、暗柱、梁的大模板拼装。

2. 墙体标高2.71～5.51，模板垂直度≤3mm、平整度2mm、轴线位移≤5mm；

3. 墙体截面尺寸：外墙为350mm，400mm，内墙为200mm，250mm。其截面尺寸误差±2mm；

4. 大模板支撑牢固并有足够的强度及稳定性，大模板就位，穿墙螺栓紧固校正，模板连接处严密，且加海绵条密封、牢固可靠无错台且不漏浆；

5. 施工缝处模板封堵严密、平整、不漏浆；

6. 保护层内外墙均为15mm；

7. 门窗洞口、预留洞口安装尺寸、规格等模板脱模剂的涂抹要均匀，合模前将模板内清理干净。并且符合有关规范的要求。

检查内容均已做完，请予以检查。

检查结论：
　　模板支撑牢固，起拱高度符合要求。脱模剂涂刷均匀，模板内清扫干净。同意进入下道工序。

复查意见：
复查人：　　　　　　　　　　　　　　　　　　　　　　　　　复查日期：

施工单位	××建筑工程公司	
专业技术负责人	专业质检员	专业工长
×××	×××	×××

本表由施工单位填写。

施工检查记录 C5-19		资料编号	01-06-C5-×××
工程名称	×××工程	检查项目	顶板、梁模板
检查部位	地下一层顶板、梁①～⑧/Ⓐ～Ⓕ轴	检查日期	××××年××月××日

检查依据：施工图纸（施工图纸号 结施-3、结施-4、模板方案）、

　　　　　设计变更/洽商（编号___/___）和有关规范、规程。

　　　　　主要材料或设备：木方、多层板、脱模剂、碗扣件等

　　　　　规格/型号：5mm×100mm；100mm×100mm，多层板厚18mm

检查内容：

　　1. 模板绝对高程：板底：38.25m。

　　2. 板厚180mm，顶板、梁模板起拱12mm，支撑立柱下垫5cm厚木板，长50cm，两道拉杆；梁支撑距柱200cm，中间间距800mm。

　　3. 检查模板标高、轴线位移是否≤2mm、几何尺寸、平整度是否≤2mm、垂直度、板间接缝。

　　4. 检查支撑系统的承载能力、刚度、稳定性。

　　5. 模板自身清理、脱模剂涂刷。模内清理、清扫口留置。

　　6. 梁柱交接处、梁顶板交接处及所有模板拼接处贴海面条。海面条距模板边2mm。

　　7. 梁柱交接处柱接头模板下跨1m，设置两道柱箍，柱箍间距500mm。

（梁柱接头形式见下图）

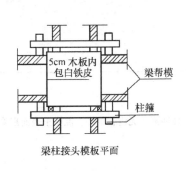

梁柱接头模板平面

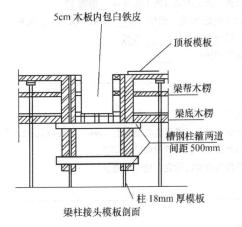

梁柱接头模板剖面

　　检查内容均已做完，请予以检查。

检查意见：

　　模板支撑牢固，起拱高度符合要求。脱模剂涂刷均匀，模板内清扫干净。同意进入下道工序。

复查意见：

复查人：　　　　　　　　　　　　　　　　　　　　　　复查日期：

施工单位	××建筑工程公司	
专业技术负责人	专业质检员	专业工长
×××	×××	×××

本表由施工单位填写。

二、预制构件安装施工检查记录

预制构件包括阳台栏板、过梁、预制楼梯、沟盖板、楼板等。

检查内容：依据图纸要求检查构件的规格型号、几何尺寸、数量；根据有关质量标准检查构件的外观质量；根据图纸要求和技术交底检查构件的搁置长度以及锚固情况、标高等；检查楼板的堵孔和清理情况等。

三、设备基础检查

检查内容：依据图纸检查设备基础的位置、标高、几何尺寸及混凝土的强度等级；检查设备基础的预留孔和预埋件位置。

四、混凝土结构工程施工缝的检查

检查内容：依据模板方案和技术交底检查施工缝留置的位置及方法，模板支撑、接槎处理情况等。填写范例见表 6-179。

施工检查记录（通用） 表 6-179

施工检查记录		资料编号	02-01-C5-×××
工程名称	×××工程	检查项目	施工缝
检查部位	3 层 I 段施工缝	检查日期	××××年××月××日

检查依据：施工图纸（施工图纸号 结施 12

设计变更/洽商（编号 / ）和有关规范、规程。

主要材料或设备： 模板

规格/型号：_____

检查内容：

柱子水平施工缝留置在梁底上 5mm（绝对标高 62.05m）处，柱四周用无齿锯锯齐。混凝土表面剔除尽软弱层，露出石子。并用钢丝刷清理完毕。

预检内容均已做完，请予以检查。

检查意见：

经检查施工缝处理符合要求，同意。

复查意见：

复查人： 复查日期：

施工单位	××建筑工程公司	
专业技术负责人	专业质检员	专业工长
×××	×××	×××

本表由施工单位填写。

6.4 施 工 试 验 记 录

6.4.1　回填土、灰土、砂和砂石

1. 回填土

回填土包括素土、灰土、砂和砂石地基、土工合成材料地基、粉煤灰地基的夯实填方，桩基、基坑、基槽、管沟的回填夯实以及其他回填夯实。为有效控制回填质量，国家有关标准对不同工程部位的土方压实度指标都有明确规定，因此土方工程应测定土的最优含水量时的最大干密度，并有土工击实试验报告。压实填土包括分层压实和分层夯实的填土。当利用压实填土作为建筑工程的地基持力层时，在平整场地前，应根据结构类型、填料性能和现场条件等，对拟压实的填土提出质量要求。

2. 回填土试验取样方法：

（1）环刀法：每段每层进行检验，应在夯实层下半部（至每层表面以下 2/3 处）用环刀取样。本试验方法适用于细粒土。

（2）灌砂法：用于级配砂再回填或不宜用环刀法取样的土质。采用灌砂法取样时，取样数量可较环刀法适当减少，取样部位应为每层压实的全部深度。本试验方法适用于现场测定原状砂和砾质土的密度。

（3）灌水法：本试验方法适用于现场测定粗粒土的密度。

3. 土工击实试验

（1）重要的、大型的或设计有要求的填方工程，在施工前应对填料作击实试验，求出填料的干土质量密度即含水量关系图线，并确定其最优含水量、最大干密度，并根据设计压实系数，计算出控制指标（控制干密度）。对于一般的小型工程又无击实试验条件的单位，控制干密度可按施工规范计算。

（2）压实填土的质量以压实系数 λ_c 控制。并应根据结构类型和压实填土所在部位确定。

注：1. 压实系数 λ（为压实填土的控制干密度 P_d 与最大干密度 P_{dmax} 的比值，W_{op} 为最优含水量。

　　2. 地坪垫层以下及基础底面标高以上的压实填土，压实系数不应小于 0.94。

4. 回填土试验报告、土工击实试验报填写和检验方法及有关规定

（1）试验报告子目填写齐全，步数、取样位置简图（平面、剖面）需标注完整、清晰准确，符合要求。其中点数与步数的确定（基槽）：

基槽点数：周长÷（10—20）

基槽步数：（底标高－顶标高）÷（夯实厚度）

（2）"工程名称及施工部位"要写具体，名称应与图签和施工组织设计一致；部位明确（如柱基、地基处理等）。

（3）"委托单位"要写具体，名称应与施工组织设计一致。

（4）"试验时间"应与其他资料交圈吻合。

（5）"回填土种类"应填素土、灰土（如 2∶8 灰土）、砂或级配砂石等。

(6)"要求压实系数、控制干密度"按设计要求、施工规范和经试验计算确定数据为准。

素土、灰土、砂或级配砂石回填应按设计要求办理，当设计无要求时，控制干密度 $P_d(s/cm^3)$ 应符合下列标准：

素土：一般应≥1.65，黏土可降低10％；

灰土：粉土≥1.55，粉质黏土≥1.50，黏土≥1.45；

砂不小于在中密状态时的干密度，中砂1.55～1.60；级配砂石2.1～2.2。

(7)"步数"夯实后素土每步厚度为15cm；灰土每步厚度为20cm；冬期施工夯实厚度宜为10～15cm。

(8)"合格判定"填土压实后的干密度，应有90％以上符合设计要求，其余10％的最低值与设计值的差不得大于0.08g/cm³，且不得集中。试验结果不合格应尽快上报有关部门及时处理。试验报告单不得抽撤，应在其上注明如何处理，并附处理合格证明，一并存档。

(9)报告中应按规范要求绘制回填土取点平面、剖面示意图，标明重要控制曲线、尺寸；分段、分层（步）取样，指北针方向等。现场取样步数、点数需与试验报告各步、点一一对应，并注明回填土的起止标高。

(10)相关资料有：地质勘探报告、地基验槽及隐检记录、施工记录、设计变更/洽商、检验批质量验收记录等。

式样见表6-180、表6-181。

土工击实试验报告　　　　　　　　　　　　　　　　表6-180

土工击实试验报告 C6-1		资料编号	01-01-C6-×××
		试验编号	××××-××
		委托编号	××××-××
工程名称及部位	×××工程	试样编号	1
委托单位	××建筑工程公司	试验委托人	×××
结构类型	框架	填土部位	基槽回填
要求压实系数(λ_c)	0.95	土样种类	2∶8灰土
来样日期	××××年××月××日	试验日期	××××年××月××日
试验结果	最优含水量(W_{op})：16.3％		
	最大干密度(ρ_{dmax})＝1.68g/cm³		
	控制指标(控制干密度) 最大干密度×要求压实系数＝1.60g/cm³		
结论： 依据《土工试验方法标准[2007版]》(GB/T 50123—1999)标准最佳含水率为16.3％，最大干密度为1.68g/cm³，控制干密度为1.60g/cm³			
批准	×××	审核	×××	试★	×××
试验单位		×××试验中心	
报告日期		××××年××月××日	

本表由检测单位提供。

回填土试验报告 C6-2						资料编号	01-01-C6-×××
						试验编号	××××-××
						委托编号	××××-××

工程名称及部位	×××工程基槽回填						
委托单位	×××建筑工程公司			试验委托人		×××	
要求压实系数(λ_c)	0.95			回填土种类		2：8灰土	
控制干密度(ρ_d)	1.55 g/cm³			试验日期		××××年××月××日	

步\数　点号	1	2	3	4	5		
	实测干密度(g/cm³)						
	实测压实系数						
1	1.61	1.60	1.64	1.63	1.61		
2	1.62	1.61	1.62	1.62	1.63		
3	1.60	1.60	1.63	1.61	1.62		
4	1.58	1.60	1.61	1.62	1.60		
5	1.60	1.62	1.62	1.63	1.60		
6	1.63	1.63	1.64	1.65	1.65		
7	1.62	1.61	1.63	1.66	1.64		
8	1.64	1.63	1.65	1.67	1.64		
9	1.63	1.65	1.66	1.65	1.67		
10	1.63	1.64	1.62	1.63	1.62		
11	1.61	1.62	1.62	1.62	1.60		
12	1.61	1.63	1.64	1.63	1.62		
13	1.62	1.64	1.65	1.64	1.63		
14	1.60	1.62	1.66	1.65	1.62		
15	1.60	1.63	1.64	1.64	1.61		
16	1.61	1.61	1.62	1.61	−1.60		

取样位置草图：(附图)

结论：
灰土干密度符合设计要求 ×××试验中心

批准	×××	审核	×××	试验	×××
试验单位			××××试验中心		
报告日期			××××年××月××日		

269

6.4.2 砌筑砂浆

砌筑砂浆指的是砖石砌体所用的水泥砂浆和混合砂浆。

6.4.2.1 砌筑砂浆配合比申请和配合比通知单

1. 委托单位应依据设计强度等级、技术要求、施工部位、原材料情况等，向有资质的试验门提出配合比申请单，试验部门依据配合比申请单签发配合比通知单。

2. 应符合《砌体工程施工质量验收规范》（GB 50203—2002）中规定，并执行《砌筑砂浆配合比设计规程》（JGJ/T 98—2010）。

3. 砌筑砂浆应采用经试验室确定的重量配合比，施工中要严格按配合比计量施工，不得随意变更。

4. 如砂浆的组成材料（水泥、骨料、外加剂等）有变化，其配合比应重新试配选定。

5. 砂浆的品种、强度等级、稠度、分层度、强度必须满足设计要求及《砌筑砂浆配合比设计规程》，如品种、强度等级有变动，应征得设计的同意，并办理洽商。

6. 混合砂浆所用生石灰、黏土及电石渣均应化膏使用，其使用稠度宜为120±5mm计量。

7. 水泥砂浆和水泥石灰砂浆中掺用微沫剂，其掺量应事先通过试验确定。水泥黏土砂浆中，不得掺入有机塑化剂。

8. 砌筑砂浆的原材料要求

（1）水泥：应有出厂合格证明。用于承重结构的水泥，无出厂证明，水泥出厂超过该品种存放规定期限，或对质量有怀疑的水泥及进口水泥等应在试配前进行水泥复试，复试合格后才可使用。

（2）砂：砌筑砂浆用砂宜采用中砂，并应过筛，不得含有草根等杂物。

水泥砂浆和强度等级等于或大于M5的水泥混合砂浆。砂的含泥量不应超过5%；强度等级小于M5的水泥混合砂浆，砂的含泥量不应超过10%（采用细砂的地区，砂的含泥量可经试验后酌情放大）。

（3）石灰膏：砌筑砂浆用石灰膏应由生石灰充分熟化而成，熟化时间不得少于7d。要防止石灰膏干燥、冻结和污染，脱水硬化的石灰膏要严禁使用。

（4）水：拌制砂浆的水应采用不含有害物质的纯净水。

9. 填写要求

所有子项必须填写清楚、具体，不空项。填写实例见表6-182。

（1）委托单位及工程名称：要写具体，名称应与施工组织设计一致。

（2）施工部位：应填写具体（如层、轴等）。

（3）砂浆种类：应填写清楚（水泥砂浆、混合砂浆）。

（4）强度等级：按设计要求填写。

（5）所用原材料：要具实填写，应复试合格后再做试配。注意填好试验编号。

（6）配合比通知单应字迹清楚，无涂改，签字齐全。施工单位要主要通知单上的备注和说明。

砂浆配合比申请单 C6-4		资料编号	02-03-C6-×××
		委托编号	××××-××
工程名称	×××工程		
委托单位	××建筑工程公司	试验委托人	×××
砂浆种类	混合砂浆	强度等级	M10
水泥品种	P·S 32.5	厂别	琉璃河
水泥进场日期	××××年××月××日	试验编号	2005-0034
砂产地	昌平　　粗细级别　　中砂	试验编号	2002-0022
掺合料种类	白灰膏	外加剂种类	/
申请日期	××××年××月××日	要求使用日期	××××年××月××日

砂浆配合比通知单		配合比编号	
		试配编号	53

强度等级	M10	试验日期	××××年××月××日		
材料名称	配合比				
	水 泥	砂	白灰膏	掺合料	外加剂
每 m³ 用量(kg)	258	1500	20		
比 例	1	5.81	0.065		

注：砂浆稠度为 70～100mm，白灰膏稠度为 120mm。

批准	×××	审核	×××	试验	×××
试验单位	×××试验中心				
报告日期	××××年××月××日				

6.4.2.2 砂浆试块试压报告

1. 承重结构的砌筑砂浆试块，应按规定实行有见证取样和送检；

2. 检验方法及要求：

(1) 砂浆试块试压报告单上半部分项目应由施工单位试验人员填写，工程名称及施工部位要详细具体，所有子项必须填写清楚、具体、不空项。

(2) 应按照施工图纸要求，检查砂浆配合比及砂浆强度报告中砂浆种类、强度等级与使用的原材料种类、试验编号对应其原材试验报告、配合比通知单及砂浆强度报告中相应项目是否相吻合，试件成型日期、实际龄期、养护方法、组数、试验结果及结论是否符合设计要求和施工规范规定：准确、真实、无未了项，试验室签字盖章是否齐全；检查试验编号、委托编号是否填写。

(3) 试验数据是否达到规范规定标准值；若发现问题应及时取双倍试样做复试或报有关部门处理，并将复试合格单或处理结论附于此单后一并存档。

(4) 作为强度评定的试块，必须是龄期为 28d 标养试块抗压试验结果为准。填写实例见表 6-183。

砂浆抗压强度试验报告 C6-5				资料编号		02-03-C6-×× ×
				试验编号		××××-××
				委托编号		××××-××
工程名称及部位	×××工程二层墙			试件编号		05
委托单位	××建筑工程公司			试验委托人		×××
砂浆种类	水泥混合砂浆	强度等级	M10	稠度		80mm
水泥品种及强度等级	P·S32.5			试验编号		××××-××
砂产地及种类	昌平中砂			试验编号		××××-××
掺合料种类	白灰膏			外加剂种类		一
配合比编号	××××-××					
试件 成型日期	××年×月×日	要求龄期	28d	要求试验日期		××年×月×日
养护条件	标准养护	试件收到 日期	××年×月×日	试件制作人		×××

试验 结果	试压日期	实际龄期 (d)	试件边长 (mm)	受压面积 (mm²)	荷载(kN)		抗压强度 (MPa)	达设计强度 等级(%)
					单块	平均		
	××年 ×月×日	28	70.7	5000	82.5	81	16.2	162
					78.6			
					81.5			
					80.5			
					79.5			
					83.5			

结论：
符合《砌体工程施工质量验收规范》(GB 50203—2002)第 4.0.12 条规定。

批准	×××	审核	×××	试验	×××
试验单位	×××试验中心				
报告日期	×××年××月××日				

6.4.2.3　砌筑砂浆试块强度统计、评定记录

1. 检查要求及方法

（1）砂浆试块试压后，应将砂浆试块试压报告按施工部位及时间顺序编号，及时登记在砂浆试块试压报告目录表中。

（2）单位工程试块抗压强度数理统计应按砌筑砂浆的验收批进行（分为地基基础、主体结构完成后；工程中所用各品种、各强度等级的砂浆强度都应分别进行统计评定）。

（3）砌筑砂浆的验收批，同一类型、强度等级的砂浆试块应不小于 3 组。当同一验收批只有一组试块时。该组试块抗压强度的平均值必须大于或等于设计强度等级所对应的立方体抗压强度。砂浆强度应以标准养护，龄期为 28d 的试块抗压试验结果为准。

(4)"结论"栏应填写为：依据《砌体工程施工质量验收规范》（GB 50203—2002）第4.0.12条标准，评定为合格。

2. 合格判定（砂浆试块强度统计评定）

应符合《砌体工程施工质量验收规范》（GB 50203—2002）。

(1)砂浆试块强度应按下列公式进行评定：

$$f_{2,m} \geqslant f_2$$
$$f_{2,min} \geqslant 0.75f_2$$

式中　$f_{2,m}$——同一验收批中砂浆立方体抗压强度各组平均值（MPa）；

　　　　f_2——验收批砂浆设计强度等级所对应的立方体抗压强度（MPa）；

　　　　$f_{2,min}$——同一验收批中砂浆立方体抗压强度的最小一组平均值（MPa）。

(2)当施工中出现下列情况时，可采用非破损和微破损检验方法对以下情况的砂浆和砌体强度进行原位检测，判定砂浆的强度；

① 砂浆试块缺乏代表性或试块数量不足；

② 对砂浆试块的试验结果有怀疑或有争议；

③ 砂浆试块的试验结果，已判定不能满足设计要求，需要确定砂浆或砌体强度。填写实例见表6-184。

砌筑砂浆试块强度统计、评定记录　　　　　　表6-184

砌筑砂浆试块强度统计、评定记录 C6-6						资料编号	02-03-C6-×××	
工程名称	×××工程					强度等级	M15	
施工单位	××建筑工程公司					养护方法	标养	
统计期	××××年××月×× 至××××年××月××日					结构部位	墙体	
试块组数	强度标准值 f_2（MPa）		平均值 $f_{2,m}$（MPa）		最小值 $f_{2,min}$（MPa）		0.75 f_2	
7	15		16.87		15.1		12.65	
每组强度值 （MPa）	19.1	21.7	15.8	15.4	15.9	17.4	15.1	15.6	15.8	16.9
判定式	$f_{2,m} \geqslant f_2$				$f_{2,min} \geqslant 0.75f_2$			
结　果	16.87＞15				15.1＞12.65			
结论： 依据《砌体工程施工质量验收规范》（GB 50203—2002）第4.0.12条标准评定为合格。								
批准			审核			统计		
×××			×××			×××		
报告日期			××××年××月××日					

6.4.3 混凝土

6.4.3.1 混凝土配合比申请单、通知单

一、有关规定及要求

依据国家标准《混凝土结构工程施工质量验收规范》（GB 50204—2002）中的规定，

并执行《普通混凝土配合比设计规程》（JGJ 55—2011）和《轻骨料混凝土技术规程》（JCJ 51—2002）。

配制混凝土时，应根据配制的混凝土的强度等级，选用适当品种、强度等级的水泥，以使在既满足混凝土强度要求，符合为满足耐久性所规定的最大水灰比、最小水泥用量要求的前提下，减少水泥用量，达到技术可行经济合算。

1. 结构用混凝土应采用经试验室确定的重量配合比，施工中要严格按配合比计量施工，不得随意变更。

2. 混凝土配合比的计算与确定步骤：

（1）计算试配强度；

（2）混凝土现场强度标准差的确定；

（3）求出水灰比；

（4）求出用水量；

（5）求出水泥用量；

（6）确定砂率；

（7）计算骨料用量；

（8）提出试配用配合比；

（9）配合比的调整；

（10）配合比的确定。

详见《普通混凝土配合比设计规程》（JCJ 55—2011）。

3. 如混凝土的组成材料（水泥、骨料、外加剂等）有变化，其配合比应重新试配选定同品种的水泥不得混同使用。

二、填写要求

所有子项必须填写清楚、具体，不空项。填写实例见表 6-185。

混凝土配合比申请、通知单

表 6-185

混凝土配合比申请单 C6-7				资料编号	01-06-C6-×××
				委托编号	××××-××
工程名称及施工部位	×××工程底板				
委托单位	××建筑工程公司			试验委托人	×××
设计强度等级	C35 P8		要求坍落度或扩展度		(180±30)mm
其他技术要求	抗渗混凝土				
搅拌方法	机械	浇捣方法	振捣	养护方法	标养
水泥品种及强度等级	P·S32.5	厂别牌号	×××	试验编号	××××-××
砂产地及种类	昌平中砂			试验编号	××××-××
石产地及种类	昌平碎石	公称粒径 mm²	25	试验编号	××××-××
外加剂名称	UEA			试验编号	××××-××
掺合料名称	粉煤灰Ⅱ级			试验编号	××××-××
申请日期	××××年 ××月××日	使用日期	××××年 ××月××日	联系电话	×××

混凝土配合比通知单					配合比编号		××××-××
					试配编号		××××-××
强度等级	C35	水胶比	0.430	水灰比	0.430	砂率	39%
材料名称 项目	水泥	水	砂	石	外加剂	掺和料	
每 m³ 用量(kg/m³)	337	180	723	1047	9.03	—	71
每盘用量(kg)	1	0.534	2.15	3.11	0.027	0.21	
混凝土碱含量 (kg/m³)	3						
	注：此栏只有遇Ⅱ类工程(按京建科[1999]230号规定分类)时填写。						
	说明：本配合比所用材料均为干材料，使用单位应根据材料含水情况随时调整。						
批　准	×××	审核	×××	试验	★	×××	
试验单位	×××试验中心						
报告日期	××××年××月××日						

1. 委托单位及工程名称写具体，应与施工组织设计一致。

2. 施工部位应具体到层、轴、梁、柱。

3. 强度等级及坍落度应按设计要求填写。

4. 原材复试合格后方能做试配，写填好试验编号。

6.4.3.2　混凝土试块

一、混凝土抗压强度试验报告

（一）混凝土试件的制作、养护

检查混凝土质量应做抗压强度试验。当有特殊要求时，还需做抗冻、抗渗等试验。

1. 混凝土试件的制作

（1）混凝土试件应用钢模制作；

（2）作为评定结构构件混凝土强度质量的试件，应在混凝土的浇筑地点随机取样制作，但一组试件必须取自同一次（盘）拌制的；

（3）实际施工中允许采用的混凝土立方体试件的最小尺寸应根据骨料的最大粒径确定，当采用非标准尺寸试件时，应将其抗压强度值乘以折算系数，换算为标准尺寸试件的抗压强度值。

允许的试件最小尺寸及其强度折算系数　　　　　　　　　表 6-186

骨料最大粒径(mm)	试件尺寸(mm)	强度的尺寸换算系数
≤31.5	100×100×100	0.95
≤40	150×150×150	1.00
≤63	200×200×200	1.05

注：对强度等级为 C60 及以上的混凝土试件，其强度的尺寸换算系数可通过试验确定。

（4）试块制作前应对同批混凝土拌合物的稠度、坍落度进行实测，做好记录。

（5）为测定构件的出池、起吊、拆模、预应力钢筋张拉和放松、出厂强度等的需要制作试件，其组数由生产单位按实际需要确定。

① 承受内力的接头和接缝，当其混凝土强度未达到设计要求时，不得吊装上一层结构构件；当设计无要求时，应在混凝土强度不小于 10.0N/mm² 或具有足够的支承时，方可吊装上一层结构构件。

② 预应力筋张拉时，结构的混凝土强度应符合设计要求，当设计无具体要求时，不应低于设计强度标准值的 75%。

③ 结构、构件拆模（底模）时所需混凝土强度应符合表 6-187 中的规定。

结构、构件拆模时所需混凝土强度 表 6-187

类　　型	构件跨度 （m）	按设计的混凝土强度 标准值的百分率计（%）
板	≤2	≥50
	>2，≤8	≥75
	>8	≥100
梁、拱、壳	≤8	≥75
	>8	≥100
悬臂构件	—	100

2. 混凝土浇筑完毕后，应按施工技术方案及时采取有效的养护措施，并应符合下列规定：

（1）应在浇筑完毕后的 12h 以内对混凝土加以覆盖并保湿养护；

（2）混凝土浇水养护的时间：对采用硅酸盐水泥、普通硅酸盐水泥或矿渣硅酸盐水泥拌制的混凝土，不得少于 7d；对掺用缓凝型外加剂或有抗渗要求的混凝土，不得少于 14d；

（3）浇水次数应能保持混凝土处于湿润状态；混凝土养护用水应与拌制用水相同；

（4）采用塑料布覆盖养护的混凝土，其敞露的全部表面应覆盖严密，并应保持塑料布内有凝结水；

（5）混凝土强度达到 1.2N/mm² 前，不得在其上踩踏或安装模板及支架。

注：① 当日平均气温低于 5℃时，不得浇水；
　　② 当采用其他品种水泥时，混凝土的养护时间应根据所采用水泥的技术性能确定；
　　③ 混凝土表面不便浇水或使用塑料布时，宜涂刷养护剂。

3. 对大体积混凝土的养护，应根据气候条件按施工技术方案采取控温措施。

（二）普通混凝土强度试验的试件留置：

试验工依据规范要求或技术员的书面交底根据有关规定取样，制作混凝土试块。填写实例见表 6-188。

混凝土抗压强度试验报告 C6-8				资料编号		01-06-C6-×××	
				试验编号		××××-××	
				委托编号		××××-××	
工程名称及部位		×××工程底板		试件编号		3	
委托单位		××建筑工程公司		试验委托人		×××	
设计强度等级		C30 P8		实测坍落度、 扩展度		160mm	
水泥品种及强度等级		P·S32.5		试验编号		××××-××	
砂种类		中砂		试验编号		××××-××	
石种类、公称直径		碎石 5～10mm		试验编号		××××-××	
外加剂名称		UEA		试验编号		××××-××	
掺合料名称		粉煤灰 Ⅱ级		试验编号		××××-××	
配合比编号				2005-045			
成型日期		××年××月×日	要求龄期	28 天	要求试验日期		××年××月×日
养护条件		标准养护	收到日期	××年××月×日	试块制作人		×××

	试验日期	实际龄期 （天）	试件边长 （mm）	受压面积 （mm²）	荷载(kN)		平均 抗压强度 （MPa）	折合 150mm 立方体 抗压强度 （MPa）	达到设计 强度等级 （%）
					单块值	平均值			
试验 结果	2005 年 4 月 29 日	28	100	10000	460	463	46.3	44	147
					450				
					480				

结论：
符合《混凝土强度检验评定标准》（GB/T 50107—2010)中的要求。

批 准	×××	审 核	×××	试 验	×××
试验单位		试验中心			
报告日期		××××年××月×日			

　　评定结构构件的混凝土强度应采用标准试件的混凝土强度，即按标准方法制作的边长为 150mm 的标准尺寸的立方体试件，在标准养护至 28d 龄期时按标准试验方法测得的混凝土立方体抗压强度。

　　用于检查结构构件混凝土强度的试件，应在混凝土的浇筑地点随机抽取，取样与留置应符合下列规定：

　　1. 每拌制 100 盘且不超过 100m³ 的同配合比的混凝土，其取样不得少于一次；

　　2. 每工作班拌制的同一配合比的混凝土不足 100 盘时，其取样不得少于一次；

　　3. 一次连续浇筑超过 1000m³ 时，同一配合比的混凝土每 200m³ 取样不得少于一次；

　　4. 一楼层、同一配合比的混凝土，取样不得少于一次；

　　5. 次取样应至少留置一组标准养护试件，同条件养护试件的留置组数应根据实际需要确定。

　　6. 现浇混凝土结构，其试件的留置尚应符合以下要求：

　　(1) 每一现浇楼层同配合比的混凝土，其取样不得少于一次；

　　(2) 同一单位工程每一验收项目中同配合比的混凝土，其取样不得少于一次。

（三）冬期混凝土

根据《建筑工程冬期施工规程》（JGJ/T 104—2011）中规定，冬期浇筑的混凝土，其受冻临界强度应符合下列规定：

（1）普通混凝土采用硅酸盐水泥或普通硅酸盐水泥配制时，应为设计的混凝土标准值的30%。采用矿渣硅酸盐水泥配制的混凝土，应为设计的混凝土强度标准值的40%，但混凝土强度等级为C10及以下时，不得小于5.0N/mm²。

（2）掺用防冻剂的混凝土，当室外气温不低于−15℃时不得小于4.0N/mm²，当室外气温不低于−30℃时不得小于5.0N/mm²。

结构工程冬期施工的混凝土应增设两组与结构同条件养护的试件，分别用于检验受冻前试块的试验报告。

（四）有抗渗要求的混凝土，应按规定留置抗渗试块

防水混凝土和有特殊要求的混凝土，应有配合比申请和配合比通知单及抗渗试验报告和其他专项试验报告。填写实例见表6-189，并应符合《地下防水工程质量验收规范》（GB 50208—2002）中的有关规定，防水混凝土要进行稠度、强度和抗渗性能三项试验。稠度和强度试验同普通混凝土。防水混凝土的抗渗性能，应以标准条件下养护的防水混凝土抗渗试块的试验结构评定。对连续浇筑混凝土每500m³应留置一组抗渗试块，抗渗试块每单位工程不少于两组，其中至少一组在标准条件下养护。可根据技术交底的要求确定。为保证留置的试块有代表性，应在第三盘以后至搅拌结束前30min之间取样。抗渗性能试验应符合现行《普通混凝土长期性和耐久性能试验方法》（GB 50082—2009）。

抗渗等级以每组6个试块中有3个试件端面呈有渗水现象时的水压（H）计算出的P值进行评定。若按委托抗渗等级P评定（6个试件均无透水现象）：应试压至$P+1$时的水压，方可评为$>P$。

当使用的原材料、配合比或施工方法有变化时，应另行留置试块。

混凝土抗渗试验报告 表6-189

混凝土抗渗试验报告 C6-10				资料编号	01-05-C6-×××
				试验编号	××××-××
				委托编号	××××-××
工程名称及部位	×××工程地下室底板			试件编号	23
委托单位	××建筑工程公司			委托试验人	×××
抗渗等级	P8			配合比编号	××××-××
强度等级	C30	养护条件	标准养护	收样日期	××年×月×日
成型日期	××年×月×日	龄期	60d	试验日期	××年×月×日
试验情况： 当水压为0.9MPa时，持续8h，6个试件均无透水现象满足抗渗等级。					
结论： 依据《普通混凝土长期性能和耐久性能试验方法标准》GB/T 50082—2009标准，符合P8抗渗等级要求。					
批准	×××	审核	×××	试验	×××
试验单位	×××试验中心				
报告日期	××××年××月×日				

（五）结构实体检验用同条件养护试件强度检验

1. 同条件养护试件的留置方式和取样数量，应符合下列要求：

（1）同条件养护试件所对应的结构构件或结构部位，应由监理（建设）、施工等各方共同选定；

（2）对混凝土结构工程中的各混凝土强度等级，均应留置同条件养护试件；

（3）同一强度等级的同条件养护试件，其留置的数量应根据混凝土工程量和重要性确定，不宜少于10组，且不应少于3组；

（4）同条件养护试件拆模后，应放置在靠近相应结构构件或结构部位的适当位置，并应采取相同的养护方法。

2. 同条件养护试件应在达到等效养护龄期时进行强度试验。

等效养护龄期应根据同条件养护试件强度与在标准养护条件下28d龄期试件强度相等的原则确定。

3. 同条件自然养护试件的等效养护龄期及相应的试件强度代表值，宜根据当地的气温和养护条件，按下列规定确定：

（1）等效养护龄期可取按日平均温度逐日累计达到600℃·d时所对应的龄期，0℃及以下的龄期不计入；等效养护龄期不应小于14d，也不宜大于60d；

（2）同条件养护试件的强度代表值应根据强度试验结果按现行国家标准《混凝土强度检验评定标准》（GB/T 50107—2010）的规定确定后，乘折算系数取用；折算系数宜取为1.10，也可根据当地的试验统计结果作适当调整。

4. 冬期施工、人工加热养护的结构构件，其同条件养护试件的等效养护龄期可按结构构件的实际养护条件，由监理（建设）、施工等各方根据本附录第D.0.2条的规定共同确定。

5. 混凝土结构工程的各混凝土强度等级均应留置同条件养护试件；施工过程中同条件养：试件留置位置、取样组数和养护方法应符合《混凝土结构工程施工质量验收规范》（GB 50204—2002）中10.2节和附录D的规定，有相应文字记录。

6. 结构实体检验要进行结构实体混凝土强度验收记录。式样见表6-190。

（六）检验方法及要求

1. 检查报告单上各项目是否齐全，所有子项必须填写清楚、具体、不空项。

2. 应按照施工图纸要求，检查混凝土配合比及混凝土强度报告中强度等级与使用的原材料品种、试验编号对应其原材试验报告、混凝土配合比通知单、混凝土强度报告中相应项目是否吻合，试件成型日期、实际龄期、养护方法、组数、试验结果及结论是否符合设计要求和施工规范规定所报内容准确、真实、无未了项，试验室签字盖章是否齐全；检查试验编号、委托编号是否填写。

3. 作为强度评定的试块，必须是经28d标养试块，龄期不得迟或早，准确推算、填写要求试压日期，交试验室试验。

4. 试验数据是否达到规范规定标准值；若发现问题应及时取双倍试样做复试或报有关部门处理，并将复试合格单或处理结论附于此单后一并存档。

5. 承重结构的混凝土抗压强度试块，应按规定实行有见证取样和送检。结构包含不合格批混凝土组成的，或未按规定留置试块的，应有结构处理的相关资料；需要检测的，应有由相应资质检测机构检测报告，并有设计单位出具的认可文件。

6. 施工现场使用预拌（商品）混凝土说明：生产厂家应按规定向使用单位提供出厂合格证。施工现场使用预拌（商品）混凝土前应有技术交底和具备混凝土工程的标准养护条件，并在混凝土运送到浇筑地点 15min 内按规定制作试块，其 28d 强度作为评定结构混凝土强度的依据。现场混凝土坍落度检验，商品混凝土浇筑时间分析及现场取样的混凝土试块制作应在混凝土交验前完成，取样在交货地点进行。

结构实体混凝土强度验收记录
表 6-190

结构实体混凝土强度验收记录 C7-1											资料编号	01-06-C7-×× ×
工程名称	×××工程										结构类型	全现浇剪力墙
施工单位	××建筑工程公司										试验日期	××年××月××日
强度等级	试件强度代表值(MPa)										强度评定 结果	监理(建设) 单位验收结果
C30	49.6	48.6									合格	
	54.2	52.9										
C35	61.9	46.9	46.9	47.6	42.9						合格	合格
	68	51.1	50.5	50.6	47.2							
C40	51.9	58.6	63.4	59	59.1	58.2	50.3	55	51.2	47.2	合格	
	57.2	64.1	70.2	61.8	65.3	65.3	54.2	59.6	55.2	51.3		
结论： 符合《混凝土强度检验评定标准》(GB/T 50107—2010)及《混凝土结构工程施工质量验收规范》(GB 50204—2002)的要求，同意验收。												
签字栏	项目专业技术负责人						专业监理工程师 (建设单位项目专业技术负责人)					
	×××						×××					

注：表中某一强度等级对应的试件强度代表值，上一行填写根据《混凝土强度检验评定标准》(GB/T 50107—2010)确定的数值，下一行填写乘以折算系数后的数值。

本表应附以下附件：

1. 同条件养护试件的取样部位应由监理（建设）、施工单位共同选定，有相应文字记录；

2. 混凝土结构工程的各混凝土强度等级均应留置同条件养护试件；施工过程中同条件养护试件留置位置、取样组数和养护方法应符合《混凝土结构工程施工质量验收规范》(GB 50204—2002) 中 10.2 节和附录 D 的规定，有相应文字记录；

3. 如采用"温度—时间累计法（600℃·d）"确定同条件混凝土试件等效养护龄期的，应有相应温度测量记录；

4. 同条件试件取样应实行有见证取样和送检，有相应混凝土抗压强度报告。

6.4.3.3 混凝土试块强度统计、评定

1. 混凝土试块试压后，应将混凝土试块试压报告按施工部位及时间顺序编号及时登记在混凝土试块试压报告目录表中。

2. 结构验收（基础或主体结构完成后）前，按单位工程同品种、同强度等级混凝土为同一验收批，参加评定的标准养护 28d 试块的抗压强度。工程中所用各品种、各强度等级的混凝土强度都应分别进行统计评定。

3. 混凝土强度检验评定应以同批内标准试件的全部强度代表值按现行《混凝土强度检验评定标准》(GB/T 50107—2010) 进行检验评定。当对混凝土试件的代表性有怀疑时，或现场未按规定要求留置试件时，按现行标准的规定，可委托法定单位，采用从结构中钻取试件的方法或采用非破损检验方法，按有关规定对结构混凝土强度进行推定。

4. 凡混凝土强度评定未达到要求的或未按规定留置标准试块的，均为质量问题，必须依据经法定单位检测后出具的检测报告进行技术处理，结构处理应由设计单位提出加固、处理方案，其处理结构及方案资料应纳入施工技术资料。

5. 混凝土试件强度检验评定方法

(1) 统计方法评定

① 当混凝土的生产条件在较长时间内保持一致，且同一品种混凝土的强度变异性能保持稳定时，应由连续的三组试件组成一个验收批（此方法一般用于搅拌站），其强度应同时满足下列要求：

$$mf_{cu} \geqslant f_{cu,k} + 0.7\sigma_0$$

$$f_{cu,min} \geqslant f_{cu,k} - 0.7\sigma_0$$

当混凝土强度等级不高于 C20 时，强度的最小值应满足下列要求：

$$f_{cu,min} \geqslant 0.85 f_{cu,k}$$

当混凝土强度等级不高于 C20 时，强度的最小值应满足下列要求：

$$f_{cu,min} \geqslant 0.90 f_{cu,k}$$

式中　mf_{cu}——同一验收批混凝土立方体抗压强度的平均值（MPa）；

　　　$f_{cu,k}$——混凝土立方体抗压强度标准值（MPa）；

　　　σ_0——验收批混凝土立方体抗压强度标准差（MPa）；

　　　$f_{cu,min}$——同一验收批混凝土立方体抗压强度最小值（MPa）。

验收批混凝土立方体抗压强度的标准差，应根据前一个检验期内同一品种混凝土试件的强度数据，按下列公式确定：

$$\sigma_0 = \frac{0.59}{m} \sum_{i=1}^{m} \Delta f_{cu,i}$$

式中　　$\Delta f_{cu,i}$——第 i 批试件立方体抗压强度中最大值与最小值之差；

　　　　m——用以确定验收批混凝土立方体抗压强度的标准差的数据总批数。

② 当混凝土的生产条件在较长时间内不能保持一致，混凝土的强度变异性不能保持稳定时或在前一批检验期内的同种混凝土没有足够的数据用以确定验收批混凝土立方体抗压强度的标准差时，应由不少于 10 组的试件组成一个验收批，其强度应同时满足下列要求：

$$m f_{cu} - \lambda_1 \cdot s f_{cu} \geqslant 0.9 f_{cu,k}$$

$$f_{cu,min} \geqslant \lambda_2 f_{cu,k}$$

式中　　$s f_{cu}$——同一验收批混凝土立方体抗压强度的标准差（MPa），当 $s f_{cu}$ 的计算值小于 $0.06 f_{cu}$ 时，取 $s f_{cu} = 0.06 f_{cu,k}$。

　　　　n——一个验收批混凝土试件的组数；

　　　　λ_1、λ_2——合格判定系数，见表 6-191。

合格判定系数的取用表　　　　　　　　　　　　　　　　表 6-191

试件组数	1014	1524	25
λ_1	1.70	1.65	1.60
λ_2	0.90	0.85	

（2）非统计方法评定

按非统计方法评定混凝土强度时，其强度应同时满足下列要求：

$$m f_{cu} \geqslant 1.15 f_{cu,k}$$

$$f_{cu,min} \geqslant 0.95 f_{cu,k}$$

6. 混凝土试件强度统计评定记录，填写实例见表 7-12。

（1）确定单位工程中需统计评定的混凝土验收批，找出所有同一强度等级的各组试件强度值，分别填入表中。

（2）填写所有已知项目。

（3）分别计算出该批混凝土试件的强度平均值、标准差，找出合格判定系数和混凝土试件强度最小值填入表中。

（4）计算出各评定数据并对混凝土试件强度进行判定，结论填入表中。

（5）签字、上报、存档。

（6）凡按验评标准进行强度统计达不到要求的，应有结构处理措施，需要检测的，应经法定检测单位检测并应征得设计部门认可。检测、处理资料要存档。

填写实例见表 6-192。

混凝土试块强度统计、评定记录 C6-9					资料编号	02-01-C6-×× ×	
工程名称		×××工程			强度等级	C30	
填报单位		××建筑工程公司			养护方法	标养	
统计期		×年××月××日 至××××年××月××日			结构部位	地上主体墙柱	
试块组		强度标准值 $f_{cu,k}$ （MPa）	平均值 mf_{cu} （MPa）	标准值 sf_{cu} （MPa）	最小值 $f_{cu,min}$ （MPa）	合格判定系数	
						λ_1	λ_2
15		30.0	46.7	5.48	39.6	1.7	0.9

每组强度值（MPa）	50.5	39.8	40.6	46.2	48	39.6	41.2	52.6	51.3	50.9
	56.2	42.9	47.3							

评定界限	☑ 统计方法（二）			非统计方法	
	$0.90f_{cu,k}$	$mf_{cu}-\lambda_1 \cdot sf_{cu}$	$\lambda_2 f_{cu,k}$	$1.15f_{cu,k}$	$0.95f_{cu,k}$
	27.00	37.38	27.00		
判定式	$mf_{cu}-\lambda_1 \cdot sf_{cu} \geqslant 0.9f_{cu,k}$		$f_{cu,min} \geqslant \lambda_2 f_{cu,k}$	$mf_{cu} \geqslant 1.15f_{cu,k}$	$f_{cu,min} \geqslant 0.95f_{cu,k}$
结果	37.38>27 合格		39.6>27 合格		

结论： 混凝土试块强度符合设计及规范要求。		
批 准	审 核	统 计
×××	×××	×××
报告日期	××××年××月××日	

本表由施工单位填写。

6.4.3.4 回弹法评定混凝土抗压强度

当有下列情况之一时，可按回弹法评定混凝土的强度，并作为混凝土强度检验的依据之一。实例见表6-193、表6-194。

1. 缺乏同条件试块或标准试块数量不足；

2. 试件与结构中混凝土质量不一致；

3. 试块的试压结果不符合现行标准、规范、规程所规定的要求，并对该结果持有怀疑。

6.4.3.5 检查要求

1. 按照设计施工图要求，检查混凝土配合比及试块强度报告中混凝土的品种、强度等级、试块制作日期、实际龄期、养护方法、组数、试块强度是否符合设计要求及施工规范规定。

2. 检查水泥品种、强度等级、厂家、试验编号是否与原材复试报告和配合比通知单及试块试压报告单中相应项目相吻合。

3. 核查每张试验报告项目是否齐全、编号是否填写、计算是否正确、结论是否明确。

4. 有抗渗要求的应检查抗渗报告的部位、组数、抗渗等级是否符合要求。

5. 检查是否以《混凝土强度检验评定标准》（GB/T 50107—2010）对混凝土的强度质量进行了评定。当混凝土验收批抗压强度不合格时，是否及时进行鉴定，并采取相应的技术措施和处理办法，处理记录是否齐全，设计是否签字。

6. 应与其他技术资料对应一致，相互吻合，相关资料有：原材料、半成品、成品出厂证明和试检验报告、混凝土配合比、混凝土开盘鉴定及混凝土浇筑申请、隐（钢筋）预（模板）检记录、质量验收批、试验技术交底等。

回弹法测试原始记录　　　　　表 6-193

施工单位	×××建筑工程公司	回弹编号 1#
工程名称	×××工程	$f_{cu,28}$ 强度 28.4N/mm²
混凝土强度等级	C20	出池日期
生产日期	××年××月××日	出池强度

编 号		回弹值 R_i																	碳化深度 (mm)
构件名称	测区	1	2	3	4	5	6	7	8	9	10	11	12	13	14	15	16	R_m	(mm)
3 门二层 2 轴 Ⓐ轴-Ⓒ轴墙	1	35	38	37	36	38	36	36	36	32	36	42	36	38	42	44	36	36.7	1
	2	33	33	35	31	31	37	42	36	30	29	37	40	39	44	38	38	35.7	1
	3	30	30	29	31	39	33	38	36	37	43	44	44	38	35	35	39	36.5	1
	4	36	36	44	41	38	38	37	36	36	35	31	30	30	38	39	41	36.9	1
	5	40	53	39	36	34	40	33	33	33	38	35	36	36	38	39	39	37	1
	6	49	39	38	37	38	40	35	35	36	37	36	36	31	41	47	36	37.3	1
	7	37	35	38	30	39	30	38	38	36	37	42	44	38	38	36	36	37.9	1
	8	41	40	40	37	39	37	36	36	30	33	40	44	44	37	37	33	38	1
	9	32	31	31	30	38	38	41	43	38	33	33	34	39	38	38	35	36.2	1
	10	39	39	38	34	34	29	28	34	34	33	39	37	37	42	41	33	35.9	1

侧面状态	侧面、表面、底面、干潮湿、光洁、粗糙水平、向上、向下	回弹仪	型号	203-A	回弹仪检定证编号	×××
			编号	1207		
测试角度 α			率定值	80	测试人员上岗证编号	×××

监理：×××　测试：×××　记录：×××　计算：×××　测试日期：××××年××月××日

工程名称　　×××工程　　回弹编号 1#

构件名称及编号　2轴墙 Ⓐ—Ⓒ

项目		测区	1	2	3	4	5	6	7	8	9	10
回弹值	测区平均值		36.7	35.7	36.5	36.9	37	37.3	37.9	38	36.2	35.9
	角度修正值											
	角度修正后											
	浇筑面修正值											
	浇筑面修正后											
平均碳化深度值 d_m (mm)			1	1	1	1	1	1	1	1	1	1
测区强度值 f^c_{cu} (N/mm²)			32.5	30.8	32.2	32.8	33	33.6	34.7	34.9	31.6	31.1
强度计算值 (N/mm²) $n=10$			$mf_{cu}=32.72$			$Sf_{cu}=1.39$			$f_{cu,min}=30.8$			
使用测区强度换算表名称：规程、地区、专用						备注：　监理：×××						
结　论			依据《回弹法检测混凝土抗压强度技术规程》（JG/T 23—2011）标准，强度推定值 30.8N/mm²									

测试：×××　　计算：×××　　复核：×××　　计算日期：××××年××月××日

6.4.3.6 预防混凝土工程碱集料反应

1. 碱集料反应的类型为三类

(1) 碱硅酸反应；

(2) 碱碳酸盐反应；

(3) 慢膨胀型碱硅酸反应。

北京地区均为碱硅酸反应，且碱活性集料也均为含活性硅酸质矿物的岩石。以砂浆长度膨胀法进行检测，按膨胀量的大小分为四种：

A 种：非碱活性集料，膨胀量小于或等于 0.02%（周口店、阳坊地带的花岗石）；

B 种：低碱活性集料，膨胀量大于 0.02%，小于或等于 0.06%（温榆、潮白河地带集料）；

C 种：碱活性集料，膨胀量大于 0.06%，小于或等于 0.10%（永定河地带集料）；

D 种：高碱活性集料，膨胀量大于 0.10%（南口碎石）。

2. 结构混凝土工程，按其所处环境潮湿度与碱化学可能污染度划分为三类

(1) Ⅰ类工程：干燥环境，不直接接触水，空气相对湿度长期低于 80% 的工业与民用建筑工程。如居室、办公室、非潮湿条件下生产的工业厂房、仓库等建筑；

(2) Ⅱ类工程：潮湿环境，直接与水接触的混凝土工程；干湿交替环境；潮湿土壤。如水处理工程、水坝、水池、桥墩、护坡；混凝土桥梁、公路路面、飞机跑道、铁道轨枕；地铁工程、隧道、地下构筑物、建筑物地下室或基础工程等；

(3) Ⅲ类工程：外部有供碱环境，并处于潮湿环境。如处于高含盐碱地区的混凝土工程、接触化冰雪盐碱的城市混凝土道路、桥梁、下水道工程，以及处于盐碱化学工业污染范围内的工程。

3. 对混凝土的碱含量进行评估

(1) Ⅰ类工程可不采取预防混凝土碱集料反应措施，但结构混凝土外露部分需采取有效防水措施，如采用防水涂料、面砖等，防止雨水渗进混凝土结构；

(2) Ⅱ类工程除采取预防混凝土碱集料反应措施外，要先对混凝土的碱含量从以下几方面进行评估：

1) 使用 A 种非碱活性集料配制混凝土，其混凝土含碱量不受限制；

2) 配制Ⅱ类工程用混凝土，应首先考虑使用 B 种低碱活性集料及优选低碱水泥（碱含量 0.6％ 以下）、掺加矿粉掺合料及低碱、无碱外加剂。其混凝土含碱量不超过 5kg/m³；

3) 使用 C 种碱活性集料配制混凝土，其混凝土含碱量不超过 3kg/m³，若超过 3kg/m³，可采取下述措施，但应做好混凝土试配，同时满足混凝土强度等级要求：

① 用含碱量不大于 1.5％的Ⅰ或Ⅱ级粉煤灰取代 25％以上重量的水泥，并控制混凝土碱含量低于 4kg/m³；

② 用含碱量不大于 1.0％、比表面积 4000cm²/g 以上的高炉矿渣粉取代 40％以上重量的水泥，并控制混凝土碱含量低于 4kg/m³；

③ 用硅灰取代 10％以上重量的水泥，并控制混凝土碱含量低于 4kg/m³；

④ 用沸石粉取代 30％以上重量的水泥，并控制混凝土碱含量低于 4kg/m³；

⑤ 使用比表面积 5000cm²/g 以上的超细矿粉掺合料时，可通过检测单位试验确定抑制碱集料反应的最小掺量；

⑥ 当没有合适的矿粉掺合料时，可以采取硫铝酸盐水泥或铁铝酸盐水泥配制混凝土。

4) D 种高碱活性集料严禁用于Ⅱ、Ⅲ类工程；

5) 特别重要结构工程或特殊结构工程，应按有关混凝土碱集料试验数据配制混凝土。

(3) Ⅲ类工程除采取Ⅱ类工程的措施外，要防止环境中盐碱渗入混凝土，应考虑采取混凝土隔离层的措施（如设防水层等），否则需使用 A 种非碱活性集料配制混凝土。

混凝土碱含量＝水泥带入碱量(等当量 Na_2O 百分含量×单方水泥用量)＋外加剂带入碱量＋掺合料中有效碱含量(粉煤灰、高炉矿渣和硅灰的有效碱量依次按其化学分析总含碱量的 15％、50％、5％推算)。

混凝土等当量＝Na_2Oeq％＝Na_2Oeq％＋0.658K_2O％，单位以 kg/m³ 计。

4. 材料管理

(1) 凡用于Ⅱ、Ⅲ类工程结构用水泥、砂石、外加剂、掺合料等混凝土用建筑材料，必须具有由市技术监督局核定的法定检测单位出具的碱含量和集料活性检测报告，无检测报告的混凝土材料禁止在此类工程上应用。

(2) 进入北京市场的水泥、外加剂及矿物掺合料，根据建设工程的需要必须提供产品有关技术指标及碱含量的检验报告（检验报告有效期水泥半年、砂石两年、掺合料以每批产品实测值为准）。

(3) 混凝土预拌厂（站）、混凝土制品生产厂在接受配制有预防混凝土碱集料反应要求的混凝土或制品时，应严格按委托单位提出的配制要求配制混凝土。应向用户提供正式检测报告，包括所用砂石产地及碱活性等级和混凝土碱含量的评估结果。

5. 验收资料

在Ⅱ、Ⅲ类工程结构验收时，应将设计、施工、材料、监理各单位所签订的技术责任合同、预防混凝土碱集料反应的技术措施（在施工组织设计中编制）、混凝土强度试验报告及混凝土碱含量评估等一并作为验收工程时的必备的档案。

6.4.4 钢筋连接

钢筋连接接头方式可分为焊接、机械连接（锥（直）螺纹连接和冷挤压连接等）。

一、钢筋焊接

1. 钢筋的焊接接头形式、焊接工艺和质量验收应符合国家现行标准《钢筋焊接及验收规程》（JGJ 18—2012）的有关规定。焊接接头的试验方法应符合国家现行标准《钢筋焊接接头试验方法标准》（JGJ/T 27—2001）的有关规定。

2. 工程中凡有焊接要求的部位，必须作焊接试验，试件的材质必须与原材的材质相符。试验工应根据技术员的书面交底，依据规范要求，抽取试件，提供试验报告的焊（连）接试件应从外观检查合格后的成品中切取。

3. 工厂和施工现场集中加工的焊接钢筋，应有加工单位提供的焊接试验报告单。

4. 预制阳台、梁、柱及外挂板等在现场有焊接要求的预制混凝土构件，按班前焊接要求取模拟焊接试件，每个单位工程应具有按批量且不少于三组试件的试验报告。

5. 施焊者必须持有经过培训考核的在有效期内的上岗合格证。每两年应复试一次；当脱离焊接生产岗位半年以上，在生产操作前应首先进行复试。持有合格证的焊工一直从事焊接生产，并经常保持质量优良的可免予复试，但仅以一次为限，并应由考试单位签证后有效。

6. 焊接类型：

（1）电阻点焊；

（2）闪光对焊；

（3）电弧焊（可分帮条焊、搭接焊、熔槽帮条焊、坡口焊、钢筋与钢板搭接焊、窄间隙焊、预埋件钢筋 T 形接头电弧焊）；

（4）电渣压力焊；

（5）气压焊；

（6）预埋件埋弧压力焊。

7. 性能指标：

（1）电阻点焊

1）抗剪试验结果应符合表 6-195 中规定的数值。

钢筋焊点抗剪力指标（N）　　　　　　　　表 6-195

项次	钢筋级别	较小一根钢筋直径(mm)								
		3	4	5	6	6.5	8	10	12	14
1	Ⅰ级	—	—	—	6640	7800	1810	18460	26580	36170
2	Ⅱ级						6840	26310	37890	51560
3	冷拔低碳钢丝	2530	4490	7020	—	—	—	—	—	—

2）拉力试验的结果应不低于冷拔低碳钢丝乙级规定的抗拉强度值，见表 6-196。

冷拔低碳钢丝的力学性能

表 6-196

项目	钢丝级别	直径(mm)	抗拉强度(MPa)		伸长率(标距100mm)%	反复弯曲180°(次数)
			Ⅰ组	Ⅱ组		
					不小于	
1	甲级	5	650	600	3.0	4
		4	700	650	2.5	
2	乙级	3~5	550		2.0	4

3）试验结果，若有一个试件达不到上述要求，则取 6 个抗剪试件或 6 个拉力试件对该试验项目进行复试，复试结果若仍有一个试件达不到上述要求，则该批制品即为不合格品。对不合格品，经采取补强处理后，可提交二次验收。

（2）闪光对焊

1）闪光对焊接头弯曲试验时的弯心直径和弯曲角度应符合表 6-197 中规定。

闪光对焊弯心直径和弯曲角度

表 6-197

钢筋级别	弯曲直径		弯曲角度	钢筋级别	弯曲直径		弯曲角度
	$d \leqslant 25mm$	$d > 25mm$	(°)		$d \leqslant 25mm$	$d > 25mm$	(°)
Ⅰ	$2d$	$3d$	90	Ⅲ	$5d$	$6d$	90
Ⅱ	$4d$	$5d$	90	Ⅳ	$7d$	$8d$	90

2）3 个试件的抗拉强度均不得低于该级别钢筋的抗拉强度值，余热处理Ⅲ级钢筋 3 个试件均不得低于 570MPa。

至少有 2 个试件断于焊缝之外，并呈延性断裂。

当试验结果有 1 个试件的抗拉强度低于规定指标，或 2 个试件在焊缝或热影响区发生脆性断裂时，应取 6 个试件进行复试。复试结果若仍有 1 个试件的抗拉强度低于规定指标，或 3 个试件在焊缝或热影响区发生脆性断裂，则该批接头即为不合格品。

3）预应力钢筋与螺丝端杆闪光对焊接头拉伸试验，3 个试件应全部断于焊缝或热影响区之外，呈延性断裂。

当试验结果有 1 个试件在焊缝或热影响区发生脆性断裂时，应取 3 个试件进行复试。复试结果若仍有 1 个试件在焊缝或热影响区发生脆性断裂，则该批接头即为不合格品。

4）弯曲试验结果至少有 2 个试件的外侧不得出现宽度大于 0.15mm 的横向裂纹。

若有 2 个试件未达到上述要求，应取双倍数量的试件进行复试，复试结果仍不符合要求，该批接头即为不合格品。

（3）电弧焊

1）3 个试件的抗拉强度均不得低于该级别钢筋的抗拉强度值。

2）至少有 2 个试件呈延性断裂。

当试验结果有 1 个试件的抗拉强度低于规定指标，或 2 个试件发生脆性断裂时，应取 6 个试件进行复试。复试结果若仍有 1 个试件的抗拉强度低于规定指标，或 3 个试件发生脆性断裂，则该批接头即为不合格品。

（4）电渣压力焊

3 个试件的抗拉强度均不得低于该级别钢筋的抗拉强度值。

当试验结果有 1 个试件的抗拉强度低于规定指标，应取 6 个试件进行复试。复试结果若仍有 1 个试件不符合要求，则该批接头即为不合格品。

（5）气压焊

1）3 个试件的抗拉强度均不得低于该级别钢筋的抗拉强度值。

至少有 2 个试件断于焊缝之外，并呈延性断裂。

若有 1 个试件不符合要求时，应取 6 个试件进行复试，复试结果若仍有 1 个试件的抗拉强度低于规定指标，则该批接头即为不合格品。

2）弯曲试验，试件不得在压焊面发生破断。当试验结果有 1 个试件不符合要求，应取 6 个试件进行复试。复试结果若仍有 1 个试件不符合要求，则该批接头即为不合格品。

（6）预埋件埋弧压力焊

1）3 个试件的抗拉强度均不得低于该级别钢筋的抗拉强度值。

当试验结果有 1 个试件的抗拉强度低于规定指标，应取 6 个试件进行复试。复试结果若仍有 1 个试件的抗拉强度低于规定指标，则该批接头即为不合格。

2）对于不合格品采用补强焊接后，可提交二次验收。

（7）钢筋焊接骨架

1）抗剪试验结果应符合表 6-198 中规定的数值。

钢筋焊接骨架焊点抗剪力指标（N）　　　　　　表 6-198

项 次	钢筋级别	较小一根钢筋直径(mm)								
		3	4	5	6	6.5	8	10	12	14
1	Ⅰ级				6640	7800	11810	18460	26580	36170
2	Ⅱ级						16840	26310	37890	51560
3	冷拔低碳钢丝	2530	4490	7020						

2）拉力试验的结果应不低于冷拔低碳钢丝乙级规定的抗拉强度值，见表 6-199。

冷拔低碳钢丝的力学性能　　　　　　表 6-199

项 目	钢丝级别	直 径 (mm)	抗拉强度（MPa）		伸长率 (标距 100mm)%	反复弯曲 180° (次数)
			Ⅰ组	Ⅱ组		
				不小于		
1	甲级	5	650	600	3.0	4
		4	700	650	2.5	
2	乙级	3～5	550		2.0	4

3）试验结果，若有 1 个试件达不到上述要求，则取 6 个抗剪试件或 6 个拉力试件对该试验项目进行复试；复试结果若仍有 1 个试件达不到上述要求，则该批制品即为不合格品。对不合格品，经采取补强处理后，可提交二次验收。

（8）钢筋焊接网

钢筋焊接网的力学性能试验应包括拉伸试验、弯曲试验和抗剪试验。

1）拉伸试验结果，不得小于 LL550 级冷轧带肋钢筋规定的抗拉强度或冷拔低碳钢丝乙级规定的抗拉强度。

当焊接网的拉伸试验、弯曲试验结果不合格时，应从该批焊接网中再切取双倍数量试件进行不合格项目检验；复验结果合格时，应确认该批焊接网为合格品。

2）当弯曲至180°时，其外侧不得出现横向裂纹。

3）抗剪试验结果，3个试件抗剪力的平均值应符合下式计算的抗剪力：

$$F \geqslant 0.3 \times Ao \times \sigma_s$$

式中 F——抗剪力（N）；

Ao——较大钢筋的横截面面积（mm^2）；

σ_s——该级别钢筋（丝）规定的屈服强度（MPa）。

注：冷拔低碳钢丝的屈服强度按 0.65×550 计算，取360MPa。

冷轧带肋钢筋的屈服强度按 LL550 级钢筋的屈服强度 500MPa 计算。

4）当不合格时，应在取样的同一横向钢筋上所有交叉焊点取样检查；当全部试件平均值合格时，应确认该批焊接网为合格品。

二、钢筋机械连接

1. 钢筋机械连接件的屈服承载力和抗拉承载力的标准值不应小于被连接钢筋的屈服承载力和抗拉承载力标准值的1.10倍。

2. 钢筋接头应根据接头的性能等级和应用场合，对静力单向拉伸性能、高应力反复拉压、大变形反复拉压、抗疲劳、耐低温等各项性能确定相应的检验项目。

3. 接头应根据静力单向拉伸性能、高应力反复拉压和大变形反复拉压性能的差异，分列三个性能等级。

A级：接头抗拉强度达到或超过母材抗拉强度标准值，并具有高延性及反复拉压性能。

B级：接头抗拉强度达到或超过母材抗拉强度标准值的1.35倍，并具有一定的延性及反复拉压性能。

C级：接头仅能承受压力。

A级、B级、C级的接头性能应符合表6-200中的规定。主要符号见表6-201。

接头性能检验指标 表6-200

等级		A级	B级	C级
单向拉伸	强度	$f^0_{mst} \geqslant f_{tk}$	$f^0_{mst} \geqslant 1.35 f_{yk}$	单向受压 $f^{0'}_{mst} \geqslant f'_{tk}$
	割线模量	$E_{0.7} \geqslant E^\circ_s$ 且 $E_{0.9} \geqslant 0.9E^\circ_s$	$E_{0.7} \geqslant 0.9E^\circ$ 且 $E_{0.9} \geqslant 0.7E^\circ$	—
	极限应变	$\varepsilon_\mu \geqslant 0.04$	$\varepsilon_\mu \geqslant 0.02$	—
	残余变形	$\mu \leqslant 0.3mm$	$\mu \leqslant 0.3mm$	—
高应力反复拉压	强度	$f^0_{mst} \geqslant f_{tk}$	$f^0_{mst} \geqslant 1.35 f_{yk}$	—
	割线模量	$E_{20} \geqslant 0.85E_1$	$E_{20} \geqslant 0.5E_1$	—
	残余变形	$\mu_{20} \leqslant 0.3mm$	$\mu_{20} \leqslant 0.3mm$	—
大应变反复拉压	强度	$f^0_{mst} \geqslant f_{tk}$	$f^0_{mst} \geqslant 1.35 f_{yk}$	—
	残余变形	$\mu_4 \leqslant 0.3mm$ 且 $\mu_8 \leqslant 0.6mm$	$\mu_4 \leqslant 0.6mm$	—

编号	符号	单位	含义
1	E°_s	N/mm²	钢筋弹性模量实测值
2	$E_{0.7}$，$E_{0.9}$	N/mm²	接头在 0.7、0.9 倍钢筋屈服强度标准值下的割线模量
3	E_1，E_{20}	N/mm²	接头在 1、20 次加载至 0.9 倍钢筋屈服强度标准值下的割线模量
4	ε_μ		受压接头试件极限应变
5	ε_{yk}		钢筋在屈服强度标准值下的应变
6	μ	mm	接头单向拉伸的残余变形
7	μ_4，μ_8，μ_{20}	mm	接头反复拉压 4、8、20 次后的残余变形
8	f^0_{mst}，$f^{0\prime}_{mst}$	N/mm²	机械连接接头的抗拉、抗压强度实测值
9	f^0_{st}	N/mm²	钢筋抗拉强度实测值
10	f_{tk}，f'_{tk}	N/mm²	钢筋抗拉、抗压强度标准值

4. 对直接承受动力荷载的结构，其接头应满足设计要求的抗疲劳性能。

当无专门要求时，对连接Ⅱ级钢筋的接头，其疲劳性能应能经受应力幅为 100N/mm²，上限应力为 180N/mm² 的 200 万次循环加载。对连接Ⅲ级钢筋的接头，其疲劳性能应能经受应力幅为 100N/mm²，上限应力为 190N/mm² 的 200 万次循环加载。当混凝土结构中钢筋接头部位的温度低于 −10℃ 时，应进行专门的试验。

5. 接头的型式检验（由厂家提供）：

(1) 在下列情况时应进行型式检验；

1) 确定接头等级时；

2) 材料、工艺、规定进行改动时；

3) 质量监督部门提出专项要求时。

(2) 用于型式检验的钢筋母材的性能除应符合有关标准的规定外，其屈服强度及抗拉强度实测值不宜大于相应屈服强度和抗拉强度标准值的 1.10 倍。当大于 1.10 倍时，对 A 级接头，接头的单向拉伸强度实测值应大于等于 0.9 倍钢筋实际抗拉强度。填写实例见表 6-202。

6. 接头检验。钢筋连接工程开始前及施工过程中，应对每批进厂的钢筋进行接头工艺检验，施工中应做现场接头拉伸试验，现场试验报告。

工艺检验应符合下列要求：

(1) 每种规格钢筋的接头试件不应少于 3 根；

(2) 对接头试件的钢筋母材应进行抗拉强度试验；

(3) 3 根接头试件的抗拉强度均应满足表 6-203 的强度要求；对于 A 级接头，试件抗拉强度应大于等于 0.9 倍钢筋母材的实际抗拉强度。计算实际抗拉强度时，应采用钢筋的实际横截面面积。

委托单位		××××厂		产品名称		Ⅱ级带肋钢筋锥螺纹连接接头		
工程名称		型式检验		规格型号		Ⅱ级带肋螺纹 25		
检验项目		原材力学性能、接头单向拉伸、高应力、大变形反复拉压						
检验依据		JGJ 107—96		送样数量	15 根	送样日期	2005.8.26	
试验编号		2005—023		检验日期	2005.9.3	设计接头等级	A 级	
接头试件基本参数	钢筋直径(25mm)原材力学性能	钢筋母材编号		1	2	3	4	5	6
		实际面积(mm²)		490.9	490.9	490.9	490.9	490.9	490.9
		屈服强度(N/mm²)		365	345	370			
		抗拉强度(N/mm²)		580	550	580			
		弹性模量(N/mm²)		25			27		28
		断后伸长率(%)		2.02	2.05	2.05			
试验结果	接头单向拉伸	割线模量	$E_{0.9}$(N/mm²)	1.87	1.86	1.96	1.88	1.80	1.75
			$E_{0.7}$(N/mm²)	2.04	2.11	2.15	2.03	2.00	1.94
		残余变形(mm)		0.04	0.045	0.03	0.047	0.043	0.044
		极限强度(N/mm²)		565	570	540	555	570	545
		极限应变(%)		16	17	17	21	22	14
		破坏情况		断母材	断母材	断母材	断母材	断母材	断母材
	高应力反复拉压	割线模量	E_1(N/mm²)	1.66	1.62	1.59			
			E_2(N/mm²)	1.58	1.51	1.48			
			E_1：E_2	0.95	0.93	0.93			
		残余变形(mm)		0.025	0.064	0.075			
		极限强度(N/mm²)		555	540	550			
		破坏情况		断母材	断母材	断母材			
	大变形反复拉压	残余变量	μ_4	0.025	0.046	0.039			
			μ_8	0.053	0.07	0.083			
		极限强度(N/mm²)		535	555	555			
		破坏情况		断母材	断母材	断母材			
		备注							

结论：
该规格钢筋锥螺纹连接接头达到《钢筋机械连接技术规程》(JGJ 107—2010)规格的 A 级接头性能指标，合格。

××××建筑材料质量监督检验站
质量监督部门章

主任：×××　　　　　　审核：×××　　　　　　检验人员：×××

套筒材料力学性能　　表 6-203

项　目	力学性能指标	项　目	力学性能指标
屈服强度(N/mm²)	225～350	延伸率(%)	≥20
抗拉强度(N/mm²)	375～500	硬度(HRB)或(HB)	60～80 102～133

当 3 个试件单向试验结果均符合表 6-202 的强度要求时，该验收批评为合格。

如有 1 个试件的强度不符合要求，应再取 6 个试件进行复试。复试中仍有 1 个试件的试验结果不符合要求，则该验收批评为不合格。

7. 挤压套筒应有出厂合格证。

对Ⅱ、Ⅲ级带肋钢筋挤压接头所用套筒材料应选用适于压延加工的钢材，其实测力学性能应符合表 6-204 中的规定。其规格、尺寸及允许偏差应符合表 6-205 中的规定。

钢套筒的规格和尺寸　　　　　　　　　　　　表 6-204

钢套筒型号	钢套筒尺寸(mm)			钢套筒型号	钢套筒尺寸(mm)		
	外径	壁厚	长度		外径	壁厚	长度
G40	70	12	250	G25	45	7.5	170
G36	63.5	11	220	G22	40	6.5	140
G32	57	10	200	G20	36	6	130
G28	50	8	190	G18	34	5.5	125

套筒尺寸的允许偏差表（mm）　　　　　　　　表 6-205

套筒外径 D	外径允许偏差	壁厚 t 允许偏差	长度允许偏差	套筒外径 D	外径允许偏差	壁厚 t 允许偏差	长度允许偏差
≤50	±0.5	$+0.12t$ $-0.10t$	±0.2	>50	±0.01D	$+0.12t$ $-0.10t$	±0.2

8. 外观质量、加工质量检查。

接头外观检查记录、质量检查记录及加工检验记录见表 6-206，表 6-207，表 6-208。

三、钢筋连接试验报告填写

1. 委托单位及工程名称：要写具体，名称应与施工组织设计一致。

2. 施工部位：应填写具体（如层、轴、梁、柱等）。

3. 接头类型：要写具体，如双面搭接电弧焊，不能只填写电弧焊；挤压连接。

4. 钢筋种类：填写钢筋的品种和规格，符号要写正确。如热轧带肋 HRB335。

5. 检验形式：注明工艺检验、现场检验、可焊性检验。

6. 操作人：应与焊工上岗证上的名称相吻合。

7. 试件代表数量：按规定具实填写。

填写实例见表 6-209，表 6-210。

四、钢筋连接试验单的检验方法及要求

试验报告中应写明：工程名称、钢筋级别、焊接种类、规格、批号、数量、构件类型、使用部位、制作试验日期、外观检验及试验结果。

1. 检查试验单上的项目是否齐全，试验结果及结论是否准确、真实、无未了项，试验室盖章签字齐全。

2. 检查连接用母材是否先试验合格后再使用，检查试验编号是否填写，检查批量的总和是否与需用量基本一致。

3. 检查试验数据是否达到规范规定的标准值。

4. 检查若达不到相应标准要求时，是否取双倍数量的试件进行复验或报有关部门处理，并将复试合格单或处理结论附于此单后一并存档。

5. 核对使用日期，不允许先使用后试验。

施工现场挤压接头外观检查记录 表6-206

工程名称	×××工程		楼层号	一层⑤～⑧轴	构件类型		框剪墙	
验收批号	1		验收批数量	800头	抽检数量		80头	
连接钢筋直径(mm)		25		套筒外径(或长度)mm			45	
外观检查内容		压痕处套筒外径（或挤压后套筒长度）		规定挤压道次		接头弯折 ≤4°		套筒无肉眼可见裂缝
		合 格	不合格	合 格	不合格	合 格	不合格	合 格	不合格
外观检查不合格接头之编号	1	√		√			√	√	
	2		√		√	√		√	
	3		√	√			√	√	
	4		√	√		√		√	
	5	√		√				√	
	6		√	√		√		√	
	7								
	8								
	9								
	10								
评定结论		符合 JCJ 109—96 规程要求。							

备注：1. 接头外观检查抽检数量应不少于验收批接头数量的10%。

2. 外观检查内容共四项，其中压痕处套筒外径(或挤压后套筒长度)，挤压道次，二项的合格标准由产品供应单位根据型式检验结果提供。接头弯折≤4°为合格，套筒表面有无裂缝以无肉眼可见裂缝为合格。

3. 仅要求对外观检查不合格接头作记录，四项外观检查内容中，任一项不合格即为不合格，记录时可在合格与不合格栏中打√。

4. 外观检查不合格接头数超过抽检数的10%时，该验收批外观质量评为不合格。

检查人：×××　　　　　　负责人：×××　　　　　　日期：××××年××月××日

工程名称	×××工程				检验日期	××××年××月××日
结构所在层数	主体结构二层				构件种类	柱子
钢筋规格 （mm）	接头位置	无完整 丝扣外露	规定力矩值 （N·m）	施工力矩值 （N·m）	检验力矩值 （N·m）	检验结论
22	柱子	无	2.6	2.6	2.6	√
22	柱子	无	2.6	2.6	2.6	√

注：检验结论：合格"√"；不合格"×"。

检查单位：××建筑工程公司   检查人员：×××   负责人：×××

工程名称	×××工程			结构所在层数	主体结构二层
接头数量	100	抽检数量	10	构件种类	柱子
序号	钢筋规格	螺纹牙形检验	小端直径检验	检验结论	备 注
1	22	√	√	合格	
2	22	√	√	合格	
3	22	√	√	合格	
4	22	√	√	合格	
5	22	√	√	合格	
6	22	√	√	合格	
7	22	√	√	合格	
8	22	√	√	合格	
9	22	√	√	合格	
10	22	√	√	合格	

注：1. 按每批加工钢筋锥螺纹丝头数的10%检验；

    2. 牙形合格、小端直径合格的打"√"；否则打"×"。

检查单位：××建筑工程公司   检查人员：×××

日   期：××××年××月××日   负责人：×××

| 钢筋连接试验报告表
C6-3 | | | | 资料编号 | | | 01-06-C6-×××
（续） | | |
|---|---|---|---|---|---|---|---|---|---|
| | | | | 试验编号 | | | ××××-×× | | |
| | | | | 委托编号 | | | ××××-×× | | |
| 工程名称及部位 | ×××工程基础底板 | | | | 试件编号 | | 9 号 | | |
| 委托单位 | ××建筑工程公司 | | | | 试验委托人 | | ××× | | |
| 接头类型 | 挤压连接 | | | | 检验形式 | | 现场检验 | | |
| 设计要求
接头性能等级 | A 级 | | | | 代表数量 | | 480 头 | | |
| 连接钢筋
种类及牌号 | 热轧带肋
HRB335 | 公称直径 | | 25(mm) | 原材试验
编号 | | ××××-×× | | |
| 操作人 | ××× | 来样日期 | | ××××年
××月××日 | 试验日期 | | ××××年××月××日 | | |
| 接头试件 | | | 母材试件 | | 弯曲试件 | | | | 备 注 |
| 公称面积
（mm²） | 抗拉强度
（MPa） | 断裂特征
及位置 | 实测面积
（mm²） | 抗拉强度
（MPa） | 弯心
直径 | 角度 | 结果 | | |
| 490.9 | 595 | 母材拉断 | | | | | | | |
| 490.9 | 590 | 母材拉断 | | | | | | | |
| 490.9 | 595 | 母材拉断 | | | | | | | |
| 结论：
依据《钢筋机械连接技术规程》(JGJ 107—2010)标准，工艺检验符合挤压连接 A 级接头要求。 | | | | | | | | | |
| 批准 | ××× | 审核 | | ××× | | 试验 | | ××× | |
| 试验单位 | ×××试验中心 | | | | | | | | |
| 报告日期 | ××××年××月××日 | | | | | | | | |

296

钢筋连接试验报告表 C6-3			资料编号	01-06-C6-×××
			试验编号	××××-××
			委托编号	××××-××
工程名称及部位	×××工程基础底板		试件编号	8号
委托单位	××建筑工程公司		试验委托人	×××
接头类型	挤压连接		检验形式	工艺检验
设计要求 接头性能等级	A级		代表数量	
连接钢筋 种类及牌号	热轧带肋 HRB335	公称直径 25(mm)	原材试验 编号	××××-××
操作人	×××	来样日期 ××××年 ××月××日	试验日期	××××年××月××日

接头试件			母材试件		弯曲试件			备注
公称面积 (mm²)	抗拉强度 (MPa)	断裂特征 及位置	实测面积 (mm²)	抗拉强度 (MPa)	弯心 直径	角度	结果	
490.9	595	母材拉断	487.1	605				
490.9	590	母材拉断	489.4	600				
490.9	595	母材拉断	485.7	600				

结论：
依据《钢筋机械连接技术规程》(JGJ 107—2010)标准，工艺检验符合挤压连接A级接头要求。

批准	×××	审核	×××		试验	×××
试验单位	×××试验中心					
报告日期	××××年××月××日					

6.4.5 钢结构工程施工试验

一、钢结构焊接规定

必须按施工图的要求进行，并应执行《建筑钢结构焊接规程（2012年版）》（JGJ 81—2002）及《钢结构工程施工质量验收规范》（GB 50205—2001）中的规定。

1. 钢结构的焊接方法。

（1）手工电弧焊；

（2）自动和半自动埋弧焊；

（3）气体保护焊；

（4）电渣焊。

2. 钢材及焊接材料

钢材及焊接材料的性能和质量必须符合国家标准和行业标准的规定；施工首次使用的钢材、焊接材料、焊接方法、焊后热处理等应进行焊接工艺评定，有焊接工艺评定报告。并应有质量证明书或检验报告，如采用其他钢材和焊接材料代换时，必须经设计单位同意，同时应有可靠的试验资料及相应的工艺文件方可施焊。

常用钢材焊接所需的焊条、焊丝、焊剂的选配及强度等级宜按表 6-211 和表 6-212 的规定选用。

常用钢材焊接所需的焊条选配　　　　　表 6-211

钢号	钢材技术条件		焊条型号	焊条金属要求			备注
	抗拉强度 (MPa)	屈服强度 (MPa)		抗拉强度 (MPa)	屈服强度 (MPa)	延伸率 (%)	
				不小于			
Q235AF	370～460	≥235	E4301 E4303 E4311 E4312	420	330	18	
Q235AF 12Mn 16NbB	370～460 410 410	≥235 ≥295 ≥295	E4301 E4303 FA311 E4312	420	330	18	
			E4315 E4316	420	330	22	重要结构用
16Mn 16MnCu 16MnNb	470～510 470 470～490	≥345 ≥345 ≥345	E5010 E5011 E5003	490	390	22	
			E5015 E5016	490	390	22	重要结构用
15MnV 15MnTi	530 530	≥300 ≥300	E5503 E5510 E5513 E5515 E5516	540	440	16	

常用焊丝、焊剂使用　　　　　表 6-212

钢号	埋弧焊用焊丝、焊剂	CO_2 气体保护焊用焊丝	备注
Q235A	HJ401-H08 HJ401-H08A	H08Mn2Si	
16Mn 16MnCu 16MnNb	HJ402-H08A HJ402-H08MnA HJ402-H10Mn2	H08Mn2Si H10Mn2 H10MnSiMo	H08A 仅用于构造焊缝或满足受力要求时
15MnV 15MnTi	HJ402-H08MnA HJ402-H10Mn2 HJ402-H08MnMoA	H08Mn2Si H10Mn2 H10MnSiMo	

二、焊接工艺试验

对于施工首次应用的钢材、焊接材料、焊接方法、焊后热处理等应进行焊接工艺评定。

1. 焊接工艺试验是制定工艺技术文件的依据，以下情况应进行工艺试验：

(1) 钢材首次使用；

(2) 焊条、焊丝、焊剂的型号有改变；

(3) 焊接方法改变，或由于焊接设备的改变而引起焊接参数改变；

(4) 焊接工艺需改变；

1) 双面对焊改为单面焊；

2) 单面对接电弧焊增加或去掉垫板，埋弧焊的单面焊反面成型；

3) 坡口型式改变，变更钢板厚度，要求焊透的T形接头。

(5) 需要预热、后热或焊后要做热处理。

2. 工艺试验的钢材与焊接材料应与工程上所用材料相同。

3. 焊接接头的力学性能试验以拉伸和冷弯为主，冲击试验按设计要求确定。

4. 焊接接头力学性能试验的合格标准；

(1) 拉伸试验：接头焊缝的强度不低于母材强度的最低保证低值。

(2) 冷弯试验：应符合表6-213中的要求，冷弯试验达到合格角度时，焊缝受拉面上裂纹或缺陷长度不得大于3.0mm，如超过3.0mm，应补做一件，重新评定。

冷弯试验弯曲合格角度

表6-213

焊接方法	钢材种类	弯心直径	支座间距	弯曲角度
电弧焊	Q235A类(屈服强度235MPa级)低碳钢	2t	4.2C	150°
	16锰类(屈服强度343MPa级)低合金钢	3t	5.22	100°
	15锰钒类(屈服强度411MPa级)低合金钢	3t	5.2J	100°
电渣焊	Q23A类(屈服强度235MPa级)低碳钢	21	4.22	150°
	16锰类(屈赃强度343MP；级)低合金钢	32	5.2t	100°
	15锰钒类(屈服强度411MPa级)低合金钢	36	5.2r	
	其他强度更高的低合金钢	3C	5.26	

注：表中t为厚度。

(3) 冲击试验，应符合设计要求。

三、无损检验

对接焊缝的射线探伤按《金属熔化焊焊接接头射线照相》（GB/T 3323—2005）的规定执行。建筑钢结构对接焊缝的超声波探伤，应按《承压设备无损检测 第1部分 通用要求》（JB/T 4730.1～6—2005）的有关规定执行。

1. 设计要求的一、二级焊缝应做缺陷检验，由有相应资质等级检测单位出具超声波、射线探伤检测报告或磁粉探伤报告。《超声波探伤报告》、《超声波探伤记录》、《钢构件射线探伤报告》。

2. 要求与母材等强度的焊缝，必须经超声波或 X 射线探伤试验。项目部技术及有关人员根据钢结构工程的规模、形式，按照规范要求取样送检，其结论必须合格后方能进入档案。

3. 焊工应持证上岗，合格证的有效期为三年，如在有效期内停焊 6 个月，应重新考试，合格后方可继续从事焊接工作，焊区处理方式应符合《钢结构工程施工质量验收规范》（GB 50205—2001）中的规定。

四、其他检验报告

1. 高强度螺栓连接应有摩擦面抗滑移系数检验报告及复试报告，并实行有见证取样和送检。

2. 建筑安全等级为一级、跨度 40m 及以上的公共建筑钢网架结构，且设计有要求的，应对其焊（螺栓）球结点进行点承载力试验，并实行有见证取样和送检。

3. 对于钢结构工程所使用的防腐、防火涂料均应做涂层厚度检测，其中防火涂层的检测应由法定检测单位出具。

6.4.6 现场预应力工程施工试验

预应力工程用混凝土应按规范要求留置标养、同条件试块，有相应抗压强度试验报告。

后张法有粘结预应力工程灌浆用水泥浆应有性能试验报告。

一、预应力锚夹具的要求

1. 应有预应力锚夹具出厂合格证及硬度、锚固能力抽检试验报告。

（1）预应力混凝土结构中所用的锚夹具及连接器必须符合《预应力筋用锚具、夹具和连接器》（GB/T 14370—2007）标准要求。

（2）产品合格证的内容应包括：

1）型号和规格；

2）适用的预应力筋的品种、规格、强度等级；

3）锚固性能类别；

4）生产批号；

5）出厂日期；

6）质量合格签章及厂名等。

（3）预应力筋锚具、夹具及连接器验收的划分，在同种材料和同一生产条件下，锚具、夹具应以不超过 1000 套组为一个验收批；连接器应以不超过 500 套组为一个验收批。

（4）硬度检验：从每批中抽取 5％的锚具，但不少于 5 套做硬度试验。锚具的每个零件测试三点，其硬度的平均值应在设计要求范围内，且任一点的硬度，不应大于或小于设计要求范围洛氏硬度单位。如有一个零件不合格，则取双倍数量的零件重新试验；再不合格，则逐个检验，合格者方可使用。

（5）锚固能力试验：锚固能力不得低于预应力筋标准抗拉强度的 90％，锚固时预应力筋的内缩量，不超过锚具设计要求的数值，螺丝端杆锚具的强度，不得低于预应力筋的实际抗拉强度。如有一套不合格，则取双倍数量的锚具重新试验；再不合格，则该批锚具为不合格。

用于制作无粘结预应力钢绞线或碳素钢丝，其性能应符合《预应力混凝土用钢绞线》（GB 5224—2003）和《预应力混凝土用钢丝》（GB/T 5223—2002）的规定。常用的钢绞线和碳素钢丝的主要性能应按表 6-214～表 6-217 采用。

消除应力钢丝的力学性能　　　　　　　表 6-214

公称直径（mm）	抗拉强度 σ_b（MPa）不小于	规定非比例伸长应力 σ_p（MPa）不小于	伸长率（$L_o=100mm$）（%）不小于	弯曲次数		松弛		
				次数/180 不小于	弯曲半径（mm）	初始应力相当于公称抗拉强度的百分数（%）	1000h 应力损失（%）不大于	
							Ⅰ级松弛	Ⅱ级松弛
4.00	1470 1570	1250 1330	4	3	10	60	4.5	1.0
5.00	1670 1770	1410 1500		4	15	70	8	2.5
6.00	1570 1670	1330 1420						
7.00	1470	1250			20	80	12	4.5
8.00								
9.00	1570	1330			25			

注：1. Ⅰ级松弛即普通松弛，Ⅱ级松弛即低松弛，它们分别适用所有钢丝。

2. 屈服强度 $\sigma_{p0.2}$ 值不小于公称抗拉强度的 85%。

刻痕钢丝的力学性能　　　　　　　表 6-215

公称直径（mm）	抗拉强度 σ_b（MPa）不小于	规定非比例伸长应力 σ_p（MPa）不小于	伸长率（$L_o=100mm$）（%）不小于	弯曲次数		松弛		
				次数/180 不小于	弯曲半径（mm）	初始应力相当于公称抗拉强度的百分数（%）	1000h 应力损失（%）不大于	
							Ⅰ级松弛	Ⅱ级松弛
≤5.00	1470 1570	1250 1340	4	3	15	70	8	2.5
>5.00	1470 1570	1250 1340			20			

注：规定非比例伸长应力 $\sigma_{p0.2}$ 值不小于公称抗拉强度的 85%。

冷拉钢丝的尺寸及力学性能　　　　　　　表 6-216

公称直径（mm）	抗拉强度 σ_b（MPa）不小于	规定非比例伸长应力 σ_p（MPa）不小于	伸长率（$L_o=100mm$）（%）不小于	弯曲次数	
				次数/180° 不小于	弯曲半径（mm）
3.00	1470 1570	1100 1180	2	4	7.5
4.00	1670	1250			10
5.00	1470 1570 1670	1100 1180 1250	3	5	15

钢绞线结构	钢绞线公称直径（mm）	强度级别（MPa）	整根钢绞线的最大负荷（kN）	屈服负荷（kN）	伸长率（%）	1000h 松弛率（%）不大于			
						Ⅰ级松弛		Ⅱ级松弛	
						初始负荷			
			不小于			70%公称最大负荷	80%公称最大负荷	70%公称最大负荷	80%称最大负荷
1×2	10.00	1720	67.9	57.7	3.5	8.0	12	2.5	4.5
	12.00		97.9	83.2					
1×3	10.80		102	86.7					
	12.90		147	125					
1×7 标准型	9.50	1860	102	86.6					
	11.10	1860	138	117					
	12.70	1860	184	156					
	15.20	1720	239	203					
		1860	259	220					
1×7 模拔板	12.70	1860	209	178					
	15.20	1820	300	255					

注：1. Ⅰ级松弛即普通松弛级，Ⅱ级松弛即低松弛级，它们分别适用所有钢绞线。

2. 屈服负荷不小于整根钢绞线公称最大负荷的 85%。

（6）当设计重要结构工程，需做疲劳试验、周期荷载试验。

2. 预应力钢筋（含端杆螺丝）的各项试验资料及预应力钢丝镦头强度抽检记录。

二、预应力钢筋的施工试验内容：

（1）钢筋的冷拉试验；

（2）钢筋的焊接试验；

（3）预应力钢丝镦头强度检验。

预应力钢丝镦头前，应按批做镦头试验（长度 250～300mm），进行检查和试验。其强度不得低于预应力筋实际抗拉强度的 90%。

（4）无粘结预应力混凝土执行《无粘结预应力混凝土结构技术规程》（JGJ 92—2004），应做无粘结预应力筋张拉记录。

1）预应力锚、夹具资料。

①出厂合格证明；

②外观检查记录；

③硬度检验报告；

④锚具能力试验。

2）预应力钢筋试验报告。

①钢筋冷拉试验报告；

②钢筋焊接试验报告。

3）预应力钢丝镦头试验报告。

操作人：

①镦头外观检验记录；

②镦头强度试验报告。

6.4.7 建筑地面

建筑地面各构造层采用的材料、建筑产品的品种、规格、配合比、强度等级或强度等级等，应按设计要求和《建筑地面工程施工质量验收规范》（GB 50209）选用，应符合现行的有关产品标准的规定。各层采用拌合料的配合比或强度等级应由试验确定。

一、垫层

水泥混凝土垫层强度等级不应小于 C10。其他材料垫层按相应规范执行。

二、找平层

水泥砂浆体积比不宜小于 1∶3；水泥混凝土强度等级不应小于 C15。

在预制钢筋混凝土相邻板上铺设找平层，填缝采用细石混凝土，其强度等级不得低于 C20。嵌缝后应养护。混凝土强度等级达到 C15 时方可继续施工。其他材料找平层按相应规范执行。

三、隔离层和填充层

除应执行《建筑地面工程施工质量验收规范》（GB 50209）外，还应符合现行的《屋面工程质量验收规范》（GB 50207）和《地下防水工程质量验收规范》（GB 50208）的有关规定。

厕浴间和有防水要求的建筑地面应铺设隔离层。其楼面结构层应采用现浇水泥混凝土或整块预制钢筋混凝土板，其混凝土强度等级不应小于 C20。

当隔离层采用水泥砂浆或水泥混凝土找平层作为地面与楼面防水时，应在水泥砂浆或水泥混凝土中掺防水剂。当采用 JJ91 硅质密封剂，其水泥砂浆体积比应为 1∶2.5～1∶3（水泥∶砂）；水泥混凝土强度等级宜为 32.5，其技术性能各指标，应按砂浆、混凝土防水剂标准检验，并应符合表 6-218 及表 6-219 的规定。

水泥混凝土（掺入 JJ91 硅质密封剂）技术性能 表 6-218

试验项目	性能指标	一等品	合格品	JJ91 硅质密实试验结果
净浆安定性		合 格	合 格	合 格
泌水率比（%）		≤80	≤90	≤0
凝结时间差（min）	初 凝	−90～+120	−90～+120	+33
	终 凝	−120～+120	−90～+120	+66
抗压强度比（%）不小于	7d	110	110	127
	28d	100	95	104
	90d	100	90	95.6
渗透高度比（%）		≤39	≤40	≤38
48h 吸水率比（%）		≤65	≤75	≤72.4

试验项目		性能指标	一等品	合格品	JJ91 硅质密实试验结果
90d 收缩率比(%)			≤110	≤120	≤93
抗冻性能 (50 次冻融循环) (%)	慢冻法	抗压强度损失率比	≤100	≤100	≤86.5
		质量损失率比	≤100	≤100	≤7.3
	快冻法	相对动弹性模量比	≥100	≥100	—
		质量损失率比	≤100	≤100	—
对钢筋锈蚀作用					无锈蚀危害

水泥砂浆（掺入 JJ91 硅质密封剂）技术性能　　　　　表 6-219

试验项目		性能指标	一等品	合格品	JJ91 硅质密实试验结果
安定性			合　格	合　格	合　格
凝结时间		初凝不早于(min)	45	45	123
		终凝不迟于(h)	10	10	5.17
抗压强比 (%) 不小于		7d	100	95	95.1
		28d	90	85	127.4
		90d	85	80	100.1
渗水压力比(%)			≥300	≥200	≥300
48h 吸水率比(%)			≤65	≤75	≤72.8
90d 收缩率比(%)			≤110	≤120	≤98.2

注：本表除凝结时间和安定性为受检净浆的试验结果外，其他数据均为受检砂浆与基准砂浆的比值。

四、面层

1. 结合层和板块面层的填缝采用的水泥砂浆，应符合下列规定：

（1）配制水泥砂浆应采用硅酸盐水泥、普通硅酸盐水泥或矿渣硅酸盐水泥，其水泥强度等级不宜小于 32.5；

（2）水泥砂浆采用的砂应符合现行的行业标准《普通混凝土用砂石质量及检验方法标准》（JGJ 52—2006）的规定。

（3）配制水泥砂浆的体积比、相应强度等级和稠度，应按表 6-220 采用。

水泥砂浆的体积比、相应强度等级和稠度　　　　　表 6-220

面层种类	构造层	水泥砂浆体积比	相应的水泥砂浆强度等级	
条石、缸砖面层	结合层和面层的填缝	1：2	≥M15	25～35
水泥钢(铁)屑面层	结合层	1：2	≥M15	25～35
整体磨石面层	结合层	1：3	≥M10	30～35
预制水磨石板、大理石板、花岗石板、陶瓷锦砖、陶瓷地砖面层	结合层	1：2	≥M15	25～35
水泥花砖、预制混凝土板面层	结合层	1：3	≥M10	30～35

2. 水泥混凝土面层的强度等级应不小于 C20；水泥混凝土垫层兼面层的强度等级不应小于 C15。浇筑水泥混凝土面层时，其坍落度不宜大于 30mm。

3. 沥青类面层的抗压强度应符合设计要求，设计无要求时，应符合表 6-221 的规定。

沥青砂浆和沥青混凝土技术指标 表 6-221

物理力学性能	技术指标	物理力学性能	技术指标
50℃时抗压强度（R50℃），（MPa） 当圆柱形试件直径及高为：	≥1	温度稳定系数 K_T =	≤3.5
50.5mm 时	≥0.8	水稳定系数 K_W	≤0.9
71.4mm 时			
20℃时抗压强度（R20℃）（MPa） 当圆柱形试件直径及高为	≥3	吸水率，体积比（%）	≤3
50，5mm 时（沥青砂浆）	≥2.5	膨胀率，体积比（%）	≤1
71.4mm 时（沥青混凝土）			

注：R20℃指吸水饱和的试件在 20℃时试验的抗压强度。

6.4.8 建筑装饰装修工程施工试验记录

一、饰面砖

外墙饰面砖粘贴前和施工过程中，应在相同基层上做样板件，并依据《建筑工程饰面砖粘结强度检验标准》（JGJ 110—2008）对建筑工程外墙饰面砖粘结强度进行检验。

（一）粘结强度

1. 单个饰面砖试件粘结强度应按下列公式计算：

$$R = X/S_t \times 10^3$$

式中　R——粘结强度（MPa），精确至 0.01MPa；

　　　X——粘结力（kN）；

　　　S_t——试样受拉面积（mm²）。

2. 平均粘结强度应按下列公式计算

$$R_m = \frac{1}{3} \sum_{i=1}^{3} R_i$$

式中　R_m——粘结强度平均值（MPa），精确至 0.1MPa；

　　　R_i——单个试件粘结强度值（MPa）。

（二）合格评定

1. 在建筑物外墙上镶贴的同类饰面砖，其粘结强度同时符合以下两项指标时可定为合格：

（1）每组试样平均粘结强度不应小于 0.4MPa；

（2）每组可有一个试样的粘结强度小于 0.4MPa，但不应小于 0.3MPa。

当两项指标均不符合要求时，其粘结强度应为不合格。

2. 与预制构件一次成型的外墙板饰面砖，其粘结强度同时符合以下两项指标时可定为：

（1）每组试样平均粘结强度不应小于 0.6MPa；

(2) 每组可有一个试样的粘结强度小于 0.6MPa，但不应小于 0.4MPa。

当两项指标均不符合要求时，其粘结强度应定为不合格。

3. 当一组试样只满足第 1 条或第 2 条中的一项指标时，应在该组试样原取样区域内重新抽取双倍试样检验。若检验结果仍有一项指标达不到规定数值，则该批饰面砖粘结强度可定为不合格。

（三）检测记录

饰面砖粘结强度检测人员，需经过技术培训并取得培训合格证后方可上岗。饰面砖粘结强度试验报告式样见表 6-222。

饰面砖粘结强度试验报告　　　　　　　表 6-222

饰面砖粘结强度试验报告 C6-11				资料编号		03-06-C6-×××
				试验编号		××××-××
				委托编号		××××-××
工程名称	×××工程			试件编号		2
委托单位	××建筑工程公司			试验委托人		×××
饰面砖品种及牌号	爱和陶 BR-2/04			粘结层数		一层
饰面砖生产厂及规格	×××厂　95×95			粘结面积(mm²)		50
基体材料	混凝土	粘结材料	×××建筑胶	粘结剂		914 粘结剂
抽样部位	西立面外墙	龄期(d)	28	施工日期		×年××月××日
检验类型	送检	环境温度(℃)	16	试验日期		××××年××月××日
仪器及编号	H2-7					
序号	试件尺寸(mm)		受力面积 （mm²）	拉力 （kN）	粘结强度 （MPa）	破坏状态 （序号）	平均强度 （MPa）
	长	宽					
1			4275	4.65	1.88	3	
2			4275	3.33	0.78	6	1.13
3			4275	3.14	0.73	2	
结论： 依据《建筑工程饰面砖粘结强度检验标准》(JGJ 110—2006)(6.0.1)，符合粘结强度要求。							
批准	×××		审核	×××		试验	×××
试验单位	×××试验中心						
报告日期	××××年××月××日						

二、后置埋件

后置埋件应有现场拉拔试验报告，其强度必须符合设计要求。

6.4.9　支护与桩基工程施工试验记录

1. 支护工程的锚杆、土钉施工应按规定进行抗拔力试验，并具有抗拔力试验报告。

2. 复合地基施工完成后，应按设计或规范要求进行承载力检验，并有承载力检验报告，详见相关内容。

3. 桩基应具有承载力和桩体质量检测报告。依据现行国家标准规定，基础桩应进行静载荷试验，对桩的承载力做出检验和评价。详见相关内容。

4. 支护工程使用的混凝土，应有混凝土配合比通知单和混凝土强度试验报告；有抗渗要求的还应有抗渗试验报告。

5. 支护工程使用的砂浆，应有砂浆配合比通知单和砂浆强度试验报告。

6. 桩基（地基）工程使用的混凝土，应有抗渗试验报告。

6.4.10 幕墙工程施工试验记录

1. 幕墙用双组分硅酮结构胶应有混匀性及拉断试验报告。

2. 后置埋件应有现场拉拔试验报告，其强度必须符合设计要求。现场拉拔强度属于涉及安全和功能的重要检测项目，是进行子分部工程质量验收的必备资料。

6.4.11 木结构工程施工试验记录

1. 胶合木的层板胶缝应用脱胶试验报告、胶缝抗剪试验报告和层板接长弯曲强度试验报告。

2. 轻型木结构工程的木基结构板材应有力学性能试验报告。

3. 木构件防护剂应有保持量和透入度试验报告。

第七章　建筑给水、排水及采暖工程
施工过程资料管理

7.1 组 卷 要 求

1. 建筑给水、排水及采暖工程共分为十四个子分部工程，分别是：1) 室内给水系统；2) 室内排水系统；3) 室内热水供应系统；4) 卫生器具安装；5) 室内采暖系统；6) 室外给水管网；7) 室外排水管网；8) 室外供热管网；9) 建筑中水系统及游泳池系统；10) 供热锅炉及辅助设备安装；11) 自动喷水灭火系统；12) 气体灭火系统；13) 泡沫灭火系统；14) 固体水炮灭火系统。每一个子分部工程中又分为若干个分项工程。

2. 工程资料应按不同的子分部工程、分项工程进行组卷。

3. 同一子分部工程的同种表格的工程资料之间的排列顺序应按时间的先后顺序排列，根据资料数量的多少组成一卷或多卷。

4. 不同子分部工程的同种表格的工程资料之间的排列顺序应按子分部工程的编号顺序排列，根据资料数量的多少组成一卷或多卷。

5. 不同种表格的工程资料之间的排列顺序应按表格的编号顺序排列，根据资料数量的多少组成一卷或多卷。

6. 工程资料应包括下列主要内容：

(1) 开工报告（需要总包单位办理）。

(2) 图纸会审记录、设计变更及洽商记录。

(3) 施工组织设计或施工方案。

(4) 技术交底。

(5) 主要材料、成品、半成品、配件、器具和设备出厂合格证及进场验收单。

(6) 隐蔽工程验收及中间试验记录。

(7) 设备试运转记录。

(8) 安全、卫生和使用功能检验和检测记录。

(9) 检验批、分项、子分部、分部工程质量验收记录。

(10) 竣工图。

(11) 其他必须提供的文件或记录。

7.2 施 工 物 资 资 料

7.2.1 材料、配件进场检验记录

建筑给水、排水及采暖工程所使用的主要材料、配件进场后，应由施工单位及时进行

检查验收，需进行抽检的材料、配件按规定比例进行抽检，并进行记录，自检合格后填写《工程物资进场报验表》报请监理单位核查确认，并填写《材料、配件进场检验记录》（表7-1）。

1. 材料、配件的种类

（1）各类管材；

（2）阀门；

（3）各种保温材料；

（4）各种管道系统附件、安全附件；

（5）其他辅助材料。

2. 进场检验的主要内容

（1）应对工程所使用的材料、配件品种、规格、外观、数量及质量证明文件等进行检查验收。

（2）材料、配件进场时应具备的质量证明文件要求如下：

1）各类管材应具有符合国家标准要求的产品质量合格证，生活给水系统所涉及的材料必须具有达到饮用水卫生标准的证明文件，相关质量证明文件的日期、编号、批号等内容应与实际进场的材料相符；

2）阀门应提供产品质量合格证，其生产日期、规格、型号和生产厂家等内容应与实际进场的材料相符。减压阀、安全阀等特殊用途的阀门还应有测试结果证明书；

3）各种保温材料应有产品质量合格证和材质检测报告，其生产日期、规格、型号和生产厂家等内容应与实际进场的材料相符；

4）各种管道系统附件、安全附件应有产品质量合格证，其日期、规格型号、生产厂家等内容应与实际进场的材料相符；

5）进口材料应有商检证明和中文的质量证明文件（国家认证委员会公布的强制性认证产品除外［CCC认证］）、性能检测报告以及安装、使用、维修等技术文件。

（3）所有材料进场时包装应完好，表面无划痕及外力冲击破损。应按照相关的标准、采购合同的要求对所有材料的产地、规格型号、数量等项目进行验收，符合要求方可接收。

（4）对涉及安全、卫生和使用功能的有关物资应按施工质量验收规范及相关规定进行进场复验，必要时应进行有见证取样和送检。

（5）对有异议的物资应送有检测资质的单位进行抽样检测，并出具检测报告。异议是指：

1）近期该产品因质量低劣而被曝光的；

2）经了解在其他工程使用中发生过质量问题的；

3）进场后经观察与同类产品有明显差异，有可能不符合有关标准的。

（6）凡涉及使用新材料、新产品、新工艺、新技术，应有具有鉴定资格的单位出具的鉴定证书，同时应有产品质量标准、使用说明和工艺要求，使用前应按其质量标准进行检验和试验。依法定程序批准进入市场的新设备、器具和材料除符合有关规定外，应提供安装、使用、维修和试验要求等技术文件。

3. 《材料、配件进场检验记录》的填写要求

（1）施工单位和监理单位应按规定明确涉及安全、卫生、使用功能、建筑外观、环保的主要物资的进场报验范围。建设单位直接采购的物资应列入物资进场报验；

（2）工程物资进场后检查项目－工程物资进场后，施工单位应进行检查（品种、规

格、外观、数量、质量证明文件等，包装应完好，表面无划痕及外力冲击及破损）。自检合格后填写《材料、配件进场检验记录》，报请监理单位验收。

（3）进场物资报验所附资料应根据具体情况（合同、规范、施工方案等要求）由施工单位和物资供应单位预先协商确定，包括：出厂合格证、厂家质量检验报告、进场检验记录和进场复试报告等。

（4）工程物资进场报验应有时限要求，施工单位和监理单位均需按照施工合同的约定完成各自的报送和审批工作。

（5）工程物资进场报验应有时限要求，施工单位和监理单位均须按照有关规定完成各自的报送和审批工作；

（6）要求有性能检测报告的物资—有隔声、隔热、防火阻燃、防水防潮和防腐等特殊要求（规范或合同约定、对材料质量产生异议时需进行见证检验）的物资应有相应的性能检测报告。

填写范例见表 7-1。

材料、配件进场检验记录　　　　　　　　　　　　　表 7-1

材料、配件进场检验记录 C4-17					资料编号	05-06-C4-×××		
工程名称		×××工程			检验日期	××××年××月××日		
序号	名　称	规格型号	进场数量	生产厂家	检验项目	检验结果	备　注	
				合格证号				
1	镀锌钢管	DN100	4t	首钢集团 20050505	外观、管径、壁厚	合格	/	
2	圆钢	Φ10	1t	天津钢厂	厚度、外观	合格	/	
检查结论： 符合设计及施工规范要求								
签字栏	施工单位		×××机电工程公司		专业质检员	专业工长	检验员	
					×××	×××	×××	
	监理（建设）单位		××监理公司		专业工程师		×××	

本表由施工单位填写。

7.2.2　材料试验报告（通用）

关于进场材料、设备等应具有的技术文件，对于厂家提供的产品质量检验报告（有国家检验机构代号章的报告）与所进场的物资形式不同，规格不同或检验时间不同等产生疑问和争议，根据情况在现场的来料中做取样检测。并将结果填写通用的材料试验报告表中。填写要求同《材料、配件进场检验记录》。

7.2.3　设备开箱检验记录

建筑给水、排水及采暖工程所使用的设备进场后，应由施工单位、建设（监理）单位、供货单位共同开箱检查，并进行记录，填写《材料、配件进场检验记录》报请监理单位核查确认，并填写《设备开箱检验记录》（表 7-2）。

1. 设备的种类主要包括

设备开箱检验记录 C4-18		资料编号	05-10-C4-××××
设备名称	全自动气压供水罐	检查日期	××××年××月××日
规格型号	ZYG-2Φ1000×2300	总数量	1套
装箱单号	0023	检验数量	1套
包装情况	良好		
随机文件	装箱单、产品说明书及合格证		
备件与附件	齐全		
外观情况	良好		
测试情况	良好		

缺、损附备件明细表					
序　号	名　称	规　格	单　位	数　量	备　注

检验结论：

符合设计和规范要求，附备件齐全、完好无损。

签字栏	监理（建设）单位	施工单位	供应单位
	×××	×××	×××

本表由施工单位填写。

(1) 各类消防设备、给水设备、中水设备、排水设备、采暖设备、热水设备、游泳池水系统设备、锅炉及辅助设备；

(2) 卫生洁具；

(3) 散热器；

(4) 各类开（闭）式水箱（罐）、分（集）水器、压力容器；

(5) 其他设备。

2. 设备开箱检查的主要内容：

(1) 检查项目主要包括：设备的产地、品种、规格、外观、数量、附件情况、标识和质量证明文件、相关技术文件等。

(2) 设备开箱时应具备的质量证明文件、相关技术文件要求如下：

1) 各类设备均应有产品质量合格证，其生产日期、规格型号、生产厂家等内容应与实际进场的设备相符；

2) 对于国家及地方所规定的特定设备及材料如消防、防疫、压力容器等应附有有关法定检测单位检测证明，如锅炉（压力容器）的焊缝无损伤检验报告、卫生器具的环保检测报告、水表、热量表的计量检测证书等；

3) 主要设备、器具应有安装使用说明书；

4) 成品补偿器应有预拉伸证明书；

5）进口设备应有商检证明和中文的质量证明文件（国家认证委员会公布的强制性认证产品除外［CCC认证]）、性能检测报告以及安装、使用、维修和试验要求等技术文件。

（3）所有设备进场时包装应完好，表面无划痕及外力冲击破损。应按照相关的标准和采购合同的要求对所有设备的产地、规格、型号、数量、附件等项目进行检测，符合要求方可接收。

（4）水泵、锅炉、热交换器、罐类等设备上应有金属材料印制的铭牌，铭牌的标注内容应准确，字迹应清楚。

（5）对涉及安全、卫生、功能的有关物资应按施工质量验收规范及相关规定进行进场复验和有见证取样和送检，具有相应试验（检验）报告。

（6）对有异议的物资应送有检测资质的单位进行抽样检测，并出具检测报告指：

1）近期该产品因质量低劣而被曝光的；

2）经了解在其他工程使用中发生过质量问题的；

3）进场后经观察与同类产品有明显差异，有可能不符合有关标准的。

（7）凡涉及使用新材料、新产品、新工艺、新技术的，应有具有鉴定资格的单位出具的鉴定证书，同时应有产品质量标准、使用说明和工艺要求，使用前应按其质量标准进行的检验和试验。依法定程序批准进入市场的新设备、器具和材料除符合规范规定外，应提供安装、使用、维修和试验要求等技术文件。

填写范例见表7-3。

7.2.4 设备及管道附件试验记录

1. 设备、阀门、密封水箱（罐）、成组散热器及其他散热设备等安装前均应按规定进行强度试验并做记录，填写《设备及管道附件试验记录》（表7-4）。

2. 设备、密封水箱（罐）的试验应符合设计、施工质量验收规范或产品说明书的规定。

3. 阀门试验要求如下：

（1）阀门安装前，应作强度和严密性试验。试验应在每批（同牌号、同型号、同规格）数量中抽查10％，且不少于一个。对于安装在主干管上起切断作用的闭路阀门，应逐个做强度和严密性试验。

（2）阀门的强度和严密性试验，应符合以下规定：阀门的强度试验压力为公称压力的1.5倍；严密性试验压力为公称压力的1.1倍；试验压力在试验持续时间内应保持不变，且壳体填料及阀瓣密封面无渗漏。阀门试压的试验持续时间应不少于表7-4的规定。

4. 散热器组对后，以及整组出厂的散热器和金属辐射板在安装之前应做水压试验。试验压力如设计无要求时应为工作压力的1.5倍，但不得小于0.6MPa。检验方法是试验压力下2～3min压力不降且不渗不漏。

5. 热交换器应以最大工作压力的1.5倍作水压试验。蒸汽部分应不低于蒸汽供汽压力加0.3MPa；热水部分应不低于0.4MPa。试验压力下10min内压力不降，不渗不漏。

6. 锅炉辅助设备中，分汽缸（分水器、集水器）和密闭箱、罐安装前均应进行水压试验，试验压力为工作压力的1.5倍，但分别不得小于0.6MPa和0.4MPa。试验压力下10min内无压降、无渗漏为合格。

公称直径 DN(mm)	最短试验持续时间(s)		
	严密性试验		强度试验
	金属密封	非金属密封	
≤50	15	15	15
65～200	30	15	60
250～450	60	30	180

设备及管道附件试验记录　　　　　　　　　　　　　　表 7-4

设备及管道附件试验记录 C4-19							资料编号	05-05-C4-001	
工程名称		×××工程					使用部位	全楼采暖系统	
设备/管道 附件名称	型号	规格	编号	介质	强度试验		严密性试验 (MPa)	试验结果	
					压力 (MPa)	停压时间			
闸阀	Z15W	DN50	1～10	水	2.4	15s	1.76	符合规范要求	
施工单位	×××机电工程公司		试验		×××		试验日期	××年××月××日	

本表由施工单位填写。

7.2.5 施工物资的质量证明文件及相关技术文件的要求

1. 建筑给水、排水及采暖工程所使用的工程物资（主要材料、成品、半成品、配件、器具和设备）必须具有中文质量证明文件（包括质量合格证明、检验或试验报告、产品生产许可证、产品合格证和质量保证书等）。质量证明文件应反映工程物资的品种、规格、性能等，各项性能指标必须符合现行国家标准或设计要求，并与实际进场物资相符。

2. 工程物资的质量证明文件是为了证明产品质量是否合格；当产品质量存在问题时，依据国家的法律、法规，依法索赔或追究生产单位的责任。

3. 工程物资的质量合格证明文件应具备以下内容：产品名称、型号、规格、国家质量标准代号、生产日期。另外还要有生产厂家的名称、地址、产品出厂检验证明或代号。

4. 质量证明文件的抄件（复印件）应保留原件所有内容，注明原件存放单位，还应有抄件人、抄件（复印）单位的签字和盖章。

5. 工程物资的质量合格证明文件应分类别、批量进行编号、排序。不同厂家、不同规格、型号的应各收集一份，小于 A4（297mm×210mm）幅面的文件要用 A4 白纸衬托，整理成册，并编制目录。

7.3 施 工 记 录

7.3.1 隐蔽工程验收记录

隐蔽工程验收是指对工程中被下一道工序掩盖的部位，在隐蔽前进行的检查。把好隐蔽工程检查关是保证工程质量的重要措施之一。在施工过程中，隐蔽工程应在隐蔽前经验收各方检验合格并形成记录后，才能进行下道工序施工。隐蔽工程检查记录是评定工程内在质量好坏的依据。

1. 隐蔽工程检查项目的划分

隐蔽工程检查项目的划分一般按系统、安装部位和时间、工序进行。

（1）检查的项目按系统分为子分部和分项工程，详细划分情况可参考《建筑给水排水及采暖工程施工质量验收规范》（GB 50242—2002）中附录 A 的要求。

（2）每个子分部、分项工程的检查、记录应按施工部位（分区、层、段或干、支管）和安装时间、工序的先后顺序进行。

（3）一般情况下，不同类型建筑的施工检查项目可按以下情况进行划分：

1）各子分部工程的系统干管应作为一个项目检查一次。

2）多层民用住宅可按不同的子分部工程，每一单元的立、支管安装作为一个项目检查一次。

3）高层民用住宅工程可按不同的子分部工程，分系统进行检查。每个系统可将6～7个层的立、支管安装作为一个项目检查一次。

4）多层公用建筑工程可按不同的子分部工程，每个系统的管道安装作为一个项目检查一次。

5）高层公用建筑工程可按不同的子分部工程，分系统进行检查。每个系统可将10～12个层的立、支管安装作为一个项目检查一次。

2. 隐蔽工程验收的内容

（1）直埋地下或结构中，暗敷设于沟槽、管井、吊顶及不进人的设备层内的给水、排水、雨水、采暖、消防管道和相关设备，在其所在部位进行封闭之前必须进行隐检。检查内容包括：设计图纸图号、洽商编号、管材、管件及相关阀门、设备的安装位置、标高、坡度；各种管道间的水平、垂直净距；管道排布、套管位置及尺寸；管道与其他相邻的墙体、电缆等的间距；管道连接的做法及质量；附件的使用、支架的固定、基底的处理以及各种试验的方式及结果。

（2）有保温、隔热（冷）、防腐要求的给水、排水、采暖、消防管道和相关设备，在其所在部位进行绝热、防腐处理之前必须进行隐检。检查内容包括：保温的形式、保温材料的品种、规格和材质、保温管道与支吊架之间的防结露措施、防腐处理的情况及效果、防腐做法等是否符合设计或施工规范要求。

（3）埋地的采暖、热水管道，在保温层、保护层完成后，所在部位进行回填之前，应进行隐检。检查内容包括：检查安装位置、标高、坡度；支架做法；保温层、保护层设置等。

3. 表格的填写要求

(1) 隐蔽工程项目施工完毕后，隐蔽工程检查工作应及时进行。施工单位应先进行自检，自检合格后，申报建设（监理）单位汇同施工单位共同对隐蔽工程项目进行检查验收。

(2) 现场检查应根据隐蔽工程检查项目和内容的要求认真进行，不得漏项，检查记录表的内容应根据规范要求填写，要齐全、清楚、准确。

(3) 对于在施工中，由于客观条件所限，安装项目不符合有关规范、规定的要求，但不影响该工程的安全、卫生和使用功能且已办理洽商的情况，应在隐检内容栏中说明清楚。

(4) 当检查无问题时，复查结论栏不应填写。

填写范例见表 7-5。

表 7-5

隐蔽工程验收记录

隐蔽工程验收记录 C5-1		资料编号	05-01-C5-×××		
工程名称	×××工程				
隐检项目	室内给水系统管道安装		隐检日期	××××年××月××日	
隐检部位	地上二层吊顶内层 ①~⑤/④~⑥轴 ＋2.900 标高				
隐检依据：施工图图号 水4 ，设计变更/洽商（编号 / ）及有关国家现行标准等。 主要材料名称及规格/型号： 镀锌钢管 DN100 DN32					
隐检内容： 1. 管道的坐标、标高均符合设计要求和施工规范规定； 2. 管道采用丝扣连接，配件为镀锌管件； 3. 吊卡采用圆钢制作，采用膨胀螺栓或在楼板上穿孔生根，其制作形式、安装位置、数量均符合设计和施工规范要求； 4. 管道穿结构梁、墙处均使用预留的钢套管。套管的安装和填料均符合设计和施工规范规定； 5. 管道镀锌层破坏处，已刷两遍防锈漆； 6. 阀门均采用铜质闸阀，强度和严密性试验结果均合格，安装位置符合设计要求，启闭灵活； 7. 系统已做水压强度试验，试验压力 0.9MPa，结果合格，符合施工规范规定。 <div align="right">申报人：×××</div>					
检查意见： 经检查，以上项目均符合设计要求和施工规范规定，合格。 检查结论： ☑ 同意隐蔽 □ 不同意，修改后进行复查					
复查结论： 复查人： 复查日期：					
签字栏	施工单位	×××机电工程公司	专业技术负责人 ×××	专业质检员 ×××	专业工长 ×××
	监理（建设）单位	××监理公司		专业工程师	×××

本表由施工单位填写。

7.3.2 施工检查记录（通用）

施工检查记录是对施工重要工序进行的预先质量控制检查记录。工程检查是贯彻"预防为主"的重要环节，是为了提前发现上一道工序存在的质量问题，防止给下道工序施工造成困难或给工程造成永久性缺陷。检查工作是保证工程质量的前提。因此，施工中未经检查的重要工序原则上不得进行下道工序施工，但进行了隐蔽检查的项目可不填写施工检查记录表格。施工检查记录必须由专业技术负责人、工长及质量检查员共同参加。

1. 施工检查项目的划分

同隐蔽工程验收记录。

2. 施工检查记录的内容

（1）设备基础和预制构件安装：检查设备基础位置、混凝土强度、标高、几何尺寸、预留孔、预埋件等。

（2）管道预留孔洞：检查预留孔洞的尺寸、位置、标高等。

（3）管道预埋套管（预埋件）：检查预埋套管（预埋件）的规格、形式、尺寸、位置、标高等。

（4）检查使用材料、材质、连接方法、质量；管道的坐标、标高、三通甩口位置；安装阀门的型号、规格、位置、方法；立管的垂直度；横管的安装坡度、坡向；安装支架的形式、方式、间距、位置、稳固性；安装伸缩器的型号、位置、预留伸缩量；阻火圈（防火套管）的安装型号、位置、方式、质量；保温的材质、厚度、粘贴紧密、表面平整、圆弧均匀、无环形断裂；防腐层数；厚度均匀；不产生脱皮气泡；不流淌、漏涂。

（5）器具（包括消火栓箱、卫生器具等）

主要包括规格、型号、位置、标高、固定情况、外观效果等是否符合设计要求及施工规范规定。

3. 表格的填写要求

（1）施工检查工程项目施工完毕后，施工单位应及时进行预检工作，并填写施工检查记录表；

（2）现场检查应根据预检工程项目和内容的要求认真进行，不得漏项，检查记录表的内容应根据规范要求填写，要齐全、清楚、准确。

（3）对于在施工中，由于客观条件所限，安装项目不符合有关规范、规定的要求，但不影响该工程的安全、卫生和使用功能且已办理洽商的情况，应在施工检查记录内容栏中说明清楚。

（4）当检查无问题时，复查意见栏不应填写。

（5）其他注意事项与《隐蔽工程验收记录》的要求相同，但由于表式不同，编号时，顺序号应单独编。

填写范例见表 7-6。

施工检查记录 C5-19		资料编号	05-01-C5-××
工程名称	×××工程	检查项目	结构预留
检查部位	一层顶板	检查日期	×年××月××日

检查依据：施工图纸(施工图纸号 水 2)，设计变更/洽商(编号 /)和有关规范、规程。
主要材料或设备：PVC管、钢板、圆钢
规格/型号：DN110、δ＝5mm Φ6

检查内容：
1. 一层顶板共预留 DN110 的 UPVC 套管孔洞 15 个，供给水、排水、采暖系统的立管使用；共预留钢埋件 25 个，供管道吊架生根使用。
2. 所有预留孔洞和埋件的尺寸、坐标均符合设计要求和施工规范规定。

检查结论：
符合设计和施工规范要求，合格。

复查意见：
复查人： 复查日期：

施工单位	×××机电工程公司		
技术负责人	专业质检员		专业工长
×××	×××		×××

本表由施工单位填写保存。

7.3.3 交接检查记录

分项（分部）工程完成，在不同专业的施工单位之间进行移交，应做交接检查。

1. 交接检查项目的划分

应根据工程的实际施工情况，按系统、或安装部位进行。

(1) 按系统是指按《建筑给水排水及采暖工程施工质量验收规范》（GB 50242—2002）中附录 A 的要求，将建筑给水、排水及采暖分部工程分为子分部和分项工程，按划分的不同的分部、分项工程进行检查。

(2) 按安装部位是指分区、层、段或干、支管的不同情况进行检查。

2. 交接检查的内容

包括本工序的质量、工序要求、遗留问题、成品保护、注意事项等情况。

3. 见证单位的确定

当在总包管理范围内的分包单位之间移交时，见证单位应为"总包单位"；当在总包单位和其他专业分包单位之间移交时，见证单位应为"建设（监理）单位"。

4. 表格的填写要求

(1) 分项（分部）工程完成后，在不同专业施工单位之间应及时进行移交，由移交单位、接收单位和见证单位共同对移交工程进行验收。

(2) 主要检查内容应根据专业交接检查的检查项目和内容认真进行，不得漏项，交接内容应根据实际情况填写齐全、清楚、准确，见证单位应根据实际检查情况，并汇总移交和接收单位意见形成见证单位意见，检查结果和见证意见应清楚、明确。

（3）如检查无问题时，复查意见栏不应填写。

（4）表格中除签字栏必须亲笔签字外，其余项目栏均须打印。

（5）编号与《隐蔽工程检查记录》的要求相同，但由于表式不同，顺序号应单独编。填写范例见表 7-7。

交接检查记录

表 7-7

交接检查记录 C5-2		资料编号	05-01-C5-×××
工程名称	×××工程		
移交单位名称	×××机电工程公司	接收单位名称	×××建筑工程公司
交接部位	一层吊顶内给排水管道	检查日期	××××年××月××日
交接内容： ×××机电工程公司负责施工的一层吊顶内给、排水系统管道已经完成，可以移交给×××建筑工程公司，由后者负责对产品进行保护并进行吊顶施工			
检查结果： 经移交、接收、见证三方单位共同检查，一层吊顶内的给、排水系统管道已按设计和施工规范要求安装完毕，灌水和强度严密性试验均已合格，管道甩口也已进行堵塞，同意移交。			
复查意见： 复查人： 复查日期：			
见证单位意见： 以上情况属实，已正常移交 见证单位名称：×××监理公司			
签字栏	移交单位	接收单位	见证单位
	×××	×××	×××

1. 本表由移交、接收和见证单位各保存 1 份。

2. 见证单位应根据实际检查情况，并汇总移交和接收单位意见形成见证单位意见。

7.4 施工试验（调试）记录

7.4.1 施工试验记录（通用）

施工试验（调试）记录是根据规范和设计要求进行试验，并记录下原始数据和计算结果，得出试验结论。给排水、采暖、消防管道均应按设计要求及施工规范规定进行试验和记录。

其填写要求与《设备单机试运转记录》的要求相同，但由于表式不同，顺序号应单独编。

7.4.2 设备单机试运转记录

为保证系统的安全、正常运行，设备在安装中应进行必要的单机试运转试验。

1. 项目的划分

一般按规范和设计要求分部位、分系统进行。

2. 试验的内容

（1）锅炉及其辅助设备、水处理系统设备、采暖系统设备、机械排水系统设备、给水系统设备、热水系统设备、消火栓系统设备、自动喷水系统设备等设备应进行单机试运转并进行记录。

（2）记录的主要内容应包括：设备名称、规格型号、所在系统、额定数据、试验项目、试验记录、试验结论、试运转结果等。

（3）表格的填写要求

1）设备单机试运转试验应由施工单位报请建设（监理）单位共同进行。

2）试验记录应根据试验的项目，按照实际情况及时、认真填写，不得漏项，填写内容要齐全、清楚、准确，结论应明确。各项内容的填写应符合设计及规范的要求，签字应齐全。

填写范例见表 7-8。

设备单机试运转记录　　　　　　　　　　　　　　表 7-8

设备单机试运转记录 C6-91			资料编号		05-01-C6-×× ×	
工程名称	机电工程公司		试运转时间		××××年××月××日	
设备部位图号	水 20	设备名称	水泵		规格型号	80DL50B
试验单位	×××机电工程公司	设备所在系统	给水（高区）		额定数据	$Q=43.5\text{m}^3/\text{h}$
序号	试 验 项 目		试 验 记 录			试验结论
1	轴承温升		1#泵最高温度 69℃；2#泵最高温度 67℃；3#泵最高温度 65℃。			符合产品说明书的规定
2	泵体减振效果		1#、2#、3#泵减振装置工作正常。			符合产品说明书的规定
3	泵体内部杂音		1#、2#、3#泵内部无异常杂音。			符合产品说明书的规定
4						
5						
6						
7						
8						
9						
10						
试运转结果： 符合设计和施工规范规定及产品说明书的要求，合格。						
签字栏	施工单位	×××机电工程公司	专业技术负责人	专业质检员		专业工长
			×××	×××		×××
	监理(建设)单位	××监理公司		专业工程师		×××

本表由施工单位填写。

7.4.3　系统试运转调试记录

调试是对系统功能的最终检验，检验结果应满足设计要求。

1. 项目的划分

一般按规范和设计要求分部位、分系统进行。

2. 调试的内容

（1）水处理系统、采暖系统等安装完毕后，必须进行系统调试并进行记录。

（2）记录的内容主要包括系统的概况、调试的方法、全过程的各种试验数据、控制参数以及运行状况、系统渗漏情况及试运转、调试结论等。

（3）调试工作应在系统投入使用前进行。

（4）若加热条件暂不具备，采暖系统调试应延期进行。

（5）按规范及设计要求调试完成后，应及时填写调试记录，必要时应附调试测试表。

3. 表格的填写要求

与《设备单机试运转记录》的要求相同。

填写范例见表 7-9。

系统试运转调试记录　　　　　　　　　　　　　　表 7-9

系统试运转调试记录 C6-92		资料编号	05-05-C6-×××
工程名称	×××工程	试运转调试时间	×年××月××日
试运转调试项目	采暖系统管道、设备	试运转调试部位	全　楼
试运转、调试内容： 　　本工程采暖系统为上供下回单管异程式供暖系统。供回水干管分别设于顶层和地下一层，末端高点没有自动放风阀。系统管道采用焊接钢管，散热器采用铸铁 760 型柱形散热器。热源为小区锅炉房供热。 　　全楼于 11 月 18 日上午 8 时开始正式通暖，至 11 月 19 日下午 3 时，全楼管道散热器受热情况基本均匀一致，各阀门开启灵活，管道、设备及接口处均不渗不漏。经 24 日、25 日两天检查测量室温，居室内温度在 18℃～20℃之间变化，厨房及卫生间温度在 7℃～15℃之间变化。设计温度为：居室 18℃，厨房及卫生间：15℃。实测温度与设计温度差为 0～+2℃。			
试运转、调试结论： <center>调试结果符合设计和施工规范要求，合格。</center>			
建设单位	监理单位		施工单位
×××	×××		×××

附：必要的试运转、调试测试表

本表由施工单位填写。

7.4.4 灌（满）水试验记录

1. 项目的划分

一般按规范和设计要求分部位、分系统进行。

2. 试验的内容

（1）非承压管道系统和设备，包括：开式水箱、卫生洁具、安装在室内的雨水管道、暗装、直埋或有隔热层的室内外排水管道均应做灌（满）水试验并做记录。

（2）记录的内容主要包括试验日期、试验项目、试验部位、材质、规格、试验要求、试验情况、试验结论等。

（3）隐蔽或埋地的排水管道在隐蔽前必须做灌水试验，其灌水高度不应低于底层卫生器具的上边缘或底层地面高度。满水 15min 水面下降后，再灌满观察 5min，液面不降，管道及接口无渗漏为合格。

（4）安装在室内的雨水管道安装后应做灌水试验，灌水高度必须到每根立管上部的雨水斗。灌水试验应持续1h，不渗不漏。

（5）开式水箱应在管道、附件开口均完成后，将甩口临时封闭，满水试验静置24h观察，不渗不漏为合格。

（6）卫生器具交工前应做满水试验。满水后各连接件应不渗不漏。

（7）室外排水管道埋设前必须做灌水试验，应按排水检查井分段进行，试验水头应以试验段上游管顶加1m，试验时间不少于30min，逐段观察，管接口无渗漏。

3. 表格的填写要求

与《设备单机试运转记录》的要求相同。填写范例见表7-10、表7-11，表7-12。

灌（满）水试验记录   表7-10

灌（满）水试验记录 C6-15		资料编号	05-04-C6-×××
工程名称	×××工程	试验日期	××××年××月××日
试验项目	卫生器具	试验部位	5～10层
材　质	陶　瓷	规　格	/
试验要求： 卫生器具满水后，各连接件应不渗不漏。			
试验记录： 　5～10层卫生器具共包括40个家具盆、60个洗脸盆、40个浴盆。 　自上午8：40开始对以上各卫生器具分别进行满水，然后进行检查，所有器具、各连接件均不渗不漏。至12：00试验结束。			
试验结果： 符合设计和施工规范要求，合格。			

签字栏	施工单位	××××机电工程公司	专业技术负责人	专业质检员	专业工长
			×××	×××	×××
	监理（建设）单位	××监理公司		专业工程师	×××

本表由施工单位填写。

灌（满）水试验记录   表7-11

灌（满）水试验记录 C6-15		资料编号	05-02-C6-×××
工程名称	×××工程	试验日期	××××年××月××日
试验项目	排水系统	试验部位	一层厨房、卫生间托吊管
材　质	UPVC管	规　格	DN/110～DN50
试验要求： 　灌水高度不应低于底层卫生器具的上边缘或底层地面高度。满水15min水面下降后，再灌满观察5min，液面下降，管道及接口无渗漏为合格。			

灌（满）水试验记录 C6-15		资料编号	05-02-C6-×××		

试验记录：

　　一层共有 8 个厨房，12 个卫生间。自上午 9 时起，分别对各管道内进行灌水，高度均与地面上管道甩口的高度相平。分别在满水 15min 水面下降后，再灌满观察 5min，液面均不降，管道及接口均无渗漏。至 11 时，试验结束。

试验结果：

　　符合设计和施工规范要求，合格。

签字栏	施工单位	××××机电工程公司	专业技术负责人	专业质检员	专业工长
			×××	×××	×××
	监理（建设）单位	××监理公司		专业工程师	×××

本表由施工单位填写。

灌（满）水试验记录 表 7-12

灌（满）水试验记录 C6-15		资料编号	05-02-C6-×××
工程名称	×××工程	试验日期	×年××月××日
试验项目	排水系统	试验部位	YL-1～YL-10 雨水立管
材　质	镀锌钢管	规　格	DN100

试验要求：

　　灌水高度必须到每根立管上部的雨水斗。灌水试验应持续 1h，不渗不漏。

试验记录：

　　自下午 2：10 起，将雨水立管根部排出口处堵死，从每根雨水立管的上部雨水口处进行灌水，至 3：00，YL-I～YL-10 共 10 根立管全部灌满，至 4：00，持续检查 1h，各立管管道及接口均无渗漏。

试验结果：

　　符合设计和施工规范要求，合格。

签字栏	施工单位	××××机电工程公司	专业技术负责人	专业质检员	专业工长
			×××	×××	×××
	监理（建设）单位	××监理公司		专业工程师	×××

本表由施工单位填写并保存。

7.4.5　强度严密性试验记录

1. 项目的划分

一般按规范和设计要求分部位、分系统进行。

2. 试验的内容

（1）室内外输送各种介质的承压管道、设备、阀门、密闭水箱（罐）、成组散热器及其他散热设备等应进行强度严密性试验并记录。

（2）记录内容要写明试验日期、试验项目、试验部位、材质、规格、试验要求、压力表设置位置、试验压力、试压时间、压力降数值、渗漏情况、试验介质、试验结论等。

（3）室内给水管道的水压试验必须符合设计要求。当设计未注明时，各种材质的给水管道系统试验压力均为工作压力的 1.5 倍，但不得小于 0.6MPa。金属及复合管给水管道系统在试验压力下观测 10min，压力降不应大于 0.02MPa，然后降到工作压力进行检查，应不渗不漏；塑料管给水系统应在试验压力下稳压 1h，压力降不得超过 0.05MPa，然后在工作压力的 1.15 倍状态下稳压 2h，压力降不得超过 0.03MPa，同时检查各连接处不得渗漏。

（4）热水供应系统安装完毕，管道保温之前应进行水压试验。试验压力应符合设计要求。当设计未注明时，热水供应系统水压试验压力应为系统顶点的工作压力加 0.1MPa，同时在系统顶点的试验压力不小于 0.3MPa。钢管或复合管道系统试验压力下 10min 内压力降不大于 0.02MPa，然后降至工作压力检查，压力应不降，且不渗不漏；塑料管道系统在试验压力下稳压 1L，压力降不得超过 0.05MPa，然后在工作压力 1.15 倍状态下稳压 2h，压力降不得超过 0.03MPa，连接处不得渗漏。

（5）低温热水地板辐射采暖系统地面下敷设的盘管隐蔽前必须进行水压试验，试验压力为工作压力的 1.5 倍，但不小于 0.6MPa。稳压 1h 内压力降不大于 0.05MPa 且不渗不漏。

（6）采暖系统安装完毕，管道保温之前应进行水压试验。试验压力应符合设计要求。当设计未注明时，应符合下列规定：

1）蒸汽、热水采暖系统，应以系统顶点工作压力加 0.1MPa 做水压试验，同时在系统顶点的试验压力不小于 0.3MPa。

2）高温热水采暖系统，试验压力应为系统顶点工作压力加 0.4MPa。

3）使用塑料管及复合管的热水采暖系统，应以系统顶点工作压力加 0.2MPa 做水压试验，同时在系统顶点的试验压力不小于 0.4MPa。

4）检验方法：

① 使用钢管及复合管的采暖系统应在试验压力下 10min 内压力降不大于 0.02MPa，降至工作压力后检查，不渗、不漏；

② 使用塑料管的采暖系统应在试验压力下 1h 内压力降不大于 0.05MPa，然后降压至工作压力的 1.15 倍，稳压 2h，压力降不大于 0.03MPa，同时各连接处不渗、不漏。

（7）采暖系统低点如大于散热器所承受的最大试验压力，则应分区做水压试验。

（8）室外给水管网必须进行水压试验，试验压力为工作压力的 1.5 倍，但不得小于 0.6MPa。管材为钢管、铸铁管时，试验压力下 10min 内压力降不应大于 0.05MPa，然后降至工作压力进行检查，压力应保持不变，不渗不漏；管材为塑料管时，试验压力下稳压 1h 压力降不大于 0.05MPa，然后降至工作压力进行检查，压力应保持不变，不渗不漏。

（9）消防水泵接合器及室外消火栓系统必须进行水压试验，试验压力为工作压力的 1.5 倍，但不得小于 0.6MPa。试验压力下 10min 内压力降不应大于 0.05MPa，然后降至工作压力进行检查，压力应保持不变，不渗不漏。

（10）室外供热管网必须进行水压试验，试验压力为工作压力的 1.5 倍，但不得小于 0.6MPa。在试验压力下 10min 内压力降不应大于 0.05MPa，然后降至工作压力进行检查，应不渗不漏。

（11）消火栓管道应在系统安装完毕后做全系统的静水压试验，试验压力为工作压力加 0.4MPa，最低不小于 1.4MPa，2 小时无渗漏为合格。如在冬季结冰季节，不能用水进行试验时，可采用 0.3MPa 压缩空气进行试压，其压力应保持 24h 不降为合格。

（12）锅炉的汽、水系统安装完毕后，必须进行水压试验。

① 水压试验的压力应符合表 7-13 的规定。

水压试验压力规定　　　　　　　　　　　　表 7-13

项　次	设　备　名　称	工作压力 P（MPa）	试验压力（MPa）
1	锅炉本体	$P<0.59$	1.5P 但不小于 0.2
		$0.59{\leqslant}P{\leqslant}1.18$	$P+0.3$
		$P>1.18$	1.25P
2	可分式省煤器	P	$1.25P+0.5$
3	非承压锅炉	大气压力	0.2

注：① 工作压力 P 对蒸汽锅炉指锅筒工作压力，对热水锅炉指锅炉额定出水压力；
　　② 铸铁锅炉水压试验同热水锅炉；
　　③ 非承压锅炉水压试验压力为 0.2MPa，试验期间压力应保持不变。

② 检验方法：

A. 在试验压力下 10min 内压力降不超过 0.02MPa；然后降至工作压力进行检查，压力不降，不渗、不漏；

B. 观察检查，不得有残余变形，受压元件金属壁和焊缝上不得有水珠和水雾。

（13）连接锅炉及辅助设备的工艺管道安装完毕后，必须进行系统的水压试验，试验压力为系统中最大工作压力的 1.5 倍。在试验压力 10min 内压力降不超过 0.05MPa，然后降至工作压力进行检查，不渗不漏。

3. 表格的填写要求

与《设备单机试运转记录》的要求相同。填写范例见表 7-14、表 7-15。

强度严密性试验记录　　　　　　　　　　　　表 7-14

强度严密性试验记录 C6-15		资料编号		05-01-C6-××
工程名称	×××工程	试验日期		××××年××月××日
试验项目	给水系统	试验部位		地下二层干管
材　　质	镀锌钢管	规　格		DN100～DN50
试验要求 　　按设计要求，干管试验压力为 1.0MPa。在试验压力下观测 10min，压力降不应大于 0.02MPa，然后降到工作压力（即：0.6MPa）进行检查，应不渗不漏。				
试验记录： 　　试验用压力表设在地下一层的手压泵出口上。从上午 10 时开始对干管进行上水并加压，至 10 时 40 分，表压升至 1.0MPa。关闭供水阀门后进行观测，至 10 时 52 分，表压降至 0.99MPa（压力降 0.01MPa）。然后降压至 0.6MPa 做外观检查，不渗不漏。				
试验结论： 　　符合设计和施工规范要求，合格。				
签字栏	施工单位	×××机电工程公司	专业技术负责人 ×××	专业质检员 ×××	专业工长 ×××
	监理（建设）单位	××监理公司		专业工程师	×××

本表由施工单位填写，城建档案馆、建设单位、施工单位各保存 1 份。

强度严密性试验记录 C6-15		资料编号	05-01-C6-×××
工程名称	×××工程	试验日期	××××年××月××日
试验项目	给水系统	试验部 6 位	全部管道
材　质	镀锌钢管	规　格	DN100～DN15

试验要求：

　　本工程给水系统工作压力为 0.6MPa，试验压力为 0.9MPa。管道系统在试验压力下观测 10min，压力降不应大于 0.02MPa，然后降到工作压力进行检查，应不渗不漏；

试验记录：

　　试验用压力表设在地下一层给水泵房内。从上午 9：30 开始对系统管道进行充水并加压，至 10：20，表压升至 0.9MPa。关闭供水及加压管路阀门后进行观测，至 10：30，表压降至 0.88MPa，压力降 0.02MPa。然后降到 0.6MPa 进行检查，管道系统各处均无渗漏。

试验结论：

　　符合设计和施工规范要求，合格。

签字栏	施工单位	×××机电工程公司	专业技术负责人	专业质检员	专业工长
			×××	×××	×××
	监理（建设）单位	××监理公司		专业工程师	×××

本表由施工单位填写。

7.4.6　通水试验记录

1. 项目的划分

一般按规范和设计要求分部位、分系统进行。

2. 试验的内容

（1）室内外给水（冷、热）、中水及游泳池水系统、消防系统、卫生器具、地漏及地面清扫口及室内外排水系统应进行通水试验并记录。

（2）记录内容要写明试验项目、试验部位、通水压力、流量、试验系统简述、试验记录、试验结论等。

（3）通水试验应在工程设备、管道安装完成后进行。

（4）卫生器具通水试验应给、排水畅通。卫生器具通水试验如条件限制达不到规定流量时必须进行 100％满水排泄试验，满水试验水量必须达到器具溢水口处，再进行排放。并检查器具的溢水口通畅能力及排水点的通畅情况，管路设备无堵塞及渗漏现象为合格。

3. 表格的填写要求

与《设备单机试运转记录》的要求相同，但由于表式不同，顺序号应单独编。

填写范例见表 7-16。

通水试验记录 C6-17		资料编号	05-01-C6-××××
工程名称	×××工程	试验日期	××××年××月××日
试验项目	给水系统	试验部位	全 楼
通水压力（MPa）	0.3MPa	通水流量（m³/h）	4m³/h
试验系统简述： 　　本工程给水系统分为东、西两个区，均由市政管网供水。最高用水点标高为21.50m，系统干管在半地下室内，标高−0.50m。用水器具为水咀、电热水器等。			
试验记录： 　　将全楼的给水阀门全部开启，同时开放1/3配水点，共计24个水咀，供水压力流量正常。最不利点即6层西户家具盆水咀出水畅通。然后逐个检查各配水点，出水均畅通，接口无渗漏。			
试验结论： 　　试验结果符合设计和施工规范规定，合格。			

签字栏	施工单位	×××机电工程公司	专业技术负责人	专业质检员	专业工长
			×××	×××	×××
	监理（建设）单位	××监理公司		专业工程师	×××

本表由施工单位填写。

7.4.7 吹（冲）洗（脱脂）试验记录

1. 项目的划分

一般按规范和设计要求分部位、分系统进行。

2. 试验的内容

（1）室内外给水（冷、热）、中水及游泳池水系统、采暖、消防管道及设计有要求的管道应在系统试压合格后、竣工或交付使用前做冲洗试验；介质为气体的管道系统应按有关规范及设计要求做吹洗试验。设计有要求时还应做脱脂处理。

（2）生活饮用水管道冲洗、消毒后须经有关部门取样检验并出具检测报告，符合国家《生活饮用水标准》方可使用。

（3）采暖管道冲洗前应将管道上安装的流量孔板、过滤网、温度计等阻碍污物通过的设施临时拆除，待冲洗合格后再按原样安装好。

（4）管道冲洗应采用设计提供的最大流量或不小于1.0m/s的流速连续进行，直至出水口处浊度、色度与入水口处冲洗水浊度、色度相同为止。冲洗时应保证排水管路畅通安全。

（5）蒸汽系统宜用蒸汽吹洗，吹洗前应缓慢升温暖管，恒温1h后再进行吹洗。吹洗后降至环境温度。一般应进行不少于三次的吹扫。直到管内无铁锈、污物为合格。

（6）试验记录内容要写明试验项目、部位、试验介质、方式、试验情况记录、试验结论等。

3. 表格的填写要求

与《设备单机试运转记录》的要求相同，填写范例见表 7-17。

吹（冲）洗（脱脂）试验记录　　　　　　　表 7-17

吹（冲）洗（脱脂）试验记录表 C6-18		资料编号	05-01-C6-×× ×
工程名称	×××工程	试验日期	××××年××月××日
试验项目	给水系统	试验部位	全　楼
试验介质	自来水	试验方式	单向冲洗
试验记录： 　　从上午 8：30 开始对全楼给水系统进行冲洗。以进水口为冲洗点，各配水点为泄水点，以 0.2MP8 的水压进行连续冲洗，到 9：50，各出水口的水质浊度、色度与入水口处冲洗水一致。			
试验结论： 　　符合设计要求和施工规范规定，合格。			

签字栏	施工单位	×××机电工程公司	专业技术负责人	专业质检员	专业工长
			×××	×××	×××
	××监理(建设)单位	××监理公司		专业工程师	×××

本表由施工单位填写。

7.4.8　通球试验记录

1. 项目的划分。

一般按规范和设计要求分部位、分系统进行。

2. 试验的内容

（1）排水水平干管、主立管应进行 100％通球试验，并作记录。

（2）通球试验应在室内排水及卫生器具等安装全部完毕，通水检查合格后进行。

（3）试验记录内容要写明试验部位、管径、球径、管道编号、试验要求、试验情况、试验结论。

（4）管道试球直径应不小于排水管道管径的 2/3，应采用体轻、易击碎的空心球体进行，通球率必须达到 100％。

（5）主要试验方法：

1）排水立管应自立管顶部将试球投入，在立管底部引出管的出口处进行检查，通水将试球从出口冲出。

2）横干管及引出管应将试球在检查管管段的始端投入，通水冲至引出管末端排出。室外检查井（结合井）处需加临时网罩，以便将试球截住取出。

（6）通球试验以试球通畅无阻为合格。若试球不通的，要及时清理管道的堵塞物并重新试验，直到合格为止。

3. 表格的填写要求

与《设备单机试运转记录》的要求相同，填写范例见表 7-18。

通球试验记录 表 7-18

通球试验记录 C6-19		资料编号	05-02-C6-×× ×
工程名称	×××工程	试验日期	××××年××月××日
试验项目	排水系统	试验部位	WL-1、WL-2 及干管
管径（mm）	110	球径（mm）	80

试验要求：

应采用不小于排水管道管径的 2/3 的体轻、易击碎的空心球体进行通球试验，通球率必须达到 100%。排水立管应自立管顶部将试球投入，在立管底部引出管的出口处进行检查，通水将试球从出口排出。排水横干管应将试球在检查管段的始端投入，通水冲至引出管末端排出。

试验记录：

试球采用 ∮80 的塑料空心球。

上午 8：20、8：30，分别在 WL-1、WL-2 立管的顶部将试球投入，通水后在各立管底部引出管的出口处检查，试球畅通无阻。

上午 9：00 从干管起端的清扫口处投入试球，并通水，在室外结合井处截取到试球。

试验结论：

符合设计要求和施工规范规定，合格。

签字栏	施工单位	×××机电工程公司	专业技术负责人	专业质检员	专业工长
			×××	×××	×××
	监理（建设）单位	××监理公司		专业工程师	×××

本表由施工单位填写。

7.4.9 补偿器安装记录

1. 记录的内容要求

（1）各类补偿器安装时应按要求进行补偿器安装记录。

（2）补偿器的型号、安装位置及预拉伸和固定支架的构造及安装位置应符合设计要求。

（3）记录的内容应包括补偿器的材质、规格型号、安装部位、固定支架间距、预拉伸。

2. 表格的填写要求

与《设备单机试运转记录》的要求相同，填写范例见表 7-19。

实测值记录、介质情况、安装情况、结论等。

补偿器安装记录 C6-20		资料编号	05-05-C6-××
工程名称	×××工程	日　　期	××××年××月××日
设计压力（MPa）	0.8	补偿器安装部位	地下一层采暖干管
补偿器规格型号	0.1TNY1000×2J	补偿器材质	不锈钢
固定支架间距（m）	30	管内介质温度（℃）	95
计算预拉值（mm）	20	实际预拉值（mm）	20

补偿器安装记录及说明：

　　补偿器安装在 C 轴东侧 1.6m 处的采暖干管上，安装情况如图。

　　补偿器预拉伸已由生产厂家在出厂前完成。

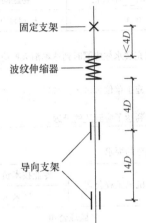

结论：

　　符合设计要求和施工规范规定。

签字栏	施工单位	×××机电工程公司	专业技术负责人	专业质检员	专业工长
			×××	×××	×××
	监理（建设）单位	××监理公司	专业工程师		×××

本表由施工单位填写。

7.4.10　消火栓试射记录

1. 记录的内容要求

（1）室内消火栓系统在安装完成后，应按设计要求及规范规定进行消火栓试射试验，并做记录。

（2）按《高层民用建筑设计防火规范》（GB 50045—2001）中相关规定及《建筑给水排水及采暖工程施工质量验收规范》（GB 50242—2002）中第 5.2.5 条规定执行。室内消火栓试射试验为检验其使用效果，但不能逐个试射，故选取有代表性的三处：屋顶（水箱间内）试验消火栓和首层取两处消火栓。屋顶试验消火栓试射可测出流量和压力（充实水柱）；首层两处消火栓试射可检验两股充实水柱同时到达消火栓应到达的最远点的能力。要求栓口静压≤0.8MPa，栓口动压≤0.5MPa。

（3）记录的内容应包括试验日期、试射消火栓的位置、启泵按钮、消火栓的组件情况、栓口安装情况、栓口水枪型号、卷盘间距、栓口静压、动压情况、试验要求、试验情况、试验结论等。

2. 表格的填写要求

与《设备单机试运转记录》的要求相同，填写范例见表7-20、表7-21。

消火栓试射记录　　　　　　　　　　　　　　　　　　　　　　　**表7-20**

消火栓试射记录 C6-21			资料编号	05-11-C6-×××
工程名称	×××工程		试射日期	××××年××月××日
试验消火栓位置	首层		启泵按钮	☑合格 □不合格
消火栓组件	☑合格 □不合格		栓口安装高度（m）	☑合格 □不合格
栓口水枪型号	☑合格 □不合格		卷盘间距（m）	☑合格 □不合格
栓口静压（MPa）	0.4		栓口动压（MPa）	0.48
试验要求： 　　在首层取两处消火栓做试射试验，两股充实水柱应同时到达本消火栓应到达的最远点。				
试验记录： 　　××××年××月××日上午9时，施工单位×××、××、×××会同监理×××，共同对二层1号和6号立管的消火栓做试射试验。 　　启动消防泵后，两栓的充实水柱同时到达了应到达的最远点。				
试验结论： 　　试验结果符合设计和施工质量验收规范的要求。				
签字栏	施工单位	×××机电工程公司	专业技术负责人	专业质检员	专业工长
			×××	×××	×××
	监理（建设）单位	××监理公司		专业工程师	×××

本表由施工单位填写。

消火栓试射记录　　　　　　　　　　　　　　　　　　　　　　　**表7-21**

消火栓试射记录 C6-21			资料编号	05-11-C6-×××
工程名称	×××工程		试射日期	××××年××月××日
试验消火栓位置	顶层试验消火栓		启泵按钮	☑合格 □不合格
消火栓组件	☑合格 □不合格		栓口安装高度（m）	☑合格 □不合格
栓口水枪型号	☑合格 □不合格		卷盘间距（m）	☑合格 □不合格
栓口静压（MPa）	0.2		栓口动压（MPa）	0.4
试验要求： 　　取屋顶层试验消火栓做试射试验，其出口压力应达到设计要求，即0.4MPa。				
试验记录： 　　××××年××月××日上午9时，施工单位×××、××、×××会同监理×××，共同对顶层试验消火栓做试射试验。 　　启动消防泵后，经检测，栓口出水压力为0.4MPa。				
试验结论： 　　试验结果符合设计和施工质量验收规范的要求。				
签字栏	施工单位	×××机电工程公司	专业技术负责人	专业质检员	专业工长
			×××	×××	×××
	监理（建设）单位	××监理公司		专业工程师	×××

本表由施工单位填写。

7.4.11 系统验收

1. 系统竣工后，必须进行工程验收，验收不合格不得投入使用。

2. 自动喷水灭火系统工程验收应按本规范附录 E 的要求填写。

3. 系统验收时，施工单位应提供下列资料：

(1) 竣工验收申请报告、设计变更通知书、竣工图；

(2) 工程质量事故处理报告；

(3) 施工现场质量管理检查记录；

(4) 自动喷水灭火系统施工过程质量管理检查记录；

(5) 自动喷水灭火系统质量控制检查资料。

4. 系统供水水源的检查验收应符合下列要求：

(1) 应检查室外给水管网的进水管管径及供水能力，并应检查消防水箱和消防水池容量，均应符合设计要求。

(2) 当采用天然水源作系统的供水水源时，其水量、水质应符合设计要求，并应检查枯水期最低水位时确保消防用水的技术措施。

检查数量：全数检查。检查方法：对照设计资料观察检查。

5. 消防泵房的验收应符合下列要求：

(1) 消防泵房的建筑防火要求应符合相应的建筑设计防火规范的规定。

(2) 消防泵房设置的应急照明、安全出口应符合设计要求。

(3) 备用电源、自动切换装置的设置应符合设计要求。

检查数量：全数检查。检查方法：对照图纸观察检查。

6. 消防水泵验收应符合下列要求：

(1) 工作泵、备用泵、吸水管、出水管及出水管上的泄压阀、水锤消除设施、止回阀、信号阀等的规格、型号、数量，应符合设计要求；吸水管、出水管上的控制阀应锁定在常开位置，并有明显标记。

检查数量：全数检查。检查方法：对照图纸观察检查。

(2) 消防水泵应采用自灌式引水或其他可靠的引水措施。

检查数量：全数检查。检查方法：观察和尺量检查。

(3) 分别开启系统中的每一个末端试水装置和试水阀，水流指示器、压力开关等信号装置的功能均符合设计要求。

(4) 打开消防水泵出水管上试水阀，当采用主电源启动消防水泵时，消防水泵应启动正常；关掉主电源，主、备电源应能正常切换。

检查数量：全数检查。检查方法：观察检查。

(5) 消防水泵停泵时，水锤消除设施后的压力不应超过水泵出口额定压力的 1.3～1.5 倍。

检查数量：全数检查。检查方法：在阀门出口用压力表检查。

(6) 对消防气压给水设备，当系统气压下降到设计最低压力时，通过压力变化信号应启动稳压泵。

检查数量：全数检查。检查方法：使用压力表，观察检查。

（7）消防水泵启动控制应置于自动启动挡。

检查数量：全数检查。检查方法：观察检查。

7. 报警阀组的验收应符合下列要求：

（1）报警阀组的各组件应符合产品标准要求。

检查数量：全数检查。检查方法：观察检查。

（2）打开系统流量压力检测装置放水阀，测试的流量、压力应符合设计要求。

检查数量：全数检查。检查方法：使用流量计、压力表观察检查。

（3）水力警铃的设置位置应正确。测试时，水力警铃喷嘴处压力不应小于 0.05MPa，且距水力警铃 3m 远处警铃声声强不应小于 70dB。

检查数量：全数检查。检查方法：打开阀门放水，使用压力表、声级计和尺量检查。

（4）打开手动试水阀或电磁阀时，雨淋阀组动作应可靠。

（5）控制阀均应锁定在常开位置；

检查数量：全数检查。检查方法：观察检查。

（6）与空气压缩机或火灾自动报警系统的联动控制，应符合设计要求。

8. 管网验收应符合下列要求：

（1）管道的材质、管径、接头、连接方式及采取的防腐、防冻措施，应符合设计规范及设计要求。

（2）管网排水坡度及辅助排水设施，应符合规范第 5.1.10 条的规定。

检查方法：水平尺和尺量检查。

（3）系统中的末端试水装置、试水阀、排气阀应符合设计要求。

（4）管网不同部位安装的报警阀组、闸阀、止回阀、电磁阀、信号阀、水流指示器、减压孔板、节流管、减压阀、柔性接头、排水管、排气阀、泄压阀等，均应符合设计要求。

检查数量：报警阀组、压力开关、止回阀、减压阀、泄压阀、电磁阀全数检查，合格率应为 100%；闸阀、信号阀、水流指示器、减压孔板、节流管、柔性接头、排气阀等抽查设计数量 30%，数量均不少于 5 个，合格率应为 100%。

检查方法：对照图纸观察检查。

（5）干式喷水灭火系统管网容积不大于 2900L 时，系统允许的最大充水时间不应大于 3min；如干式喷水灭火系统管道充水时间不大于 1min，系统管网容积允许大于 2900L。预作用喷水灭火系统的管道充水时间不应大于 1min。

检查数量：全数检查。检查方法：通水试验，用秒表检查。

（6）报警阀后的管道上不应安装其他用途的支管或水龙头。

检查数量：全数检查。检查方法：观察检查。

（7）配水支管、配水管、配水干管设置的支架、吊架和防晃支架，应符合本规范第 5.1.8 条的规定。

检查数量：抽查 20%，且不得少于 5 处。

检查方法：尺量检查。

9. 喷头验收应符合下列要求：

（1）喷头设置场所、规格、型号、公称动作温度、响应时间指数（RTI）应符合设计要求。

检查数量：抽查设计喷头数量 10%，总数不少于 40 个，合格率应为 100%。

检查方法：对照图纸尺量检查。

（2）喷头安装间距，喷头与楼板、墙、梁等障碍物的距离应符合设计要求。

检查数量：抽查设计喷头数量 5%，总数不少于 20 个，距离偏差±15mm，合格率不小于 95%时为合格。

检验方法：对照图纸尺量检查。

（3）有腐蚀性气体的环境和有冰冻危险场所安装的喷头，应采取防护措施。

检查数量：全数检查。检查方法：观察检查。

（4）有碰撞危险场所安装的喷头应加设防护罩。

检查数量：全数检查。检查方法：观察检查。

（5）各种不同规格的喷头均应有一定数量的备用品，其数量不应小于安装总数的 1%，且每种备用喷头不应少于 10 个。

10. 水泵接合器数量及进水管位置应符合设计要求，消防水泵接合器应进行充水试验，且系统最不利点的压力、流量应符合设计要求。

检查数量：全数检查。检查方法：使用流量计、压力表和观察检查。

11. 系统流量、压力的验收，应通过系统流量压力检测装置进行放水试验，系统流量、压力应符合设计要求。

检查数量：全数检查。检查方法：观察检查。

12. 系统应进行系统模拟灭火功能试验，且应符合下列要求：

（1）报警阀动作，水力警铃应鸣响。

检查数量：全数检查。检查方法：观察检查。

（2）水流指示器动作，应有反馈信号显示。

检查数量：全数检查。检查方法：观察检查。

（3）压力开关动作，应启动消防水泵及与其联动的相关设备，并应有反馈信号显示。

检查数量：全数检查。检查方法：观察检查。

（4）电磁阀打开，雨淋阀应开启，并应有反馈信号显示。

检查数量：全数检查。检查方法：观察检查。

（5）消防水泵启动后，应有反馈信号显示。

检查数量：全数检查。检查方法：观察检查。

（6）加速器动作后，应有反馈信号显示。

检查数量：全数检查。检查方法：观察检查。

（7）其他消防联动控制设备启动后，应有反馈信号显示。

检查数量：全数检查。检查方法：观察检查。

13. 系统工程质量验收判定条件：

（1）系统工程质量缺陷应按本规范附录 F 要求划分为：严重缺陷项（A），重缺陷项（B），轻缺陷项（C）。

（2）系统验收合格判定应为：$A=0$，且 $B \leqslant 2$，且 $B+C \leqslant 6$ 为合格，否则为不合格。

14. 自动喷水灭火系统质量验收缺陷项目判定记录（表 7-22）。

自动喷水灭火系统质量验收缺陷项目判定记录 表 C6-22				资料编号	00-00-C6-001
工程名称	××工程			建设单位	
施工单位	××建筑工程公司			监理单位	××监理公司
缺陷分类	严重缺陷（A）	缺陷款数	重缺陷（B）	缺陷款数	轻缺陷（C）	缺陷款数
包含条款	—	—	—	—	8.0.3条第1～5款	0
	8.0.4条第1、2款	0	—	—	—	—
	—	—	8.0.5条第1～3款	0	—	—
	8.0.6条第4款	0	8.0.6条第1、2、3、5、6款	0	8.0.6条第7款	0
			8.0.7条第1、2、3、4、6款	0	8.0.7条第5款	0
	8.0.8条第1款	0	8.0.8条第4、5款	0	8.0.8条第2、3、6、7款	0
	8.0.9条第1款	0	8.0.9条第2款	0	8.0.9条第3～5款	0
	—	—	8.0.10条	0	—	—
	8.0.11条	0	—	—	—	—
	8.0.12条第3、4款	0	8.0.12条第5～7款	0	8.0.12条第1、2款	0
	严重缺陷（A）合计	0	重缺陷（B）合计	0	轻缺陷（C）合计	0
合格判定条件	A	0	B	≤2	B+C	≤6
缺陷判定记录	A	0	B	0	B+C	1
判定结论	合格					
参加单位	建设单位项目负责人： （签章） ××× 年　月　日		监理单位监理工程师： （签章） ××× 年　月　日		施工单位项目负责人： （签章） ××× 年　月　日	

本表由施工单位填写。

7.4.12　锅炉封闭及烘炉（烘干）记录

1. 试验的内容要求

（1）锅炉安装完成后，在试运行前，应进行封闭和烘炉试验（非砌筑和浇注保温材料保温的锅炉可不做烘炉），并作记录。

（2）烘炉前，应制订烘炉方案，并应具备下列条件：

1）锅炉及其水处理、汽水、排污、输煤、除渣、送风、除尘、照明、循环冷却水等系统均应安装完毕，并经试运转合格；

2）炉体砌筑和绝热工程应结束，并经炉体漏风试验合格；

3）水位表、压力表、测温仪表等烘炉需用的热工和电气仪表均应安装和试验完毕；

4）锅炉给水应符合现行国家标准《低压锅炉水质标准》的规定；

5）锅筒和集箱上的膨胀指示器应安装完毕，在冷状态下应调整到零位；

6）炉墙上的测温点或灰浆取样点应设置完毕；

7）应有烘炉升温曲线图；

8）管道、风道、烟道、灰道、阀门及挡板均应标明介质流向、开启方向和开度指示；

9）炉内外及各通道应全部清理完毕。

（3）锅炉火焰烘炉应符合下列规定：

1）火焰应在炉膛中央燃烧，不应直接烧烤炉墙及炉拱。烘炉初期宜采用文火烘焙，初期以后的火势应均匀，并逐日缓慢加大。

2）烘炉时间应根据锅炉类型、砌体湿度和自然通风干燥程度确定，一般不少于 4d，升温应缓慢，后期烟温不应高于 160℃，且持续时间不应少于 24h。

3）当炉墙特别潮湿时，应适当减慢升温速度延长烘炉时间。

4）链条炉排在烘炉过程中应定期转动。

5）烘炉的中、后期应根据锅炉水水质情况排污。

（4）烘炉结束后应符合下列规定：

1）炉墙经烘烤后没有变形、裂纹及塌落现象。

2）炉墙砌筑砂浆含水率达到 7% 以下。

（5）记录的内容应包括锅炉型号、位号、封闭前观察的情况、封闭方法、烘干方法、烘炉时间、温度变化情况、烘炉（烘干）曲线图及结论等。

（6）烘炉试验及记录除应按《建筑给水排水及采暖工程施工质量验收规范》（GB 50242—2002）第十三章的要求以外，尚应符合《蒸汽锅炉安全技术监察规程》［劳部发（1996）276 号］、《热水锅炉安全技术监察规程》［劳锅字（1991）8 号］、《工业锅炉安装工程施工及验收规范》（GB 50273—2009）等现行国家有关规范、规程、标准的规定及产品样本、使用说明书的要求。

2. 表格的填写要求

（1）试验应由施工单位报请建设（监理）单位共同进行。

（2）试验记录应根据试验的项目，按照实际情况及时、认真填写，不得漏项，填写内容要齐全、清楚、准确，结论应明确。各项内容的填写应符合设计及规范的要求，签字应齐全。

（3）表格中除曲线图、签字栏必须手写外，其余项目栏均须打印。

（4）表格中凡需填空的地方，且实际已发生的，应如实填写；未发生的，则应在空白处划"/"。

（5）对于选择框，符合的在选择框处划"√"，不符合的可空着，不必划"×"。

填写范例见表 7-23。

锅炉封闭及烘炉（烘干）记录		资料编号	×××
工程名称	×××工程	安装位号	1#
锅炉型号	WNS2.8-1.0/95/70-YQ	试验日期	××××年××月××日

设备/管道封闭前的内部观察情况：		
以全部清理干净，无任何杂物。		

封闭方法	按人孔、手孔和燃烧器接口的先后顺序逐个进行封闭		
烘干方法	木柴火焰	烘炉时间	起始时间××年10月10日8时0分
			起始时间××年10月14日16时0分

温度区间（℃）	升降温速度（℃/h）	所用时间（h）
20～50	1.5	20
50～80	1.5	20
80～100	1	20
100～120	2	10
120～150	1.5	20
150	0	14
150	0	10

烘炉（烘干）曲线图（包括计划曲线及实际曲线）：

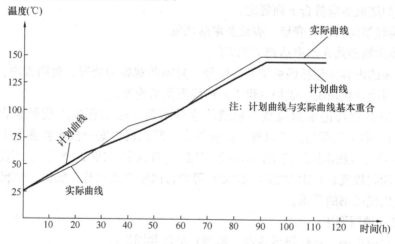

注：计划曲线与实际曲线基本重合

结论：		☑合格　　□不合格		
签字栏	施工单位	×××机电工程公司	专业技术负责人×××	专业质检员	专业工长

签字栏	施工单位	×××机电工程公司	专业技术负责人×××	专业质检员	专业工长
			×××	×××	×××
	监理（建设）单位	××监理公司		专业工程师	×××

本表由施工单位填写。

7.4.13 锅炉煮炉试验记录

1. 试验的内容要求

（1）锅炉安装完成后，在烘炉末期，应进行煮炉试验，并作记录。非砌筑或浇注保温材料保温的锅炉，安装后可直接进行煮炉。

（2）煮炉时间一般应为 2～3d。煮炉的最后 24h 宜使压力保持在额定工作压力的75%。如蒸汽压力较低，可适当延长煮炉时间。

（3）煮炉开始时的加药量应符合锅炉设备技术文件的规定；当无规定时，应按表 7-24 的配方加药。

煮炉时的加药配方　　　　　　　　　　　　　　　表 7-24

药品名称	加药量（kg/m³ 水）	
	铁锈较薄	铁锈较厚
氢氧化钠（NaOH）	2～3	3～4
磷酸三钠（Na₃PO₄·12H₂O）	2～3	2～3

注：1. 药量按 100％的纯度计算。

2. 无磷酸三钠时，可用碳酸钠代替，用量为磷酸三钠的 1.5 倍。

3. 单独使用碳酸钠煮炉时，每立方米水中加 6kg 碳酸钠。

4. 药品应溶解成溶液后方可加入炉内。

5. 加药时，炉水应在低水位。

6. 煮炉期间，应定期取水样进行水质分析。当炉水碱度低于 45mol/L 时，应补充加药。

7. 煮炉结束后，锅筒和集箱内壁应无油垢，擦去附着物后金属表面应无锈斑。

8. 记录的内容应包括锅炉型号、位号、煮炉的药量及成分、加药程序、升降温控制、煮炉时间、煮后的清洗、除垢等试验内容及结论等。

9. 煮炉试验及记录除应按《建筑给水排水及采暖工程施工质量验收规范》（GB 50242—2009）第十三章的要求以外，尚应符合《蒸汽锅炉安全技术监察规程》[劳部发（1996）276 号]、《热水锅炉安全技术监察规程》[劳锅字（1991）8 号]、《工业锅炉安装工程施工及验收规范》（GB 50273—2009）等现行国家有关规范、规程、标准的规定及产品样本、使用说明书的要求。

2. 表格的填写要求

（1）试验应由施工单位报请建设（监理）单位共同进行。

（2）试验记录应根据试验的项目，按照实际情况及时、认真填写，不得漏项，填写内容要齐全、清楚、准确，结论应明确。各项内容的填写应符合设计及规范的要求，签字应齐全。

（3）表格中凡需填空的地方，且实际已发生的，应如实填写；未发生的，则应在空白处划"/"。

填写范例见表 7-25。

锅炉煮炉试验记录　　　　　　　　　　　　　　　表 7-25

锅炉煮炉试验记录		编　号	×××
工程名称	×××工程	安装位号	1#
锅炉型号	WNS2.8-1.0/95/70-YQ	煮炉日期	××××年××月××日

锅炉煮炉试验记录		编　号	×××

要求：

1. 检查煮炉前的污垢厚度，确定锅炉加药配方。

2. 煮炉后检查受热面内部清洁程度，记录煮炉时间、压力。

试验记录：

　　××××年10月20日上午8：00，根据锅内的污垢厚度和产品技术文件的规定，按1：1的比例配成氢氧化钠（NaOH）和磷酸三钠（$Na_3PO_4 \cdot 12H_2O$）的混合药液，并稀释成20%的溶液，从安全阀座口处投入锅内。药水溶液加至锅水的最低水位，然后将锅炉封闭，点火加热。逐步升高水温至90℃，保持水温煮炉至21日13：00。然后逐步升高炉内压力至0.7MPa并保持压力继续煮炉至22日15：00，煮炉结束。待水温自然降至40℃时，放净炉水，并用清水进行清洗，清除与药液接触过的阀门和炉筒的污物。至22日18：00对锅筒内壁进行检查，内壁无油污和锈斑，阀门无堵塞现象。

试验结论：

　　符合设计和施工规范要求，结果合格。

签字栏	施工单位	×××机电工程公司	专业技术负责人	专业质检员	专业工长
			×××	×××	×××
	监理（建设）单位	××监理公司	专业工程师		×××

本表由施工单位填写，城建档案馆、建设单位、施工单位各保存1份。

7.4.14　锅炉试运行记录

1. 试验的内容要求

（1）锅炉在烘炉、煮炉合格后，必须进行48h的带负荷连续试运行，同时应进行安全阀的热状态定压检验和调整，并作记录。以运行正常为合格。

（2）锅炉和省煤器安全阀的定压和调整应符合表7-26的规定。锅炉上装有两个安全阀时，其中的一个按表中较高值定压，另一个按较低值定压。装有一个安全阀时，应按较低值定压。调整后安全阀应立即加锁或铅封。

安全阀定压规定　　　　　　　　　　　　　　　表7-26

项　　次	工作设备	安全阀开启压力（MPa）
1	蒸汽锅炉	工作压力+0.02MPa
		工作压力+0.04MPa
2	热水锅炉	1.12倍工作压力。但不少于工作压力+0.07MPa
		1.12倍工作压力。但不少于工作压力+0.10MPa
3	省煤器	1.1倍工作压力

（3）记录的内容应包括试运行时间、参加人员、运行情况及结果等。

（4）锅炉试运行及记录除应按《建筑给水排水及采暖工程施工质量验收规范》（GB 50242—2002）第十三章的要求以外，尚应符合《蒸汽锅炉安全技术监察规程》［劳部发（1996）276号］、《热水锅炉安全技术监察规程》［劳锅字（1991）8号］、《工业锅炉安装工程施工及验收规范》（GB 50273—2009）等现行国家有关规范、规程、标准的规定及产品样本、使用说明书的要求。

2. 表格的填写要求

（1）试验应由施工单位组织建设单位、监理单位、管理单位共同进行验收。

（2）试验记录应根据试验的项目，按照实际情况及时、认真填写，不得漏项，填写内容要齐全、清楚、准确，结论应明确。各项内容的填写应符合设计及规范的要求，签字应齐全。

（3）表格中凡需填空的地方，且实际已发生的，应如实填写；未发生的，则应在空白处划"/"。

填写范例见表 7-27。

锅炉试运行记录　　　　　　　　　　　　　表 7-27

锅炉试运行记录		资料编号	×××
工程名称		×××工程	
施工单位		×××机电工程公司	

本锅炉在安全附件校验合格后，由建设单位统一组织，经共同验收，自<u>2005</u>年<u>8</u>月<u>12</u>日<u>8</u>时至<u>2005</u>年<u>8</u>月<u>14</u>日时试运行，运行正常，符合规程及设计文件要求，试运行合格。
试运行情况记录： 　锅炉烘炉、煮炉和严密性试验合格后，按《工业锅炉安装及施工验收规范》（GB 50273-98）第 6.2.2 条及第 6.2.3条分别进行安全阀最终调整，即热状态定压检验和调整，安全阀调整后，锅炉带负荷连续试运行 48h，运行全过程未出现异常，合格。 符合设计规范及有关规定的要求。 　　　　　　　　　　　　　　　　　　　　　　　　　　　　记录人：×××

建设单位（签章）	监理单位（签章）	管理单位（签章）	施工单位（签章）
×××	×××	×××	×××

本表由施工单位填写。

（4）试运行情况记录：

锅炉烘炉、煮炉和严密性试验合格后，按《工业锅炉安装及施工验收规范》（GB 50273—2009）第 6.2.2 条及第 6.2.3 条分别进行安全阀最终调整，即热状态定压检验和调整，安全阀调整后，锅炉带负荷连续试运行 48h，运行全过程未出现异常，合格。符合设计规范及有关规定的要求。

第八章 建筑电气工程施工过程资料管理

8.1 施工物资资料

施工物资资料是反映施工所用的物资质量是否满足设计和规范要求的各种证明文件和相关配套文件（如使用说明书、安装维修文件等）的统称。

工程施工物资主要包括：建筑材料、成品、半成品、构配件、设备等。

8.1.1 工程物资

1. 材料、构配件进场检验记录

（1）电气材料、构配件的种类

1）电线、电缆、照明灯具、开关、插座、风扇、风机及附件。

2）接线盒、导管、型钢和电焊条。

3）电缆桥架、线槽、裸母线、裸导线、电缆头部件及接线端子、钢制灯柱、混凝土电杆和其他混凝土制品。

4）镀锌制品（支架、横担、接地极、避雷用型钢）和外线金具。

5）封闭母线、插接母线。

（2）电气材料、构配件进场验收要求

1）总体要求

① 电气材料、构配件进场检验结论应有记录，确认符合规范规定，才能在施工中应用。

② 因有异议送有资质实验室进行抽样检测，试验室应出具检测报告，确认符合规范和相关技术标准规定，才能在施工中应用。

异议指：

A. 近期因产品质量低劣而被曝光的。

B. 经了解在工程使用中发生质量问题的。

C. 进场后经观察与同类产品有明显差异的。

③ 凡使用新材料、新产品、新工艺、新技术、应具有鉴定单位出具的鉴定证书，同时应有产品质量标准、使用说明和工艺要求，使用前应按其质量标准进行检验和试验。以法定程序批准进入市场的新材料除符合规范规定外，应提供安装、使用、维修和试验要求等技术文件。

④ 进口材料应有商检证明和中文版的质量证明文件（国家认证委员会公布的强制性认证产品除外［CCC认证］）、性能检测报告以及中文版的安装、使用、维修和试验要求等技术文件，方可在工程中使用。

⑤ 建筑电气施工中使用的电工产品必须经过"中国国家认证认可监督管理委员会"

的认证，认证标志为"中国强制认证"（CCC），并在认证有效期内，符合认证要求，方可在工程中使用。

2）主要材料、构配件进场检查内容

① 电线、电缆

A. 按批查验出厂合格证、生产许可证，合格证有生产许可证编号，按《额定电压450/750V及以下聚氯乙烯绝缘电缆》（GB 5023.1～5023.7）标准生产的产品有"CCC"认证标志，并提供认证证书复印件。

B. 外观检查：包装完好，抽检的电线绝缘层完整无损，厚度均匀。电缆无压扁、扭曲，铠装不松卷。耐热、阻燃的电线、电缆外护层有明显标识和制造厂标。

C. 按制造标准，现场抽样检测绝缘层厚度和圆形线芯的直径；线芯直径误差不大于标称直径的1‰；常用的BV型绝缘电线的绝缘层厚度不小于表8-1的规定。

BV型绝缘电线的绝缘层厚度 表8-1

序　号	1	2	3	4	5	6	7	8	9	10	11	12	13	14	15	16	17
电线芯线标称截面积（mm²）	1.5	2.5	4	6	10	16	25	35	50	70	95	120	150	185	240	300	400
绝缘层厚度规定值（mm）	0.7	0.8	0.8	0.8	1.0	1.0	1.2	1.2	1.4	1.4	1.6	1.6	1.8	2.0	2.2	2.4	2.6

D. 对电线、电缆绝缘性能、导电性能和阻燃性能有异议时，按批抽样送有资质的实验室检测。

② 照明灯具及附件

A. 查验合格证，新型气体放电灯具有随带技术文件。

B. 外观检查：灯具涂层完整，无损伤，附件齐全。防爆灯具铭牌上有防爆标志和防爆合格证号，普通灯具有"CCC"认证标志，并提供认证证书复印件。

C. 对成套灯具的阻燃电阻、内部接线等性能进行现场抽样检测。灯具的绝缘电阻值不小于2MΩ，内部接线为铜芯绝缘电线，芯线截面积不小于0.5mm²，橡胶或聚氯乙烯（PVC）绝缘电线的绝缘层厚度不小于0.6mm。对游泳池和类似场所灯具（水下灯及防水灯具）的密闭和绝缘性能有异议时，按批抽样送有资质的实验室检测。

③ 开关、插座、接线盒和风扇及其附件

A. 查验合格证，防爆产品有防爆标志和防爆合格证号，开关、插座、风扇及其附件应有"CCC"认证标志，并提供认证证书复印件。

B. 外观检查：牙关、插座的面板及接线盒盒体完整、无碎裂、零件齐全，风扇无损坏，涂层完整，调速器等附件适配。

C. 对开关、插座的电气和机械性能进行现场抽样检测。检测规定如下：

a. 不同极性带电部件间的电气间隙和爬电距离不小于3mm。

b. 绝缘电阻值不小于5MΩ。

c. 用自攻锁紧螺钉和自切螺钉安装的，螺钉与软塑固定件旋合长度不小于8mm，软塑固定件在经受10次拧紧退出试验后，无松动和掉渣，螺钉及螺纹无损坏现象。

d. 金属间相旋合的螺钉螺母，拧紧后完全退山，反复5次仍能正常使用。

D. 对开关、插座、接线盒及其面板等塑料绝缘材料阻燃性能有异议时，按批抽样送有资质的实验室检测。

④ 电线导管

A. 按批查验合格证及材质证明书。

B. 外观检查：钢导管无压扁、内壁光滑。非镀锌钢导管无严重锈蚀，按制造标准油漆出厂的油漆完整；镀锌钢导管镀层覆盖完整、表面无锈斑；绝缘导管及配件不碎裂、表面有阻燃标记和制造厂标。

C. 按制造标准现场抽样检测导管的管径、壁厚及均匀度（设计无要求时，绝缘导管应达到"中型"以上导管）。对绝缘导管及配件的阻燃性能有异议时，按批抽样送有资质的实验室检测。

⑤ 型钢、电焊条及接线盒

A. 按批查验合格证和材质证明书；有异议时，按批抽样送有资质的实验室检测。

B. 外观检查：型钢表面无严重锈蚀，无过度扭曲、弯折变形；电焊条包装完整，拆包抽检，焊条尾部无锈斑。

⑥ 电缆桥架、线槽

A. 查验合格证。

B. 外观检查：部件齐全，表面光滑、不变形；钢制桥架涂层完整，无锈蚀；玻璃钢制桥架色泽均匀，无破损碎裂；铝合金桥架涂层完整，无扭曲变形，不压扁，表面不划伤。

⑦ 裸母线、裸导线

A. 查验合格证。

B. 外观检查：包装完好，裸母线平直，表面无明显划痕，测量厚度和宽度符合制造标准；裸导线表面无明显损伤，不松股、扭折和断股（线），测量线径符合制造标准。

⑧ 电缆头部件及接线端子

A. 查验合格证。

B. 外观检查：部件齐全，表面无裂纹和气孔，随带的袋装涂料和填料不泄漏。

⑨ 钢制灯柱

A. 按批查验合格证。

B. 外观检查：涂层完整，根部接线盒盒盖紧固件和内置熔断器、开关等器件齐全，盒盖密封垫片完整。钢柱内设有专用接地螺栓，地脚螺孔位置按提供的附图尺寸，允许偏差为±2mm。

⑩ 钢筋混凝土电杆和其他混凝土制品

A. 按批查验合格证。

B. 外观检查：表面平整，无缺角露筋，每个制品表面有合格印记，钢筋混凝土电杆表面光滑，无纵向、横向裂纹，杆身平直，弯曲不大于杆长的1‰。

⑪ 镀锌制品（支架、横担、接地极、避雷用型钢等）和外线金具

A. 按批查验合格证和镀锌质量证明书（镀锌制品应采用热浸镀锌处理）。

B. 外观检查：镀锌层覆盖完整、表面无锈斑，金具配件齐全，无砂眼。

C. 对镀锌质量有异议时，按批抽样送有资质的实验室检测。

⑫ 封闭母线、插接母线

A. 查验合格证和随带安装技术文件，封闭母线、插接母线应有"CCC"认证标志，

并提供认证证书复印件。

B. 外观检查：防潮密封良好，各段编号标志清晰，附件齐全，外壳不变形，母线螺栓搭接面平整、无起皮和麻面；插接母线上的静触头无缺损、表面光滑、镀层完整。

⑬ 电缆头部件及接线端子应符合下列规定：

A. 查验合格证；

B. 外观检查：部件齐全，表面无裂纹和气孔，随带的袋装涂料或填料不泄漏。

2. 材料、构配件进场检验记录的填写（表8-2）

（1）填写要求

1）材料、构配件进场后，应由建设（监理）单位汇同施工单位共同对进场物资进行检查验收。

2）主要检查内容包括：材料的出厂质量证明文件及检验（测）报告应齐全；数量、规格和型号等应满足设计和生产计划要求；外观质量应满足设计或规范要求；按规定需进行抽检的材料、构配件应及时抽检，检验结果和结论齐全。

3. 设备开箱检查记录

（1）电气设备的种类

1）电力变压器、柴油发电机组。

2）高、低压成套配电柜、蓄电池柜、不间断电源柜、控制柜（屏、台）及动力、照明配电箱（盘柜）。

3）电动机、电加热器、电动执行机构和高、低压开关设备。

（2）电气设备进场验收要求

1）总体要求

① 电气设备进场检验结论应有记录，确认符合规范规定，才能在施工中应用。

② 因有异议送有资质实验室进行抽样检测，试验室应出具检测报告，确认符合规范和相关技术标准规定，才能在施工中应用。

异议指：

A. 近期因产品质量低劣而被曝光的。

B. 经了解在工程使用中发生质量问题的。

C. 进场后经观察与同类产品有明显差异的。

③ 凡使用新设备、新产品、新工艺、新技术、应具有鉴定单位出具的鉴定证书，同时应有产品质量标准、使用说明和工艺要求，使用前应按其质量标准进行检验和试验。以法定程序批准进入市场的新设备、器具除符合规范规定外，应提供安装、使用、维修和试验要求等技术文件。

④ 进口设备应有商检证明和中文版的质量证明文件（国家认证委员会公布的强制性认证产品除外［CCC认证］）、性能检测报告以及中文版的安装、使用、维修和试验要求等技术文件，方可在工程中使用。

⑤ 建筑电气施工中使用的电工产品必须经过"中国国家认证认可监督管理委员会"的认证，认证标志为"中国强制认证"（CCC），并在认证有效期内，符合认证要求，方可在工程中使用。

序号	名　称	规格型号	进场数量	生产厂家 合格证号	检验项目	检验结果	备　注
材料、构配件进场检验记录表 C4-17					资料编号	06-05-C4-×× ×	
工程名称			××× 工程		检验日期	××××年××月××日	
1	焊接钢管	SC70	1000m	三河市宏达钢管厂 12-4	查验合格证及材质证明书；外观检查；抽检导管的管径、壁厚及均匀度	合格	
2	镀锌钢管	SC20	2000m	天津市利达钢管厂 No. YYT	查验合格证及材质证明书；外观检查；抽检导管的管径、壁厚及均匀度	合格	
3	镀锌扁钢	40×4	1000m	唐山市新区轧钢厂 质字第 9814 号	查验合格证和镀锌质量证明书；外观检查	合格	
4	镀锌圆钢	Φ10	300m	首钢第一线材厂 P-No. 00505	查验合格证和镀锌质量证明书；外观检查	合格	
5	PVC电线套管	声20	4000m	河北省涿州市高新建筑材料厂 No. 007	查验合格证和镀锌质量证明书；外观检查	合格	
6	电力电缆	ZRVV 4×185 +1×95	400m	河北瑞港特种电缆厂 2005-2-11	查验合格证及检测报告；生产许可证等；"CCC"认证标志；外观检查	合格	
7	耐火电缆	NH-VV 4×35 +1×16	200m	河北瑞港特种电缆厂 2005-2-53	查验合格证及检测报告；生产许可证等；"CCC"认证标志；外观检查	合格	
8	塑料铜芯线	BV 2.5mm²	10000m	北京电线电缆总厂 01	查验合格证，生产许可证及"CCC"认证标志；外观检查；抽检线芯直径及绝缘层厚度	合格	
9	单管日光灯	87 型 1×40W	100 套	北京中科知创电器有限公司 001	查验合格证及"CCC"认证标志，外观检查；抽检灯具内部接线	合格	
10	防潮吸顶灯	GCW07 1×60W	30 套	北京中科知创电器有限公司 001	查验合格证及"CCC"认证标志，外观检查；抽检灯具内部接线	合格	

检验结论：
　　符合设计及规范要求

签字栏	施工单位	×××机电工程公司	专业质检员	专业工长	检测员
			×××	×××	×××
	监理（建设）单位		××监理公司	专业工程师	×××

本表由施工单位填写。

2）主要设备进场检查内容

① 变压器、箱式变电所、高压电器及电瓷制品；

A. 查验合格证和随带技术文件，生产许可证及出厂试验记录。

B. 外观检查：有铭牌，附件齐全，绝缘件无缺损、裂纹，充油部分不渗漏，充气高压设备气压指示正常，涂层完整。

② 柴油发电机组：

A. 依据装箱单，核对主机、附件、专用工具、备件和随带技术文件，查验合格证、生产许可证和出厂试运行记录，发电机及其控制柜有出厂试验记录。

B. 外观检查：有铭牌，机身无缺件，涂层完整。

③ 高、低压成套配电柜、蓄电池柜、不间断电源柜、控制柜（屏、台）及动力、照明配电箱（盘）：

A. 查验合格证和随带技术文件，查验生产许可证及许可证编号，查验"CCC"认证标志，及出厂试验记录，并提供认证证书复印件。

B. 外观检查：有铭牌，柜内元器件无损坏丢失、接线无脱落脱焊，蓄电池柜内电池壳体无碎裂、漏液，充油、充气设备无泄漏，涂层完整，无明显碰撞凹痕。

④ 电动机、电加热器、电动执行机构和低压开关设备：

A. 查验合格证和随带技术文件，查验生产许可证及许可证编号，查验"CCC"认证标志，并提供认证证书复印件。

B. 外观检查：有铭牌，附件齐全，电气接线端子完好，设备器件无缺损，涂层完整。

（3）设备开箱检查记录的填写

1）设备进场后，由施工单位、建设（监理）单位、供货单位共同开箱检查，并进行记录。

2）主要检查内容包括：设备的出厂合格证及试验报告应齐全，生产许可证及许可证编号、"CCC"认证标志齐全，设备的数量、规格和型号等应满足设计和生产计划要求；外观质量应满足设计或规范要求，检验结果和结论齐全。

填写范例见表 8-3。

设备开箱检验记录 表 8-3

设备开箱检验记录 C4-18		资料编号	06-05-C4-××××
设备名称	照明配电箱	检查日期	××××年××月××日
规格型号	XRM-130	总数量	5
装箱单号	/	检验数量	5
检验记录	包装情况	良好	
	随机文件	生产许可证，合格证，"CCC"认证证书	
	备件与附件	齐全	
	外观情况	良好，无锈蚀及漆皮脱落现象	
	测试情况	测试情况良好	

设备开箱检验记录 C4-18					资料编号	06-05-C4-×××

检验结果	缺、损附备件明细表					
	序号	名 称	规 格	单 位	数 量	备 注

结论:		
随机文件齐全，观感检查及测试情况良好，附备件齐全符合设计规范要求。		

签字栏	监理（建设）单位	施工单位	供应单位
	×××	×××	×××

本表由施工单位填写。

8.1.2 产品合格证

8.1.2.1 电气材料及设备

1. 电气材料、设备合格证内容要求

电气材料、设备合格证应具备如下内容：

（1）产品名称。

（2）产品的规格型号。

（3）制造厂厂名。

（4）产品出厂日期。

（5）符合国家制造的标准号。

（6）厂检验部门检验人员签章（参见国家强制性认证产品目录）。

（7）执行"CCC"认证的材料、设备，应有"CCC"认证标志。

2. 电气材料、设备包装标识要求

（1）包装上的标识应有产品质量检验合格证明。

（2）有中文标明的产品名称、生产厂名和厂址。

（3）标明产品的特点和使用要求（需标明产品规格、等级、所含主要成分的名称和含量）。

（4）限期使用的产品，标明生产日期和安全使用期或失效日期。

（5）使用不当、容易造成产品本身损坏或者可能危及人身、财产安全的产品，要有警示标志或中文警示说明。

3. 电气设备铭牌要求

（1）建筑电气工程中安装的电气设备应有铭牌。

（2）电气设备上的铭牌应为金属材料印制和安装。

（3）塑料制品印制的铭牌由于固定不牢不应使用。

4．电气材料、设备检测报告要求

（1）电气材料、设备检测报告必须由有资质的实验室或检测单位出具。

（2）检测报告中的数据必须符合相应规范、标准的规定。

（3）检测报告必须在有效期内，并与所提供的材料、设备型号、规格相对应。

5．电气材料、设备合格证、检测报告、产品生产许可证的收集要求

收集电气材料、设备合格证等的目的是为了证明产品质量是否合格；当产品质量存在问题时，依据产品质量管理条例和国家的法律、法规，依法索赔或追究生产单位的责任。

电工产品合格证等的收集整理按下述原则：

（1）电气材料、设备合格证应把不同厂家、不同规格、型号的各收集一张。

（2）产品生产许可证的范围必须包含所使用的材料或设备的规格、型号。

（3）检测报告必须在有效期内，并与所提供的材料、设备型号、规格相对应。

（4）质量证明文件的抄件（复印件）应与原件内容一致，加盖原件存放单位公章、注明原件存放处，并有经办人的签字。

8.1.2.2　智能建筑工程物资

1．依据智能建筑系统工程执行的现行标准、规范的要求应进行相应的材料、设备的进场检验，并进行记录。

2．智能建筑工程物资的主要设备、材料及附件应有出厂合格证及产品说明书。

3．表格由专业施工单位提供，但其样式和尺寸应符合有关要求。

8.2　施　工　记　录

8.2.1　隐蔽工程验收记录

隐检是指对隐蔽部位隐蔽前进行的检查。隐检记录是工程内在质量好坏的依据。把好隐蔽工程验收检查关是保证工程质量的重要措施。在施工过程中，凡被下一道工序掩盖的隐蔽工程，应全部组织检查验收合格，方可允许进行下道工序施工。

1．隐蔽工程主要检查项目

（1）建筑电气工程

1）埋在结构内的各种电线导管。

2）利用结构钢筋做的避雷引下线。

3）等电位暗埋。

4）接地极装置埋设。

5）金属门窗与接地引下线的连接。

6）不能进入吊顶内的电线导管。

7）不能进入吊顶内的线槽。

8）直埋电缆。

9）不可进人的电缆沟敷设电缆。

（2）智能建筑工程

1）埋在结构内的各种电线导管。

2）不能进入吊顶内的电线导管。

3）不能进入吊顶内的线槽。

4）直埋电缆。

5）不可进入的电缆沟敷设电缆。

2. 隐蔽工程主要检查内容

（1）建筑电气工程

1）埋在结构内的各种电线导管检查内容

导管的品种、规格、位置、弯扁度、弯曲半径、连接、跨接地线、防腐、需焊接部位的焊接质量、管盒固定、管口处理、敷设情况、保护层及与其他管线的位置关系等。

2）利用结构钢筋做的避雷引下线检查内容

轴线位置、钢筋数量、规格、搭接长度、焊接质量。

3）等电位暗埋检查内容

使用材料的品种、规格、安装位置、连接方法及质量、保护层厚度。

4）接地极装置埋设检查内容

接地极的位置、间距、数量、材质、埋深、与接地极的连接方法、连接质量、防腐情况等。

5）金属门窗与接地引下线的连接检查内容

连接材料的品种和规格、连接的位置和数量、连接的方法和质量等。

6）不能进入吊顶内的电线导管检查内容

导管的品种、规格、位置、弯扁度、弯曲半径、连接、跨接地线、防腐、需焊接部位的焊接质量、管盒固定、管口处理、固定方法、固定间距及与其他管线的位置关系等。

7）不能进入吊顶内的线槽检查内容

线槽的品种、规格、位置、连接、接地、防腐、固定方法、固定间距及其他管线的位置关系等。

8）直埋电缆检查内容

电缆的品种和规格、电缆的埋设方法、埋深、弯曲半径、标桩埋设情况等。

9）不可进入的电缆沟敷设电缆检查内容

电缆的品种和规格、弯曲半径、固定方法、固定间距、标识情况。

（2）智能建筑工程

1）埋在结构内的各种电线导管检查内容

导管的品种、规格、位置、弯扁度、弯曲半径、连接、跨接地线、防腐、需焊接部位的焊接质量、管盒固定、管口处理、敷设情况、保护层及与其他管线的位置关系等。

2）不能进入吊顶内的电线导管检查内容

导管的品种、规格、位置、弯扁度、弯曲半径、连接、跨接地线、防腐、需焊接部位的焊接质量、管盒固定、管口处理、固定方法、固定间距及与其他管线的位置关系等。

3）不能进入吊顶内的线槽检查内容

线槽的品种、规格、位置、连接、接地、防腐、固定方法、固定间距及其他管线的位置关系等。

4）直埋电缆检查内容

电缆的品种和规格、电缆的埋设方法、埋深、弯曲半径、标桩埋设情况等。

5）不可进人的电缆沟敷设电缆检查内容

电缆的品种和规格、弯曲半径、固定方法、固定间距、标识情况。

3. 隐蔽工程的检查方法

（1）电气工程应分别对建筑电气、智能建筑两大分部工程中各自的分项工程进行检查，不得落项。

（2）敷设在素土内的线管和电缆应分块、分区检查。

（3）敷设在混凝土内的线管应随土建进度分墙体、顶板检查。

（4）敷设在混凝土内的防雷接地、引线及均压环应分层或分区随土建进度检查。

（5）二次设备接地、防静电、等电位、地槽、门窗接地应分层或分区检查。

（6）吊顶内的配管、线槽、桥架、母线安装应分层或分区检查。

（7）封闭竖井内的配管、线槽、桥架、母线安装应按井号或电气回路检查。

4. 隐蔽工程验收记录表的填写

（1）填写要求

1）隐蔽工程项目施工完毕后，施工单位应先进行自检，自检合格后，申报监理（建设）单位汇同施工单位共同对隐蔽工程项目进行检查验收。

2）主要检查内容包括：应根据隐蔽工程的检查项目和内容认真进行检查，不得落项，隐检内容应根据规范要求填写齐全、明了，检验结果和结论齐全。

填写范例见表 8-4～表 8-11。

（2）对于隐蔽工程验收记录表不适用的其他重要工序，应按照现行规范要求进行施工质量检查，并填写施工检查记录表（通用）。

8.2.2 施工检查记录

检查是为了提前发现上一道工序存在的质量问题，防止给下道工序施工造成困难或给工程造成永久性缺陷。因此，未经检查的项目不得进行下道工序施工。工程检查是贯彻"预防为主"的重要环节。施工检查记录必须由专业技术负责人、工长及质量检查员共同参加。

1. 施工检查记录主要检查项目

（1）设备基础。

（2）明配管（包括能进入吊顶内）。

（3）明装线槽、桥架、母线（包括能进入吊顶内）。

（4）等电位连接。

（5）屋顶明装避雷带。

（6）变配电装置。

（7）机电表面器具（开关、插座、灯具）。

2. 施工检查工程主要检查内容

（1）设备基础检查内容

设备基础位置、混凝土强度、几何尺寸、预留孔、预埋件。

（2）明配管（包括能进入吊顶内）检查内容。

动力系统钢管暗配隐蔽工程验收记录 表 8-4

隐蔽工程验收记录 C5-1		资料编号	06-04-05-×××
工程名称		×××工程	
隐检项目	动力系统钢管暗配	隐检日期	××××年××月××日
隐检部位	地下一层①～⑧轴现浇楼板内轴线－3.0m 标高		

隐检依据：施工图图号电施 1，设计变更/洽商（编号 ／ ）及有关国家现行标准等。
主要材料名称及规格/型号：焊接钢管 SC25，电线管 TC20。

隐检内容：

　　1.该部位使用××（型号）、××（规格）钢管；线管敷设位置符合施工图纸，管弯曲半径大于管外径 6 倍，且无凹扁现象。钢管内壁已进行防腐处理。

　　2.焊接钢管连接用套管长度大于管外径的 2.2 倍，焊口牢固、严密。

　　3.电线钢管采用螺纹连接，跨接地线采用 Φ×圆钢焊接，焊接长度大于圆钢直径的 6 倍，且两面施焊。

　　4.焊接处药皮已清除，混凝土保护层厚度不小于 15mm。
　　影像资料的部位、数量。

　　　　　　　　　　　　　　　　　　　　　　　　　　　　　　　　申报人：×××

检查意见： 　　合格 检查结论：☑ 同意隐蔽　　□不同意，修改后进行复查			
复查结论： 复查人：　　　　　　　　　　　　　　　　复查日期：			
签字栏	施工单位	××机电工程公司	专业技术负责人	专业质检员	专业工长
			×××	×××	×××
	监理（建设）单位	××监理公司	专业工程师		×××

本表由施工单位填写。

动力系统硬质 PVC 管暗配隐蔽工程验收记录 表 8-5

隐蔽工程验收记录 C5-1		资料编号	06-04-C5-×××
工程名称		×××工程	
隐检项目	动力系统硬质 PVC 管暗配	隐检日期	××××年××月××日
隐检部位	一层①～⑧轴现浇楼板内轴线 3.0m 标高		

隐检依据：施工图图号电施 2，设计变更/洽商（编号 ／ ）及有关国家现行标准等。
主要材料名称及规格/型号：硬质聚氯乙烯电线套管 Φ25、Φ20。

隐检内容：

　　1.该部位使用××（型号）、××（规格）硬质 PVC 管；线管敷设位置符合施工图纸，管弯曲半径大于管外径 6 倍，且无凹扁现象。

　　2.管连接用套管长度不小于管外径的 3 倍，连接面涂抹粘接剂，连接牢固、严密，套管位于两管头中部。
　　影像资料的部位、数量。

　　　　　　　　　　　　　　　　　　　　　　　　　　　　　　　　申报人：×××

隐蔽工程验收记录 C5-1		资料编号	06-04-C5-×××

检查意见：

　　合格

检查结论：☑ 同意隐蔽　　□ 不同意，修改后进行复查

复查结论：

复查人：　　　　　　　　　　　　复查日期：

签字栏	施工单位	××机电工程公司	专业技术负责人	专业质检员	专业工长
			×××	×××	×××
	监理（建设）单位	××监理公司	专业工程师		×××

本表由施工单位填写。

动力系统硬质 PVC 管暗配隐蔽工程验收记录　　　　　　表 8-6

隐蔽工程验收记录 C5-1		资料编号	06-04-C5-×××
工程名称		×××工程	
隐检项目	动力系统硬质 PVC 管暗配	隐检日期	××××年××月××日
隐检部位	一层①～⑧轴吊顶内轴线 3.0m 标高		

隐检依据：施工图图号　电施 2　，设计变更/洽商（编号　/　）及有关国家现行标准等。

主要材料名称及规格/型号：镀锌钢管 SC25、SC20。

隐检内容：

　　1. 该部位吊顶内使用××（型号）、××（规格）镀锌钢管，符合设计规定，管线沿主龙骨或吊架敷设，位置符图，线管固定间距符合规范要求，固定牢固。

　　2. 管弯曲半径不小于管外径的 6 倍，弯曲处无明显凹扁现象。镀锌钢管采用螺纹连接，跨接地线采用专用接地线卡，两卡间连线用 4mm² 的铜芯软线进行连接。

　　影像资料的部位、数量。

　　　　　　　　　　　　　　　　　　　　　　　　　　　　　　　申报人：×××

检查意见：

　　合格

检查结论：☑ 同意隐蔽　　□ 不同意，修改后进行复查

复查结论：

复查人：　　　　　　　　　　　　复查日期：

签字栏	施工单位	×××机电工程公司	专业技术负责人	专业质检员	专业工长
			×××	×××	×××
	监理（建设）单位	×××监理公司	专业工程师		×××

本表由施工单位填写。

隐蔽工程验收记录 C5-1		资料编号	06-07-C5-×××
工程名称		×××工程	
隐检项目	防雷接地装置	隐检日期	××××年××月××日
隐检部位	室外__层__建筑物四周　轴线　－0.70m 标高		

隐检依据：施工图图号__电施 25__，设计变更/洽商（编号__/__）及有关国家现行标准等。

主要材料名称及规格/型号：__镀锌扁钢 40×4__。

隐检内容：

　　1. 人工接地装置采用－40×4 镀锌扁钢，埋深－0.70m，位置符合电气施工图纸。

　　2. 环形接地装置分别由轴Ⓐ、①、轴Ⓐ、④等处引至结构基础钢筋进行焊接，并与避雷引线连成一体。

　　3. 扁钢连接处焊接长度为其宽度 2 倍以上，且三面施焊，焊接处药皮已清除，无夹渣咬肉现象，并涂沥青油，防腐无遗漏。

　　4. 建筑物外墙Ⓐ、②轴，Ⓐ、⑯轴，Ⓖ、②轴，Ⓖ、⑯轴处设置断接卡子。

　　5. 实测接地电阻值为 0.2Ω。

　　影像资料的部位、数量。

　　　　　　　　　　　　　　　　　　　　　　　　　　　　　　　申报人：×××

检查意见：

　　　合格

检查结论：☑同意隐蔽　□不同意，修改后进行复查

复查结论：

复查人：　　　　　　　　　　　复查日期：

签字栏	施工单位	×××机电工程公司	专业技术负责人	专业质检员	专业工长
			×××	×××	×××
	监理（建设）单位	××监理公司		专业工程师	×××

本表由施工单位填写。

隐蔽工程验收记录 C5-1		资料编号	06-07-C5-×××
工程名称		×××工程	
隐检项目	防雷接地装置	隐检日期	××××年××月××日
隐检部位	地下一层　基础结构　轴线　－6.0m 标高		

隐检依据：施工图图号__电施 25__，设计变更/洽商（编号__/__）及有关国家现行标准等。

主要材料名称及规格/型号：结构基础钢筋 Φ25。

隐蔽工程验收记录 C5-1		资料编号	06-07-C5-××

隐检内容：
1. 接地体利用××（规格）结构基础钢筋，选用钢筋位置、数量符图；钢筋交叉处采用412圆钢搭接焊接，搭接长度大于钢筋直径6倍，且两面施焊。
2. 焊接处药皮已清除，无夹渣咬肉现象。
3. 建筑物外墙轴Ⓐ、②、轴Ⓐ、⑯、轴Ⓖ、②、轴Ⓖ、⑯处设置测试点。
4. 实测接地电阻值为0.6Ω。
影像资料的部位、数量

申报人：×××

检查意见：
　　合格
检查结论：☑同意隐蔽☐不同意，修改后进行复查

复查结论：
复查人：　　　　　　　　　　复查日期：

签字栏	施工单位	×××机电工程公司	专业技术负责人	专业质检员	专业工长
			×××	×××	×××
	监理（建设）单位	××监理公司		专业工程师	×××

本表由施工单位填写。

避雷引线隐蔽工程验收记录　　　　　　表8-9

隐蔽工程验收记录 C5-1		资料编号	06-07-C5-×××
工程名称		×××工程	
隐检项目	避雷引线	隐检日期	××××年××月××日
隐检部位	二层Ⓐ、①；Ⓐ、③；Ⓐ、⑤；Ⓐ、⑦；Ⓐ、⑨；……轴线，6.0m标高		

隐检依据：施工图图号　电施3　，设计变更/洽商（编号　/　）及有关国家现行标准等。
主要材料名称及规格/型号：钢筋Φ25。

隐检内容：
1. 避雷引线共26处，分别利用Ⓐ、①轴；Ⓐ、③轴处两根Φ25柱主筋上下对应引上，位置符合电气施工图纸。
2. 柱主筋采用搭接焊接，焊接长度大于钢筋直径的6倍，且两面施焊；药皮已清除，无夹渣咬肉现象。

申报人：×××

检查意见：
　　合格
检查结论：☑同意隐蔽☐不同意，修改后进行复查

复查结论：
复查人：　　　　　　　　　　复查日期：

签字栏	施工单位	×××机电工程公司	专业技术负责人	专业质检员	专业工长
			×××	×××	×××
	监理（建设）单位	××监理公司		专业工程师	×××

本表由施工单位填写。

隐蔽工程验收记录 C5-1		资料编号	06-07-C5-×××
工程名称		×××工程	
隐检项目	均压环，金属门窗连接	隐检日期	××××年××月××日
隐检部位		10 层　建筑结构圈梁　轴线　30m 标高	

隐检依据：施工图图号 _电施 16_ ，设计变更/洽商（编号 _/_ ）及有关国家现行标准等。
　　主要材料名称及规格/型号：__钢筋 Φ18，圆钢 Φ12。__

隐检内容：
　　1. 均压环利用建筑结构圈梁两根 Φ18 主钢筋贯通连接，建筑外侧圈梁主钢筋与防雷引线进行焊接连接。
　　2. 圈梁主钢筋间的连接采用搭接焊；圈梁主钢筋与防雷引线（柱主筋）的交叉处的连接，采用 Φ12 圆钢搭接焊接。
　　3. 建筑外侧有金属门、窗处，已采用 Φ12 圆钢与柱主筋或圈梁钢筋进行焊接连接，并引至门、窗位置并与金属门、窗的预埋件焊接牢固。
　　4. 钢筋搭接焊接长度大于钢筋直径的 6 倍，且两面施焊。焊接处药皮清除干净，焊接无夹渣咬肉现象。
　　影像资料的部位、数量。
　　　　　　　　　　　　　　　　　　　　　　　　　　　　　　　　申报人：×××

检查意见：
　　合格
检查结论：☑同意隐蔽　□不同意，修改后进行复查

复查结论：

复查人：　　　　　　　　　　　　　　　　　复查日期：

签字栏	施工单位	×××机电工程公司	专业技术负责人	专业质检员	专业工长
			×××	×××	×××
	监理（建设）单位	××监理公司	专业工程师	×××	

本表由施工单位填写。

354

隐蔽工程验收记录 C5-1		资料编号	06-01-C5-×××
工程名称		×××工程	
隐检项目	直埋电缆	隐检日期	××××年××月××日
隐检部位		建筑室外层⑧、⑤轴线－7.0m 标高	

隐检依据：施工图图号　电施1　，设计变更/洽商（编号　/　）及有关国家现行标准等。

主要材料名称及规格/型号：聚氯乙烯绝缘电力电缆 VV_{22}-3×185＋2×95。

隐检内容：

1. 电缆××（型号）、××（规格）符合设计规定，敷设位置符合电气施工图纸。

2. 电缆埋设深度为－0.70m，各电缆间外皮间距 0.10m，电缆上、下的细土保护层厚度不小于 0.10m，上盖混凝土板；电缆弯曲处的弯曲半径符合规范要求。

影像资料的部位、数量

申报人：×××

检查意见：

　合格

检查结论：☑同意隐蔽 ☐不同意，修改后进行复查

复查结论：

复查人：　　　　　　　　　　　　复查日期：

签字栏	施工单位	×××机电工程公司	专业技术负责人	专业质检员	专业工长
			×××	×××	×××
	监理（建设）单位	××监理公司	专业工程师		×××

本表由施工单位填写。

品种、规格、位置、连接、弯扁度、弯曲半径、跨接地线、焊接质量、固定；防腐、外观处理等。

（3）明装线槽、桥架、母线（包括能进入吊顶内）检查内容

品种、规格、位置、连接、接地、防腐、固定方法、固定间距等。

（4）等电位连接检查内容

连接导线的品种和规格、连接的物件、连接方法等。

（5）屋顶明装避雷带检查内容

材料的品种和规格、连接方法、焊接质量、固定和防腐情况等。

（6）变配电装置检查内容

位置、高低压电源进出口方向、电缆位置、高程等。

（7）机电表面器具（开关、插座、灯具）检查内容

位置、标高、规格、型号和外观效果等。

3. 施工检查记录工程的检查方法

（1）多层住宅工程

以单元门为单位，每个单元门做一次；有地下室的地下室做一次；屋面有电气分部施

工内容的做一次。

（2）高层塔楼工程

正负零以下做一次；地上每4～6层做一次；屋面做一次。

（3）高层板楼工程

按施工轴线分段做，每4～6个轴线为一段，做的次数与高层塔楼工程相同，分段时注意不要把一个住户分成两段。

（4）综合楼工程

分段分层做。

4.施工检查记录表的填写

（1）填写要求

1）工程项目施工完毕后，施工单位应由专业技术负责人检查、工长、质检员共同进行检查。

2）主要检查内容包括：应根据工程的检查项目和内容认真进行检查，不得落项，检查内容应根据规范要求填写齐全、明了，检验结果和结论齐全。

填写范例见表8-12。

设备基础施工检查记录 表8-12

施工检查记录 C5-19		资料编号	06-02-C5-××
工程名称	×××工程	检查项目	设备基础
检查部位	变配电室	检查日期	××××年××月××日
检查依据：施工图纸（施工图图号 电施1 ）、设计变更/洽商（编号 / ）和有关规范、规程。 主要材料或设备： 槽钢 规格/型号：（100×50）mm			
检查内容： 　1.设备基础的位置位于地下一层变配电室东侧，符合设计图纸要求。 　2.设备基础几何尺寸为（1000×3000）mm。 　3.预埋件采用（100×50）mm槽钢。 　4.混凝土强度符合设计规范要求。			
检查意见： 　　符合设计及规范要求。			
复查结论： 复查人：　　　　　　　　　　　　复查日期：			
施工单位	×××机电工程公司		
专业技术负责人	专业质检员		专业工长
×××	×××		×××

本表由施工单位填写。

施工检查记录 C5-19		资料编号	06-04-C5-××
工程名称	×××工程	检查项目	动力系统 线槽敷设
检查部位	×段×层至×段×层竖井	检查日期	××××年××月××日

检查依据：施工图纸（施工图图号 <u>电施 5、电施 6、电施 7</u> ）、设计变更/洽商（编号/<u> </u> ）和有关规范、规程。

主要材料或设备： <u>镀锌线槽</u>

规格/型号： <u>（100×200）mm</u>

预检内容：

  1. 该部位使用××（规格）镀锌线槽，敷设位置符合施工图纸要求。

  2. 地线连接及固定间距符合规范要求。

  3. 线槽固定可靠。

检查意见：

     符合设计及规范要求。

复查结论：

复查人：   复查日期：

施工单位	×××机电工程公司	
专业技术负责人	专业质检员	专业工长
×××	×××	×××

本表由施工单位填写。

施工检查记录 C5-19		资料编号	06-07-C5-××
工程名称	×××工程	检查项目	避雷带敷设
检查部位	屋顶	检查日期	××××年××月××日

依据：施工图纸（施工图图号 <u>电施 25</u> ）、设计变更/洽商（编号 <u>/</u> ）和有关规范、规程。

主要材料或设备： <u>镀锌圆钢</u>

规格/型号： <u>Φ10</u>

检查内容：

  1. 屋顶避雷带采用××（规格）镀锌圆钢，符合设计规范要求。

  2. 搭接长度大于圆钢直径的 6 倍，且两面施焊。

  3. 焊接处药皮已清除，涂刷防腐漆。

  4. 避雷带子正顺直，固定点支持件间距均匀、固定可靠。

检查意见：

     符合设计及规范要求。

复查结论：

复查人：   复查日期：

施工单位	×××机电工程公司	
专业技术负责人	专业质检员	专业工长
×××	×××	×××

本表由施工单位填写。

施工检查记录 C5-19		资料编号	06-05-C5-×× ×
工程名称	×××工程	检查项目	照明系统机电表面器具安装
检查部位	×段×层至×段×层	检查日期	××××年××月××日

依据：施工图纸（施工图图号 电施 5、电施 6、电施 7 ）、设计变更/洽商（编号 / ）和有关规范、规程。

主要材料或设备： 接线盒、灯头盒

规格/型号： 86H40、Ti

检查内容：

　　1. 开关、插座、灯具的规格、型号符合施工图纸要求。

　　2. 开关、插座、灯具安装的位置及标高符合设计及规范要求。

　　3. 安装平正。

检查意见：

　　符合设计及规范要求。

复查结论：

复查人： 复查日期：

施工单位	×××机电工程公司	
专业技术负责人	专业质检员	专业工长
×××	×××	×××

本表由施工单位填写。

（2）检查内容栏应说明的内容：

1）门口的翘板开关因构造柱钢筋密而无法稳装开关盒，其开关要移位，而移位又不符合《建筑电气工程施工质量验收规范》（GB 50303—2002）规范的规定，在不影响操作方便和电气安全的情况下，可做洽商移位处理，这样的问题应在预检内容中说明。

2）暖气炉片进出支管间有电源插座时，其插座距暖气管的距离不符合《建筑电气通用图集》（92DQ8）中要求的上 200mm、下 300mm 的规定，应采取技术处理并办理洽商，同时应在预检内容中说明。

3）照明配电箱按《建筑电气工程施工质量验收规范》（GB 50303—2002）中的要求，底边距地 1.5m，而有的箱子比较高，超过 1m，按此标高要求则影响箱子的开启，这种情况下要降低安装高度，并办理洽商，同时在预检内容中应说明。

4）依据现行施工规范，对于涉及工程实体质量、观感及人身安全的重要工序，应做施工检查记录。

8.2.3 专业交接检查记录

专业交接检查是指施工过程中不同专业施工单位的交接，如：电气电话管路已敷设完毕，交给电话局进行穿线和调试时，应进行专业间的交接检查。

1. 专业交接检查检查项目和内容

（1）所交接的分项（分部）工程的工程质量。

（2）所交接的分项（分部）工程的工序要求。

（3）成品保护要求。

（4）注意事项。

2. 专业交接检查记录表的填写

填写要求

（1）分项（分部）工程完成，在不同专业施工单位进行移交，应由移交单位、接收单位和见证单位共同对移交工程进行验收。

（2）主要检查内容包括：应根据专业交接检查的检查项目和内容认真进行检查，交接内容应根据规范要求填写齐全、明了，检验结果和结论齐全。

填写范例见表 8-16。

交接检查记录   表 8-16

交接检查记录 C5-3		资料编号	06-04-C5-××××
工程名称		×××工程	
移交单位名称	×××机电工程公司	接受单位名称	×××消防公司
交接部位	整个工程消防系统配管	检查日期	××××年××月××日
交接内容： 1. 该工程消防系统配管使用管材的规格、型号。 2. 管路敷设质量情况。 3. 成品保护情况。			
检查结果： 1. 该工程消防系统配管使用××（型号）、××（规格）钢管、符合施工图纸要求。 2. 管路敷设的位置、敷设的质量符合设计及施工规范要求。 3. 该工程消防系统配管，已全部施工完毕。带线已穿完，管口进行了封堵，无堵塞现象。			
复查意见： 复查人： 复查日期：			
签字栏	移交单位	接受单位	见证单位
	×××	×××	×××

本表由施工单位填写。

8.3 施工试验（调试）记录

施工试验记录是根据设计要求和规范规定进行试验，记录原始数据和计算结果，并得出试验结论的资料统称。

8.3.1 电气接地电阻测试记录

接地电阻测试主要包括设备、系统的防雷接地、保护接地、工作接地、防静电接地以及设计有要求的接地电阻测试，并应附《电气防雷接地装置隐检与平面示意图》说明。电气接地电阻的检测仪器应在检定有效期内。

1. 电气接地装置的安装

（1）人工接地装置或利用建筑物基础钢筋的接地装置必须在地面以上按设计要求位置设测试点。

当设计无要求时，接地装置顶面埋设深度不应小于 0.6m。圆钢、角钢及钢管接地极应垂直埋入地下，间距不应小于 5m。接地装置的焊接应采用搭接焊，搭接长度应符合下列规定：

① 扁钢与扁钢搭接为扁钢宽度的 2 倍，不少于三面施焊；

② 圆钢与圆钢搭接为圆钢直径的 6 倍，双面施焊；

③ 圆钢与扁钢搭接为圆钢直径的 6 倍，双面施焊；

④ 扁钢与钢管，扁钢与角钢焊接，紧贴角钢外侧两面，或紧贴 3/4 钢管表面，上下两侧施焊；

⑤ 除埋设在混凝土中的焊接接头外，有防腐措施。

（2）当设计无要求时，接地装置的材料采用为钢材，热浸镀锌处理，最小允许规格、尺寸应符合表 8-17 的规定：

最小允许规格、尺寸　　　　　　　　　　　　　　　　　表 8-17

种类、规格及单位		敷设位置及使用类别			
		地　　上		地　　下	
		室　内	室　外	交流电流回路	直流电流回路
圆钢直径（mm）		6	8	10	12
扁钢	截面（mm）	60	100	100	100
	厚度（mm）	3	4	4	6
角钢厚度（mm）		2	2.5	4	6
钢管管壁厚度（mm）		2.5	2.5	3.5	4.5

（3）防雷接地的人工接地装置的接地干线埋设，经人行通道处埋地深度不应小于 1m，且应采取均压措施或在其上方铺设卵石或沥青地面。

（4）接地模块顶面埋深不应小于 0.6m，接地模块间距不应小于模块长度的 3~5 倍。接地模块埋设基坑，一般为模块外形尺寸的 1.2~1.4 倍，且在开挖深度内详细记录地层情况。

（5）接地模块应垂直或水平就位，不应倾斜设置，保持与原土层接触良好。

（6）接地模块应集中引线，用干线把接地模块并联焊接成一个环路，干线的材质与接地模块焊接点的材质应相同，钢制的采用热浸镀锌扁钢，引出线不少于 2 处。

2. 电气接地电阻测试内容

(1) 设备、系统的防雷接地。

(2) 保护接地。

(3) 工作接地。

(4) 防静电接地。

(5) 设计特殊要求的接地。

3. 电气接地电阻测试要求

(1) 测试仪表一般选用 ZC-8 型接地电阻测量仪。

(2) 测量仪表要在检定有效期内。

(3) 每年 4 月～10 月期间进行测试时，应乘以季节系数 Φ 值（Φ 值见表 8-18）

接地装置接地电阻值的季节系数 Φ 值　　　　表 8-18

埋深（m）	水平接地体	长度为 2～3m 的垂直接地体	备　注
0.5	1.4～1.8	1.2～1.4	
0.8～1.0	1.25～1.45	1.15～1.3	
2.5～3.0	1.0～1.1	1.0～1.1	
			埋深接地体

注：大地比较干燥时，取表中的较小值，比较潮湿时，则取表中较大值。

(4) 接地电阻应及时进行测试，当利用自然接地体作为接地装置时，应在底板钢筋绑扎完毕后进行测试；当利用人工接地体作为接地装置时，应在回填土之前进行测试；若阻值达不到设计、规范要求时应补做人工接地极。

4. 电气接地电阻测试记录表的填写

填写要求

(1) 电气接地电阻测试记录应由建设（监理）单位及施工单位共同进行检查。

(2) 检测阻值结果和结论齐全。

(3) 电气接地电阻测试应及时，测试必须在接地装置敷设后隐蔽之前进行。

(4) 应绘制建筑物及接地装置的位置示意图表（见电气接地装置隐检与平面示意图表的填写要求）。

填写范例见表 8-19。

5. 电气接地装置隐检与平面示意图表的填写

(1) 填写要求

1) 电气接地装置隐检与平面示意图表应由建设（监理）单位及施工单位共同进行检查。

2) 检测结论齐全。

填写范例见表 8-20、表 8-21。

(2) 注意事项

1) 检验日期应与电气接地电阻测试记录日期一致。

2) 绘制接地装置平面示意图时，应把建筑物轴线、各测试点的位置及阻值标出。

3) 土质情况应按《建筑电气通用图集》（92DQ13）中图 13-7 土壤名称进行填写，并与土建勘探情况一致。

电气接地电阻测试记录

表 8-19

电气接地电阻测试记录 C6-23		资料编号	06-07-C6-×××	
工程名称	×××工程	测试日期	××××年××月××日	
仪表型号	ZC-8	天气情况	晴 气温（℃）	8
接地 类型	☑防雷接地 　□计算机接地 　□工作接地 □保护接地 　□防静电接地 　□逻辑接地 □重复接地 　□综合接地 　□医疗设备接地			
设计 要求	□≤10Ω　□≤4Ω　□≤1Ω □≤0.1Ω　□≤Ω			
测试结论： 经测试接地电阻值为 0.20，符合设计及规范要求。				
签字栏	施工单位	×××机电工程公司	专业技术负责人	专业质检员	专业测试人
			×××	×××	×××
	监理（建设）单位	××监理公司		专业工程师	×××

本表由施工单位填写。

电气接地装置隐检与平面示意图表

表 8-20

电气接地装置隐检与平面示意图表 C6-24		资料编号	06-07-C6-×××	
工程名称	×××工程	图　号	电施 25	
接地类型	防雷接地	组数	/	设计要求	≤1Ω

接地装置平面示意图（绘制比例要适当，注明各组别编号及有关尺寸）

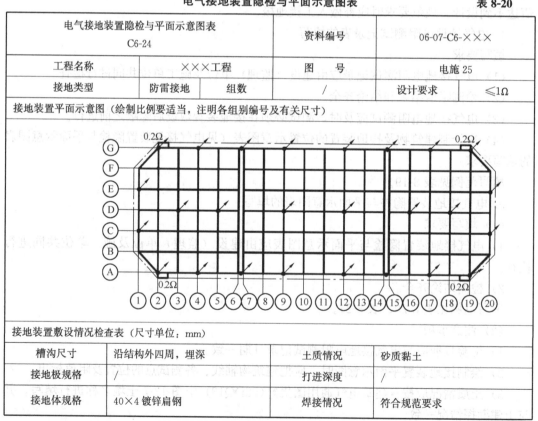

接地装置敷设情况检查表（尺寸单位：mm）			
槽沟尺寸	沿结构外四周，埋深	土质情况	砂质黏土
接地极规格	/	打进深度	/
接地体规格	40×4 镀锌扁钢	焊接情况	符合规范要求

362

电气接地装置隐检与平面示意图表 C6-24		资料编号	06-07-C6-×××		
防腐处理	焊接处均涂沥青油	接地电阻	(取最大值) 0.2Ω		
检验结论	符合设计、规范要求	检验日期	××××年××月××日		
签字栏	施工单位	×××机电工程公司	专业技术负责人	专业质检员	专业工长
			×××	×××	×××
	监理（建设）单位	××监理公司		专业工程师	×××

本表由施工单位填写。

电气接地装置隐检与平面示意图表　　　　　　　表 8-21

电气接地装置隐检与平面示意图表 C6-24		资料编号	06-07-C6-×××	
工程名称	×××工程	图　　号	电施25	
接地类型	防雷接地	组数	/	设计要求	≤1Ω

接地装置平面示意图（绘制比例要适当，注明各组别编号及有关尺寸）

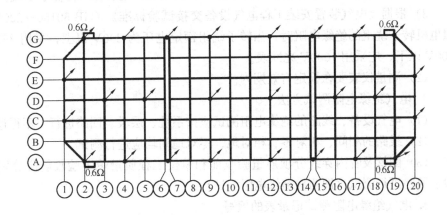

接地装置敷设情况检查表（尺寸单位：mm）

槽沟尺寸	沿结构基础底坑	土质情况	砂质黏土		
接地极规格	/	打进深度	/		
接地体规格	Φ25 钢筋	焊接情况	符合规范要求		
防腐处理	均埋在结构混凝土中	接地电阻	(取最大值) 0.6Ω		
检验结论	符合设计、规范要求	检验日期	××××年××月××日		
签字栏	施工单位	×××机电工程公司	专业技术负责人	专业质检员	专业工长
			×××	×××	×××
	监理（建设）单位	××监理公司		专业工程师	×××

本表由施工单位填写。

8.3.2 电气绝缘电阻测试记录

绝缘电阻测试主要包括电气设备和动力、照明线路及其他必须摇测绝缘电阻的测试，配管及管内穿线分项质量验收前和单位工程质量竣工验收前，应分别按系统回路进行测试，不得遗漏。电气绝缘电阻的检测仪器应在检定有效期内。

1. 电气绝缘电阻测试内容

（1）电气设备和动力线路。

（2）电气照明线路。

（3）其他有设计要求的。

2. 电气绝缘电阻测试要求

（1）测试仪表一般选用 ZC-7 型绝缘电阻测量仪。

兆欧表电压等级的确定：

1）根据《电气装置安装工程电气设备交接试验标准》（GB 50150—2006）中规定3000V 以下至 500V 的电气设备或回路，采用 1000V 兆欧表。由于《建筑电气工程施工质量验收规范》（GB 50303—2002）中明确低压电线、电缆额定电压为 450/750V，所以应使用 1000V 兆欧表，且阻值不得低于 0.5MΩ。

2）根据规范要求电缆线路应使用 1000V 兆欧表，且阻值不得低于 1MΩ。

3）根据《电气装置安装工程电气设备交接试验标准》（GB 50150—2006）中规定测量电机转子绕组的绝缘电阻时，当转子绕组额定电压为 200V 以上，采用 2500V 兆欧表；200V 以下，应采用 1000V 兆欧表。

（2）测量仪表要在检定有效期内。

3. 电气绝缘电阻测试方法

（1）电气设备、线路的绝缘电阻测试应按系统、层段、回路进行，不得遗漏。

（2）线路的相间、相对零、相对地、零对地间均应进行测试。

（3）配管及管内穿线分项质量验收前和单位工程质量竣工验收前应分别按系统、层段、回路进行测试（即两次绝缘电阻测试）。

4. 电气绝缘电阻测试记录表的填写

（1）电气绝缘电阻测试记录应由监理（建设）单位及施工单位共同进行检查。

（2）检测阻值结果和测试结论齐全。

（3）当同一配电箱（盘、柜）内支路很多，又是同一天进行测试时，本表格填不下，可续表格进行填写，但编号应一致。

（4）阻值必须符合规范、标准的要求，若不符合规范、标准的要求，应查找原因并进行处理，直到符合要求方可填写此表。

填写范例见表 8-22。

电气绝缘电阻测试记录　　　　　　　　　　　　　　　　表 8-22

电气绝缘电阻测试记录 C6-25		资料编号	06-04-C6-××
工程名称	×××工程	测试日期	××××年××月××日

电气绝缘电阻测试记录 C6-25				资料编号			06-04-C6-×××			
计量单位		MΩ		天气情况			晴			
仪表型号		ZC-7	电 压		1000V		气 温		25℃	
试验内容		相 间			相对零			相对地			零对地
		L_1-L_2	L_2-L_3	L_3-L_1	L_1-N	L_2-N	L_3-N	L_1-PE	L_2-PE	L_3-PE	$N-PE$
层数路别 名称编号	四层										
	4AL4-1										
	支路1	750			700			700			700
	支路2		600			650			700		700
	支路3			700			750			750	700
	支路4	700			700			700			700
	支路5		750			600			650		700
	支路6		700				700			750	750

测试结论：

　　线路绝缘良好，符合设计要求和《建筑电气工程施工质量验收规范》（GB 50303—2002）的规定。

签字栏	施工单位	×××机电工程公司	技术负责人	质检员	测试人
			×××	×××	×××
	监理（建设）单位	××监理公司		专业工程师	×××

本表由施工单位填写。

8.3.3　电气器具通电安全检查记录

　　电气器具通电安全检查是保证照明灯具、开关、插座等能够达到安全使用的重要措施。也是对电气设备调整试验内容的补充。

　　1. 电气器具通电安全检查内容

　　（1）照明系统通电，灯具回路控制应与照明配电箱及回路的标识一致；开关与灯具控制顺序相对应，风扇的转向及调速开关应正常。如：开关是否控制相线、相线是否接罗灯口中心、插座的接线是否左零右相、地线在上，住宅工程厨房、厕所敞开式灯具应用瓷质灯头等。

　　（2）公用建筑照明系统通电连续试运行时间应为24h，民用住宅照明系统通电连续试运行时间应为8h。所有照明灯具均应开启，且每2h记录运行状态1次，连续试运行时间内无故障。

2. 电气器具通电安全检查方法及表格填写要求

(1) 按层、按部位（户）进行检查。

(2) 电气器具安装完成后，按层、按部位（户）进行通电检查，并进行记录。内容包括接线情况、电气器具开关情况等。电气器具应全数进行通电安全检查，合格后在记录表中打钩（√）。反之则填写"×"。当检查不符合要求时，应进行修复，并在检查结论中说明修复结果。

(3) 电气器具通电安全检查记录应由施工单位的专业技术负责人、质检员、工长参加。

(4) 检查结论应齐全。

填写范例见表 8-23。

电气器具通电安全检查记录　　表 8-23

电气器具通电安全检查记录 C6-26										资料编号									06-05-C6-××								
工程名称										×××工程									检查日期				××××年××月××日				
楼门单元或区域场所										×段×层																	
层　数	开　关									灯　具									插　座								
	1	2	3	4	5	6	7	8	9	1	2	3	4	5	6	7	8	9	1	2	3	4	5	6	7	8	9
×段×层	√	√	√	√	√	√	√	√	√	√	√	×	√	√	√	√	√	√	√	√	√	√	√	√	√	√	√
	√	√	√	√	√	√	√	√	√	√	√	√	√	√	√	√	√	√	√	√	√	√	√	√	×	√	√
	√	√	√	√	√	√	√	√	√	√	√	√	√	√	√	√	√	√	√	√	√	√	√	√	√	√	√
	√	√	√	√	√	√	√	√	√	√	√	√	√	√	√	√	√	√	√	√	√	√	√	×	√	√	√
	√	√																									√

检查结论：

　　经查：该层开关一个未断相线，一个罗灯口中心未接相线，两个插座接线有误，已修复。其余符合《建筑电气工程施工质量验收规范》（GB 50303—2002）的要求。

签字栏	施工单位	×××机电工程公司	
	专业技术负责人	专业质检员	专业工长
	×××	×××	×××

本表由施工单位填写。

8.3.4　电气动力设备试运行记录

1. 电气设备空载试运行内容

建筑电气设备安装完毕后应进行耐压及调整试验：主要包括：高压电气装置及其保护系统（如电力变压器、高压开关柜、高压电机等），发电机组、低压电气动力设备和低压配电箱（柜）等。

2. 电气设备空载试运行要求

(1) 试运行前，相关电气设备和线路应按《建筑电气工程施工质量验收规范》（GB 50303—2002）中规定试验合格。

(2) 各个系统设备的交接试验记录依据《建筑电气工程施工质量验收规范》（GB 50303—2002）中附录 A（表 8-24）和附录 B（表 8-25）的要求进行试验。

发电机交接试验　　　　　　　　　表 8-24

序号	内容部位		试验内容	试验结果
1	静态试验	定子电路	测量定子绕组的绝缘电阻和吸收比	绝缘电阻值大于 0.5MΩ 沥青浸胶及烘卷云母绝缘吸收比大于 1.3 环氧粉云母绝缘吸收比大于 1.6
2			在常温下，绕组表面温度与空气温度差在 ±3℃范围内测量各相直流电阻	各相直流电阻值相互间差值不大于最小值 2%，与出厂值在同温度下比差值不大于 2%
3			交流工频耐压试验 1min	试验电压为 1.5Un＋750V，无闪络击穿现象，Un 为发电机额定电压
4		转子电路	用 1000V 兆欧表测量转子绝缘电阻	绝缘电阻值大于 0.5MΩ
5			在常温下，绕组表面温度与空气温度差在 ±3℃范围内测量绕组直流电阻	数值与出厂值在同温度下比差值不大于 2%
6			交流工频耐压试验 1min	用 2500V 摇表测量绝缘电阻替代
7		励磁电路	退出励磁电路电子器件后，测量励磁电路的线路设备的绝缘电阻	绝缘电阻值大于 0.5MΩ
8			退出励磁电路电子器件后，进行交流工频耐压试验 1min	试验电压 1000V，无击穿闪络现象
9		其他	有绝缘轴承的用 1000V 兆欧表测量轴承绝缘电阻	绝缘电阻值大于 0.5MΩ
10			测量检温计（埋入式）绝缘电阻，校验检温计精度	用 250V 兆欧表检测不短路，精度符合出厂规定
11			测量灭磁电阻，自同步电阻器的直流电阻	与铭牌相比较，其差值为 ±10%
12		运转试验	发电机空载特性试验	按设备说明书比对，符合要求
13			测量相序	相序与出线标识相符
14			测量空载和负荷后轴电压	按设备说明书比对，符合要求

低压电器交接试验　　　　　　　　　表 8-25

序号	试验内容	试验标准或条件
1	绝缘电阻	用 500V 兆欧表摇测，绝缘电阻值大于等于 1MΩ；潮湿场所，绝缘电阻值大于等于 0.5MΩ
2	低压电器动作情况	除产品另有规定外，电压、液压或气压在额定值的 85%～110% 范围内能可靠动作
3	脱扣器的整定值	整定值误差不得超过产品技术条件的规定
4	电阻器和变阻器的直流电阻差值	符合产品技术条件规定

（3）成套配电（控制）柜、台、箱、盘的运行电压、电流应正常，各种仪表指示正常。

（4）电动机应试通电，检查转向和机械转动有无异常情况；可空载试运行的电动机，时间一般为 2h，每一小时记录一次空载电流，共记录 3 次，且检查机身和轴承的温升。

（5）交流电动机在空载状态下（不投料）可启动次数及间隔时间应符合产品技术条件的要求，连续启动 2 次的时间间隔不应小于 5min，再次启动应在电动机冷却至常温下。空载状态（不投料）运行，应记录电流、电压、温度、运行时间等有关数据，且应符合建筑设备或工艺装置的空载状态运行（不投料）要求。

（6）电动执行机构的动作方向及指示，应与工艺装置的设计要求保持一致。

3. 电气设备空载试运行方法及填写要求

（1）以每台设备为单位进行设备空载试运行记录，试运项目填写设备编号。

（2）电气设备空载试运行应在相关电气设备和线路试验及各个系统设备的交接试验合格后进行。

（3）电气设备空载试运行记录应由建设（监理）单位及施工单位共同进行检查。

（4）试运行情况记录应详细：

1）记录成套配电（控制）柜、台、箱、盘的运行电压、电流情况，各种仪表指示情况。

2）记录电动机转向和机械转动有无异常情况、机身和轴承的温升、电流、电压及运行时间等有关数据。

3）记录电动执行机构的动作方向及指示，是否与工艺装置的设计要求保持一致。

（5）当测试设备的相间电压时，应把相对零电压划掉。

填写范例见表 8-26。

电气设备空载试运行记录　　　　　　　　　　表 8-26

电气设备空载试运行记录 C6-27				资料编号		06-04-C6-××
工程名称		×××工程				
试运项目		1#电动机		填写日期		××××年××月××日
试运时间		由 8 日 13 时 0 分开始，至 8 日 15 时 0 分结束				
		(L_1-L_2)	(L_2-L_3)	(L_3-L1)	L_1 相	L_2 相	L_3 相
	13：00	380	384	386	45	45	45	42
	14：00	380	383	382	45	45	45	43
	15：00	382	387	381	45	45	45	42
试运行情况记录： 　1#电动机经 2h 通电试运行，线压接点和线路无过热现象；电机运转、温升、噪声等情况正常；配电线路、开关、仪表等运行正常；自动控制装置动作程序正常；符合《建筑电气工程施工质量验收规范》（GB 50303—2002）规范规定，满足设计要求。							
签字栏	施工单位	×××机电工程公司		专业技术负责人	专业质检员	专业工长
				×××	×××	×××
	监理（建设）单位	××监理公司		专业工程师		×××

本表由施工单位填写。

8.3.5 建筑物照明通电试运行记录

1. 建筑物照明通电试运行要求

(1) 照明系统通电，灯具回路控制应与照明配电箱及回路的标识一致；开关与灯具控制顺序相对应，风扇的转向及调速开关应正常。

(2) 公用建筑照明系统通电连续试运行时间应为 24h，每隔 2h 做一次记录，共记录 13 次；民用住宅照明系统通电连续试运行时间应为 8h，每隔 2h 做一次记录，共记录 5 次；所有照明灯具均应开启，且连续试运行时间内无故障。

2. 建筑物照明通电试运行方法

(1) 所有照明灯具均应开启。

(2) 建筑物照明通电试运行不应分层、分段进行，应按供电系统进行。一般住宅以单元门为单位，工程中的电气安装分部工程应全部投入试运行。

(3) 试运行应从总进线柜的总开关开始供电，不应甩掉总柜及总开关，而使其性能不能接受考验。

(4) 建筑物照明通电试运行应在电气器具通电安全检查完后进行，或按有关规定及合同约定要求进行。

3. 建筑物照明通电试运行记录表的填写

(1) 填写要求

1) 建筑物照明通电试运行记录应由建设（监理）单位及施工单位共同进行检查。

2) 试运行情况记录应详细：

① 照明系统通电，灯具回路控制应与照明配电箱及回路的标识一致。

② 开关与灯具控制顺序相对应，风扇的转向及调速开关应正常。

③ 记录电流、电压、温度及运行时间等有关数据。

④ 配电柜内电气线路连接节点处应进行温度测量，且温升值稳定不大于设计值。

⑤ 配电柜内电气线路连接节点测温应使用远红外摇表测量仪，并在检定有效期内。

⑥ 当测试线路的相对零电压时，应把相间电压划掉。

(2) 填写范例见表 8-27。

建筑物照明通电试运行记录 表 8-27

<table>
<tr><td colspan="2">建筑物照明通电试运行记录
C6-28</td><td>资料编号</td><td colspan="4">06-05-C6×××</td></tr>
<tr><td>工程名称</td><td colspan="2">×××工程</td><td colspan="4">公建 □ / 住宅 ☑</td></tr>
<tr><td>试运项目</td><td colspan="2">照明系统</td><td>填写日期</td><td colspan="3">××××年××月××日</td></tr>
<tr><td>试运时间</td><td colspan="6">由 15 日 09 时 0 分开始，至 15 日 15 时 0 分结束</td></tr>
<tr><td rowspan="4">运行负荷记录</td><td rowspan="2">运行时间</td><td colspan="3">运行电压（V）</td><td colspan="3">运行电流（A）</td><td rowspan="2">温度（℃）</td></tr>
<tr><td>L₁—N
(L₁—L₂)</td><td>L₂—N
(L₂—L₃)</td><td>L₃—N
(L₃—L1)</td><td>L₁ 相</td><td>L₂ 相</td><td>L₃ 相</td></tr>
<tr><td>15 日 9：00</td><td>225</td><td>225</td><td>225</td><td>79</td><td>78</td><td>79</td><td>49</td></tr>
<tr><td>15 日 11：00</td><td>220</td><td>220</td><td>220</td><td>80</td><td>79</td><td>80</td><td>48</td></tr>
</table>

运行负荷记录	运行时间	运行电压（V）			运行电流（A）			温度（℃）
		L_1-N （L_1-L_2）	L_2-N （L_2-L_3）	L_3-N （L_3-L1）	L_1 相	L_2 相	L_3 相	
	15 日 13：00	230	230	230	77	76	77	51
	15 日 15：00	225	225	225	79	78	79	53
	15 日 17：00	230	230	230	77	76	77	52

试运行情况记录：

　　照明灯具、风扇全部开启，经 8h 通电试验，配电控制正确，空开、电度表、线路结点温度及器具均运行正常，符合设计及规范要求。

签字栏	施工单位	×××机电工程公司	专业技术负责人	专业质检员	专业工长
			×××	×××	×××
	监理（建设）单位	×××		专业工程师	×××

本表由施工单位填写。

8.3.6　大型照明灯具承载试验记录

1. 大型照明灯具承载试验要求

（1）大型灯具依据《建筑电气工程施工质量验收规范》（GB 50303—2002）中规定需进行承载试验。

大型灯具的界定：

1）大型的花灯。

2）设计单独出图的。

3）灯具本身指明的。

（2）大型灯具应在预埋螺栓、吊钩、吊杆或吊顶上嵌入式安装专用骨架等物件上安装，吊钩圆钢直径不应小于灯具挂销直径且不小于 6mm。

2. 大型照明灯具承载试验方法

（1）大型灯具的固定及悬吊装置应按灯具重量的 2 倍进行过载试验。

（2）大型灯具的固定及悬吊装置应全数进行过载试验。

（3）试验重物宜离开地面 30cm 左右，试验时间为 15min。

3. 大型照明灯具承载试验记录表的填写要求

（1）照明灯具承载试验记录应由建设（监理）单位及施工单位共同进行检查。

（2）检查结论应齐全。

填写范例见表 8-28。

大型照明灯具承载试验记录 C6-29			资料编号	06-05-C6-×× ×
工程名称		××× 工程		
楼层	首层	试验日期	×年××月××日	
灯具名称	安装部位	数量	灯具自重（t）	试验载重（kg）
花灯	大厅	10 套	70	200
水晶装饰灯	大厅	2 套	35	100
检查结论： 　　该部位使用灯具的规格、型号符合设计图纸要求，预埋螺栓直径符合施工规范要求，经做荷载试验，所有预埋件载重均大于灯具自重的 2 倍，预埋件牢固可靠，符合规范要求。				

签字栏	施工单位	×××机电工程公司	专业技术负责人	专业质检员	专业工长
			×××	×××	×××
	监理（建设）单位	××监理公司		专业工程师	×××

本表由施工单位填写。

8.3.7 漏电开关模拟试验记录

1. 漏电开关模拟试验要求

依据《建筑电气工程施工质量验收规范》（GB 50303—2002）中规定动力和照明工程的带有漏电保护装置的回路均要进行漏电开关模拟试验。

2. 漏电开关模拟试验方法

（1）漏电开关模拟试验应使用漏电开关检测仪，并在检定有效期内。

（2）漏电开关模拟试验应 100％检查。

（3）箱（盘）内开关动作灵活可靠，带有漏电保护的回路，漏电保护装置动作电流不大于 30mA，动作时间不大于 0.1s。

（4）漏电电流保护装置的动作电流宜按下列数值选择：

1）手握式用电设备为 15mA。

2）环境恶劣或潮湿场所的用电设备（如高空作业、水下作业等处）为 6～10mA。

3）医疗电气设备为 6mA。

4）建筑施工工地的用电设备为 15～30mA。

5）家用电器回路为 30mA。

6）成套开关柜、分配电盘等为 100mA 以上。

7）防止电气火灾为 300mA。

3. 漏电开关模拟试验记录表的填写

（1）漏电开关模拟试验记录应由建设（监理）单位及施工单位共同进行检查。

（2）若当天内检查点很多时，本表格填不下，可续表格进行填写，但编号应一致。

（3）测试结论应齐全。

填写范例见表 8-29。

漏电开关模拟试验记录

表 8-29

漏电开关模拟试验记录 C6-30				资料编号	06-04-C6-×××	
工程名称		×××工程				
试验器具		漏电开关检测仪（5406 型）		试验日期	××××年××月××日	
安装部位	型　号	设计要求			实际测试	
		动作电流（mA）	动作时间（mS）	动作电流（mA）	动作时间（mS）	
低压配电室（1#）柜	vigiNS400N-300A/3p	300	100	300	90	
低压配电室（动力）柜	vigiNS400N-300A/3p	500	100	300	95	
一层甲单元（户）箱厕所插座支路	DPNSvigi-16A	30	10	30	8	
一层甲单元（户）箱厨房插座支路	DPNSvigi-16A	30	10	30	7	
屋顶风机控制箱插座支路	DPNSvigi-16A	30	10	30	7	
电梯机房（梯）柜插座支路	DPNSvigi-16A	30	10	30	8	
弱点竖井插座箱插座 1 支路	DPNSvigi-16A	30	10	30	8	

测试结论：
经对全楼配电柜、箱（盘）内所有带漏电保护的回路的测试，所有漏电保护装置动作可靠，漏电保护装置的动作电流和动作时间均符合设计及施工规范要求。

签字栏	施工单位	×××机电工程公司	专业技术负责人	专业质检员	专业工长
			×××	×××	×××
	监理（建设）单位	××监理公司			×××

本表由施工单位填写。

8.3.8 大容量电气线路测温记录

1. 大容量电气线路结点测温要求

依据《建筑电气工程施工质量验收规范》（GB 50303—2002）中规定大容量（630A 及以上）导线或母线连接处，在设计计算负荷运行情况下应做温度抽测记录，温升值稳定且不大于设计值。

2. 大容量电气线路结点测温方法

（1）大容量电气线路结点测温应使用远红外摇表测量仪，并在检定有效期内。

（2）应对导线或母线连接处温度进行测量，且温升值稳定不大于设计值。

（3）设计温度应根据所测材料的种类而定。导线应符合《额定电压 450/750V 及以下聚氯乙烯绝缘电缆》（GB 5023.1～5023.7）生产标准的设计温度；电缆应符合《电力工程电缆设计规范》（GB 50217—2007）中附录 A（表 8-30）的设计温度等。

常用电力电缆最高允许温度 表 8-30

电缆类型	电压（kV）	最高允许温度（℃）	
		额定负荷时	短路时
粘性浸渍纸绝缘	1～3	80	250
	6	65	
	10	60	
	35	50	175
不滴流纸绝缘	1～6	80	250
	10	65	
	35	65	175
交联聚乙烯绝缘	≤10	90	250
	>10	80	
聚氯乙烯绝缘	—	70	160
自容式充油	63～500	75	160

注：1. 对发电厂、变电所及大型联合企业等重要回路铝芯电缆，短路最高允许温度200℃。

2. 含有锡焊中间接头的电缆，短路最高允许温度为160℃。

3. 大容量电气线路结点测温记录表的填写要求

（1）大容量电气线路结点测温记录应由建设（监理）单位及施工单位共同进行检查。

（2）测试结论应齐全。

填写范例见表 8-31。

大容量电气线路结点测温记录 表 8-31

大容量电气线路结点测温记录 C6-31		资料编号		06-00-C6-×××	
工程名称		×××工程			
测试地点	地下配电室	测试品种		导线□/母线☑/开关□，	
测试工具	远红外摇表测量仪	测试日期		××××年××月××日	
测试回路（部位）	测试时间	电流（A）	设计温度（℃）	测试温度（℃）	
地下配电室1♯柜A相母线	10：00	643	70	65	
地下配电室1♯柜A相母线	10：00	640	70	65	
地下配电室1♯柜A相母线	10：00	643	70	63	

测试结论：
设备在设计计算负荷运行情况下，对母线与电缆的连接结点进行抽测，温升值稳定，且不大于设计值，符合设计及施工规范规定。

签字栏	施工单位	×××机电工程公司	专业技术负责人	专业质检员	专业工长
			×××	×、×	×××
	监理（建设）单位	××监理公司	专业工程师		×××

本表由施工单位填写。

8.3.9 避雷带支架拉力测试记录

1. 避雷带支架拉力测试要求

(1) 避雷带应平整顺直，固定点支持件间距均匀、固定可靠，每个支持件应能承受大于 49N（5kg）的垂直拉力。

(2) 当设计无要求时，明敷接地引下线及室内接地干线的支持件间距应符合：水平直线部分 0.5～1.5m，垂直直线部分 1.5～3m，弯曲部分 0.3～0.5m。

2. 避雷带支架拉力，测试方法

(1) 避雷带支架垂直拉力测试应使用弹簧秤，弹簧秤的量程应能满足规范要求；并在检定有效期内。

(2) 避雷带的支持件应 100% 进行垂直拉力测试。

3. 避雷带支架拉力测试记录表的填写

(1) 避雷带支架拉力测试记录应由建设（监理）单位及施工单位共同进行检查。

(2) 若当天内检查点很多时，本表格填不下，可续表格进行填写，但编号应一致。

(3) 检查结论应齐全。

填写范例见表 8-32。

避雷带支架拉力测试记录 表 8-32

避雷带支架拉力测试记录 C6-32				资料编号		06-07-C6-×××
工程名称		×××工程				
测试部位		屋 顶		测试日期		××××年××月××日
序号	拉力（kg）	序号	拉力（kg）	序号	拉力（kg）	序号	拉力（kg）
1	5.5	17	5.5	33	5.5	49	5.5
2	5.5	18	5.5	34	5.5	50	5.5
3	5.5	19	5.5	35	5.5		
4	5.5	20	5.5	36	5.5		
5	5.5	21	5.5	37	5.5		
6	5.5	22	5.5	38	5.5		
7	5.5	23	5.5	39	5.5		
8	5.5	24	5.5	40	5.5		
9	5.5	25	5.5	41	5.5		
10	5.5	26	5.5	42	5.5		
11	5.5	27	5.5	43	5.5		
12	5.5	28	5.5	44	5.5		
13	5.5	29	5.5	45	5.5		
14	5.5	30	5.5	46	5.5		
15	5.5	31	5.5	47	5.5		
16	5.5	32	5.5	48	5.5		

检查结论：
屋顶避雷带安装平正顺直，固定点支持件间距均匀，经对全楼避雷带支架（共计 50 处）进行测试，每个支持件均能承受大于 5kg（49N）的垂直拉力，固定牢固可靠，符合设计及施工规范要求。

签字栏	施工单位	×××机电工程公司	专业技术负责人	专业质检员	专业工长
			×××	×××	×××
	监理（建设）单位	××监理公司		专业工程师	×××

本表由施工单位填写。

8.3.10 逆变应急电源测试试验记录

填写依据为《逆变应急电源》（GB/T 21225），见表 8-33。

逆变应急电源测试试验记录

表 8-33

逆变应急电源测试试验记录 C6-33			资料编号	06-06-C6-×× ×
工程名称			×××工程	
安装部位	配电室	测试日期	××××年××月××日	
规格型号	HIPULSE160kVA	环境温度	25℃	
检查测试内容			额定值	测试值
输入电压（V）			380	412
输出电压（V）	空　载		380	388
	满　载	正常运行	380	383
		逆变应急运行	380	383
输出电源（A）	满　载	正常运行	380	382
		逆变应急运行	380	378
能量恢复时间（h）				
切换时间（s）			0.003	0.002
逆变储能供电量（min）			60	82
过载能力（输出表观功率额定值120%的阻性负载）	正常运行		10	13
	逆变应急运行		10	12
噪声检测（dB）	空　载		58—68dB	60dB
	满　载		58—68dB	60dB
测试结果	合格			
签字栏	施工单位	×××机电工程公司	专业技术负责人	专业质检员	专业工长
			×× ×	×××	×××
	监理（建设）单位	××监理公司	专业工程师	×× ×	

本表由施工单位填写。

8.3.11 柴油发电机测试试验记录

见表 8-34。

柴油发电机测试试验记录 表 8-34

柴油发电机测试试验记录 C6-34		资料编号		06-06-C6-×××
工程名称		×××工程		
安装部位	一层柴油机房	测试日期		××××年××月××日
规格型号	DCM300	环境温度		−30～45℃
检查测试内容		额定值		测试值
输出电压（V）	空载	400		405
	满载	400		398
输出电源（A）	满载	486		487
切换时间（s）		10S		9S
供电能力（min）		24		24
噪声检测（dB）	空载	105		98
	满载	105		104
测试结果	符合设计及施工规范要求			
签字栏	施工单位	×××机电工程公司	专业技术负责人	专业质检员	专业工长
			×××	×××	×××
	监理（建设）单位	××监理公司		专业工程师	×××

本表由施工单位填写。

附录 A 发电机交接试验

发电机交接试验 表 A

序号	内容 部位		试验内容	试验结果
1	静态试验	定子电路	测量定子绕组的绝缘电阻和吸收比	绝缘电阻值大于 0.5MΩ 沥青浸胶及烘卷云母绝缘吸收比大于 1.3 环氧粉云母绝缘吸收比大于 1.6
2			在常温下，绕组表面温度与空气温度差在±3℃范围内测量各相直流电阻	各相直流电阻值相互间差值不大于最小值2%，与出厂值在同温度下比差值不大于 2%
3			交流工频耐压试验 1min	试验电压为 1.5Un+750V，无闪络击穿现象，Un 为发电机额定电压
4		转子电路	用 1000V 兆欧表测量转子绝缘电阻	绝缘电阻值大于 0.5MΩ
5			在常温下，绝缘表面温度与空气温度差在±3℃范围内测量绕组直流电阻	数值与出厂值在同温度下比差值不大于 2%
6			交流工频耐压试验 1min	用 2500V 摇表测量绝缘电阻替代

序号	内容 部位		试验内容	试验结果
7	静态试验	励磁电路	退出励磁电路电子器件后,测量励磁电路的线路设备的绝缘电阻	绝缘电阻值大于 0.5MΩ
8			退出励磁电路电子器件后,进行交流工频耐压试验 1min	试验电压 1000V,无击穿闪络现象
9		其他	有绝缘轴承的用 1000V 兆欧表测量轴承绝缘电阻	绝缘电阻值大于 0.5MΩ
10			测量检温计(埋入式)绝缘电阻,校验检温计精度	用 250V 兆欧表检测不短路,精度符合出厂规定
11			测量灭磁电阻,自同步电阻器的直流电阻	与铭牌相比较,其差值为±10%
12	运转试验		发电机空载特性试验	按设备说明书比对,符合要求
13			测量相序	相序与出线标识相符
14			测量空载和负荷后轴电压	按设备说明书比对,符合要求

8.3.12 低压配电电源质量测试记录

见表 8-35。

低压配电电源质量测试记录 　　　　　　　　　　　表 8-35

低压配电电源质量测试记录 C6-35		资料编号	06-06-C6-×××
工程名称	×××工程	测试日期	××××年××月××日
测试设备名称及型号	PITG3500 电能质量测量仪		
检查测试内容		测试值(V)	偏差(%)
供电电压	A 组	—	
	B 组	—	
	C 组	—	
公共电网谐波电压	电压总谐波畸变率(%)	5	
	奇次(1~25 次)谐波含有率(%)	4	
	偶次(2~24 次)谐波含有率(%)	2	
谐波电流(A)		附检测设备打印记录	
测试结果	测试合格		
签字栏	施工单位	×××机电工程公司	专业技术负责人 ×××	专业质检员 ×××	专业工长 ×××
	监理(建设)单位	××监理公司		专业工程师 ×××	

本表由施工单位填写。

8.3.13 智能建筑工程试验记录

1. 应由专业施工单位根据相应规范要求对智能建筑工程的各有关系统进行试验。

2. 表格由专业施工单位提供，其样式和尺寸应符合规定。

3. 监测与控制节能工程检查记录。

【依据】 《建筑节能工程施工质量验收规范》（GB 50411—2007）

【条文】

13 监测与控制节能工程

13.1 一般规定

13.1.1 本章适用于建筑节能工程监测与控制系统的施工质量验收。

13.1.2 监测与控制系统施工质量的验收应执行《智能建筑工程质量验收规范》GB 50339 相关章节的规定和本规范的规定。

13.1.3 监测与控制系统验收的主要对象应为采暖、通风与空气调节和配电与照明所采用的监测与控制系统，能耗计量系统以及建筑能源管理系统。

建筑节能工程所涉及的可再生能源利用、建筑冷热电联供系统、能源回收利用以及其他与节能有关的建筑设备监控部分的验收，应参照本章的相关规定执行。

13.1.4 监测与控制系统的施工单位应依据国家相关标准的规定，对施工图设计进行复核。当复核结果不能满足节能要求时，应向设计单位提出修改建议，由设计单位进行设计变更，并经原节能设计审查机构批准。

13.1.5 施工单位应依据设计文件制定系统控制流程图和节能工程施工验收大纲。

13.1.6 监测与控制系统的验收分为工程实施和系统检测两个阶段。

13.1.7 工程实施由施工单位和监理单位随工程实施过程进行，分别对施工质量管理文件、设计符合性、产品质量、安装质量进行检查，及时对隐蔽工程和相关接口进行检查，同时，应由详细的文字和图像资料，并对监测与控制系统进行不少于 168h 的不间断试运行。

13.1.8 系统检测内容应包括对工程实施文件和系统自检文件的复核，对监测与控制系统的安装质量、系统节能监控功能、能源计量及建筑能源管理等进行检查和检测。

系统检测内容分为主控项目和一般项目，系统检测结果是监测与控制系统的验收依据。

13.1.9 对不具备试运行条件的项目，应在审核调试记录的基础上进行模拟检测，以检测监测与控制系统的节能监控功能。

13.2 主控项目

13.2.1 监测与控制系统采用的设备、材料及附属产品进场时，应按照设计要求对其品种、规格、型号、外观和性能等进行检查验收，并应经监理工程师（建设单位代表）检查认可，且应形成相应的质量记录。各种设备、材料和产品附带的质量证明文件和相关技术资料应齐全，并应符合国家现行有关标准和规定。

检验方法：进行外观检查；对照设计要求核查质量证明文件和相关技术资料。

检查数量：全数检查。

13.2.2 监测与控制系统安装质量应符合以下规定：

1 传感器的安装质量应符合《自动化仪表工程施工及验收规范》（GB 50093）的有关规定；

2 阀门型号和参数应符合设计要求，其安装位置、阀前后直管段长度、流体方向等应符合产品安装要求；

3 压力和压差仪表的取压点、仪表配套的阀门安装应符合产品要求；

4 流量仪表的型号和参数、仪表前后的直管段长度等应符合产品要求；

5 温度传感器的安装位置、插入深度应符合产品要求；

6 变频器安装位置、电源回路敷设、控制回路敷设应符合设计要求；

7 智能化变风量末端装置的温度设定器安装位置应符合产品要求；

8 涉及节能控制的关键传感器应预留检测孔或检测位置，管道保温时应做明显标注。

检验方法：对照图纸或产品说明书目测和尺量检查。

检查数量：每种仪表按 20％抽检，不足 10 台全部检查。

13.2.3 对经过试运行的项目，其系统的投入情况、监控功能、故障报警连锁控制及数据采集等功能，应符合设计要求。

检验方法：调用节能监控系统的历史数据、控制流程图和试运行记录，对数据进行分析。

检查数量：检查全部进行过试运行的系统。

13.2.4 空调与采暖的冷热源、空调水系统的监测控制系统应成功运行，控制及故障报警功能应符合设计要求。

检验方法：在中央工作站使用检测系统软件，或采用在直接数字控制器或冷热源系统自带控制器上改变参数设定值和输入参数值，检测控制系统的投入情况及控制功能；在工作站或现场模拟故障，检测故障监视、记录和报警功能。

检查数量：全部检测。

13.2.5 通风与空调监测控制系统的控制功能及故障报警功能应符合设计要求。

检验方法：在中央工作站使用检测系统软件，或采用在直接数字控制器或通风与空调系统自带控制器上改变参数设定值和输入参数值，检测控制系统的投入情况及控制功能；在工作站或现场模拟故障，检测故障监视、记录和报警功能。

检查数量：按总数的 20％抽样检测，不足 5 台全部检测。

13.2.6 监测与计量装置的检测计量数据应准确，并符合系统对测量准确度的要求。

检验方法：用标准仪器仪表在现场实测数据，将此数据分别与直接数字控制器和中央工作站显示数据进行比对。

检查数量：按 20％抽样检测，不足 10 台全部检测。

13.2.7 供配电的监测与数据采集系统应符合设计要求。

检验方法：试运行时，监测供配电系统的运行工况，在中央工作站检查运行数据和报警功能。

检查数量：全部检测。

13.2.8 照明自动控制系统的功能应符合设计要求，当设计无要求时应实现下列控制功能：

1. 大型公共建筑的公用照明区应采用集中控制并应按照建筑使用条件和天然采光状

况采取分区、分组控制措施，并按需要采用调光或降低照度的控制措施；

2. 旅馆的每间（套）客房应设置节能控制型开关；

3. 居住建筑有天然采光的楼梯间、走道的一般照明，应采用节能自熄开关；

4. 房间或场所设有两列或多列灯具时，应按下列方式控制：

1）所控灯列与侧窗平行；

2）电教室、会议室、多功能厅、报告厅等场所，按靠近或远离讲台分组。

检验方法：

1. 现场操作检查控制方式；

2. 依据施工图，按回路分组，在中央工作站上进行被检回路的开关控制，观察相应回路的动作情况；

3. 在中央工作站改变时间表控制程序的设定，观察相应回路的动作情况；

4. 在中央工作站采用改变光照度设定值、室内人员分布等方式，观察相应回路的控制情况；

5. 在中央工作站改变场景控制方式，观察相应的控制情况。

检查数量：现场操作检查为全数检查，在中央工作站上检查按照明控制箱总数的 5%检测，不足 5 台全部检测。

13.2.9　综合控制系统应对以下项目进行功能检测，检测结果应满足设计要求：

1. 建筑能源系统的协调功能；

2. 采暖、通风与空调系统的优化监控。

检验方法：采用人为输入数据的方法进行模拟测试，按不同的运行工况检测协调控制和优化监控功能。

检查数量：全部检测。

13.2.10　建筑能源管理系统的能耗数据采集与分析功能，设备管理和运行管理功能，优化能源调度功能，数据集成功能应符合设计要求。

检验方法：对管理软件进行功能检测。

检查数量：全部检查。

13.3　一般项目

13.3.1　检测监测与控制系统的可靠性、实时性、可维护性等系统性能，主要包括下列内容：

1. 控制设备的有效性，执行器动作应与控制系统的指令一致，控制系统性能稳定符合设计要求；

2. 控制系统的采样速度、操作响应时间、报警反应速度应符合设计要求；

3. 冗余设备的故障检测正确性及其切换时间和切换功能应符合设计要求；

4. 应用软件的在线编程（组态）、参数修改、下载功能、设备及网络故障自检测功能应符合设计要求；

5. 控制器的数据存储能力和所占存储容量应符合设计要求；

6. 故障检测与诊断系统的报警和显示功能应符合设计要求；

7. 设备启动和停止功能及状态显示应正确；

8. 被控设备的顺序控制和连锁功能应可靠；

9. 应具备自动控制/远程控制/现场控制模式下的命令冲突检测功能；

10. 人机界面及可视化检查。

检验方法：分别在中央工作站、现场控制器和现场利用参数设定、程序下载、故障设定、数据修改和事件设定等方法，通过与设定的显示要求对照，进行上述系统的性能检测。

检查数量：全部检测。

8.3.14 监测与控制节能工程检查记录

见表 8-36。

监测与控制节能工程检查记录   表 8-36

监测与控制节能工程检查记录 C6-36		资料编号	07-03-C6-×××
工程名称	×××工程	日　期	××××年××月××日

序号	检查项目	检查内容及其规范标准要求	检查结果
1	空调与采暖的冷源	控制及故障报警功能应符合设计	符合设计要求
2	空调与采暖的热源	控制及故障报警功能应符合设计	符合设计要求
3	空调水系统	控制及故障报警功能应符合设计	符合设计要求
4	通风与空调检测控制系统	控制及故障报警功能应符合设计	符合设计要求
5	供配电的监测与数据采集系统	监测采集的运行数据和报警功能应符合设计要求	符合设计要求
6	大型公共建筑的公用照明区	集中控制并按建筑使用条件和天然采光状况采取分区、分组控制，并按需要采取调光或降低照度的控制措施	符合设计要求
7	宾馆、饭店的每间（套）房客	应设置节能控制开关	符合设计要求
8	居住建筑有天然采光的楼梯间、走道的一般照明	应采用节能自熄开关	符合设计要求
9	房间或场所设有两列或多列灯具的控制	所控制灯列与侧窗平行	符合设计要求
		电教室、会议室、多功能厅、报告厅等场所按靠近或远离讲台分组	
10	庭院灯、路灯的控制	开启和熄灭时间应根据自然光线变换智能控制，其供电方式可采用太阳能	符合设计要求

签字栏	施工单位	×××机电工程公司	专业技术负责人	专业质检员	专业工长
			×××	×××	×××
	监理（建设）单位	××监理公司		专业工程师	×××

本表由施工单位填写。

8.3.15 智能建筑工程设备性能测试记录

见表样式 8-37。

智能建筑工程设备性能测试记录
表 8-37

智能建筑工程设备性能测试记录 C6-37		资料编号	07-03-C6-×××
工程 名称	×××工程	测试时间	××××年××月××日
系统 名称	建筑设备监控系统		

设备 名称	测试项目	测试记录										备　注
传感器	精度测试	合格	合格	合格	合格	合格	合格	合格	合格	合格	合格	
电动 水阀	在零度、50％和80％的行程处与控制指令的一致性及响应速度											

结论：经测试，全部合格

签 字 栏	施工单位	×××机电工程公司	专业技术负责人	专业质检员	专业工长
			×××	×××	×××
	监理（建设）单位	××监理公司		专业工程师	×××

本表由施工单位填写。

8.3.16 综合布线系统工程电气性能测试记录

见表样式 8-38。

综合布线系统工程电气性能测试记录 表 8-38

综合布线系统工程电气性能测试记录 C6-38										资料编号		07-06-C6-××
工程名称			×××工程							测试日期		××××年××月××日
测试仪表型号			FLUKEDSP-4000									

序号	编号			内　容								记录
				电缆系统						光缆系统		
	地址号	缆线号	设备号	长度	接线图	衰减	近端串音（2端）	电缆屏蔽层连通情况	其他选项	衰减	长度	
1	F1	01	01	45.5	正确	6.2dB	43.5 dB	良好	特性阻抗107	6 dB	236	

结论：符合设计和施工规范要求

签字栏	施工单位	×××机电工程公司	专业技术负责人	专业质检员	专业工长
			×××	×××	×××
	监理（建设）单位	××监理公司	专业工程师		×××

本表由施工单位填写。

【依据】 《智能建筑工程质量验收规范》（GB 50339—2003）

【条文】

9.3 系统性能检测

9.3.1 综合布线系统性能检测应采用专用测试仪器对系统的各条链路进行检测，并对系统的信号传输技术指标及工程质量进行评定。

9.3.2 综合布线系统性能检测时，光纤布线应全部检测，检测对绞电缆布线链路时，以不低于10%的比例进行随机抽样检测，抽样点必须包括最远布线点。

9.3.3 系统性能检测合格判定应包括单项合格判定和综合合格判定。

1. 单项合格判定如下：

1）对绞电缆布线某一个信息端口及其水平布线电缆（信息点）按 GB/T 50312 中附录 B 的指标要求，有一个项目不合格，则该信息点判为不合格；垂直布线电缆某线对按连通性、长度要求、衰减和串扰等进行检测，有一个项目不合格，则判该线对不合格；

2）光缆布线测试结果不满足 GB/T 50312 中附录 C 的指标要求，则该光纤链路判为不合格；

3）允许未通过检测的信息点、线对、光纤链路经修复后复检。

2. 综合合格判定如下：

1）光缆布线检测时，如果系统中有一条光纤链路无法修复，则判为不合格；

2）对绞电缆布线抽样检测时，被抽样检测点（线对）不合格比例不大于1%，则视为抽样检测通过；不合格点（线对）必须予以修复并复验。被抽样检测点（线对）不合格比例大于1%，则视为一次抽样检测不通过，应进行加倍抽样；加倍抽样不合格比例不大于1%，则视为抽样检测通过。如果不合格比例仍大于1%，则视为抽样检测不通过，应进行全部检测，并按全部检测的要求进行判定；

3）对绞电缆布线全部检测时，如果有下面两种情况之一时则判为不合格；无法修复的信息点数目超过信息点总数的1%；不合格线对数目超过线对总数的1%；

4）全部检测或抽样检测的结论为合格，则系统检测合格；否则为不合格。

Ⅰ 主控项目

9.3.4 系统监测应包括工程电气性能检测和光纤特性检测，按 GB/T 50312 第 8.0.2 条的规定执行。

Ⅱ 一般项目

9.3.5 采用计算机进行综合布线系统管理和维护时，应按下列内容进行检测：

1 中文平台、系统管理软件；

2 显示所有硬件设备及其楼层平面图；

3 显示干线子系统和配线子系统的元件位置；

4 实时显示和登录各种硬件设施的工作状态。

8.3.17 建筑物照明系统照度测试记录

见表样式 8-39。

【依据】 《建筑节能工程施工质量验收规范》（GB 50411—2007）

【条文】 12.2.4 在通电试运行中，应测试并记录照明系统的照度和功率密度值。

1. 照度值不得小于设计值的 90％；

2. 功率密度值应符合《建筑照明设计标准》（GB 50034）中的规定。

检验方法：在无外界光源的情况下，检测被检区域内平均照度和功率密度。

检查数量：每种功能区检查不少于 2 处。

建筑物照明系统照度测试记录   表 8-39

建筑物照明系统照度测试记录 C6-39		资料编号	06-05-C6-×××
工程名称	×××工程		
测试器具名称型号	照度测量仪 TES-1332A	测试日期、时间	××××年××月××日

测试结论：符合设计和施工规范要求				
签字栏	施工单位	×××机电工程公司	专业技术负责人	专业质检员	专业工长
			×××	×××	×××
	监理（建设）单位	××监理公司	专业工程师		×××

本表由施工单位填写。

8.3.18 规范要求的其他试验记录

1. 高压部分试验记录

(1) 高压部分（10kV 以上系统）试验应由具有相应资格的单位进行试验并记录。

(2) 表格由试验单位自行设计，其样式和尺寸应符合规定。

2. 电度表检定记录

(1) 电度表在安装前应送至具有相关检定资格的单位进行检定。

(2) 电度表应全数检定。

(3) 表格由检定单位提供，其样式和尺寸应符合规定。

第九章 通风与空调工程

9.1 通风与空调工程物资资料

9.1.1 概述

1. 工程物资的质量必须合格，并具有出厂质量证明文件。

（1）出厂合格证；

（2）厂家质量检验报告；

（3）厂家质量保证书；

（4）进口商品商检证明；

（5）质量检验部门出具的检验报告；

（6）环保、消防部门出具的认可文件等。

2. 施工单位及时进行检查验收，对需要进行抽检的材料配件按规定进行比例抽查试验，并进行记录，自检合格后分别填写：

（1）材料构配件进场检验记录；

（2）材料试验报告（通用）；

（3）设备开箱检验记录；

（4）设备及管道附件试验记录；

（5）物资进场复试报告（由试验或检验单位提供）；

（6）工程物资进场报验表。

3. 通风空调工程所应用的材料、产品、设备等工程物资包含内容如下：

（1）制冷机组、空调机组、风机、水泵、冰蓄冷设备、热交换设备、冷却塔、除尘设备、风机盘管、诱导器、水处理设备、补水装置、软化水装置、加热器、空气幕、空气净化设备、蒸汽调压设备、热泵机组、去（加）湿机（器）、装配式洁净室、变风量末端装置、过滤器、消声器、软接头、风口、风阀、风罩等应有产品合格证和质量证明文件。

（2）阀门、疏水器、水箱、分（集）水器、减振器、储冷罐、集气罐、仪表、绝热材料等应有出厂合格证、质量证明文件及检验报告。

（3）压力表、温度计、湿度计、流量计、水位计等应有产品合格证和检测报告。

（4）各类板材、管材等应有质量证明文件。

（5）主要设备应有安装使用说明书。

4. 工程物资选样送审

工程物资选样送审是在工程中结合实际情况而约定的企业行为。按合同、施工图或其他文件如《设备考察表》，《设备考察选厂报审表》等文件的约定，施工单位根据建设单位、监理方或本方所提出的选样项目，在本工程物资订货或进场之前进行选样审批手续。主要内容为材料、设备的品种、规格、型号、质量等级、生产厂商、价格、产品合格证明等。送审样品应是免费提供、现场封存，随时作为样品与今后进厂货物进行按样验收。

根据下面情况都可以进行工程物资选样：

（1）某物资项目，根据建设单位要求的条件选定厂家，报监理有关技术文件及样品。如（风管的材质、连接形式、阀部件形式、风口或通风器的形式、颜色等）。

（2）由于所订某项设备、配件批量大，为保证工程质量，责成已选定的厂商先选送一个样机（件）和技术文件。施工单位封存样品，将来货到现场后按样品条件验收。

（3）物资项目须选至少二家以上厂商进行工厂实地考察或产品展厅或应用工程的考察，然后共同选定厂商并决定是否选择。

技术文件一般包括：生产厂家资质文件、产品性能说明书、质量检验报告、质量保证书（售后服务承诺）、工程应用实例（厂家业绩）、产品合格证、产品样本等。

9.1.2 工程物资进场检查验收

1. 进场材料、配件检查验收

（1）工程物资（包括主要原材料、成品、半成品、构配件、设备等）质量必须合格。进场时要进行检查和验收。安装用的材料和配件质量直接影响工程质量，为确保工程质量和节约工程投资；进一步做好进场的检查和验收并详细认真记录。

（2）材料、配件、产品等进场后，施工单位采用相应手段、方法进行检验。需进行抽检的材料、配件按不同规格、型号、批量或按规定比例进行检验，记录在材料、配件进场检验记录表上，及时向监理报验鉴认填写工程材料/构配件/设备报审表。

（3）工程物资进场报验应有时限要求，施工单位和监理单位均需按照施工合同的约定完成各自的报送和审批工作。

（4）要求有性能检测报告的物资-有隔声、隔热、防火阻燃、防水防潮和防腐等特殊要求（规范或合同约定、对材料质量产生异议时需进行见证检验）的物资应有相应的性能检测报告。

材料、配件进场检验记录和工程材料/构配件/设备报审表表格填写样式同 8.1.1 的有关规定。

2. 现场材料现场取样试验（通用）

关于进场材料、设备等应具有的技术文件，对于厂家提供的产品质量检验报告（有国家检验机构代号章的报告）与所进场的物资形式不同，规格不同或检验时间不同等产生疑问和争议，根据情况在现场的来料中做取样检验。并将结果填写通用的材料试验报告表中。表格填写式样见表 9-1、表 9-2。

9.1.3 设备开箱检查记录

1. 参检人员

设备安装前应进行开箱检查，开箱检查人员可由建设、监理、施工单位的代表组成。施工单位由材料员、质检员、施工员或技术人员会同有关供货方共同查验签字（为保证真实可靠性，需厂家参加），在提供设备单位记录栏内必须盖单位章并签字。

表 9-1

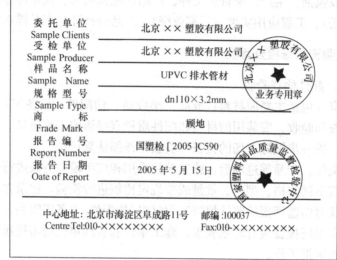

(2000)量认(国)字(C0458)号 国质临认字 103 号   *NTSQP*

国家塑料制品质量监督检验中心
China National Centre for Quality Supervision & Test of Plastics Products

检 验 报 告
Test Report

委 托 单 位 Sample Clients	北京××塑胶有限公司
受 检 单 位 Sample Producer	北京××塑胶有限公司
样 品 名 称 Sample Name	UPVC 排水管材
规 格 型 号 Sample Type	dn110×3.2mm
商 标 Frade Mark	顾地
报 告 编 号 Report Number	国塑检［2005］C590
报 告 日 期 Oate of Report	2005 年 5 月 15 日

中心地址: 北京市海淀区阜成路11号   邮编:100037
　　Centre Tel:010-×××××××   Fax:010-×××××××

材料试验报告（通用）   表 9-2

材料试验报告（通用） C4-17		资料编号	08-00-C4-×××
工程名称及部位	×××工程风管系统保温	试验编号	2005-005
委托编号	NO 委 2001—15	试样编号	现场来料取样
委托单位	×××机电工程公司	试验委托人	×××
材料名称及规格	橡塑取样 300×400×50	产地、厂别	××建材公司
代表数量	取样一块	来样日期 ××年×月×日	试验日期 ××年××月××日

要求试验项目及说明：
　　本材料批量大、使用效果重要，取样做关于密度、导热系数、抗拉强度、燃烧性能、吸水率及氧指数等性能试验

试验结果：
　　厂家给出试验报告
　　导热系数为 0.034W/m·k
　　符合《建筑材料燃烧性能分级方法》（GB 8624—1997）的规定，经测定为（GB 8624）B1 级难燃性材料、安全可靠。

结论：
　　符合设计与规范要求。材料合格。

批　　准	×××	审　　核	×××	试　　验	×××
试验单位	×××监督检验中心				
报告日期	××××年××月××日				

本表由试验单位提供，建设单位和施工单位各保存 1 份。

2. 修检事项

设备的开箱检验是设备安装的一个重要步骤，主要设备应开箱检验，清点附件，按说明书及设备明细表核查其规格、型号、数量、生产日期、合格证、专用工具，并进行外观检查和测试，性能检验按《通风与空调工程施工质量验收规范》（GB 50243—2002）执行。检查发现的问题及处理结果要如实记录，不合格材料、设备不得使用。

3. 主要设备的开箱检查

（1）通风机的开箱检查

1）根据设备装箱清单，核对叶轮、机壳和其他部件的主要尺寸，进风口、出风口的位置等应与设计相符。

2）叶轮旋转方向应符合设备技术文件的规定。

3）进风口、出风口应有盖板遮盖，各切削加工面、机壳和转子不应有变形或锈蚀、破损等缺陷。

（2）空调设备的开箱检查

1）应按装箱清单核对设备的型号、规格及附件数量。

2）设备的外形应规则、平直，圆弧表面平整无明显偏差，结构应完整，焊缝应饱满，无缺损和孔洞。

3）金属设备的构件表面应除锈和防腐处理，外表面的色调应一致，且无明显的划伤、锈斑、伤痕、气泡和肃落现象。

4）非金属设备的构件材质应符合使用场所的环境要求，表面保护涂层应完整。

5）设备的进出口应封闭良好，随机的零部件应齐全无缺损。

（3）制冷设备的开箱检查

1）根据设备装箱清单、说明书、合格证、检验记录、必要的装配图和其他技术性文件，核对型号、规格以及全部零部件、附属材料和专用工具。

2）主体和零部件等表面有无缺陷和锈蚀等情况。

3）设备充填的保护气体应无泄漏、油封完好，开箱检查后，设备应采取保护措施，不宜过早任意拆除，以免设备受损。设备开箱检查记录见表 9-3。

设备开箱检验记录 表 9-3

设备开箱检验记录		资料编号	
设备名称	风机盘管	检查日期	××××年××月××日
规格型号	YGFC-06、03、08	总数量	50 台
装箱单号	2005—A—××	检验数量	6 台
检验记录	包装情况	外木板条箱、内塑料布包装	
	随机文件	合格证、安装维护说明书、接线图装箱单	
	备件与附件	齐全（安装箱单查）	
	外观情况	良好、无锈蚀、损坏	
	测试情况	目测合格（待安装后运转测试）	
检验结果	缺、损附备件明细表					
	序　号	名　　称	规　　格	单　位	数　量	备　　注

设备开箱检验记录		资料编号	
结论：			
符合设计与规范要求。设备及资料完好、合格，可进行安装。			
签 字 栏	建设（监理）单位	施工单位	供应单位
	×××	×××	供货单位业务员签字 ×××

本表由施工单位填写并保存。

9.1.4 产品合格证及检测报告

1. 产品合格证

工程中使用的材料、产品、设备等均应有内容齐全的质量合格证（具有名称、型号、规格；国家标准代号或地方（地区）企业代号；出厂日期、厂名、地点；检验章或代号），应按《通风与空调工程施工质量验收规范》（GB 50234—2002）执行。

2. 产品检测报告

通风与空调工程所使用的主要材料、设备、成品及半成品应为按标准生产的产品，并具有出厂检查合格证明文件和相应的国家批准的检查机构出示的检验报告（封面必须有代号和红色印章）见表9-4，表9-5。为工程加工的非标准产品，也应具有质量检验合格的鉴定文件，并应符合国家有关强制性标准的规定。

表 9-4

出厂检验报告

报告编号：244 　　　　　　　　　　共 1 页 第 1 页

产品名称	玻璃钢屋顶风机	型 号	WT N0.6
规 格	Q 11540m³/h P 159Pa N 1.5kW m 960 r/min	检验数量	4 台
受检部门	风机车间	检验部门	质检部
检验类别	出厂检验	检验依据	GB 1236—2000
检验日期	2001.11.25	出厂编号	510—513
检验结论	该产品经按GB 1236—2000及相关标准检验，受检产品的外观、振动、性能、运转试验等均达到设计要求和相关的标准。 判定合格，准予出厂		
备 注：	北京新安特 检验专用章		

检验 检验2 　　盖章

2001 年 11 月 25 日

表 9-5

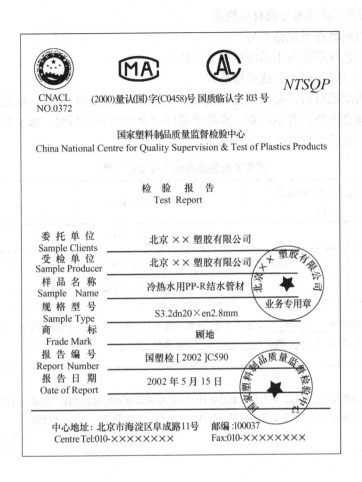

9.2 施 工 记 录

9.2.1 隐蔽工程验收记录

1. 通风空调系统隐蔽工程检查验收

（1）检查风道的标高、材质，接头、接口严密性，附件、部件安装位置，支、吊、托架安装、固定，活动部件是否灵活可靠、方向正确，风道分支、变径处理是否合理，是否符合要求，是否已按照设计要求及施工规范规定完成风管的漏光、漏风检测、空调水管道的强度严密性、冲洗等试验。

（2）检查绝热形式与做法、绝热材料的材质和规格、防腐处理材料及做法。绝热管道与支吊架间应垫以绝热衬垫或防腐处理的木衬垫，其厚度应与绝热层厚度相同，表面平整，衬垫接合面的空隙应填实。

2. 隐蔽工程验收记录方法

应先将自检合格后申请进行隐蔽的工程所在层数、轴线、部位、标高、项目等填写完善，然后再将隐蔽项目按下面内容填写清楚。

（1）依据的图纸编号

（2）设备变更/洽商编号或有关规范

（3）主要材料名称及规格型号

（4）特殊工艺（不是新工艺可写施工方法）

（5）申报人（施工方工长或质检员）

表格自然情况填写后，会同甲方（监理）或设计对工程进行检查，由监理填写审查意见，鉴定是否同意隐蔽；若不同意，要将质量问题及处理意见写明，参加检查的各方人员履行签字手续。隐蔽工程验收记录见表 9-6。

风管系统保温隐蔽工程验收记录 表 9-6

隐蔽工程验收记录 C5-1		资料编号	
工程名称	×××工程		
隐检项目	风管系统保温	隐检日期	××××年××月××日
隐检部位	地下机房　层　A～C/13～15 轴线　标高—5.10m		
隐检依据：施工图图号＿＿＿SES-6＿＿＿，设计变更/洽商（编号＿＿设 02＿＿）及有关国家现行标准等。 主要材料名称及规格/型号：橡塑海绵 1000×20000（20m 卷材）δ＝20			
隐检内容： 　　橡塑海绵为新型高档保温材料，将保温材料贴在均匀专用胶水涂刷的被保温物体，接缝处用自粘胶带粘结要求风管保温面子整，与风管紧贴，无空鼓起泡现象，与托架、木托、法兰等接缝严密、无缝隙。 　　　　　　　　　　　　　　　　　　　　　　　　申报人：×××			
检查意见： 　　质量合格，可以进行下道工序。 检查结论：☑同意隐蔽　□不同意，修改后进行复查			
复查结论： 复查人：　　　　　　　　　　　　　　复查日期：			

签 字 栏	施工单位	×××机电工程公司	专业技术负责人	专业质检员	专业工长
			×××监理公司	×××	×××
	监理（建设）单位	×××监理公司	专业工程师		×××

本表由施工单位填写。

9.2.2　施工检查记录

通风、空调工程应推行"三检制"，即：自检、互检、专检。认真做好预检工作是保证工程质量的前提基础，未经检查的项目原则上不得进行下道工序。

1. 空调水管道（包括制冷管道）

(1) 管道及设备位置预检

根据有关方面的施工验收规范及工程设计要求，检查其坐标、标高、坡度、垂直度，使用管材、管件材质。接口、变径、管道甩口的尺寸，支架（支墩）形式、规格、安装、固定方式、防腐保温等方面，是否符合施工验收规范及设计要求。

(2) 预留孔洞、预埋套管、预埋件的检查

1) 检查预留孔洞的坐标、标高、孔洞尺寸是否符合施工规范及设计要求，并与管道线图纸核对无误。

2) 检查埋件（设备或管道固定的预埋件）及预下的管道穿墙、穿楼板的各种套管，其规格、型号、尺寸、位置是否符合设计及施工规范规定及安装要求。

(3) 设备基础的检查

检查基础的位置坐标、标高、基础尺寸、减震要求及土建的垫层、配盘、混凝土强度等验收记录，与设计及实际设备核对符合无误。

2. 空调风管道

(1) 风管及阀部件加工制作的检查

主要检查材质及加工的风管、阀部件等的规格要求。

(2) 各类风管、风道及附属设备安装的预检尺寸、性能应符合国家验收规范及设计预检内容有：坐标、标高、位置、规格、尺寸、型号、材质、垂直度、坡度，各类接口及加固要求，各类支、托、吊架间距、形式、规格、固定方式，应符合验收规范或设计要求，各类阀部件位置，风管变径分支等，均要按系统、层数或区段进行检验。

(3) 主要通风、空调设备预检主要指空调机组、冷冻机组、冷却塔、冷水机组机箱、罐、风机、泵类等主要设备及附件，预检其位置（距顶板、墙面）的坐标、标高和减震固定情况以及型号、规格及安装方法是否符合国家有关规范及设计要求，要求每套设备有预检记录。

(4) 空调风系统

空调风系统各类预埋件、预留孔洞的预检，见空调水系统管道部分。

(5) 空调风系统各类设备基础的预检

参见空调水系统管道部分。

3. 检查记录方法

(1) 检查记录由工长或质检员首先将工程名称、检查日期、项目。部位、楼层、标高填写清楚、正确

(2) 将检查内容分类（如预制、安装、基础、保温等）并详细地记录在"预检内容"栏内。

(3) 检查内容所依据的图纸编号、设计变更、洽商编号或规程规范编号都要写明。预检内容中的设备或材质、规格型号及特殊工艺（施工方法）也要填写清楚。

(4) 技术负责人签署检查意见并判定是否合格，若不合格，提出质量问题和整改意见，待整改合格后重新填写预检记录。

施工检查记录表见表 9-7。

4. 设备基础工程验收

(1) 设备基础工作

施工检查记录 C5-19		资料编号	
工程名称	×××工程	预检项目	预留孔洞（空调水管）
检查部位	地下 层①～④/Ⓐ～Ⓒ轴 标高－4.85m	检查日期	××××年××月××日
检查依据：施工图纸（施工图图号 __SES-18__ ）、设计变更/洽商（编号 __/__ ）和有关规范、规程。 主要材料或设备： __无缝钢管__ 规格/型号： __Φ450，1个__			
检查内容： 预检该部位空调水管预留孔洞及套管尺寸，坐标标高是否正确，管内刷防锈漆情况（墙体预留刚性防水套管）			
检查意见： 符合设计与规范要求，质量合格			
复查意见： 复查人： 复查日期：			
施工单位	×××机电工程公司		
专业技术负责人	专业质检员	专业工长	
×××	×××	×××	

本表由施工单位填写。

与安装单位相关联的主要是各类设备基础。设备基础由土建专业来完成。所以机电安装单位在整理资料时，由土建提供"混凝土抗压强度试验报告"和"混凝土配合比申请单"。

（2）设备基础的验收

安装单位在设备就位前要对土建打的基础做预检，合格后方可安装。

1）就位前的检查

设备就位前应对设备基础进行验收检查，在混凝土基础达到养护强度，表面平整，位置、尺寸、标高、预留孔洞及预埋件符合设计要求后，方可安装，否则造成返工对设备不利。

2）检查的条件

① 风管、部件和设备的支、吊、托架及基础的钢制构件均应在除锈后涂防锈底漆两道，裸露部分再涂面漆两道。在混凝土中埋固的金属构件部分应除锈及油污，但不得涂油漆。

② 设备的混凝土基础，及支、吊、托架的埋固用混凝土的强度等级，应不低于C20，其中地脚螺栓预留孔灌注混凝土强度等级应不低于C25。

5. 烟（风）道检查

土建所做的非金属（砖、混凝土）风道的质量好与坏，对通风空调安装单位工程后期调试及使用效果有很大影响，所以安装单位要对土建施工的风道质量进行认真检查、记录，合格后方可进行与金属风管的连接，避免千万工程后期竣工调试时达不到设计风量的要求值。

（1）检查依据

烟（风）道检查记录应按《通风与空调工程施工质量验收规范》（GB 50243—2002）第4.2.9条执行。

砖、混凝土风道的变形缝应符合设计要求，不应渗水和漏水。

（2）检查条件

1）用预制板制成的风道在穿墙或楼板处不得有横向接头。

2）砖、混凝土风道内表面应平整，无裂纹，并不得渗水。水平风道应有0.5%～1%的坡度，并坡向排水点。

3）砖、混凝土风道与金属风管及部件的连接处应设预埋件，其位置应准确，连接处应严密。

4）混凝土风道的伸缩缝应符合设计要求伸缩缝不应渗水和漏风。

（3）记录要求

风（烟）道检查记录表要按表下所注要点认真填写，不合格项在复查以后必须填写复查的日期，并用黑笔在（×）后面打（√）记录，参见表9-8。

通风（烟）道、垃圾道检查记录　　　　　　　　　　　　　　表9-8

通风（烟）道、垃圾道检查记录					资料编号		
工程名称	×××工程				检查日期	××××年××月××日	
检查部位和检查结果						检查人	复检人
检查部位	主烟（风）道		副烟（风）道		垃圾道		
	烟　道	风　道	烟　道	风　道			
－2层地下车库		√				×××	
－1层地下车库		√				×××	
设备层		√				×××	
1层群房		√				×××	
2层群房		√				×××	
3标准层		√				×××	
4标准层		×√				×××	×××
5标准层		√				×××	
6标准层		√				×××	
7标准层		√				×××	
8标准层		√				×××	
9标准层		√				×××	
施工单位		×××机电工程公司					
专业技术负责人		专业质检员			专业工长		
×××		×××			×××		
注：1. 主烟（风）道应先检查，检查部位按轴线记录；副烟（风）道可按户门编号记录。 2. 检查合格记（√），不合格记（×）。 3. 第一次检查不合格记录（×），复查合格后在（×）后面记录（√）。							

本表由施工单位填写。

烟（风）道检查记录一般由土建专业施工人员来完成，将记录上报有关机电专业施工人员，机电专业为了保证质量，自检后也填写此记录。

9.2.3 专业检查交接记录

某一项目工程施工未完，转换施工单位或某一工序完成后，移交下道工序时，由移交单位和接收单位对项目、部位、质量、工序要求，遗留问题及原因方面、成品保护、注意事项等进行检查并详细、清楚地做好记录。

在发生下列情况之一时可以填写此表：

1. 工程施工未完中间易主

工程施工项目未完，施工单位变化，则前任施工单位要向变化后的施工单位办理中间检查交接记录。在签章手续栏内，前任施工单位代表与变化后的施工单位代表分别在"交接单位"和"接受单位"栏内签章，必要时甲方或监理参与签章。

2. 工程中某项目安装易主

施工单位在承包分部工程中，某分项工程由甲方或本施工单位委托另外施工单位，如：设备安装、调试、保温等。则承包的分项任务完成后，要向原委托单位办理中间检查交接记录。

在检查结果栏内应当要写清遗留的问题，还要写出解决遗留问题的时间及方法，待问题解决后或协商后，被委托单位和委托单位要分别在"交接单位"与"接受单位"栏中签认盖章。中间检查交接记录见表9-9。

3. 见证单位应根据实际检查情况，并汇总移交和接收单位意见形成见证单位意见。

9.3 施工试验（调试）记录

9.3.1 通风空调施工试验记录

见表9-9。

外置冷却塔安装交接检查记录 表9-9

交接检查记录 C5-3		资料编号	08-06-C5-×××
工程名称	×××工程		
移交单位名称	×××安装厂	接收单位名称	×××机电工程公司
交接部位	外置冷却塔安装	检查日期	××××年××月××日
交接内容： 　　×××型号不锈钢冷却塔三台经委托安装完毕。检验安装质量及调试情况。			
检查结果： 　　1. 3台冷却塔设备符合甲方订货要求。 　　2. 安装后外观清洁，坐标、位置、垂直与水平度符合技术文件要求。 　　3. 智能装置准确，工艺安装符合规范及设备技术文件规定。 　　4. 运转顺畅，无卡阻现象，质量符合有关规程规范要求。 　　5. 未进行调试属遗留问题			

交接检查记录 C5-3		资料编号	08-06-C5-××

复查意见：

复查人： 　　　　　　　　　　　　　复查日期：

见证单位意见：
　　冷却塔安装后没有调试（不具备条件），待与楼内机房冷水机组循环水系统接通后，再来统一做综合调试
　　见证单位名称：×××建筑工程公司

签字栏	移交单位	接收单位	见证单位
	×××	×××	×××

本表由移交、接收和见证单位各保存1份。

1. 空调水系统灌（满）水试验记录

空调水系统一般按暖卫专业施工试验记录填写资料，空调系统中冷凝水及水箱要做灌水试验，按《通风与空调工程施工质量验收规范》（GB 50243—2002）及暖卫工程施工及验收规范执行。

试验时满水 15min 后再灌满，延续 5min，液面不下降为合格。

管道灌（满）水试验记录见表 9-10。

灌（满）水试验记录 表 9-10

灌（满）水试验记录 C6-15		资料编号	08-07-C6-××
工程名称	×××工程	试验日期	××××年××月××日
试验项目	凝结水管灌水试验	试验部位	1#楼一层至四层（每层4根）
材　质	镀锌钢管	规　格	DN20、DN25、DN32、DN40

试验要求：
　　按有关规程规范要求，将凝结水管系统内充满水，待无气后观察15min，再灌满观察5min，若水位不下降整个系统不渗漏属合格

试验情况记录：
　　1#楼一至四层每层各有4根凝结水管，东西各2根。每根管均连接若干台风机盘管。将每根管的末端封堵，由风机盘管托水盘向各管内注水至各管满水并无气，水位高于风机盘管托水盘最低点，观察15min，检查整个系统接缝处有无渗漏

试验结论：
　　通过试验观察各接口接缝处无渗漏现象，符合设计与规范要求

签字栏	建设（监理）单位	施工单位	×××机电工程公司	
		技术负责人	质检员	工　长
	×××	×××	×××	×××

本表由施工单位填写并保存。

2. 空调水系统强度严密性试验记录（表 9-11）

强度严密性试验记录　　　　　　　　　　　　　　　　　　　　　表 9-11

强度严密性试验记录 C16-16		资料编号	08-07-C6-×× ×
工程名称	工程	试验日期	××××年××月××日
试验项目	空调水管严密性试验	试验部位	1#楼空调水立管 1～4/A～C轴
材　质	无缝钢管、系统中蝶阀平衡阀	规　格	Φ57～Φ219、Φ89～Φ219

试验要求：

当工作压力小于 1.0MPa 时，为工作压力的 1.5 倍做试验压力。在试验压力下，稳压 10min，压力不得下降。再将系统压力降至工作压力，在 60min 内压力不得下降，外观检查、无渗漏为合格。本工程试验压力为 1.2MPa

试验情况记录：

打开系统高处放风阀，向系统内注水，直至系统内满水无气后，关闭高处放风阀；向系统内注水打压 1.2MPa，进行检查，整个系统试压无渗漏，移压 10min 后，压力无下降。然后将压力降至 0.8MPa，待 60min 后压力不下降，且无渗漏现象

试验结论：根据试验情况符合设计及规范要求，试验合格

签 字 栏	施工单位	×××机电工程公司	专业技术负责人	专业质检员	专业工长
			×××	×××	×××
	监理（建设）单位	×××监理公司	专业工程师		×××

本表由施工单位填写。

3. 空调水系统吹（冲）洗（脱脂）试验记录

（1）吹、洗试验依据

空调用冷热水管的吹（洗）试验按《工业金属管道工程施工规范》（GB 50235—2010）第 8.2.2 节中有关条款及《通风与空调工程施工质量验收规范》（GB 50243—2002）执行。

（2）冲洗试验要求：

1）冷热水及冷却水管道在交付使用前须进行冲洗，冲洗时用自来水，应以系统设计流量或不低于 1.5m/s 的流速进行。水冲洗应连续进行，以排出口水色和透明度与入口水目测一致为合格。

2）系统冲洗前应将管道安装的流量指示器、滤网、温度计、调节阀、恒湿阀等阴厚污物通过的设施（附件）临时拆除，待冲洗合格后再安装好。

3）试验时分部位进行一次，整个系统进行一次。冷（热）水及冷却水系统在系统冲洗排污合格后，再循环试运行 2h 以上，且水质正常后才能与制冷机组、空调设备相贯通。管道吹（冲）洗（脱脂）试验记录见表 9-12。

吹（冲）洗（脱脂）试验记录 C6-18		资料编号	08-07-C6-××××
工程名称	×××工程	试验日期	××××年××月××日
试验项目	空调水管道	试验部位	1#楼 5～10 层
试验介质	水	试验方式	利用水泵

试验记录：

　　空调水管道规格 Φ25×3 至 Φ89×4，材质为无缝钢管，长 2800m。冲洗时利用消防水泵，将要进行试验的管道各层用 DN25 钢管与消防管道串通起来，开启消防水泵，以不低于 1.5m/s 水流速进行冲洗，连续进行约 30min，目测管道流水畅通，管内无污物，水质清澈，在与设备接通前又循环运行 2h 以上

试验结果：试验后目测出水口水质与入水口水质透明度一致，符合设计与规范要求，试验合格

签 字 栏	施工单位	×××机电工程公司	专业技术负责人	专业质检员	专业工长
			×××	×××	×××
	建设（监理）单位	×××监理公司		专业工程师	×××

本表由施工单位填写并保存。

（3）冲洗试验记录

吹（冲）洗试验记录，应分段分系统进行，分别填表，不得以水压试验的无压排水代替冲洗试验。试验记录填写应注意写清注水部位、放水部位、冲（吹）洗情况及效果、日期及有关人员签字齐全。

4. 现场组装除尘器、空调机漏风检测记录

（1）现场组装除尘器、空调机漏风检测的依据

现场组装除尘器、空调机漏风检测记录，应按《通风与空调工程施工质量验收规范》GB 50243—2002）第 7.2.3 条；7.2.4 条及有关条款执行。要求每套设备做一记录。

1）空调机组的安装应符合下列规定：

① 型号、规格、方向和技术参数应符合设计要求；

② 现场组装的组合式空气调节机组应做漏风量的检测，其漏风量必须符合现行国家标准《组合式空调机组》（GB/T 14294—2008）的规定；

③ 检查数量：按总数抽检 20%，不得少于 1 台。净化空调系统的机组，1～5 级全数检查，6～9 级抽查 50%。

2）除尘器的安装应符合下列规定：

① 型号、规格、进出口方向必须符合设计要求；

② 现场组装的除尘器壳体应做漏风量检测，在设计工作压力下允许漏风率为 5%，其中离心式除尘器为 3%；

③ 布袋除尘器、电除尘器的壳体及辅助设备接地应可靠；

④ 检查数量：按总数抽查 20%，不得少于 1 台；接地全数检查。

（2）除尘器漏风试验

1）必要性

现场组装的除尘器安装完毕后，应做机组漏风量测试。除尘器的壳体拼接以及法兰连接的严密性直接关系到除尘效率。漏风既可能造成尘埃外逸，亦会造成对除尘器内部气流

组织的干扰，影响除尘效率。如离心除尘器底部漏风过大，则会全面破坏除尘器内螺旋气流，造成除尘器失效。

2）要求

① 除尘器壳体拼接应平整，纵向拼缝应错开，焊接变形应矫正；法兰连接处及装有检查门的部位应严密。

② 在设计工作压力下除尘器的允许漏风率为5%，其中离心式除尘器为3%，见表9-13。

现场组装除尘器、空调机漏风检测记录 　　　　　　　　　　　　表 9-13

现场组装除尘器、空调机漏风检测记录 C6-83		资料编号	08-03-C6-×××
工程名称	工程	分部工程	通风空调
分项工程	粉碎车间除尘系统设备安装	检测日期	××××年××月××日
设备名称	组合式脉冲扁袋除尘器	型号规格	ZH-4/32
总风量（m³/h）	7000	允许漏风率（%）	5%
工作压力（h）	800	测试压力（h）	1000
允许漏风量 （m³/h）	小于 350	实测漏风量 （m³/h）	240
检测记录： 　　除尘 68 组装后，经采用 Q80 型漏风检测设备测试，先打压至工作压力，漏风量在允许范围内。然后再打压超出工作压力值，观看读数仍在允许范围内，则组装严密			
检测结果： 　　符合设计要求及通风空调验收标准的有关规定，组装合格			

签字栏	施工单位	×××机电工程公司	专业技术负责人 ×××	专业质检员 ×××	专业工长 ×××
	监理（建设）单位	×××		专业工程师	×××

本表由施工单位填写。

5. 风管漏风检测记录

（1）风管漏风检测依据

按《通风与空调工程施工质量验收规范》（GB 50243—2002）4.2.5 条及 6.2.8 条执行。

（2）风管系统的类别

不同系统的风管应符合相应的密封要求，风管的强度及严密性要求应符合设计规定与风管系统的要求。各系统风管单位面积允许漏风量应符合下面规定。

1）风管的强度应能满足在 1.5 倍工作压力下接缝处无开裂；

2）矩形风管的允许漏风量应符合以下规定：

低压系统风管 $Q_L \leqslant 0.1056P^{0.65}$

中压系统风管 $Q_M \leqslant 0.0352P^{0.65}$

高压系统风管 $Q_H \leqslant 0.0117P^{0.65}$

式中　Q_L、Q_M、Q_H——系统风管在相应工作压力下，单位面积风管单位时间内的允许漏风量 $[m^3/(h \cdot m^2)]$；

$\quad\quad\quad\quad P$——指风管系统的工作压力（Pa）。

3）低压、中压圆形金属风管、复合材料风管以及采用非法兰形式的非金属风管的允许漏风量，应为矩形风管规定值的 50%；

4）砖、混凝土风道的允许漏风量不应大于矩形低压系统风管规定值的 1.5 倍；

5）排烟、除尘、低温送风系统按中压系统风管的规定，1～5 级净化空调系统按高压系统风管的规定。

（4）风管系统的检测

1）低压风管漏光检测记录

低压系统的严密性检验宜采用抽检，抽检率为 5%，且抽检不得小于一个系统。在加工工艺及安装操作质量得到保护的前提下，采用漏光法检测。漏光检测不合格时，应按规定的抽检率，做漏风量测试。风管漏光检测记录见表 9-14。

风管漏光检测记录　　　　　　　　　　　表 9-14

风管漏光检测记录 C6-81		资料编号	08-01-C6-×××
工程名称	×××工程	试验日期	××××年××月××日
系统名称	地下层 K2 送风系统	工作压力（h）	500
系统接缝总长度（m）	87.6	每 10m 接缝为一检测段的分段数	9 段
检测光源	手持移动光源		
分段序号	实测漏光点数（个）	每 10m 接缝的允许漏光点数（个/10m）	结　论
1	1	小于 2	合　格
2	0	小于 2	合　格
3	2	小于 2	合　格
4	0	小于 2	合　格
5	1	小于 2	合　格
6	0	小于 2	合　格
7	0	小于 2	合　格
8	1	小于 2	合　格
9	0	小于 2	合　格
合　计	5	平均小于 16	合　格
检测结论：按施工验收规范要求进行测试的 9 段中各段漏光点均未超标。评定结论合格 （已测出的漏光处用密封胶堵严）			
签字栏	施工单位　×××机电工程公司	专业技术负责人 ×××	专业质检员 ×××	专业工长 ×××
	监理（建设）单位 ×××　　×××监理公司	专业工程师 ×××		

本表由施工单位填写。

2）中压

中压系统的严密性试验，应在严格的漏光检验合格条件下，对系统风管漏风量测试实行抽检。抽检率为 20%，且抽检不得少于一个系统。

3）高压

高压系统应全数进行漏风量试验。

系统风管漏风量测试被抽检系统应全数合格。如有不合格时，应加倍抽检直到全数合格。

（5）检测记录

检测记录中应注意以下几个记录要求：

1）检测区段图示栏：应将被测区段系统示意图画出，并标注测试顺序段号。

2）系统总面积栏号是指被测本系统的总面积值。

3）试验总面积栏，是指实际被测的面积值（系统中未测到的部分，如支管、软管等末端不计算在内）。

4）实测漏风量栏是指各段实测漏风率的平均值。

5）检测漏风量必须用法定检测单位证明合格的测试装置。

风管漏风检测记录见表 9-15。

风管漏风检测记录　　　　　　　　　　　　　　　　　　　　　　　**表 9-15**

风管漏风检测记录 C6-82		资料编号	08-04-C6-×××
工程名称	×××工程	试验日期	××××年××月××日
系统名称	×-4 新风系统	工作压力（Pa）	500
系统总面积（m²）	232.9	试验压力（h）	800
试验总面积（m²）	185.2	系统检测分段数	2 个段

检测区段图示：	分段实测数值			
	序　号	分段表面积（m²）	试验压力（h）	实际漏风量（m³/h）
	1	98	800	2.4
	2	87.2	800	1.96

系统允许漏风量（m³/m²·h）	$Q_1 \leqslant 0.1056 P^{0.65}$　5.99	实测系统漏风量（m³/m²·h）	2.18（各段平均值）

检测结论：
　　各段用漏风检测仪所测漏风量低于规范要求，检测评定合格

签字栏	施工单位	×××机电工程公司	专业技术负责人 ×××	专业质检员 ×××	专业工长 ×××
	监理（建设）单位	×××监理公司	专业工程师	×××	

本表由施工单位填写并保存。

6. 设备及管道附件试验记录

设备及管道附件试验是指设备、密闭箱、罐、阀门、成组散热器、风机盘管等进行单

项强度试验记录。

(1) 阀门安装前要求

1) 制冷剂和润滑油系统的管子、管件与阀门安装前应进行清洗。凡具有产品合格证、进出口封闭良好，并在技术文件规定的期限内，无损伤、锈蚀等现象，可不做强度、严密性试验，也可不做解体清洗，否则应做强度和严密性试验，以上情况一般由厂家处理。

2) 空调水系统安装前要做单体试压。试压前必须进行外观检查，阀体的铭牌应符合《通用阀门　标志》（GB/T 12220—1989）的规定。对于压力大于1MPa的阀门，必须进行强度和严密性试验，合格后方可使用，其他阀门可不单独进行试验，采用以后在系统中检验。

(2) 阀门试压规定

1) 强度试验时，试验压力为公称压力的1.5倍，压力最短持续时间不少于5min，阀门的壳体、填料应无渗漏。

2) 严密性试验时，试验压力为公称压力的1倍，试验压力在试验持续的时间内应保持不变，试验时间可按表9-16规定，以阀瓣密封面无渗漏为合格。设备及管道附件见表9-17。

表 9-16

公称直径 DN (mm)	最短试验持续时间（s）		备　注
	严密性试验		
	金属密封	非金属密封	
≤50	15	15	
65～150	60	15	
200～300	60	30	
≥350	120	60	

设备及管道附件试验记录　　　　**表 9-17**

设备及管道附件试验记录 C4-19					资料编号		08-07-C4-×××	
工程名称		工程			使用部位		地下层空调水系统	
设备/管道附件名称	型　号	规　格	编　号	介　质	强度试验		严密性试验 (MPa)	试验结果
					压力 (MPa)	停压时间 (min)		
截止阀	J11W-16T	DN15	01	水	2.4	5	1.6	无渗漏
截止阀	J11W-16T	DN15	02	水	2.4	5	1.6	无渗漏
截止阀	J11W-16T	DN15	03	水	2.4	5	1.6	无渗漏
截止阀	J11W-16T	DN20	04	水	2.4	5	1.6	无渗漏
闸阀	J11W-16T	DN20	05	水	2.4	5	1.6	无渗漏
闸阀	J11W-16T	DN20	06	水	2.4	5	1.6	无渗漏
闸阀	J11W-16T	DN20	07	水	2.4	5	1.6	无渗漏
闸阀	J11W-16T	DN20	08	水	2.4	5	1.6	无渗漏
截止阀	J11W-16T	DN25	09	水	2.4	5	1.6	无渗漏
截止阀	J41H-16C	DN25	13	水	2.4	5	1.6	无渗漏
截止阀	J41H-16C	DN25	14	水	2.4	5	1.6	无渗漏
截止阀	J41H-16C	DN25	15	水	2.4	5	1.6	无渗漏
试验单位	×××机电工程公司		试验人	×××	试验日期		××年××月××日	

本表由施工单位填写。

7. 制冷系统气密性试验记录

(1) 制冷系统气密性试验依据

制冷系统气密性试验按《通风与空调工程施工质量验收规范》（GB 50243—2002）、《制冷设备、空气分离设备安装工程施工及验收规范》（GB 50274—2010）有关条文规定执行。气密性试验分正压试验、负压试验和充氟检漏三项，分别按顺序进行，有关试验的压力标准，时间要求可依照厂家的规定。另外尚需符合有关设备技术文件规定的程序和要求做好记录。

(2) 空调系统气密性试验要求

1) 系统气密性试验应按表 9-18 的试验压力保持 24h，前 6h 压力下降不应大于 0.03MPa，后 18h 除去因环境温度变化而引起的误差外，压力无变化为合格。

表 9-18

系 统 压 力	活塞制冷机			离心式制冷机
	R717　R502	R22	R12　R134a	R11　R123
低压系统	1.8	1.8	1.2	0.3
高压系统	2.0	2.5	1.6	0.3

2) 真空试验的剩余压力，氨系统不应高于 8kPa，氟利昂系统不应高于 5.3kPa，保持 24h，氨系统压力以无变化为合格，氟利昂系统压力回升不应大于 0.53kPa，离心式制冷剂一般按设备文件规定。

3) 活塞式制冷机充注制冷剂时，氨系统加压到 0.1~0.2MPa，用酚酞试纸检漏。氟利昂系统加压到 0.2~0.3MPa，用卤素喷灯或卤素检漏仪检漏。无渗漏时按技术文件继续加液。制冷系统气密性试验记录一般由设备厂家安装，并做试验记录。

根据《通风与空调工程施工质量验收规范》（GB 50243—2002）中有关规定：整体式制冷设备如出厂已充注规定压力的氮气密封，机组内无变化，可仅做真空试验及系统试运转；当出厂已充注制冷剂，机组内压力无变化，可仅做系统试运转。

4) 溴化锂制冷机组的气密性试验应符合规范或设备技术文件规定。正压试验为 0.2MPa（表压）保持 24h，压降不大于 66.5Pa 为合格。

真空气密性试验绝对压力应小于 66.5Pa，持续 24h，升压不大于 25Pa 为合格（本条指溴化锂吸收式制冷机）。

制冷系统气密性试验记录表见表 9-19。

制冷系统气密性试验记录　　　　　　　　　　　表 9-19

制冷系统气密性试验记录 C6-88		资料编号	08-06-C6-×××	
工程名称	×××工程	试验时间	××年××月××日	
试验项目	制冷设备系统安装	试验部位	1号机房1号冷冻 机组制冷系统	
管道编号	气　密　性　试　验			
	试验介质	试验压力（MPa）	停压时间	试验结果

制冷系统气密性试验记录 C6-88			资料编号	08-06-C6-×××
1	氮 气	1.6	×日×时×分	压降不大于 0.03MPa
管道编号	真 空 试 验			
	设计真空度（kPa）	试验真空度（kPa）	试验时间	试验结果
1	760mmHg （101.3kPa）	720mmHg （96kPa）	24h	剩余压力 <5.3kPa
管道编号	克 制 冷 剂 试 验			
	充制冷剂压力（MPa）	检漏仪器	补漏位置	试验结果

验收意见：

　　以上由生产厂家现场试验，经试验记录检查，符合规范《通风与空调工程施工质量验收规范》（GB 50243—2002）及厂家的技术文件规定，试验结果为合格

签 字 栏	施工单位	×××机电工程公司	专业技术负责人	专业质检员	专业工长
			×××	×××	×××
	监理（建设）单位	×××	专业工程师		×××

本表由施工单位填写。

8. 管道系统吹洗（脱脂）

管道系统吹洗（脱脂）记录一般为冷库工程用表，按《通风与空调工程施工质量验收规范》（GB 50243—2002）中有关条款执行。

制冷系统试验规定

1) 压缩式制冷系统应进行系统吹污，压力应取 0.6MPa，介质应采用干燥空气，氟利昂系统可用惰性气体（氮气）。用浅色布检查 5min 无污物为合格。吹污干净后将系统中阀门的阀芯拆下清洗（除安全阀外）。

2) 制冷系统安装后必须用压缩空气对整个系统进行清洗和吹扫，应选在系统最低点设排污口，制冷机应封闭避免污物吹入。

9. 施工通用试验记录

施工试验记录（通用）是在专用施工试验记录不适用情况下对施工试验方法和试验数据进行记录的表式。如：风机盘管通电试验；新技术、新工艺及其他特殊工艺按规定标准（规程规范）做的试验。

施工试验记录（通用）见表 9-20。

施工试验记录（通用）表 C6-93		资料编号	08-04-C6-×××
		试验编号	
		委托编号	
工程名称	×××工程	试验日期	××××年××月××日
试验项目部位	风机盘管单体通电试验	规格、材质	YGF（03、04、06、08）
试验项目： 风机盘管机组安装前宜进行单机三速运转试验			
试验内容： 　　本工程风机盘管机组全数到场后，逐台进行临时通电试验，通电后观察 2min，看风机部位是否有阻滞与卡碰现象			
试验结论： 　　试验结果机组运转合格			
试验单位	×××机电工程公司		
批　　准	×××	审　核	×××	试　　验	×××
报告日期	××××年××月××日		

本表由施工单位填写，建设单位和施工单位保存 1 份。

9.3.2　通风空调试运转及调试记录

1. 通风空调试运转

在北京市地方标准《建筑工程资料管理规程》（DB11/T 695—2009）中规定，机电设备安装工程中，应对水泵、风机、空调箱、空气处理室、冷却塔、冷水机组进行单机试运转，其合格标准依据规程规范执行。冷冻机组试车内容按《制冷设备、空气分离设备安装工程施工及验收规范》（GB 50274—2010）有关章节及设计、出厂说明书执行。

（1）活塞式制冷机单机无负荷和空气负荷试运转规定

1）机体紧固件均应拧紧，仪表和电气设备应调试合格。

2）无负荷试运转不应少于 2h。

3）空负荷试运转，氨制冷机在 0.25MPa 的排气压力（表压）下运转不应少于 4h。

4）油位正常，油压应比吸气压力高 0.15～0.3MPa。

5）气缸套的冷却水温度，进口不得超过 35℃，出口不得超过 45℃。

6）排气温度不得超过 130℃。

7）封闭式和半封闭式氟利昂制冷机不宜进行无负荷和空气负荷试验。

（2）离心式制冷机空气负荷运转

1）应关闭压缩机吸气口的导向叶片，拆除浮球室盖板和蒸发器上的视孔法兰，吸排气口应与大气相通；

2）应按要求供给冷却水；

3）启动油泵及调节润滑系统，其供油应正常；

4）启动电动机的检查，转向应正确，其转动应无阻滞现象；

5）启动压缩机，当机组的电机为通水冷却时，其连续运转时间不应小于 0.5h；当机组的电机为通氟冷却时，其连续运转时间不应大于 10min；同时检查油温、油压，轴承部位的温升，机器的声响和振动均应正常；

6）导向叶片的开度应进行调节试验；导叶的启闭应灵活可靠；当导叶开度大于 40%时，试验运转时间宜缩短。

（3）螺杆式制冷压缩机单机无负荷试运转

1）应按要求供给冷却水；

2）制冷剂为 R12、R22 的机组，启动前应接通电加热器，其油温不应低于 25℃。

3）启动运转的程序应符合设备技术文件的规定；

4）调节油压宜大于排气压力 0.15～0.3MPa；精滤油器前后压差不高于 0.1MPa；

5）吸气压力不宜低于 0.05MPa（表压）；排气压力不应高于 1.6MPa（表压）；

6）运转中应无异常声响和振动，并检查压缩机轴承体处的温升应正常；

7）轴封处的渗油量不应大于 3mL/h。

（4）溴化锂吸收式制冷机组的试运转

1）应向冷却水系统和冷水系统供水，当冷却水低于 20℃时，应调节阀门减少冷却水供水量；

2）启动发生器泵、吸收器泵，应使溶液循环；

3）应慢慢开启蒸汽或热水阀门，向发生器供水，对以蒸汽为热源的机组，应使机组先在较低的蒸汽压力状态下运转，无异常现象后，再逐渐提高蒸汽压力至设备技术文件规定值；

4）当蒸发器冷剂水液囊具有足够积水后，应启动蒸发器泵，并调节制冷机，应使其正常运转；

5）启动运转过程中，应启动真空泵，抽除系统内的残余空气或初期运转产生的不凝性气体。

（5）系统试运转规定

1）试运转应首先启动冷却水泵和冷冻水泵。

2）活塞式制冷机的油温、油压及水温应按《通风与空调工程施工质量验收规范》（GB 50243—2002）中有关项目执行。排气温度：制冷剂为 R717，R12 不得超过 150℃；为 R12 与 R134a 不得超过 130℃。

3）离心式制冷机试运转时应首先启动油箱电加热，将油温加热至 50～65℃，油冷却器出口的油温应为 35～55℃，滤油器和油箱内的油压差 R11 机组应大于 0.1MPa，R12 机组应大于 0.2MPa。

4）螺杆式压缩机启动前应先加热润滑油，油温不得低于 25℃，油压应高于排气压力 0.15～0.3MPa，滤油器前后压差不得大于 0.1MPa，冷却水入口温度不应高于 32℃；机组吸气压力不得低于 0.05MPa（表压），排气压力不得高于 1.6MPa，排气温度与冷却后油温关系见表 9-21。

制 冷 剂	排气温度（℃）	油 温（℃）
R12	≤90	30～55
R22、R717	≤105	30～65

5）系统带制冷剂正常运转时不应少于 8h。

6）溴化锂吸收式制冷机组系统试运转，应在机组清洗、试压后及水电、汽系统正常后进行。

启动冷水泵、冷却泵，再启动发生泵，吸收器泵使机组溶液循环，逐步通过预热期后，做机组一次运行记录。

冷冻机组试车记录范围，一般指包括压缩机、电动机及其成套附属设备在内的整体式或组装制冷装置。

冷冻机组试车记录，现在一般是设备厂家来安装试车，并填写记录，由建设单位或监理单位签字证认。然后将记录转交施工单位一份。如果设备由施工单位安装及试车，则施工单位负责填写所发生的记录。

2. 空调设备单机试运转记录

空调设备单机试运转包括空调水系统设备及空调风系统设备两部分内容。

（1）空调水系统设备单机试车运转记录（表 9-22）

设备单机试运转记录　　　　　　　　　　　表 9-22

设备单机试运转记录 C6-91			资料编号	08-06-C6-×××	
工程名称	工程		试运转时间	××××年××月××日	
设备部位图号	设施-6	设备名称	水泵（冷却）	规格型号	KQW150/345 等
试验单位	×××机电 工程公司	设备所在系统	冷水机组 冷却系统	额定数据	70～160m³/h 15～30W
序号	试验项目		试验记录	试验结论	
1	冷却水泵安装后无负荷运行 1 号		电机运行、温度、噪声正常	符合设计与规范要求	
2	冷却水泵安装后无负荷运行 2 号		电机运行、温度、噪声正常	符合设计与规范要求	
3	冷却水泵安装后无负荷运行 3 号		电机运行、温度、噪声正常	符合设计与规范要求	
4	冷却水泵安装后无负荷运行 4 号		电机运行、温度、噪声正常	符合设计与规范要求	
5					
6					
7					
8					
9					
10					
11					
12					
试运转结论： 　4 台冷却水泵运行 4h 后无异常振动及声响，轴承温度正常，密封良好，无泄漏现象，运转结果合格					
签 字 栏	施工单位	×××机电工程公司	专业技术负责人	专业质检员	专业工长
			×××	×××	×××
	监理（建设）单位	×××监理公司	专业工程师		

本表由施工单位填写。

空调水系统安装后，如：冷水机组泵类、冷却塔类单机试车，按《通风与空调工程施工质量验收规范》（GB 50243—2002）中有关条款执行。

1）水泵试运转

水泵试运转在设计负荷下连续运转不应少于2h，并应符合有关规定。

① 运转中不应有异常振动和声响，静态下各密封处不得泄漏，紧固连接部位不应松动。

② 滑动轴承最高温度不得超过70℃，滚动轴承的最高温度不得超过75℃。

③ 油封填料的温升应正常，在无特殊要求的情况下，普通填料泄漏量不得大于60mL/h，机械密封的泄漏量不得大于5mL/h。

④ 电机电流和功率不应超过额定值。

（2）空调风系统试运转记录

空调风系统设备单机试车，是指一般通风系统设备安装后的单机试运转，包括各类通风机、空调箱、空气处理室等，按《通风与空调工程施工质量验收规范》（GB 50243—2002）第11.2.2条及11.3.1条执行，见表9-23。

系统试运转调试记录　　　　　　　　　　　表 9-23

系统试运转调试记录 C6-92		资料编号	08-01-C6-×××
工程名称	×××工程	试运转调试时间	××××年××月××日
试运转调试项目	排气系统运转各风口情况	试运转调试部位	喷漆车间
试运转、调试内容： 　　喷漆车间 P2 排气系统运转启动风机运转平稳后，检查风机转速是否达额定值 1450r/min，检查风机轴承温升在规范规定值内。 　　用仪表测试各排风口、排风情况及系统总排风量与设计风量值相对差是否在规定范围内。设计总风量值为33000m³/h			
试运转、调试情况及结论： 　　通过本系统试运转，风机转速、轴承温升及系统总风量均达设计与规范要求，运转为合格			
建 设 单 位	监 理 单 位		施 工 单 位
×××	×××		×××

附：必要的试运转调试测试表

本表由施工单位填写，建设单位、施工单位和城建档案馆各保存1份。

1）风机运转

① 单机试运转应在设备安装完毕，系统试运转之前进行。

② 通风机试运转，运转前必须加上适度的润滑油，并检查各项安全措施。

③ 盘动叶轮，应无卡阻和碰擦现象；叶轮旋转方向必须正确。

④ 滑动轴承最高温度不得超过 70℃；滚动轴承最高温度不得超过 80℃。

⑤ 在额定转速下试运转时间不得少于 2h。

2）风机试运转工作

① 运转后要有记录，参加人员、试验日期、部位、设备位置或系统等内容齐全、真实。

② 在运转中若发现问题，必须在记录中把发现的问题以及分析处理的意见写清楚，如：有不正常振动现象，是安装不当或风机平衡不佳造成。

3. 通风空调调试

（1）各房间风量测量及管网风量平衡

通风系统在完成各项单机试运转后，就可以投入无负荷联合试运转。联合试动转前，应先测定通风机的风量和风压，进行风口和系统的风量的平衡。

（2）各房间风量的测量数据表及管网风量平衡记录表，这些表是通风空调工程调试阶段所用的记录表，按《通风与空调工程施工质量验收规范》（GB 50243—2010）有关章节执行。

1）系统与风口的风量测定与调整，实测与设计风量的偏差不应大于 10%。

2）风口的风量可在风口或风管内测量，求取风口断面的平均风速，再乘以风口净面积得到风口风量值。

表 9-24 及表 9-25 的测量数据记录表应根据现场实际测量情况如实填写，不得编制数字造假。另外为配合两个记录表更能清楚反映填写情况，必须附各部位调测的单线平面图或透视图，见图 9-1，图 9-2，标明系统部位、风口位置、风口调测编号等，测试数据表应由技术部门审签并加盖标识章。

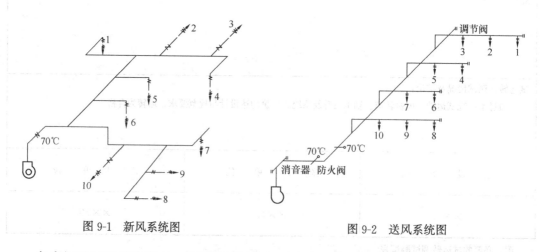

图 9-1 新风系统图   图 9-2 送风系统图

各房间风量测量数据表；管网风量平衡记录表参见表 9-25 及表 9-26。

各房间室内风量测量记录 表 9-24

各房间室内风量测量记录 C6-84		资料编号	08-04-C6-×××
工程名称	×××工程	测量日期	××××年××月××日
系统名称	新风系统	系统位置	地下一层
项目	风量（m³/h）		所在房间室内温度（℃）	
房间（测点）编号	设计风量（$Q_设$）	实际风量（$Q_实$）	相对差	所在房间室内温度
1	770	840	9％	15℃
2	770	790	3％	16℃
3	100	104.5	4.5％	14℃
4	200	206	3％	17℃
5	770	787	2％	16℃
6	100	107	7％	18℃
7	100	98	−2％	19℃
			$\delta = (Q_实 - Q_设)/Q_设 \times 100\%$	
			$\Delta = \dfrac{2932.5 - 2810}{2810} \times 100\% = 4.3\%$	
	总 2810	总 2932.5	$\Delta = 4.3\%$	
施 工 单 位	×××机电工程公司			
测 量 人	记 录 人		审 核 人	
×××	×××.		×××	

本表由施工单位填写。

管网风量平衡记录 C6-85						资料编号		08-01-06-×× ×	
工程名称			×× ×工程			测试日期		×× ××年×× 月×× 日	
系统名称			新风系统			系统位置		地下一层	
测点编号	风管规格 (mm×mm)	断面积 (m²)	平均风压（Pa）			风速 (m/s)	风量（m³/h）		相对差	使用仪器编号
测点编号	风管规格 (mm×mm)	断面积 (m²)	动压	静压	全压	风速 (m/s)	实际	设计	相对差	使用仪器编号
1	240×240	0.06				2.72	597.8	580	3%	
2	240×240	0.06				2.76	605.4	580	4%	
3	240×240	0.06				2.64	588	580	1%	
4	240×240	0.06				2.88	610	580	5%	
5	240×240	0.06				2.93	615.6	580	6%	
6	240×240	0.06				2.70	591.5	580	2%	
7	240×240	0.06				2.84	613.4	580	6%	
8	240×240	0.06				2.71	619.6	580	7%	
9	240×240	0.06				2.61	585.4	580	1%	
10	240×240	0.06				2.86	617.8	580	7%	
							6044.5	5800	4.2%	
						$\delta = (Q_实 - Q_设)/Q_设 \times 100\%$				
						$\Delta = \dfrac{6044.5 - 5800}{5800} \times 100\% = 4.2\%$				
施工单位			×× ×机电工程公司							
审 核 人			测 定 人				记 录 人			
×× ×			×× ×				×× ×			

本表由施工单位填写。

4. 空调系统试验调整

（1）试验调整依据

空调系统试验调整是在以前调试工作形成资料的基础上作了进一步完善而产生，应按《通风与空调工程施工质量验收规范》（GB 50243—2002）中有关条款执行。

（2）系统风量及风压测定

1）风管的风量一般可用毕托管和微压计测量。测量截面的位置应选择在气流均匀处，按气流方向，应选择在局部阻力之后，大于或等于4～5倍管径（或风管大边尺寸）及局部阻力之前，1.5倍～2倍管及圆形风管或矩形风管长边尺寸的直管段上。当测量截面上的气流不均匀时，应增加测量截面上的测点数量。

2）系统风量调整采用"流量等比分配法"或"基准风口法"，从系统量不利环路的末端开始，最后进行总风量调整。

3）风管内的压力测量采用液柱式压力计，如倾斜式、补偿式微压计。

（3）风机风量及风压测定

1）通风机出口的测定截面积位置应按系统风量测定要求选取，通风机测定截面位置应靠近风机。

2）通风机风压为风机进出口处的全压差。

3）风机的风量为吸入端风量和压出端风量的平均值，且风机前后的风量之差不应大于5%。

（4）风口的风量测定

1）风口的风量可在风口或风管内测量，在风口测风量可用风速仪直接测量，再乘以风口净面积得到风口风量值。

2）风口处的风速如用风速仪测量时，应贴格栅或格网，平均风速测定可采用匀速移动法或定点测量法等，匀速移动法不应少于3次，定点测量法的测点不应少于5个。

（5）试验调整情况

空调系统试验调整情况与管网风量平衡记录表、各房间室内风量测量数据表应相配套。实测总风量值与设计值进行对比，如果偏差大于10%或风口量实测值与设计值偏差大于10%的情况，应进行分析，找出原因并写书面记录。

5. 通风空调工程系统调试记录

通风与空调工程进行无生产负荷联合试运转及调试时，应对空调系统总风量进行测量调整，并做记录。见表9-26。

空调系统试运转调试记录　　　　表9-26

空调系统试运转调试记录 C6-86		资料编号	08-01-C6-××
工 程 名 称	工程	试运转调试日期	××××年××月××日
系 统 名 称	送风系统	系统所在位置	首层大厅
实测总风量（m³/h）	1405	设计总风量（m³/h）	1300
风机全压（Pa）	500	实测风机全压（Pa）	490
试运转、调试内容： 　开风机之前将该系统（所测系统）调节阀、风口全部置于全开位置。三通调节阀处于中间位置，开启风机进行系统风量测定、调整、系统总风量调试结果与设计风量的偏差不大于10%。 　用微压计与毕托管从系统的最远最不利环路开始，逐步调向风机			
试运转、调试结论： 　通过测试记录结果符合设计与规范要求，达到合格			

签 字 栏	建设（监理）单位	施工单位	×××机电工程公司	
		专业技术负责人	专业质检员	专业工长
	×××	×××	×××	

本表由施工单位填写。

（1）空调风与空调水系统运转及调试

1）通风与空调工程系统无生产负荷的联合试运及调试，应在制冷设备和通风与空调工程设备单机运转合格后进行。空调系统带冷（热）源的正常联合试运转不应少于8h，当竣工季节与设计条件相差较大时，仅做不带冷（热）源试运转，通风、除尘系统的连续试运转不应少于2h。

2）通风与空调工程安装完毕，必须进行系统的测定和调整，包括：设备单机试运转及调试；系统无生产负荷下联合试运转及调试。

3）系统无生产负荷的联合试运转及调试要求系统总风量调试结果与设计风量的偏差不应大于10%；空调冷热水、冷却水总流量测试结果与设计流量的偏差不应大于10%；舒适空调的温度相对湿度应符合设计的要求。

4）空调工程水系统应冲洗干净，不含杂物，并排除管道系统中的空气；系统连续运行应达到正常、平稳；水泵的压力和水泵电机的电流不应出现大幅波动，系统平衡调整后，各空调机组的水流量应符合设计要求，允许偏差为20%。

5）多台冷却塔并联运行时，各冷却塔的进、出水量应达到均衡一致。

空调水系统试运转调试记录见表9-27。

空调水系统试运转调试记录 表9-27

空调水系统试运转调试记录 C6-86		资料编号	08-01-C6-×××
工程名称	×××工程	试运转调试日期	×年×月×日
设计空调冷（热）水总流量（$Q_设$）（m³/h）	122.4	相 对 差	4.4%
实际空调冷（热）水总流量（$Q_实$）（m³/h）	127.8		
空调冷（热）水供水温度（℃）	按设计要求填写	空调冷（热）水回水温度（℃）	按设计要求填写
设计冷却水总流量（$Q_设$）（m³/h）	144	相 对 差	2.5%
实际冷却水总流量（$Q_实$）（m³/h）	147.6		
冷却水供水温度（℃）	按设计要求填写	冷却水回水温度（℃）	按设计要求填写

试运转、调试内容：

　　本试验是在制冷设备和通风、空调设备单机试运转合格后进行的，空调水系统冲洗干净并排除系统中的空气，无生产负荷联动试运转8h达到正常平稳，水泵的压力和电机电流没有大幅波动，3台冷却塔并联运行冷却水循环进出水量达均衡一致，各空调机组的水流量符合设计要求，允许偏差为20%。

　　注：以上数据为1台冷水机组流量

试运转、调试结论：

　　系统联动试运行时，设备及主要部件联动中协调，运作正确，无异常现象，所测数值均达到设计与规范要求，合格

签字栏	施工单位	×××机电工程公司	专业技术负责人	专业质检员	专业工长
			×××	×××	×××
	监理（建设）单位		×××监理公司	专业工程师	×××

本表由施工单位填写，建设单位、施工单位、城建档案馆各保存1份。

（2）净化空调系统运转及调试

1）净化空调系统运行前应在回风、新风的吸入口处和粗、中效过滤器前设置临时用

过滤器（如无纺布等），实行对系统的保护。净化空调系统的检测和调整，应在系统进行全面清扫，且运行 24h 及以上达到稳定后进行。

洁净室洁净度的检测，应在空态或静态下进行或按合约规定。

2）相邻不同级别洁净室之间和洁净室与非洁净室之间的静压差不应小于 5h，洁净室与室外的静压差不应小于 10Pa。

3）室内空气洁静度等级必须符合设计规定的等级或在商定验收状态下的等级要求。

净化空调系统检测记录见表 9-28。

净化空调系统检测记录 表 9-28

净化空调系统检测记录 C6-89		资料编号	08-05-C6-××××××
工程名称	×××工程	试验日期	××××年××月××日
系统名称	净化空调系统	洁净室级别	3 级和 4 级
仪器型号	光学粒子计数器 1L/min	仪器编号	×××××
高效过滤器	型 号	D 类	数 量	4 台
	测试内容	首先测试高效过滤器的风口处的出风量是否符合设计要求；然后用扫描法在过滤器下风侧用粒子计数器动力采样头对高效过滤器表面、边框、封头胶处移动扫描而测出泄漏率是否超出设计参数		
室内洁净度	测试内容	实测洁净等级		室内洁净面积（m²）
		根据检测数据（静态下）悬浮粒子浓度达到 3 级洁净度		20
		根据检测数据（空态下）悬浮粒子浓度达到 4 级洁净度		40
检测结论： 通过以上检测记录及数据符合设计与规范要求。检测结果为合格。				
参加人员签字	施工单位	×××机电工程公司	专业技术负责人	专业质检员	专业工长
			×××	×××	×××
	监理（建设）单位 ×××	×××			×××

本表由施工单位填写。

（3）防排烟系统试运行及调试

防排烟系统联合试运行与调试的结果（风量及正压），必须符合设计与消防的规定。

防排烟系统联合试运行记录见表 9-29。

防排烟系统联合试运行记录 C6-90				资料编号	08-02-C6-×××	
工程名称	×××			试运行时间	××××年××月××日	
试运行项目	排烟风口排风量			试运行楼层	首层会议厅	
风道类别	钢板 PY-1			风机类别型号	BFK-20	
电源形式	树杆型与放射型			防火（风）阀类别	70℃防火调节阀	
序号	风口尺寸 (mm)	风速 (m/s)	风量（m³/h）		相对差	风压（Pa）
			设计风量 ($Q_设$)	实际风量 ($Q_实$)		
1	800×400	6.08	7108	7016	-1%	
2	800×400	6.04	7108	6996	-2%	
3	800×400	5.96	7108	6895	-3%	
4	800×400	6.03	7108	7003	-1%	
5	800×400	5.89	7108	6945	-2%	
6	800×400	5.99	7108	6837	-4%	
			总 42648	总 41692	$\Delta=-2\%$	

$$\delta = (Q_实 - Q_设)/Q_设 \times 100\%$$

$$\Delta = \frac{41692 - 42648}{42648} \times 100\% = 2\%$$

试运行结论：

　　经运行，前端封口调节阀关小，末端风口调节阀开至最大，经实测各风口风量值基本相同，相对偏差不超过 5%，符合设计及规范要求，运转合格。

签字栏	施工单位	×××机电工程公司	专业技术负责人	专业质检员	专业工长
			×××	×××	×××
	监理（建设）单位	×××监理公司	专业工程师	×××	

本表由施工单位填写。

第十章 建筑工程施工质量验收

建筑工程施工质量验收，是工程质量管理的一项重要内容和关键步骤。单位工程竣工后，基础、主体等分部工程被重视工程所掩盖，其自身的质量情况就反映在质量检验评定中。因此可以说，建筑工程质量验收工作是促进企业加强管理、确保工程质量必不可少的环节。

建筑工程施工质量验收标准主要是根据国家颁发的有关技术标准和建筑工程施工及验收规范等编制的。在施工中执行《建筑工程施工质量验收标准》（GB 50300—2001）。

其基本框架图见图 10-1。

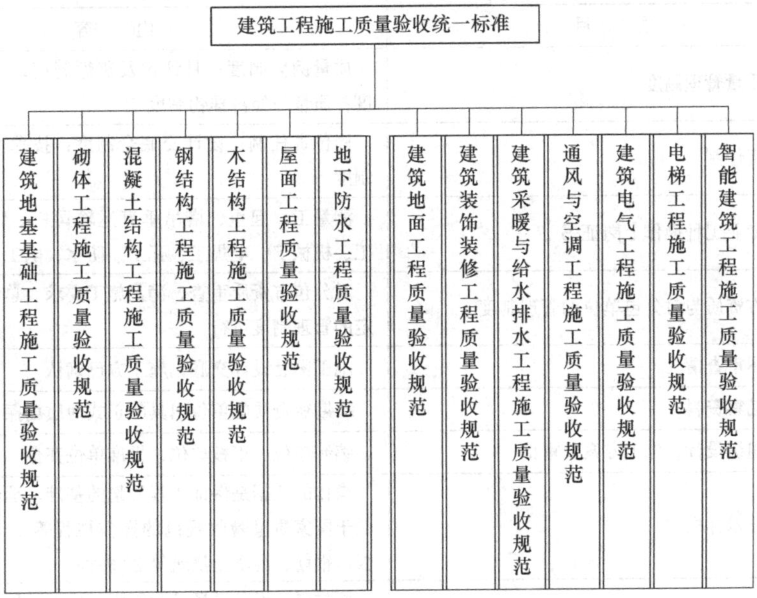

图 10-1 建筑工程施工质量验收标准基本框架图

施工质量验收标准适用于工业与民用建筑的建筑工程和建筑设备安装工程的质量验收。

10.1 施工质量验收标准

1. 基本规定

（1）施工现场质量管理检查记录应由施工单位按建筑工程施工质量验收统一标准附录 A 的要求进行检查记录（表 10-1）并填写，总监理工程师（建设单位项目负责人）进行检查，并做出检查结论。

（2）建筑工程应按下列规定进行施工质量控制：

1）建筑工程采用的主要材料、半成品、成品、建筑构配件、器具和设备应进行现场验收。凡涉及安全、功能的有关产品，应按各专业工程质量验收规范规定进行复验，并应经监理工程师（建设单位技术负责人）检查认可。

2）各工序应按施工技术标准进行质量控制，每道工序完成后，应进行检查。

3）相关各专业工种之间，应进行交接检验，并形成记录。未经监理工程师（建设单位技术负责人）检查认可，不得进行下道工序施工。

施工现场质量管理检查记录表　　　　　　　　　　　　　　表 10-1

施工现场质量管理检查记录表 C1-1		资料编号		00-00-C1-×××
工程名称		施工许可证 （开工证）		
建设单位		项目负责人		
设计单位		项目负责人		
监理单位		总监理工程师		
施工单位		项目经理	项目技术负责人	
序号	项　目	内　容		
1	现场质量管理制度	质量例会制度；月评比及奖惩制度；三检及交接检制度；质量与经济挂钩制度		
2	质量责任制	岗位责任制；设计交底会制度；技术交底制度；挂牌制度		
3	主要专业工种操作上岗证书	测量工、起重、塔吊垂直运输司机、钢筋工、混凝土工、机械工、电焊工、瓦工、防水、电工、架子工等		
4	分包方资质与对分包单位的管理制度	对分包方资质审查，满足施工要求，总包对分包单位制定的管理制度可行		
5	施工图审查情况	施工图经设计交底，施工方已确认		
6	地质勘察资料	有勘察资质的单位出具的正式地质勘探报告		
7	施工组织设计、施工方案及审批	编制单位、审核单位、批准单位齐全		
8	施工技术标准	操作的依据是保证工程质量的基础，承建企业应编制不低于国家质量验收规范的操作规程等企业标准，包括模板、钢筋、混凝土浇筑等 20 多种		
9	工程质量检验制度	原材料、设备进场检验制度，施工过程的试验报告，竣工后的抽查检测，分项工程质量检查制度		
10	搅拌站及计量设置	工地搅拌站计量设施的精确度、管理制度及控制措施		
11	现场材料、设备存放与管理	根据材料、设备性能制订管理措施、制度，其存放按组织设计平面图布置		
12				

检查结论：

通过上述项目的检查，项目部施工现场质量管理制度明确到位，质量责任制措施得力，主要业务专业工种操作上岗证书齐全，施工组织设计、主要施工方案逐级审批，现场工程质量检验制度制定齐全，设备存放按施工组织设计平面图布置，有材料、设备管理制度。

　　　　　　　　　　总监理工程师：××

　　　　　　　　　（建设单位项目负责人）　　　　　　　　××××××年××月××日

本表由施工单位填写。

（3）建筑工程施工质量应按下列要求进行验收：

1）建筑工程施工质量应符合建筑工程施工质量验收统一标准和相关专业验收规范的规定。

2）建筑工程施工应符合工程勘察、设计文件的要求。

3）参加工程施工质量验收的各方人员应具备规定的资格。

4）工程质量的验收均应在施工单位自行检查评定的基础上进行。

5）隐蔽工程在隐蔽前应由施工单位通知有关单位进行验收，并应形成验收文件。

6）涉及结构安全的试块、试件以及有关材料，应按规定进行见证取样检测。

7）检验批的质量应按主控项目和一般项目验收。

8）对涉及结构安全和使用功能的重要分部工程应进行抽样检测。

9）承担见证取样检测及有关结构安全检测的单位应具有相应资质。

10）工程的观感质量应由验收人员通过现场检查，并应共同确认。

（4）检验批的质量检验，应根据检验项目的特点在下列抽样方案中进行选择：

1）计量、计数或计量—计数等抽样方案。

2）一次、二次或多次抽样方案。

3）根据生产连续性和生产控制稳定性情况，尚可采用调整型抽样方案。

4）对重要的检验项目当可采用简易快速的检验方法时，可选用全数检验方案。

5）经实践检验有效的抽样方案。

（5）在制定检验批的抽样方案时，对生产方风险（或错判概率 α）和使用方风险（或漏判概率 β）可按下列规定采取：

1）主控项目：对应于合格质量水平的。α 和 β 均不宜超过 5％。

2）一般项目：对应于合格质量水平的 α 不宜超过 5％，β 不宜超过 10％。

2. 建筑工程质量验收的划分

（1）建筑工程质量验收应划分为单位（子单位）工程、分部（子分部）工程、分项工程和检验批。

（2）单位工程的划分应按下列原则确定：

1）具备独立施工条件并能形成独立使用功能的建筑物及构筑物为一个单位工程。

2）建筑规模较大的单位工程，可将其能形成独立使用功能的部分为一个子单位工程。

（3）分部工程的划分应按下列原则确定：

1）分部工程的划分应按专业性质、建筑部位确定。

2）当分部工程较大或较复杂时，可按材料种类、施工特点、施工程序、专业系统及类别等划分若干子分部工程。

（4）分项工程应按主要工程、材料、施工工艺、设备类别等进行划分。

建筑工程的分部（子分部）、分项工程可按建筑工程施工质量验收统一标准附录B采用。

3. 建筑工程质量验收

（1）检验批合格质量应符合下列规定：

1）主控项目和一般项目的质量经抽样检验合格。

2）具有完整的施工操作依据、质量检查记录。

（2）分项工程质量验收合格应符合下列规定：

1）分项工程所含的检验批均应符合合格质量的规定。

2）分项工程所含的检验批的质量验收记录应完整。

（3）分部（子分部）工程质量验收合格应符合下列规定：

1）分部（子分部）工程所含分项工程的质量均应验收合格。

2）质量控制资料应完整。

3）地基与基础、主体结构和设备安装等分部工程有关安全及功能的检验和抽样检测结果应符合有关规定。

4）观感质量验收应符合要求。

（4）单位（子单位）工程质量验收合格应符合下列规定：

1）单位（子单位）工程所含分部（子分部）工程的质量均应验收合格。

2）质量控制资料应完整。

3）单位（子单位）工程所含分部工程有关安全和功能的检测资料应完整。

4）主要功能项目的抽查结果应符合相关专业质量验收规范的规定。

5）观感质量验收应符合要求。

（5）建筑工程质量验收记录应符合下列规定：

1）检验批质量验收可按建筑工程施工质量验收统一标准附录 D 进行。

2）分项工程质量验收可按建筑工程施工质量验收统一标准附录 E 进行。

3）分部（子分部）工程质量验收应按建筑工程施工质量验收统一标准附录 F 进行。

4）单位（子单位）工程质量验收，质量控制资料核查。安全和功能检验资料核查及主要功能抽查记录，观感质量检查应按建筑工程施工质量验收统一标准附录 G 进行。

（6）当建筑工程质量不符合要求时，应按下列规定进行处理：

1）经返工重做或更换器具、设备的检验批，应重新进行验收。

2）经有资质的检测单位检测鉴定能够达到设计要求的检验批，应予以验收。

3）经有资质的检测鉴定达不到设计要求、但经原设计单位核算认可能够满足结构安全和使用功能的检验批，可予以验收。

4）经返修成加固处理的分项、分部工程，虽然改变外形尺寸但仍能满足安全使用要求，可按技术处理方案和协商文件进行验收。

（7）通过返修或加固处理仍不能满足安全使用要求的分部工程、单位（子单位）工程，严禁验收。

4. 工程质量验收组织

（1）检验批及分项工程应由监理工程师（建设单位项目技术负责人）组织施工单位项目专业质量（技术）负责人等进行验收。

（2）分部工程应由总监理工程师（建设单位项目负责人）组织施工单位项目负责人和技术、质量负责人等进行验收；地基与基础、主体结构分部工程的勘察、设计单位工程项目负责人和施工单位技术、质量部门负责人也应参加相关分部工程验收。

（3）单位工程完工后，施工单位应自行组织有关人员进行检查评定，并向建设单位提交工程验收报告。

（4）建设单位收到工程验收报告后，应由建设单位（项目）负责人组织施工（含分包单位）、设计、监理等单位（项目）负责人进行单位（子单位）工程验收。勘察单位虽然也是责任主体，但已经参加了地基验收，所以单位工程验收时，可以不参加。

（5）单位工程有分包单位施工时，分包单位对所承包的工程项目应按《建筑工程施工质量验收统一标准》规定的程序检查评定，总包单位应派人参加。分包工程完成后，应将工程有关资料交总包单位。

由于《建设工程承包合同》的双方主体是建设单位和总承包单位，总承包单位应按照承包合同的权利义务对建设单位负责。分包单位对总承包单位负责，也应对建设单位负责。因此，分包单位对承建的项目进行检验时，总包单位应参加，检验合格后，分包单位应将工程的有关资料移交总包单位，待建设单位组织单位工程质量验收时，分包单位负责人应参加验收。

（6）当参加验收各方对工程质量验收意见不一致时，可请当地建设行政主管部门或工程质量监督机构协调处理。

协调部门可以是当地建设行政主管部门，或其委托的部门（单位），也可是各方认可的咨询单位。

（7）单位工程质量验收合格后，建设单位应在规定时间内将工程竣工验收报告和有关文件，报建设行政管理部门备案。建设工程竣工验收备案制度是加强政府监督管理，防止不合格工程流向社会的一个重要手段。建设单位应依据《建设工程质量管理条例》和建设部有关规定，到县级以上人民政府建设行政主管部门或其他有关部门备案。否则，不允许投入使用。

10.2　施工质量验收资料

10.2.1　检验批分项工程质量验收内容

分项工程质量是工程质量最直接最现实的反映。工程质量的好坏，特别是一些隐蔽工程，随着装饰工程而被掩盖。惟一能体现其质量状况的，就反映在分项工程质量验收记录中。组成分项工程的最小单位，是分项工程检验批。检验批可根据施工及质量控制和专业验收需要按楼层、施工段、变形缝等进行划分。

1. 检验批质量验收记录

检验批质量应按主控项目、一般项目进行验收。根据不同分项工程而选择不同的质量验收规范的规定。

检验批质量检验评定的抽样方案，可根据检验项目的特点进行选择。对于检验项目的计量、计数检验，可分为全数检验和抽样检验两大类。

对于重要的检验项目且可采用简易快速的非破损检验方法时，宜选用全数检验。对于构件截面尺寸或外观质量等检验项目，宜选用考虑合格质量水平的生产方风险 α 和使用方风险 β 的一次或二次抽样方案，也可选用经实践经验有效的抽样方案。

关于合格质量水平的生产方风险 α，是指合格批被判为不合格的概率，即合格批被拒收的概率；使用方风险 β 为不合格批被判为合格批的概率，即不合格批被误收的概率。抽样检验必然存在这两类风险，要求通过抽样检验的检验批 100% 合格是不合理的也是不可能的，在抽样检验中，两类风险一般控制范围是：$\alpha=1\%\sim5\%$；$\beta=5\%\sim10\%$。对于主控项目，其 α、β 均不宜超过 5%；对于一般项目，α 不宜超过 5%，β 不宜超过 10%。

2. 检验批质量不符合要求的处理

一般情况下，不合格现象在最基层的验收单位—检验批时就应发现并及时处理，否则将影响后续检验批和相关的分项工程、分部工程的验收。因此所有质量隐患必须尽快消灭在萌芽状态，这也是标准以强化验收促进过程控制原则的体现。非正常情况的处理分以下四种情况：第一种情况，是指在检验批验收时，其主控项目不能满足验收规范规定或一般项目超过偏差限值的子项不符合检验规定的要求时，应及时进行处理的检验批。其中，严重的缺陷应推倒重来；一般的缺陷通过翻修或更换器具、设备予以解决，应允许施工单位在采取相应的措施后重新验收。如能够符合相应的专业工程质量验收规范，则应认为该检验批合格。

第二种情况，是指个别检验批发现试块强度等不满足要求等问题，难以确定是否验收时，应请具有资质的法定检测单位检测。当鉴定结果能够达到设计要求时，该检验批仍应认为通过验收。

第三种情况，如经检测鉴定达不到设计要求，但经原设计单位核算，仍能满足结构安全和使用功能的情况，该检验批可以予以验收。一般情况下，规范标准给出了满足安全和功能的最低限度要求，而设计往往在此基础上留一些余量。不满足设计要求和符合相应规范标准的要求，两者并不矛盾。

第四种情况，更为严重的缺陷或者超过检验批的更大范围内的缺陷，可能影响结构的安全性和使用功能。若经法定检测单位检测鉴定以后认为达不到规范标准的相应要求，即不能满足最低限度的安全储备和使用功能，则必须按一定的技术方案进行加固处理，使之能保证其满足安全使用的基本要求。这样会造成一些永久性的缺陷，如改变结构外形尺寸，影响一些次要的使用功能等。为了避免社会财富更大的损失，在不影响安全和主要使用功能条件下可按处理技术方案和协商文件进行验收，但不能作为轻视质量而回避责任的一种出路，这是应该特别注意的。

3. 检验批质量验收记录填写要求

检验批质量验收记录表概括来说有五大块内容：

1）项目工程概况

工程名称—本工程实际名称（要与设计图纸、建筑规划许可证、施工证等相符）。

分项工程名称—本检验批的分项工程名称（如：钢筋工程、模板工程等）。

验收部位—按检验批划分部位填写（如：Ⅰ段一至三层；Ⅱ段四至六层等）。

施工单位—总包单位名称。

专业工长—分项工程专业工长姓名。

项目经理—总包单位本项目经理姓名。

分包单位—分项工程的分包方单位名称。如防水分项工程施工的防水专业队名称。

分包项目经理—分包单位本项目经理姓名。

施工班组长—具体操作施工的班组长姓名。

施工执行标准名称及编号—为建立健全质量管理体系，搞好过程控制，体现全过程的管理，要求各企业依据操作工艺制定企业标准。若施工单位无企业标准，可执行国家、地方或行业标准。但是不论是执行哪种标准，在此栏要填写施工执行标准名称、编号、批准人、批准文号、批准日期、执行日期（若执行国家、地方或行业标准，也要经过本企业总工批准）。

2）主控项目

主控项目的条文是必须达到的要求，是保证工程安全和使用功能的重要检验项目，是对安全、卫生、环境保护和公众利益起决定性作用的检验项目，是确定该检验批主要性能的。如果达不到规定的质量指标，降低要求就相当于降低该工程项目的性能指标，就会严重影响工程的安全性能；如果提高要求就等于提高性能指标，就会增加工程造价。如混凝土、砂浆的强度等级是保证混凝土结构、砌体工程强度的重要性能。所以说是必须全部达到要求的。在主控项目中允许偏差值不允许出现超差点。

主控项目包括的内容主要有：

（1）重要材料、构件及配件、成品及半成品、设备性能及附件的材质、技术性能等。检查出厂证明及试验数据，如水泥、钢材的质量；预制楼板、墙板、门窗等构配件的质量；风机等设备的质量。检查出厂证明，其技术数据、项目符合有关技术标准规定。

（2）结构的强度、刚度和稳定性等检验数据、工程性能的检测。如混凝土、砂浆的强度；钢结构的焊缝强度；管道的压力试验；风管的系统测定与调整；电气的绝缘、接地测试；电梯的安全保护、试运转结果等。检查测试记录，其数据及项目要符合设计要求和本验收规范规定。

对一些有龄期的检测项目，在其龄期不到，不能提供数据时，可先将其他评价项目先评价，并根据施工现场的质量保证和控制情况，暂时验收该项目，待检测数据出来后，再填入数据。如果数据达不到规定数值，以及对一些材料、构配件质量及工程性能的测试数据有疑问时，应进行复试、鉴定及实地检验。

3）一般项目

一般项目是除主控项目以外的检验项目，其条文也是应该达到的，只不过对少数条文可以适当放宽一些，也不影响工程安全和使用功能的。这些条文虽不像主控项目那样重要，但对工程安全、使用功能、重点的美观都是有较大影响的。这些项目在验收时，绝大多数抽查的处（件），其质量指标都必须达到要求，其余20％虽可以超过一定的指标，也是有限的，通常不得超过规定值的150％，这样就对工程质量的控制更严格了，进一步保证了工程质量。

一般项目包括的内容主要有：

（1）允许有一定偏差的项目，而放在一般项目中，用数据规定的标准，可以有个别偏差范围，并有20％的检查点可以超过允许偏差值，但也不能超过允许值的150％。

（2）对不能确定偏差值而又允许出现一定缺陷的项目，则以缺陷的数量来区分。如砖砌体预埋拉结筋，其留置间距偏差；混凝土钢筋露筋，露出一定长度等。

（3）一些无法定量的而采用定性的项目，如碎拼大理石地面颜色协调，无明显裂缝和坑洼；油漆工程中，中级油漆的光亮和光滑项目，卫生器具给水配件安装项目，接口严密，启闭部分灵活；管道接口项目，无外露油麻等。这些就要靠监理工程师来掌握了。

主控项目、一般项目由施工单位检查后，填写检查评定记录，需用文字表述的用文字表述，需要实测实量的允许偏差项则用数字描写。根据施工单位检查评定记录，监理（建设）单位要填写单位验收记录。

4）施工单位检查评定结果

此栏由项目专业质量检查员填写具体意见，并签字。

5）监理（建设）单位验收结论

此栏由监理工程师或建设单位项目专业技术负责人将该验收批的验收结论填人，并签字。

4. 检验批填写范例

填写范例见表 10-2。

混凝土小型空心砌块体工程检验批质量验收记录表

GB 50203—2002

表 10-2

020302□□

单位（子单位）工程名称			××××							
分部（子分部）工程名称		砌体工程	验收部位			二层①—⑥轴					
施工单位		××建筑工程公司	项目经理			×××					
分包单位		××劳务公司	分包项目经理			×××					
施工执行标准名称及编号			砌体工程施工质量验收规范（GB 50203—2002）								

		施工质量验收规范的规定		施工单位检查评定记录									监理（建设）单位验收记录
主控项目	1	小砌块强度等级	设计要求 MU	√									砌块强度等级 MU10、砂浆、强度等级 M5 及砖砌留槎均符合有关设计要求和验收规范。允许偏差项目没有超差点。符合要求
	2	砂浆强度等级	设计要求 M	√									
	3	砌筑留槎	第 6.2.3 条	√									
	4	水平灰缝饱满度	≥90%	√									
	5	竖向灰缝饱满度	≥80%	90	89	80	90	85	87	92	85	84	89
	6	轴线位移	≤10mm	5	4	5	8	4	8	6	5	4	4
	7	垂直度（每层）	≤5mm	3	3	5	3	4	4	2	5	5	5
一般项目	1	水平灰缝厚度竖向宽度	8～12mm	10	8	8	12	12	8	⑧	8	10	10	一般项目检查符合验收规范，且超差点在允许范围内符合要求
	2	基础顶面和楼面标高	±15mm	6	15	8	8	10	/	/	/	/	/	
	3	表面平整度	清水：5mm 混水：8mm	5	8	8	5	⑩	8	⑨	5	6	8	
	4	门窗洞口	±5mm	+2	−4	5	4	2						
	5	窗口偏移	20mm	/	/	/	/	/	/	/	/	/	/	
	6	水平灰缝平直度	清水：7mm 混水：10mm	8	8	⑩	5	7	5	6	10	⑩	8	

施工单位检查评定结果	专业工长（施工员）	×××	施工班组长	×××
	二层①～⑥轴隔墙砌体经检查主控项目的砌块强度等级达到 MU10 符合设计要求，砌块出厂合格证齐全。砂浆强度 M5 符合设计要求。主控项目的允许偏差抽查 30 点，合格率 100%。一般项目的允许偏差抽查 40 点，超差点 5 点，合格率 87.5%。评定合格			
	项目专业质量检查员：×××		日期：××××年××月××日	
监理（建设）单位验收结论	同意施工单位评定结果，此检验批符合 GB 50203—2002 质量验收规范，同意验收。			
	专业监理工程师：×××			
	（建设单位项目专业技术负责人）		日期：××××年××月××日	

10.2.2 分项工程质量验收记录

分项工程质量验收是在分项检验批基础上，进行分项工程总的评定，其前提是分项检验批必须全部合格。检验批按部位、区段全部验收完毕后，才构成分项工程质量验收。

分项工程质量的验收是一个统计过程，没有直接的验收内容，所以在验收分项工程时应注意两点：

（1）核对检验批的部位、区段是否全部覆盖分项工程的范围，有没有缺漏的部位，没有验收到。

（2）检验批验收记录的内容及签字人是否正确、齐全。

分项工程质量验收记录由施工单位对每一分项检验批进行检查后填写评定结果。由项目专业技术负责人填写检查结论，监理工程师或建设单位项目专业技术负责人填写验收结论。

填写范例见表 10-3。

混凝土　分项工程质量验收记录　　　　　　　　　　表 10-3

工程名称	×××××	结构类型	框架剪力墙	检验批数	12
施工单位	××建筑工程公司	项目经理	×××	项目技术负责人	×××
分包单位	—	分包单位负责人	—	分包项目经理	—
序号	检验批部位、区段	施工单位检查评定结果		监理（建设）单位验收结论	
1	地基、基础垫层	√		合　格	
2	地下一层Ⅰ段Ⅱ段	√		合　格	
3	地下二层Ⅰ段	√		合　格	
4	地下二层Ⅱ段	√		合　格	
5	一层Ⅰ、Ⅱ段	√		合　格	
6	二层Ⅰ、Ⅱ段	√		合　格	
7	三层Ⅰ、Ⅱ段	√		合　格	
8	四层Ⅰ、Ⅱ段	√		合　格	
9	五层Ⅰ、Ⅱ段	√		合　格	
10	六层Ⅰ、Ⅱ段	√		合　格	
11	七层Ⅰ、Ⅱ段	√		合　格	
12	八层Ⅰ、Ⅱ段	√		合　格	
检查结论	混凝土分项工程的检验批经检查符合 GB 50204—2002 规范要求，该分项工程为合格。 　　项目专业 技术负责人：××× ××××年××月××日		验收结论	同意验收 监理工程师：××× （建设单位项目专业技术负责人） ××××年××月××日	

10.2.3 分部（子分部）工程质量验收内容

分部工程的质量验收是在分项工程质量验收基础上进行的，是较之分项工程为一个级别的验收。除了对本分部工程中所含各分项工程检查评定外，还要检查本分部工程中所涉及的质量控制资料、安全和功能检验（检测）报告，对分部工程进行观感质量验收。分部工程验收单位由分包单位、施工单位、勘察单位、设计单位、监理（建设）单位五方共同组成。

1. 基础、结构分部工程质量验收

鉴于地基与基础、主体结构两个分部工程在整个单位工程起着承重的作用。并且多数都将被隐蔽，如果不在完工后及时检查和评定，及时发现质量问题，及时得到纠正，被隐蔽以后就会给工程留下隐患。同时这两个分部工程技术较复杂，施工过程有很多施工试验记录，而这些试验记录中的数据，则反映该工程的质量状况。结构工程质量更关系到整个单位工程的安全。所以应将地基基础、结构工程上报地方质量监督部门，经地方质量监督部门签认后，方可进行下道工序的施工。

如北京施工单位进行基础、主体结构验收时，可填报表 10-4，即基础、主体分部（子分部）工程验收记录。质量监督部门进行基础、主体结构验收时，可填写表 10-5《基础、主体结构工程质量核查记录表》。除此之外，基础、主体结构工程还要进行质量控制资料核查和现场观感质量验收。

1) 质量控制资料核查

检查各分项工程的划分是否正确，特别是主体分部的分项工程，不同的划分方法，其分项工程的个数不同，分部工程质量的评定结果也不一致。

基础、主体 分部（子分部）工程验收记录 表 10-4

工程名称	×××××	结构类型	全现浇剪力墙	层　数	十　层
施工单位	×××××	技术部门负责人	×××	质量部门负责人	×××
分包单位	—	分包单位负责人	—	分包技术负责人	—
序号	分项工程名称	检验批数	施工单位检查评定	验收意见	
1	钢筋分项工程	50	√	钢筋、混凝土及现浇结构分项工程施工质量符合设计及 GB 50204—2002 的规定，同意验收	
2	混凝土分项工程	50	√		
3	模板分项工程	50	√		
4	砌体分项工程	36	√		
5					
6					
质量控制资料			√	工程质量控制资料符合要求，同意验收	
安全和功能检验（检测）报告			√	工程安全和功能检验符合要求，同意验收	
观感质量验收			好	工程观感质量符合要求，同意验收	
验收单位	分包单位	—	项目经理　—	年　月　日	
	施工单位	×××××	项目经理　×××	××年××月××日	
	勘察单位	—	项目负责人　—	年　月　日	
	设计单位	×××××	项目负责人　×××	××年××月××日	
	监理（建设）单位	监理工程师：××× （建设单位项目专业技术负责人）		××年××月××日	

426

工程名称		×××××			建筑面积	××××m²
施工单位		×××××			结构类型	框架剪力墙
结构完成日期		××年××月××日	质量等级	优良	验收日期	××年××月××日
结构验收情况	建设单位意见	同意结构验收　×××				
	设计单位意见	符合图纸要求，同意验收　×××				
	施工单位主管部门意见： 　　本工程已按设计图纸要求，完成主体结构施工 　主管负责人：×××　　　　　　　　　　（施工单位盖章） 　　　　　　　　　　　　　　　　　××××年××月××日					
核查范围及内容： 　　经核查，该工程已按设计图纸要求，完成主体结构施工。施工质量符合有关规范及验收标准						
核查意见： 　　同意进行下道工序 　　　　　　　　　　　　　　　　　　（监督部门盖章） 　监督员：×××　　　　　　　　　　××××年××月××日						

注：1. 本表基本情况由施工单位填写。

　　2. 结构审查包括现场工程质量和技术资料，并做好监督记录。

　　3. 填表一式 3 份。施工、建设、监督各 1 份。

检查各分项工程的检验批评定是否准确，其主要使用的原材料质量证明，混凝土、砂浆配合比及强度试验报告等质量保证资料是否具备和数据正确，是否达到验收标准、规范的规定和设计要求。

核查主要查质量控制资料。最常遇到的是混凝土、砂浆强度等级的评定。

混凝土强度评定。通常在主体分部工程质量评定时，基础分部工程也已经完成，单位工程的混凝土评定条件已具备，可连同基础一起按照龄期相同、生产工艺条件、配合比基本相同的混凝土为同一验收批进行混凝土强度评定，评定结果要符合《混凝土强度检验评定标准》（GB/T 50107—2010）中的有关规定。

砂浆强度评定。主体分部的砌筑砂浆和基础分部工程的砌筑砂浆，共同按单位工程内的同品种同强度等级为同一验收批进行评定，应符合《砌体工程施工质量验收规范》（GB50203—2002）。

另外，还要检查钢筋材质、砖、防水材料的复试资料及安全和功能检验（检测）报告，在验收时应注意三个方面的工作。

（1）检查各规范中规定的检测的项目是否都进行了验收，不能进行检测的项目应该说明原因。

（2）检查各项检测记录（报告）的内容、数据是否符合要求，包括检测项目的内容，所遵循的检测方法标准、检测结果的数据是否达到规定的标准。

（3）核查资料的检测程序、有关取样人、检测人、审核人、试验负责人，以及公章签字是否齐全等。

2) 现场检查

基础工程或主体结构完成后，在进行回填或装饰前要进行现场检查，就是通常讲的结构工程验收。这也是基础分部工程和主体分部工程质量验收的一项重要内容。未经结构工程验收的地基与基础分部或主体分部工程，不应进入回填隐蔽和抹灰等装饰施工。如因施工需要，结构工程验收可分几段进行。有地下室的工程，地下室的结构验收应列入地基与基础分部工程。

现场检查主要是对结构工程外观进行观感质量验收，组织有关人员，到现场对工程全数或抽查，全面观察检查主要部位的质量。检查有没有与质量控制资料不相符的地方；检查主控项目有没有达不到合格标准规定的地方；以及墙、柱、梁、板等是否有不应出现的裂缝、下沉、变形、损伤等情况。该项检查应由施工企业的技术、质量部门邀请建设、设计、监督机构的代表参加检查验收。填写结构工程验收意见。如发现有质量问题应处理时，尚应有处理办法及处理结果的复验记录。

参加结构工程验收的人员共同签认，并注明日期。

2. 分部（子分部）工程验收记录

一个分部工程在完成了分项工程验收后，就要进行分部工程验收，分部工程验收的内容还包括质量控制资料、安全和功能检验（检测）报告和观感质量验收，其中要求：

分部（子分部）工程所含分项工程的质量均应验收合格。

质量控制资料应完整。

地基与基础、主体结构和设备安装等分部工程有关安全及功能的检验和抽样检测结果应符合有关规定。

观感质量验收应符合规定。

分部（子分部）工程的观感质量检查，是经过现场工程的检查，由检查人员共同确定评价等级的好、一般、差，在检查和评价时应注意以下几点：

1) 分部（子分部）工程观感质量评价目的有两个。一是现在的工程体量越来越大，越来越复杂，待单位工程全部完工后，再检查有的项目要看的看不见了，看了还应修的修不了，只能是既成事实。另一方面竣工后一并检查，由于工程的专业多，而检查人员中又不能太多，专业不全，不能将专业工程中的问题看出来。再就是有些项目完工以后，工地上就没有事了，其工种人员就撤出去了，即使检查出问题来，再让其来修理，用的时间也长。二是新的建筑企业资质就位后，分层次有了专业承包公司，对这些企业分包承包的工程，完工以后也应该有个评价，也便于对这些企业的监管。这样可克服上述的一些不足，同时，也便于分清质量责任，提高后道工序对前道工序的成品保护。

2) 在进行检查时，要注意一定要在现场，将工程的各个部位全部看到，能操作的应操作，观察其方便性、灵活性或有效性等；能打开观看的应打开观看，不能只看"外观"，应全面了解分部（子分部）的实物质量。

3) 评价方法，基本上是各检验批的验收项目，多数在一般项目内。检查评价人员宏观掌握，如果没有较明显达不到要求的，就可以评一般；如果某些部位质量较好，细部处理到位，就可评好；如果有的部位达不到要求，或有明显的缺陷，但不影响安全或使用功能的，则评为差。

有影响安全或使用功能的项目，不能评价，应修理后再评价。

428

评价时，施工企业应先自行检查合格后，由监理单位来验收，参加评价的人员应具有相应的资格，由总监理工程师组织，不少于三位监理工程师来检查，在听取其他参加人员的意见后，共同做出评价，但总监理工程师的意见应为主导意见。在做评价时，可分项目评价，也可分大的方面综合评价，最后对分部（子分部）做出评价。填写范例见表10-6。

建筑屋面　分部（子分部）工程验收记录　　　　　　　　　　表10-6

工程名称	×××××	结构类型	框架剪力墙	层数		××
施工单位	×××××	技术部门负责人	×××	质量部门负责人		×××
分包单位	×××××	分包单位负责人	×××	分包技术负责人		×××
序号	分项工程名称	检验批数	施工单位检查评定	验收意见		
1	屋面找平层	2	√	找平层；保温层、细部构造做法符合 GB 50207 规范规定。防水卷材接槎、搭接满足规范规定		
2	屋面保温层	2	√			
3	屋面细部构造	1	√			
4	卷材防水层	2	√			
5						
6						
质量控制资料			√	防水卷材出厂合格证及进厂检验报、复试报告符合要求		
安全和功能检验（检测）报告			√	屋面淋水试验记录齐全，经验收未发现渗漏现象		
观感质量验收			好	同意验收		
验收单位	分包单位	×××××	项目经理 ×××	××××年××月××日		
	施工单位	×××××	项目经理 ×××	××××年××月××日		
	勘察单位		项目负责人	— 年 月 日		
	设计单位		项目负责人	— 年 月 日		
	监理（建设）单位	监理工程师 （建设单位项目专业技术负责人）：××× ××××年××月××日				

10.2.4　单位（子单位）工程验收内容

1. 单位（子单位）工程质量竣工验收记录内容

单位（子单位）工程的质量综合验收结论是由分部工程质量、质量控制资料、安全和主要使用功能、观感质量四方面综合评定的。

1）分部工程质量

分部工程质量验收，其目的是突出施工过程的质量控制。把分项工程质量的验收作为保证分部工程和单位工程质量的基础，哪个分项工程质量达不到验收标准，必须进行返工或修理等处理达到合格后才能进行交工。这样分部工程质量才有保障，各分部工程的质量保证了，单位工程的质量才有保证。

2) 质量控制资料

质量控制资料核查其目的是强调建筑结构设备性能、使用功能方面主要技术性能的检验。每个验收批都规定了，"主控项目"、"一般项目"，并提出了主要技术性能的要求。但是，由于分项工程的局限性，对一些主要性能的表现不够明确和全面。如混凝土分项工程的混凝土强度、砌砖分项工程的砂浆强度，一个分项工程，一般只有一组或几组混凝土或砂浆试块，这样在分项工程中就无法执行混凝土、砂浆强度评定中的平均值和最小值的规定，检查单位工程的质量保证资料，才能对主要技术性能进行系统的检验评定。又如一个空调系统也只有单位工程才能综合调试，取得需要的数据。

同时，对一个单位工程全面进行质量控制资料核验，还可以防止局部错漏，从而进一步加强工程质量的控制。对建筑设备进行系统的核验，以便于同设计要求对照检查，达到设计效果。

3) 安全和功能检验资料核查

安全和使用功能是单位工程最为重要的环节，是用户最为关心的内容。涉及安全和使用功能的地基基础、主体结构、有关安装分部工程应进行有关见证取样或抽样检测，在核查资料时，要特别关注。到工程最后竣工验收时，还要对分部工程验收时的见证抽样报告进行复核，抽查检验，用这种强化验收的手段来体现对安全和主要使用功能的重视。如：现场预应力混凝土试验。

(1) 应有预应力锚夹具出厂合格证及硬度、锚固能力抽检试验报告。

(2) 预应力钢筋的各项试验资料及预应力钢丝镦头强度抽检记录。

4) 工程观感质量检查

工程观感质量检查，是在工程全部竣工后进行的一项重要验收工作，这是全面评价一个单位工程的外观及使用功能质量，促进施工过程的管理、成品保护，以提高社会效益和环境效益。观感质量检查绝不是单纯的外观检查，而是实地对工程的一个全面检查，核实质量控制资料，核查验收批分项、分部工程验收的正确性，对在分项工程中不能检查的项目进行检查等。如工程完工绝大部分荷载已经上去，工程有没有不均匀下沉、有没有出现裂缝等，直观地从宏观上核实工程的安全可靠性能和使用功能，若出现不应出现的裂缝和严重影响使用功能的情况应首先弄清原因，然后再综合评价。地面严重空鼓、起砂、墙面空鼓粗糙、门窗开关不灵、关闭不严等项目的质量缺陷很多，就说明在该分项、分部工程验收时，掌握标准不严。分项分部无法测定和不便测定的项目，在单位工程观感检查中，给予核查。

2. 单位（子单位）工程质量竣工各类表格填写要求

1) 单位（子单位）工程质量控制资料核查记录

单位（子单位）工程质量控制资料是单位工程综合验收的一项重要内容，《建筑工程施工质量验收统一标准》（GB 50300—2001）中规定了按专业分共计 48 项内容。其中建筑与结构 11 项；给排水与采暖 7 项；建筑电气 7 项；通风与空调 8 项；电梯 7 项；建筑智能化 8 项。

这些资料记录汇总了各分项工程有关保证单位工程结构安全、使用功能和使用安全的主要内容。其每一项资料包含的内容，就是单位工程包含的有关分项工程中检验批主控项目，一般项目要求内容的汇总。在验收标准各分项工程检验批中都有要求。所评定的单位工程中，包括哪些分项工程，就检查哪些分项工程的内容。

所用原材料，要有出厂合格证、试验单或记录单，其内容应齐全，数据准确、真实；抄件应注明原件存放单位，并有抄件人的签字，抄件单位的公章。

为了使用方便，将各项的主要内容简述如下（表10-7）。

单位（子单位）工程质量控制资料核查主要内容及要点　　　　　　　表 10-7

项目＼内容	1. 图纸会审、设计变更、洽商记录
建筑与结构	图纸会审记录要详细记载各单位图纸审查中出现的问题 根据图纸会审出的问题及时办理设计变更，做好洽商记录
	2. 工程定位测量，放线记录
	工程定位测量记录主要检查建筑物位置线，现场标准水准点、坐标点等，放线记录包括基槽验线、楼层放线、沉降观测记录等
	3. 原材料出厂合格证书及进场检（试）验报告
	(1) 钢筋：各种规格、品种的钢筋有出厂证明，应有钢种、牌号、规格、数量、力学性能、化学成分、厂名、出厂日期等。化学成分和力学性能指标符合设计要求和有关规范规定。 主要受力筋应复试力学性能并符合设计要求。 进口钢筋，凡焊接者还应有化学成分试验报告。 型钢：有出厂证明，材质符合设计要求，如对质量有疑义时，应抽样检验，其结果符合国家标准规定和设计要求。 (2) 水泥： 1) 各建设、施工企业和水泥使用单位，要选用已达到新标准的水泥产品。 2) 水泥生产企业须向使用单位提交《水泥产品使用管理备案表》，水泥质量出厂证明书。内容包括：厂别、品种、出厂日期、出厂编号和水泥标准规定的各项技术要求及试验结果。 水泥生产厂家应在水泥发出日起 7 天内寄发 28 天强度以外的各项试验结果。在水泥发出日起 32 天内寄发 28 天强度数值。 3) 水泥生产企业还应根据使用方需要，提供水泥碱含量报告。 4) 加强对水泥使用的监督管理，水泥使用前必须做复试，复试合格方可使用。对不合格的水泥要注明出处。退货的要有退货手续，降级使用的要有使用单位负责人签认书并注明水泥使用部位。 5) 水泥复试要求，根据《混凝土结构工程施工质量验收规范》（GB 50204—2002）和市建委规定，要求用于承重结构、用于使用部位有强度等级要求的、水泥出厂三个月（快硬硅酸盐水泥为一个月）和进口水泥都必须进行复试，并提供试验报告。 (3) 砖和砌块： 1) 砖产品供应方应提供产品出厂检验报告和产品的型式检验报告。出厂检验项目包括尺寸偏差、外观质量和强度等级。型式检验项目除出厂项目外，还包括抗风化性能、石灰爆裂和泛霜。 2) 用于承重结构的砖需做复试，复试抗压强度、抗折强度等级符合要求后方可使用。 3) 复试取样批量一般为 3.5～15 万块为一批，不足 3.5 万块时按一批计。 4) 砌块管理执行《轻集料混凝土小型砌块》（GB/T 15229—2011）技术要求和质量标准。 5) 砌块厂家需向用户提供准用证。砌块出厂时应有产品质量合格证。产品质量合格证应注明厂名、批量编号、证书编号、强度等级、外形尺寸等，要有检验单位盖章。 6) 砌块复试批量按 10 万块为一批。复试项目为强度等级。 (4) 防水材料： 1) 防水材料必需选用经市建委备案的生产厂家。

项目 内容	
建筑与结构	2）防水材料生产企业须向使用单位提交《防水材料产品使用管理备案表》；产品年检验报告书。 3）防水材料厂家提供出厂合格证，出厂检验项目有：重量、面积、厚度、外观、拉力、断裂延伸率、耐热度、柔度和不透水性。 4）防水材料进场后需经专人验收，质量部门要对材料进行外观检查并做好记录

4. 施工试验报告及见证检测报告

（1）回填土、灰土、砂和砂石

1）有分层、分段的取样平面位置图；

2）试验报告。

（2）砌筑砂浆

1）应有试配申请单和经试验室试配后签发的配比通知单；

2）分层、分段试块 28d 标养抗压强度试验报告；

3）按验评标准规定的强度统计评定；

4）凡强度未达到设计要求或未按规定留置试块的要有处理结果和有关资料。需要检测的，应出具法定检测单位检测报告，并应有设计人签认。

（3）混凝土

1）混凝土应有试配申请单和试验室签发的配合比通知单；

2）分层、分段试块 28d 标养抗压强度试验报告；

3）按验评标准规定的强度统计评定表。

凡达不到要求或未按规定留置试块的，应有结构处理的有关资料，需要检测的，应出具法定检测单位检测报告，并应征得设计人的认可；

4）商品混凝土，应有出厂合格证，施工现场应有混凝土和坍落度检验记录及施工现场取样的混凝土强度试验报告；

5）结构工程冬期施工的混凝土应增设不少于二组与结构同条件养护试块的试验报告；

6）防水及有特殊要求的混凝土，应有配合比申请和配合比通知单及抗渗试验报告或其他专项试验报告。

（4）钢筋连接

1）钢筋连接接头采用焊接方式的或采用锥螺纹、套管接头方式的均应按有关规定进行试验（试验应按同品种、同规格、同接头形式、同一焊工划分）。提供试验报告的焊（连）接试件应从外观检查合格后的成品中切取。

2）焊工合格证（有效期内）的复印件。

3）工厂和施工现场集中加工的钢筋，加工单位应提供焊接试验报告

4）预制阳台、梁、柱及外挂板等在现场有焊接要求的预制混凝土构件，按班前焊接要求。取模拟焊接试件，每个单位工程应具有按批量且不少于三组试件的试验报告。

5）焊（连）接试验的必试项目内容为抗拉强度，断裂特征及位置，闪光对焊应加试冷弯试验等。

（5）钢结构焊接

承受拉力或压力的一、二级焊缝无损检验，必须经市有关部门审定合格的单位出具

超声波或 X 射线探伤检验报告施工试验报告主要有钢筋连接试验；回填土干密度试验；土工击实试验；砌筑砂浆抗压强度试验；混凝土抗压强度试验；混凝土抗渗试验；超声波探伤检验等

5. 隐蔽工程验收记录

主要检查地基验槽土质情况、标高、宽度、放坡等；地下室施工缝、变形缝、止水带、过墙管做法、后浇带施工；钢筋工程；结构、构件连接；玻璃幕墙、外挂石材及装饰板；屋面、厕浴防水；外墙保温构造节点等

内容\项目	6. 施工记录
建筑与结构	（1）地基处理记录 1）灰土、砂、砂石和三合土地基，应有干土质量密度或贯入度试验资料。 2）重锤夯实地基；应有夯实报告及最后下沉量和总下沉量记录。 3）强夯地基；应有锤重、落距、夯击点布置图及夯击次数记录。 （2）地基钎探记录 1）按规定绘制钎探点布置图。 2）钎探记录。 3）地基需处理时，应由设计勘察部门提出处理意见，并应将处理的部位、尺寸、标高等情况注在钎探平面图中，并有复验记录。 （3）桩基施工记录 1）桩基包括预制桩、现制桩等，应按规定出具施工记录。由分包单位承担桩基施工的，完工后应将记录移交总包单位。 2）试桩或试验记录。 3）补桩平面示意图。 4）桩基检测应按国家有关规定进行成桩质量检查（含混凝土强度和桩身完整性）和单桩竖向承载力的检测报告和施工记录。 （4）承重结构及抗渗防水工程 这些工程使用的混凝土，应有浇灌申请记录及开盘鉴定。 （5）结构吊装（制作）记录 1）预制混凝土框架结构及大型构件吊装等施工记录，内容包括：构件类别、型号、位置、搭接长度及实际吊装偏差，以及吊装平面图等。 2）钢网架结构制作及安装记录，内容主要包括： ①钢网架结构竣工图和设计更改文件； ②网架结构所用的钢材和节点、连接件材料的质量证明和试验报告； ③焊缝质量检验资料，焊工编号或标志； ④高强度螺栓各项检查记录； ⑤质量评定资料； ⑥网架结构应有在自重和屋面工程完成后的挠度值测量等记录。 3）钢结构工程竣工验收记录，内容主要包括： ①钢结构工程竣工图和设计文件； ②安装过程中形成的与工程有关的文件； ③安装所用的钢材、连接材料和涂料等质量证明书或试验、复验报告； ④工厂制作构件的出厂合格证； ⑤结构安装检测记录及安装质量评定资料； ⑥焊接工艺评定报告； ⑦焊接质量检验报告，焊工编号或标志； ⑧高强度螺栓抗滑移系数试验报告和检查记录； ⑨隐蔽工程验收记录及中间检查交接记录； ⑩钢结构安装后涂装（含防火涂装）检测资料； ⑪设计有要求的工程试验记录。 （6）现场生产预制混凝土构件 1）施工方案和技术交底资料；

内容项目	
建筑与结构	2）原材料试验、混凝土配合比、混凝土强度试验资料； 3）质量检查资料。 （7）现场预应力张拉施工 现场预应力张拉施工资料的内容主要包括：各种试验记录、施工方案、技术交底、张拉记录、张拉设备检定记录、质量检定记录和质量检查资料。 （8）防水工程试水试验及烟（风）道、垃圾道检查记录 1）浴室、厕所等有防水要求的房间必须有防水层及装修后的蓄水检验记录。每次蓄水时间不少于24h。 2）屋面工程应有全部屋面的淋水试验记录，试验时间不得少于2h。 3）预制外墙板板缝，应有2h淋水试验记录。 4）不便做试水试验的工程，要经过一个雨季考验，并做好观察记录。 5）通风道（烟道）应做通（抽）风和漏风、串风试验，要求100％检查，并做好记录。 6）垃圾道应检查其是否畅通，要求100％检查，并做好记录。 （9）沉降观察记录 规范和设计要求设沉降观测的工程项目，要按规定设沉降观测点，并做沉降观测记录。 （10）施工测温记录 1）混凝土冬期施工测温记录应包括大气温度、原材料温度、出机温度、入模温度和养护温度。要有测温点布置图，包括测温点的部位、深度等。 2）大体积混凝土施工应有混凝土入模时大气温度记录、养护温度记录、内外温差记录和裂缝检查记录。 （11）其他有特殊要求的工程施工记录 如保温、隔声、防火、耐火等工程项目，按有关规定，提供相关的施工记录。 （12）玻璃幕施工应有符合要求的设计图纸及性能试验，施工、验收记录
	7. 预制构件、预拌混凝土合格证
	构件出厂合格证齐全。其内容要有构件型号、生产日期、厂标、强度等级、出强度等预拌混凝土合格证齐全
	8. 地基、基础、主体结构检验及抽样检测资料
	施工单位先自验，合格后由建设（监理）单位组织三方（设计、施工单位）验收、由建设单位向监督机构申报，监督机构核查。（1）观感检查。（2）质量控制资料核查。（3）质量验收资料核查。（4）水、电安装有关资料核查。未经监督机构核查不准进行装修。也可分层段进行主体结构的核查，严禁随意堵、抹、掩盖施工缺陷。对主体结构还要进行抽样检测。一是结构实体同条件养护试件强度检验，一是结构实体钢筋保护层厚度检验
	9. 分项、分部工程质量验收记录
	按分项、分部工程进行质量验收
	10. 工程质量事故及事故调查处理资料
	工程质量事故报告要齐全，要有有关参加质量事故调查、分析、研究、处理的方案，整改情况，主管领导及有关单位对事故的处理决定等
	11. 新材料、新工艺施工记录
	没有国家规范标准的新材料、新工艺等可将企业标准中有关新材料、新工艺施工记录存档

内容项目	
给排水与采暖	1. 图纸会审记录要详细记载各单位图纸审查中出现的问题，根据图纸会审出的问题及时办理设计变更，做好洽商记录。
	2. 材料、配件出厂合格证书及进场检（试）验报告
	给水、排水、采暖管道系统的管材、管件、阀门、立式污水泵、水泵、风机等设备的出厂合格证齐全。进场检（试）验报告齐全。
	3. 管道、设备强度试验、严密性试验记录
	强度试验记录（单项试压、系统试压）结果要符合设计要求和规范规定。焊口检查记录要有观察检查，渗透、透视或照相检查。 严密性试验记录要有给水、采暖、热水系统主干管起切断作用的阀门以及设计有要求的项目记录。
	4. 隐蔽工程验收
	各项隐蔽工程验收检查记录齐全，不缺项。
	5. 系统清洗、灌水、通水、通球试验记录
	管道、设备安装前应清除污垢；交工前要有冲洗除垢（吹洗、脱脂）记录。其内容符合设计要求。 采暖系统主干管起切断作用的阀门以及设计要求的项目，其严密性应符合要求。 排水系统有按系统或分段做灌水试验渗漏记录，试验结果符合设计要求或规范规定。 通水试验：包括给水系统同时开放最大数量配水点的额定流量、消火栓组数的最大消防能力；排水系统的排放效果等试验记录，结果符合设计要求。
	6. 施工记录
	按专业、系统和工序进行的预检记录。主要检查：管道、设备的位置、坐标、标高、坡度、材质、防腐、支架形式、规格及安装方法、孔洞位置、预埋件规格、形式和尺寸、位置。
	7. 分项、分部工程质量验收记录
	按分项验收批标准检查
建筑电气	1. 图纸会审记录要详细记载各单位图纸审查中出现的问题。根据图纸会审出的问题及时办理设计变更，做好洽商记录。
	2. 材料、设备出厂合格证及进场检（试）验报告
	主要电气设备包括：电力变压器、高低压成套配电柜、动力照明配电箱、低压大型开关和其他应急电源等的合格证。 主要材料包括：硬母线、电线、电缆及其附件、大型灯具、变压器油等应有合格证。低压设备及附件要有出厂证明。 材料设备进场后还应有检验报告。
	3. 设备调试记录
	主要设备使用前，要有各种阀、表的校验；断路器的外观检验、调整及操作试验。各类电容器、变压器及附件、互感器、各种电机、盘（柜）低压电器的检验和调整试验等。 进行试运转检验、调整的项目过程记录要全。其结论符合设计要求

内容项目	4. 接地、绝缘电阻测试记录
建筑电气	绝缘电阻测试记录主要包括设备绝缘电阻测试，线路导线间、导线对地间的测试记录，低压回路的绝缘电阻测试（如各照明电路支路、电机支路、电机绝缘），其结论符合设计要求。 接地电阻测试记录主要包括设备、系统的保护接地装置（分类、分系统进行的）测试记录，变压器工作接地装置的接地电阻，以及其他专用接地装置的接地电阻测试记录。结论要符合设计要求
	5. 隐蔽工程验收表
	隐检项目有： 1）埋在结构内的各种电线导管； 2）利用结构钢筋做的避雷引下线； 3）接地极埋设与接地带连接处焊接；均压环、金属门窗与接地引下线处的焊接或铝合金窗的连接； 4）不能进入吊顶内的电线导管及线槽、桥架等敷设； 5）直埋电缆。 检查内容包括：品种、规格、位置、标高、弯度、连接、跨接地线、防腐、需焊接部位的焊接质量、管盒固定、管口处理、敷设情况、保护层及与其他管线的位置关系等
	6. 施工记录
	做好明配管、受配电装置、高低压电源进口方向、电缆位置等的预检记录
	7. 分项、分部工程质量验收记录
	按分项验收批标准检查，做好验收记录
通风与空调	1. 图纸会审记录要详细记载各单位图纸审查中出现的问题，根据图纸会审出的问题及时办理设计变更，做好洽商记录。
	2. 材料、设备出厂合格证书及进场检（试）验报告
	材料包括风管及部件制作或安装所使用的各种板材线材及附件；制冷管道系统的管材；防腐、保温等。 设备主要包括空气处理设备（消声器、除尘器等）、通风设备（空调机组、热交换器、风机盘管、诱导器、通风机等）。 其出厂合格证齐全，各项性能指标符合设计要求
	3. 制冷、空调、水管道强度试验、严密性试验记录
	包括系统的强度、严密性试验和工作性能试验两方面 强度、严密性试验包括阀门、设备及系统工作性能试验包括管（件）及阀门清洗、单机试运转、系统吹污、真空试验、检漏试验及带负荷运转等程序，符合设计要求
	4. 隐蔽工程验收表
	凡敷设于暗井道、吊顶或被其他工程（如设备外砌砖墙、管道及部件外保温隔热等）所掩盖的项目、空气洁净系统、制冷管道系统及重要部件，均应有隐蔽工程验收记录
	5. 制冷设备运行调试记录
	进行无生产负荷的联合试运转，要做好制冷装置的单机试运转，包括冷水机组泵类、冷却塔等

内容\项目	
	6. 通风、空调系统调试记录
通风与空调	各项单机的试运转（如风机、制冷机、水泵、除尘过滤设备等），其测定内容及过程应符合设计要求。 对洁净系统测试静态室内空气含尘浓度、室内正压值等，达到设计和使用要求。 测定通风系统的总风量、风压及风机转数，风管系统的漏风率，以及有要求时，工程内送风温度、超压值等
	7. 施工记录
	做好空气洁净系统、制冷管道系统及部件的施工记录
	8. 分项、分部工程质量验收记录
	按分项验收批标准检查，做好验收记录
电梯	1. 若有变更，一定要有变更设计证明文件及变更部分实际施工图
	2. 设备出厂合格证书及开箱检验记录
	1）电梯设备的随机文件必须齐全。其中包括装箱单、产品合格证、电梯机房井道图、电梯使用说明、电梯电气原理图及符号说明、电梯电气布置图、电梯部件安装图、电梯安装调试说明、文件目录、备品备件目录等。 2）设备检查记录；设备零部件数量、完好情况、损伤情况及处理结果
	3. 隐蔽工程验收表
	做好承重梁埋设、暗设管线、绳头浇注等的隐检记录
	4. 施工记录
	做自动扶梯、自动人行道安装条件记录
	5. 接地；绝缘电阻测试记录
	绝缘电阻测试记录主要包括设备绝缘电阻测试，线路导线间、导线对地间的测试记录，低压回路的绝缘电阻测试（如各照明电路支路、电机支路、电机绝缘），其结论符合设计要求。 接地电阻测试记录主要包括设备、系统的保护接地装置（分类、分系统进行的）测试记录，变压器工作接地装置的接地电阻，以及其他专用接地装置的接地电阻测试记录。结论要符合设计要求
	6. 负荷试验、安全装置检查记录
	空、满、超载运行记录内容翔实，要有安全性的检查及电流、运行速度、温升等情况记录，平衡系数、运行速度、称重装置、预负载等调整试验情况
	7. 分项、分部工程质量验收记录
	电梯分部质量验收记录完成后，还要有电梯安装工程竣工验收证书和保修单以及建设工程质量监督机构的质量监督核定书
建筑智能化	1. 做好图纸会审、洽商记录。设计图纸应由有相应设计资格证书的单位设计，竣工图的编制要准确
	2. 材料、设备出厂合格证及技术文件及进场检（试）验报告
	有关材料如固定灭火系统和耐火构件及耐火涂料等，应有国家一级的质量检测中心提供的检测合格报告或技术文件。设备选择国家认可定点厂家的产品

内容 项目	3. 材料、设备出厂合格证及技术文件及进场检（试）验报告
建筑智能化	有关材料如固定灭火系统和耐火构件及耐火涂料等，应有国家一级的质量检测中心提供的检测合格报告或技术文件。设备选择国家认可定点厂家的产品，进口的电气产品必须有国家商检检定合格证明，设备上有铭牌
	4. 隐蔽工程验收表
	凡是被下道工序掩盖的分项工程，均要做隐蔽工程记录
	5. 系统功能测定及设备调试记录
	各种系统功能及设备调试应在建筑内部装修和系统施工结束后进行，调试记录要详细。
	6. 系统技术、操作和维护手册
	对每一套系统都要有操作和维护手册，定期维修
	7. 系统管理、操作人员培训记录
	系统管理人员、操作人员都应培训记录，操作人员有上岗证
	8. 系统检测报告
	如火灾自动报警、室内自动喷水灭火、室内消火栓系统等的检测报告均应齐全
	9. 分项、分部工程质量验收报告
	按分项验收批标准检查，做好验收记录

2）填写要求；

按上述要求对工程质量控制资料核查后，填写单位（子单位）工程质量控制资料核查记录，将每项内容核查后，填上核查意见及核查文件份数，核查由总监理工程师组织，有关专业监理工程师核查检查，有关施工单位项目经理、技术负责人参加。总监理工程师填写结论并签字，要有核查人签字，施工单位项目经理在结论栏中，认可后签字。

填写范例见表 10-8。

3. 单位（子单位）工程安全和功能检验

建筑工程投入使用，最为重要的是要确保安全和满足功能性要求。涉及安全和使用功能的分部工程应有检验资料，施工验收对能否满足安全和使用功能的次日进行强化验收，对主要项目进行抽查记录，填写单位（子单位）工程安全和功能检验资料核查及主要功能抽查记录表（见表 10-9）。

抽查项目是在检查资料文件的基础上，由参加验收的各方人员商定，并用计量计数的抽样方法确定检查部位，然后按有关专业工程施工质量验收标准进行检查，并将抽查结果写在表 10-8 中。

如：某工程抽气（风）道检查一项。首先核查该工程的抽气（风）道检查记录。该工程六个单元全部做了检查记录，从记录上看满足要求。然后选取第四单元进行抽验核查，按通风道检查要求核查完后，将结果填写记录。

单位（子单位）工程质量控制资料核查记录

表 10-8

工程名称		×××××		施工单位	×××××	
序号	项目	资 料 名 称	份数	核 查 意 见		核查人
1	建筑与结构	图纸会审、设计变更、洽商记录	20	设计变更、洽商记录清楚		×××
2		工程定位测量、放线记录	6	工程定位测量准确 各楼层放线记录齐全		
3		原材料出厂合格证书及进场检（试）验报告	105	水泥、钢筋、防水材料等有出厂合格证及复试报告		
4		施工试验报告及见证检测报告	82	钢筋连接、混凝土抗压强度试验报告等符合要求，且按 30％ 进行见证取样		
5		隐蔽工程验收表	112	隐蔽工程检查记录齐全		
6		施工记录	97	地基钎探、混凝土配合比开盘鉴定等施工记录齐全		
7		预制构件、预拌混凝土合格证	25	预拌混凝土合格证齐全		
8		地基、基础、主体结构检验及抽样检测资料	10	基础；主体结构经过监督部门检验，其抽样检测资料符合要求		
9		分项、分部工程质量验收记录	67	质量验收符合规范规定		
10		工程质量事故及事故调查处理资料	/	无工程质量事故		
11		新材料、新工艺施工记录	6	大体积混凝土施工记录齐全		
12						
1	给排水与采暖	图纸会审、设计变更、洽商记录	2	洽商记录清楚		×××
2		材料、配件出厂合格证书及进场检（试）验报告	20	材料、主要配件出厂合格证书齐全，有进场检验报告		
3		管道、设备强度试验、严密性试验记录	18	管道、设备强度试验等检查记录符合要求		
4		隐蔽工程验收表	27	隐蔽工程检查记录齐全		
5		系统清洗、灌水、通水、通球试验记录	20	系统清洗、灌水、通水、通球试验记录齐全		
6		施工记录	18	各种预检记录齐全		
7		分项、分部工程质量验收记录	30	质量验收符合规范规定		
8						
1	建筑电气	图纸会审、设计变更、洽商记录	4	洽商记录清楚		×××
2		材料、设备出厂合格证书及进场检（试）验报告	18	材料、主要设备出厂合格证书齐全，有进场检验报告		
3		设备调试记录	8	设备调试记录齐全		
4		接地、绝缘电阻测试记录	15	接地、绝缘电阻测试记录符合要求		
5		隐蔽工程验收表	28	隐蔽工程检查齐全		
6		施工记录	20	各种预检记录齐全		
7		分项、分部工程质量验收记录	30	质量验收符合规范规定		
8						

工程名称		××××××		施工单位	××××××	
序号	项目	资　料　名　称	份数	核　查　意　见		核查人
1	通风与空调	图纸会审、设计变更、洽商记录	1	洽商记录齐全		×××
2		材料、设备出厂合格证书及进场检(试)验报告	14	材料、设备出厂合格证书及进场检验报告齐全		
3		制冷、空调、水管道强度试验、严密性试验记录	28	制冷、空调、水管道强度试验、严密性试验记录齐全		
4		隐蔽工程验收表	16	隐蔽工程检查记录齐全		
5		制冷设备运行调试记录	8	各种调试记录符合要求		
6		通风、空调系统调试记录	8	通风、空调系统调试记录正确		
7		施工记录	10	预控记录符合要求		
8		分项、分部工程质量验收记录	15	质量验收符合规范规定		
9						
1	电梯	土建布置图纸会审、设计变更、洽商记录		安装中无设计变更		×××
2		设备出厂合格证书及开箱检验记录	12	设备出厂合格证齐全，开箱记录齐全		
3		隐蔽工程验收表	20	隐蔽工程检查记录齐全		
4		施工记录	16	各种施工记录齐全		
5		接地、绝缘电阻测试记录	2	电阻值符合要求，记录齐全		
6		负荷试验、安全装置检查记录	2	负荷试验及安全装置检查记录符合要求		
7		分项、分部工程质量验收记录	16	质量验收符合规范规定		
8						
1	建筑智能化	图纸会审、设计变更、洽商记录、竣工图及设计说明	20	洽商记录及竣工图和设计说明齐全		×××
2		材料、设备出厂合格证及技术文件及进场检(试)验报告	16	材料、设备合格证齐全，技术文件齐全，有进场检验报告		
3		隐蔽工程验收表	10	隐蔽工程检查记录齐全		
4		系统功能测定及设备调试记录	4	系统功能调试记录齐全		
5		系统技术、操作和维护手册	1	有操作维护手册		
6		系统管理、操作人员培训记录	4	有系统管理操作人员培训记录		
7		系统检测报告	2	系统检测报告符合要求		
8		分项、分部工程质量验收报告	6	质量验收符合规范规定		

单位（子单位）工程安全和功能检验资料核查及主要功能抽查记录　　表 10-9

工程名称		××××	施工单位		×××××		
序号	项目	安全和功能检查项目	份数	核查意见	抽查结果	核查(抽查)人	
1	建筑与结构	屋面淋水试验记录	1	试验记录齐全			
2		地下室防水效果检查记录	4	检查记录齐全			
3		有防水要求的地面蓄水试验记录	7	厕浴间防水记录齐全	抽查一间，合格		
4		建筑物垂直度、标高、全高测量记录	1	记录符合规程要求		×××　×××　××	
5		抽气(风)道检查记录	2	检查记录齐全	通风道经抽查合格		
6		幕墙及外窗气密性、水密性、耐风压检测报告	1	"三性"试验报告符合要求			
7		建筑物沉降观测测量记录	1	符合要求			
8		节能、保温测试记录	4	保温测试记录符合要求			
9		室内环境检测报告	6	室内环境检测报告中有害物指标满足要求			
1	给排水与采暖	给水管道通水试验记录	8	通水试验记录齐全	合格		
2		暖气管道、散热器压力试验记录	26	每组均要求做压力试验		×××　×××	
3		卫生器具满水试验记录	59	每套器具均做满水试验	合格		
4		消防管道、燃气管道压力试验记录	55	压力试验符合要求			
5		排水干管通球试验记录	20	试验记录齐全	合格		
1	电气	照明全负荷试验记录	2	符合要求			
2		大型灯具牢固性试验记录	10	试验记录符合要求	抽查处大型灯具合格	××　××	
3		避雷接地电阻测试记录	4	记录齐全，符合要求			
4		线路、插座、开关接地检验记录	21	各种线路、插座、开关检查记录齐全	合格		
1	通风与空调	通风、空调系统试运行记录	1	符合要求			
2		风量、温度测试记录	3	有不同风量、温度记录	合格	×××　××	
3		洁净室洁净度测试记录		测试记录符合要求			
4		制冷机组试运行调试记录	4	机组运行调试正常			
1	电梯	电梯运行记录	1	运行记录符合要求	合格	××	
2		电梯安全装置检测报告	1	安检报告齐全			
1	智能建筑	系统试运行记录	2	系统运行记录齐全		××　×××	
2		系统电源及接地检测报告	2	检测报告符合要求	合格		

结论：对本工程安全、功能资料进行核查，基本符合要求。对部分项目进行抽样检查，其检查结果合格，满足使用功能，同意竣工验收

施工单位项目经理：×××　　　　总监理工程师：×××

×× 年 ×× 月 ×× 日　　　　（建设单位项目负责人）　　×× 年 ×× 月 ×× 日

注：抽查项目由验收组协商确定。

抽查项目是在检查资料文件的基础上，由参加验收的各方人员商定，并用计量计数的抽样方法确定检查部位，然后按有关专业工程施工质量验收标准进行检查，并将抽查结果写在表 10-9 中。

如：某工程抽气（风）道检查一项。首先核查该工程的抽气（风）道检查记录。该工程六个单元全部做了检查记录，从记录上看满足要求。然后选取第四单元进行抽验核查，按通风道检查要求核查完后，将结果填写记录。

4. 单位（子单位）工程观感质量

观感质量评价，是工程的一项重要评价工作，是全面评价一个分部、子分部、单位工程的外观及使用功能质量，促进施工过程的管理、成品保护，提高社会效益和环境效益。观感质量检查绝不是单纯的外观检查，而是实地对工程的一个全面检查，核实质量控制资料，核查分项、分部工程验收的正确性，及对在分项工程中不能检查的项目进行检查等。如工程完工，绝大部分的安全可靠性能和使用功能已达到要求，但出现不应出现的裂缝和严重影响使用功能的情况，应该首先弄清原因，然后再评价。地面严重空鼓、起砂、墙面空鼓粗糙、门窗开关不灵、关闭不严等项目的质量缺陷很多，就说明在分项、分部工程验收时，掌握标准不严。分项分部无法测定和不便测定的项目，在单位工程观感评价中，给予核查。如建筑物的全高垂直度、上下窗口位置偏移及一些线角顺直等项目，只有在单位工程质量最终检查时，才能了解的更确切。

系统地对单位工程检查，可全面地衡量单位工程质量的实际情况，突出对工程整体检验和对用户着想的观点。分项、分部工程的验收，对其本身来讲虽是产品检验，但对交付使用一幢房子来讲，又是施工过程中的质量控制。只有单位工程的验收，才是最终建筑产品的验收。所以，在标准中，既加强了施工过程中的质量控制（分项、分部工程的验收），又严格进行了单位工程的最终评价，使建筑工程的质量得到有效保证。

观感质量的验收方法和内容与分部、子分部工程的观感质量评价一样，只是分部、子分部的范围小一些而已，只是一些分部、子分部的观感质量，可能在单位工程检查时已经看不到了。所以单位工程的观感质量是更宏观一些的。

其内容按各有关检验批的主控项目、一般项目有关内容综合掌握，给出好、一般、差的评价。

检查时应将建筑工程外檐全部看到，对建筑的重要部位、项目及有代表性的房间、部位、没备、项目都应检查到。对其评价时，可逐点评价再综合评价；也可逐项给予评价；也可按大的方面综合评价。评价时，要在现场由参加检查验收的监理工程师共同确定，确定时，可多听取被验收单位及参加验收的其他人员的意见。并由总监理工程师签认，总监理工程师的意见应有主导性。

1）单位（子单位）工程观感质量检查记录表填写

单位（子单位）工程观感质量检查由总监理工程师组织有关监理工程师会同建设单位、施工单位等有关专业人员共同进行，通过现场全面检查，在听取有关人员的意见后，由总监理工程师为主与监理工程师共同确定质量评价，并对表格所列项目进行好、一般、差的质量评价，将结果填在质量评价栏中。最后根据各个专业的质量评价，对单位工程做出观感质量综合评价，将检查结论填写在检查结论栏中。施工单位项目经理和总监理工程师双方签字。

442

2）填写范例（表10-10）

5. 单位（子单位）工程质量竣工验收

单位工程竣工在完成工程质量控制资料核查记录、工程安全和功能检验资料核查及主要功能检验资料核查及主要功能抽查记录、单位工程观感质量检查记录后，填写单位（子单位）工程质量竣工验收记录表。

验收记录由施工单位填写，验收结论由监理（建设）单位填写。综合验收结论由参加验收各方共同商定，建设单位填写，应对工程质量是否符合设计和规范要求及总体质量水平做出评价。

填写范例见表10-11。

单位（子单位）工程观感质量检查记录表　　　　表10-10

工程名称		×××××	施工单位	×××××		
序号		项　目	抽查质量状况	好	一般	差
1	建筑与结构	室外墙面	√ √ O √ √ O √ O √ √	√		
2		变形缝	O O √ √ O √ √ √ √ O	√		
3		水落管，屋面	√ O O O O √ O O O √		√	
4		室内墙面	√ O O √ √ O √ √ O √	√		
5		室内顶棚	O √ O √ √ O O O O √		√	
6		室内地面	√ O √ √ √ √ √ √ √ √	√		
7		楼梯、踏步、护栏	√ √ O √ O √ √ O √ √	√		
8		门窗	O √ O √ √ O √ O √ O	√		
1	给排水与采暖	管道接口、坡度、支架	√ √ √ √ O √ √ √ √ √	√		
2		卫生器具、支架、阀门	O √ O O √ √ O O √ √		√	
3		检查口、扫除口、地漏	√ O √ √ √ √ √ √ √ √	√		
4		散热器、支架	O √ O O √ √ O √ √ √	√		
1	建筑电气	配电箱、盘、板、接线盒	√ √ √ √ √ √ √ √ √ √	√		
2		设备器具、开关、插座	√ √ √ √ √ √ O √ √ √	√		
3		防雷、接地	O O √ O √ √ √ √ √ √	√		
1	通风与空调	风管、支架	√ √ O √ √ √ √ O √ √	√		
2		风口、风阀	√ O √ √ √ √ O √ √ √	√		
3		风机、空调设备	O O √ O O √ O √ √ √		√	
4		阀门、支架	√ O √ √ √ O √ O √ √	√		
5		水泵、冷却塔				
6		绝热				
1	电梯	运行、平层、开关门	√ √ √ O O √ √ √ √ √	√		
2		层门、信号系统	O √ O √ √ O √ O O √	√		
3		机房	√ √ √ O O √ √ O √ √	√		

443

工程名称		××××					施工单位				××××			
序号		项 目		抽查质量状况									质量评价		
													好	一般	差
1	智能建筑	机房设备安装及布局	√	O	O	√	√	√	O	√	√	√			
2		现场设备安装	O	O	√	√	√	√	O	O	√	√	√		
3		3													
观感质量综合评价			××××					质量综合评价				××××			

检查结论	工程观感质量综合评价为好，同意验收。
	施工单位项目经理×××　　　　　　　　　　　总监理工程师 （建设单位项目负责人）××× ××年××月××日　　　　　　　　　　　　××年××月××日

注：质量评价为差的项目，应进行翻修。

单位（子单位）工程质量竣工验收　　　　　　表 10-11

工程名称	××××	结构类型	框架剪力墙	层数/建筑面积	12/20000m²
施工单位	××××	技术负责人	×××	开工日期	×××
项目经理	×××	项目技术负责人	×××	竣工日期	×××

序号	项　目	验 收 记 录	验 收 结 论
1	分部工程	共9分部，经查9分部符合标准及设计要求9分部	经各专业分部工程验收，工程质量符合验收标准，同意验收
2	质量控制资料核查	共24项，经审查符合要求24项，经核定符合规范要求24项	质量控制资料经核查共24项，符合有关规范要求，同意验收
3	安全和主要使用功能核查及抽查结果	共核查26项，符合要求26项 共抽查10项，符合要求10项 其中经返工处理符合要求0项	安全和主要使用功能共核查26项，符合要求，抽查其中10项，使用功能均满足，同意验收
4	观感质量验收	共抽查24项，符合要求24项，不符合要求0项	观感质量验收为好
5	综合验收结论	经对本工程综合验收，各分项均满足有关规范和标准要求，同意单位工程竣工验收	

参加验收单位	建 设 单 位	监 理 单 位	施 工 单 位	设 计 单 位
	（公章） 单位（项目）负责 ××年××月××日	（公章） 总监理工程 ××年××月××日	（公章） 单位负责人 ××年××月××日	（公章） 单位（项目）负责人 ××年××月××日

6. 建筑工程质量不符合要求，返工处理后的验收

1）返工重做及更换器具、设备的检验批应重新进行验收

返工重做包括全部或局部推倒重来及更换设备、器具等的处理，处理或更换后，应重新按程序进行验收。如某住宅楼一层砌砖，验收时，发现砖的强度等级为 MU5，达不到设计要求的 MU10，推倒后重新使用 MU10 砖砌筑，其砖砌体工程的质量，应重新按程序进行验收。

重新验收质量时，要对该项目工程按规定，重新抽样、选点、检查和验收，重新填检验批质量验收记录表。

2）经法定检测单位检测鉴定能够达到设计要求的检验批，应予验收这种情况多是某项质量指标不够，多数是指留置的试块失去代表性，或因故缺少试块的情况，以及试块试验报告缺少某项有关主要内容，也包括对试块或试验结果报告有怀疑时，经有资质的检测机构，对工程进行检验测试。其测试结果证明，该检验批的工程质量能够达到原设计要求的。这种情况应按正常情况给予验收。

3）经有资质的检测单位检测鉴定达不到设计要求，但经过原设计单位核算，认可能够满足结构安全和使用功能的检验批，可予以验收

这种情况与第二种情况一样，多是某项质量指标达不到规范的要求，多数也是指留置的试块失去代表性、或是因故缺少试块的情况，以及试块试验报告有缺陷，不能有效证明该项工程的质量情况，或是对该试验报告有怀疑时，要求对工程实体质量进行检测。经有资质的检测单位检测鉴定达不到设计要求，但这种数据距达到设计要求的差距有限，不是差距太大。经过原设计单位进行验算，认为仍可满足结构安全和使用功能，可不进行加固补强。如原设计计算混凝土强度为 27MPa，而选用了 C30 混凝土，经检测的结果是 29MPa，虽未达到 C30 的要求，但仍能大于 27MPa 是安全的。又如某五层砖混结构，一、二、三层用 M10 砂浆砌筑，四、五层为 M5 砂浆砌筑。在施工过程中，由于管理不善等，其三层砂浆强度仅达到 7.4MPa，没达到设计要求，按规定应不能验收，但经过原设计单位验算，砌体强度尚可满足结构安全和使用功能，可不返工和加固。由设计单位出具正式的认可证明，有注册结构工程师签字，并加盖单位公章。由设计单位承担质量责任。因为设计责任就是设计单位负责，出具认可证明，也在其质量责任范围内，可进行验收。以上三种情况都应视为是符合规范规定质量合格的工程。只是管理上出现了一些不正常的情况，使资料证明不了工程实体质量，经过补办一定的检测手续，证明质量是达到了设计要求，给予通过验收是符合规范规定的。

4）经过返修或加固处理的分项、分部工程，虽改变外形尺寸，但仍能满足安全使用要求，可按技术处理方案和协商文件进行验收

这种情况多数是某项质量指标达不到验收规范的要求，如同第二、三种情况，经过有资质的检测单位检测鉴定达不到设计要求，由其设计单位经过验算，也认为达不到设计要求，经过验算分析，找出了事故原因，分清了质量责任，同时，经过建设单位、施工单位、监理单位、设计单位等协商，同意进行加固补强，并协商好，加固费用的来源，加固后的验收等事宜，由原设计单位出具加固技术方案，通常由原施工单位进行加固，虽然改变了个别建筑构件的外形尺寸，或留下永久性缺陷，包括改变工程的用途在内，应按协商文件验收，也是有条件的验收，由责任方承担经济损失或赔偿等。这种情况实际是工程质

量达不到验收规范规定，应算在不合格工程的范围。但在《建设工程质量管理条例》的第24条、第32条等条都对不合格工程的处理做出了规定，根据这些条款，提出技术处理方案（包括加固补强），最后能达到保证安全和使用功能，也是可以通过验收的。为了维护国家利益，不能出了质量事故的工程都推倒报废。只要能保证结构安全和使用功能的，仍作为特殊情况进行验收。是一个给出路的做法，不能列入违反《建设工程质量管理条例》的范围内。但加固后必须达到保证结构安全和使用功能的。例如，有一些工程出现达不到设计要求，经过验算满足不了结构安全和使用功能要求，需要进行加固补强，但加固补强后，改变了外形尺寸或造成永久性缺陷。这是指经过补强加大了截面，增大了体积，设置了支撑，加设了牛腿等，使原设计的外形尺寸有了变化。如墙体强度严重不足，采用双面加钢筋网灌喷豆石混凝土补强，加厚了墙体，缩小了房间的使用面积等。

造成永久性缺陷是指通过加固补强后，只是解决了结构性能问题，而其本质并未达到原设计要求的，均属造成永久性缺陷。如某工程地下室发生渗漏水，采用从内部增加防水层堵漏，满足了使用要求，但却使那部分墙体长期处于潮湿甚至水饱和状态；又如某工程的空心楼板的型号用错，以小代大，虽采取在板缝中加筋和在上边加铺钢筋网等措施，使承载力达到设计要求，但总是留下永久性缺陷。

以上二种情况，其工程质量不能正常验收，因上述情况，该工程的质量虽不能正常验收，但由于其尚可满足结构安全和使用功能要求，对这样的工程质量，可按协商验收。

5）通过返修加固处理仍不能满足安全使用要求的分部（子分部）工程、单位（子单位）工程，严禁验收这种情况是非常少的，但确实是有的。这种情况；通常是在制订加固技术方案之前，就知道加固补强措施效果不会太好，或是不值得加固处理，或是加固后仍达不到保证安全、功能的情况，严禁验收。这种情况就应该坚决拆掉，不要再花大的代价来加固补强。

10.3 初装修工程竣工质量验收

近年来初装修工程越来越普遍，方便了居民家庭室内装修、装饰，减少浪费。依据建设部有关规定，为确保初装修工程质量，其竣工质量应达到规定要求，否则将不予验收。

1. 初装修工程竣工条件

（1）初装修住宅工程竣工条件

1）全部外饰面，包括阳台、雨罩的外饰面应按设计文件完成装修工程。

2）公用部位、公共设施应按设计文件完成全部装修。

3）各种管道（给、排、雨水、暖、热）全部完成并进行通水、试压、通球试验和暖气热工调试。

4）电气设备（配电箱、柜、盘、插座、开关、灯具等）安装到位，按规定完成各种测试项目。

5）屋面工程全部项目按设计完成，并进行蓄水、淋水试验。

（2）初装修公共建筑工程竣工条件

1）公共建筑工程初装修项目，应在设计文件和施工承包合同中明确规定。

2）屋面工程、外墙饰面、楼内公共活动场所及公用设施等均应按设计文件和合同规定的内容，完成全部装修工程，达到使用条件。

2. 初装修工程部位、项目的质量要求

(1) 住宅工程初装修的部位、项目和质量要求

1) 户门以内卧室、客厅、厨房、卫生间、封闭阳台及过道的墙面达到表面平整、线角顺直。

① 墙体抹灰工程应做到表面压实、粘结牢固、无裂缝。

② 大开间的轻质隔墙如设计文件规定不做的，由用户装修时自行设计、施工。

③ 卧室、厨房等内门、窗可以只留门、窗洞口，应设置安装门、窗的预埋件并标出位置。

④ 开关、插座、灯具位置正确，安装平整牢固。

⑤ 各种管道、设备、卫生器具安装后距墙预留量应满足再装修的尺寸要求。

2) 户门以内各种房间采用预制楼板或现浇板的顶棚，应做到不抹灰、用腻子找平，达到板缝密实、无裂缝，接槎平顺无错台，表面平整、色泽基本均匀、线角顺直。

3) 户门以内地面工程：

① 各种房间基层地面混凝土，做到表面平整、压实，达到粘结牢固、无裂缝。

② 有防水要求房间的地面应完成防水层、保护层，并应进行两次蓄水试验做到无渗漏。

③ 地漏与泛水坡度符合设计要求，达到不倒泛水，结合处严密平顺，无渗漏。

④ 各种房间水泥地面基层标高，应考虑预留再装修时的高度尺寸要求。

⑤ 踢角线高度不小于 120mm。采用水泥砂浆抹灰的，应与墙面基层抹灰平顺，强度、粘结应符合要求。

4) 户门以内的暖卫各种管道，设备安装到位，达到通水要求，各种截门、水嘴、面盆、家具盆安装齐全，满足使用功能。

5) 户门以内的电气管线安装到位，灯具应能满足照明要求，并进行照明全负荷试验。

(2) 公共建筑初装修的部位、项目的质量要求

1) 楼（地）面工程的初装修，应完成地面基层；有防水要求的地面，应按规定进行蓄水试验。

2) 顶棚工程中按设计文件规定，完成初装修项目的内容。吊顶施工及吊顶内的电气安装工程、通风空调安装工程可以纳入再装修项目。

3) 墙体完成墙面抹灰或基层找平工程。

4) 内门、窗工程应完成设计文件规定的内容，如预留洞口不安装门、窗的，应标出预埋件的位置。

5) 给水、排水、供热完成管道、设备安装工程，并按规定进行通球、通水、灌水、压力试验。

6) 暗敷设的电气线路按设计文件完成，并按规定进行绝缘、接地等必要的试验。

7) 通风空调工程管道风口安装到户内。

8) 有人防工程和电梯安装的要分别取得《人防工程质量监督核定证书》、《电梯安装质量监督核定证书》并经过消防等部门验收。

3. 初装修工程竣工的验收

初装修工程竣工质量评定按单位工程要求。各分项、分部工程逐级验收后，再做单位工程质量施工验收记录。单位工程质量施工验收记录后上报地方质量监督部门核定。

工程竣工验收后，住户可根据国家和本市有关规定，对房屋进行再装修。

公共建筑工程实行初装修质量核定，是指公共建筑单位工程中商场、娱乐厅、会议厅、写字间、客房等，按合同和设计文件规定范围以内的墙面、楼（地）面、吊顶、内门窗等部位完成初步装修项目，符合规范要求和质量标准的，经建设（监理）、设计、施工单位验收合格后，由工程质量监督机构实施装修核定。

经核定合格发给《建设工程初装修质量核定单》，建设单位可对房屋进行出售、出租，使用单位可对初装修工程进行再装修，但工程不得交付使用。

第十一章 竣 工 图

竣工图是建筑工程资料，和竣工档案重要的组成部分，是对工程进行维护、管理、灾后鉴定、灾后重建。改建、扩建的主要依据。因此不仅新建工程要编制竣工图。竣工图必须真实，才有使用价值。特别是已经隐蔽的结构工程、地下管线等部位的竣工图，一定要与工程实体相符，否则，会给工程使用单位造成很大的困难和损失。

11.1 竣工图编制要求

1. 各项新建、扩建、改建、技术改造、技术引进项目，在项目竣工时要编制竣工图。项目竣工图应由施工单位负责编制。如行业主管部门规定设计单位编制或施工单位委托设计单位编制竣工图的，应明确规定施工单位和监理单位的审核和签字认可责任。

2. 竣工图应完整、准确、清晰、规范、修改到位，真实反映项目竣工验收时的实际情况。

3. 编制竣工图必须采用不褪色的黑色、绘图墨水，文字材料不得用红色墨水、复写纸、一般圆珠笔和铅笔等。

4. 文字应采用仿宋字体，大小应协调，严禁有错、别、草字。画线应使用绘图工具，不得徒手绘制。重新绘制的竣工图用纸张，应与原设计图纸的纸张颜色接近，不要反差太大。原设计图上内容不许用刀刮，或补贴，做到无污染、涂抹和覆盖。

5. 竣工图应图面整洁、反差明显，文字材料字迹应工整清楚、完整无缺，内容清晰。

6. 按施工图施工没有变动的，由竣工图编制单位在施工图上加盖并签署竣工图章。

7. 一般性图纸变更及符合杠改或划改要求的变更，可在原图上更改，加盖并签署竣工图章。

8. 涉及结构形式、工艺、平面布置、项目等重大改变及图面变更面积超过 1/3 的，应重新绘制竣工图。重新绘制的图纸必须有图名和图号，图号可按原图号编号。

9. 同一建筑物、构筑物重复的标准图、通用图可不编入竣工图中，但应在图纸目录中列出图号，指明该图所在位置并在编制说明中注明；不同建筑物、构筑物应分别编制。

10. 建设单位应负责或委托有资质的单位编制项目总平面图和综合管线竣工图。

11. 竣工图图幅应按《技术制图复制图的折叠方法》（GB/T 10609.3）要求统一折叠成 A4 幅面（297mm×210mm）图标栏露在外面。

12. 编制竣工图总说明及各专业的编制说明，叙述竣工图编制原则、各专业目录及编制情况。

竣工图均按单项工程进行整理，专业竣工图应包括各部位、各专业深化（二次）设计的相关内容，不得漏项和重复。

11.2 竣工图的内容

竣工图包括以下内容：

1. 工艺平面布置图等竣工图；
2. 建筑竣工图、幕墙竣工图；
3. 结构竣工图；
4. 建筑给水、排水与采暖竣工图
5. 燃气竣工图；
6. 建筑电气竣工图；
7. 智能建筑竣工图（综合布线、保安监控、电视天线、火灾报警、气体灭火等）；
8. 通风空调竣工图；
9. 地上部分的道路、绿化、庭院照明、喷泉、喷灌等竣工图；
10. 地下部分的各种市政、电力、电信管线等竣工图。

11.3 竣工图的类型

竣工图一般分为四类：

1. 利用施工蓝图改绘的竣工图；
2. 在二底图上修改的竣工图；
3. 重新绘制的竣工图；
4. 用 CAD 绘制的竣工图。

11.4 竣工图章

1. 竣工图的标志

竣工图标志应具有明显的"竣工图"字样章（签），它是竣工图的依据，要按规定填写图章（签）上的内容，包括有绘制单位名称、制图人、审核人、技术负责人和绘制日期等基本内容。

以上单位及个人应对竣工图负责。

2. 竣工图章内容、尺寸如图 11-1 所示。

3. 竣工图章使用要求

（1）所有竣工图应由编制单位逐张加盖并签署竣工图章。竣工图章中的内容填写应齐全、清楚，不得代签。

（2）行业主管部门规定由设计单位编制竣工图的，可在新图中采用竣工图标，并按要求签署竣工图标。竣工图标

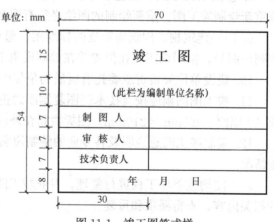

图 11-1 竣工图签式样

的内容格式由行业统一规定。

（3）竣工图章应使用红色印泥，盖在标题栏附近空白处。

11.5 改绘、绘制竣工图的方法

改绘竣工图的方法

1. 施工中无变化的新图

凡在施工中，按施工图没有变更的，在新的原施工图上加盖竣工图标志后可做为竣工图。

2. 在施工蓝图上改绘

（1）改绘原则

凡工程现状与施工图不相符的内容，全部要按工程竣工现状清除，准确地在蓝图上予以修正。即将工程图纸会审提出的修改意见；工程洽商或设计变更上的修改内容；无工程洽商时，施工过程中建设单位和施工单位双方协商的修改内容，都应如实地改绘在蓝图上。

（2）改绘要求

1）变更洽商记录的内容必须如实的反映到设计图上，如在图上无法反映，则必须在图中相应部分加以文字说明，注明有关洽商记录的编号，并附该洽商记录的复印件。

2）无较大变更的，将修改内容如实地改绘在蓝图上，修改部位用线条标明，并注明××××年××月××日洽商第××条。修改的附图或文字均不得超过原设计图的图框。

凡结构形式变化、工艺变化、平面布置变化、项目变化及其他重大变化，或在一张图纸上改动部分超过 1/3 以及修改后图面混乱，分辨不清的个别图纸，应重新绘制。

3. 在二底图上修改

在二底图上及时修改洽商的内容，应做到与施工同步进行。要求在图纸上作一修改备考表，修改的内容应与洽商变更的内容相对照，做到不看洽商原件即知修改的部位及基本内容。且要求图面整洁、字迹清晰。备考表形式见表 11-1。

备 考 表   表 11-1

洽商编号	修改日期	修改内容	修改人	备 注
2002-75	2005.12.5	四层结构平面图（结5）中断面尺寸由 250mm 增加到 300mm，其配筋不变	×××	

修改部位用语言描述不清时，可用细实线在图上画出修改范围。加上二底图修改次数较多，个别图面出现模糊不清等技术问题，必须进行技术处理或重新绘制。

4. 用 CAD 绘制的竣工图在电子版施工图上依据设计变更，洽商的内容进行修改，修改后用云图圈出修改部位，并在图中空白处做一修改备考表。

11.6 竣 工 图 的 审 核

1. 竣工图编制完成后，监理单位应督促和协助竣工图编制单位检查其竣工图编制情况，发现不准确或短缺时要及时修改和补齐。

2.竣工图内容应与施工图设计、设计变更、洽商、材料变更，施工及质检记录相符合。

3.竣工图按单位工程、装置或专业编制，并配有详细编制说明和目录。

4.竣工图应使用新的或干净的施工图，并按要求加盖并签署竣工图章。

5.一张更改通知单涉及多图的，如果图纸不在同一卷册的，应将复印件附在有关卷册中，或在备考表中说明。

6.国外引进项目、引进技术或由外方承包的建设项目，外方提供的竣工图应由外方签字确认。

11.7　竣 工 图 套 数

项目竣工图一般为两套，由建设单位向业主和生产（使用）单位移交；建设项目主管单位或上级主管机关需要接收的，按主管机关的要求办理。按照 FIDIC《设计一建造与交钥匙工程合同条件》建设的项目．竣工图套数按合同条件的规定提交。在大中城市规划区范围内的重点建设项目。应根据《城市建设档案归属与流向暂行办法》第五条的规定，另编制一份与城市建设、规划及其管理有关的主要建筑物及综合管线竣工图。

11.8　编制竣工图的费用

1.编制竣工图所需的费用应在项目建设投资中解决，由建设单位或有关部门在与承包单位签订合同时确定。

2.施工单位应向建设单位提交两套属于职责范围内形成的竣工文件，其费用由施工单位负责。

3.建设单位主管部门要求增加套数或行业主管部门要求由设计单位负责编制竣工图的，费用由建设单位负责。

4.因修改需重新绘图的，除含同规定外，应由设计单位负责绘制新图的费用。

11.9　合 同 要 求

1.建设项目中各方应以合同形式约定竣工图编制和提交的责任；可在施工合同或设计合同中明确，也可单独签订竣工图编制合同。

2.由施工单位编制竣工图的，应在设计合同中明确留作竣工图用的施工图套数（包括必须套数和主管机关要求套数），以及因修改增加新图的责任；凡由设计单位编制竣工图的，可单独签订竣工图编制合同。

3.施工合同中应明确施工单位提交建设单位项目档案的名称、内容、版本、套数、时间、费用、质量要求及违约责任。

4.监理合同中应明确监理单位对竣工文件审核和向建设单位提交监理档案的责任。

第十二章　工程资料编制、组卷与移交

12.1　质　量　要　求

1. 施工资料内容及其深度必须符合国家有关工程勘察、设计、施工、监理等方面的技术规范标准和规程。必须真实地反映工程竣工后的实际情况，具有永久和长期保存价值的文件材料必须完整、准确、系统。

2. 施工资料必须使用原件：如有特殊原因不能使用原件的，应在复印件或抄件上加盖公章并注明原件存放处。

3. 施工资料应字迹清楚、图样清晰、图表整洁、签字盖章手续完备。签字必须使用档案规定用笔，采用耐久性强的书写材料如碳素墨水、蓝黑墨水，不得使用易褪色的书写材料，如：红色墨水、纯蓝墨水、圆珠笔、复写纸、铅笔等。

4. 施工资料的照片（含底片）及声像档案，要求图像清晰，声音清楚，文字说明或内容准确。

根据工程资料的性质，以及收集、整理单位的不同分为基建文件、监理资料、施工资料、竣工图。

5. 施工资料中文字材料幅面尺寸规格宜为 A4 幅面（297mm210mm）图纸宜采用国家标准图幅。

6. 施工资料的纸张应采用能够长期保存的韧力大、耐久性强的纸张。图纸一般采用蓝晒图，竣工图应是新蓝图，计算机出图必须清晰，不得使用计算机出图的复印件。

12.2　编　制　注　意　事　项

原件：所有能形成原件的资料必须是原件，但对于合格证等部分资料可用复印件。若合格证是抄件（复印件）时，应保留原件所有内容，其上必须注明：原件存放单位、经办人签字、日期及加盖原件存放单位公章（公章不能复印）。此时原件存放单位可能是厂家，也可能是物资供应公司。对于群体工程，若有多个单位工程需用同一份洽商，则其他工程可用复印件，但其上必须注明：原件存放单位、经办人签字、日期及加盖原件存放单位公章（公章不能复印）。此时原件存放单位是指原件存放的工程名称，所盖的公章应是施工单位公章。

施工过程中每份施工资料应形成的份数＝施工合同中约定向建设单位移交的原件份数＋向监理移交的资料份数十自存的资料 1 份。

对于此部分的原件与复印件规定如下：

1. 施工单位向建设单位移交的 2 套必须是原件，即必须是打印机打印表格（不准用复写纸，必须张张打印），手写签名、盖章；

2. 施工单位向监理单位移交及施工单位自存的资料可以将打印部分复印，但必须手写签名、盖章，即签名、盖章部分决不允许复印；

    3. 若建设单位要求的套数超过 2 套，增加套数可全幅复印，即整页复印。

12.3 组卷要求

12.3.1 组卷的质量要求

1. 组卷前要详细检查施工资料是否按要求收集齐全、完整。

2. 达不到质量要求的文字材料和图纸一律重做。

12.3.2 组卷的基本原则

1. 组卷应遵循工程文件的自然形成规律，保持卷内文件的有机联系，便于档案的保管和利用。

2. 一个建设工程由多个单位工程组成时，工程文件应按单位工程组卷；

3. 根据工程资料的性质，以及收集、整理单位的不同，按基建文件、监理资料、施工资料、竣工图分别进行组卷；

4. 施工资料应按照专业、系统划分组卷。每一专业、系统再按照资料类别顺序排列，并依据资料数量多少组成一卷或多卷；

5. 对于专业程度高，施工工艺复杂，通常由专业分包施工的子分部工程分别单独组卷；

6. 竣工图应按设计单位提供的施工图专业序列组卷；

7. 建筑节能工程实体检验资料应单独组卷；

8. 移交城建档案馆保存的工程资料案卷中，施工验收资料部分应单独组成一卷；

9. 资料管理目录应与其对应工程资料一同组卷；

10. 工程资料可根据资料的数量多少组成一卷或多卷。

12.3.3 工程资料案卷应符合以下要求

1. 卷内资料排列顺序要依据卷内的资料构成而定，一般顺序为：封面、目录、文件部分、备考表、封底。组成的案卷力求美观、整齐。

2. 卷内资料若有多种资料时，同类资料按日期顺序排序，不同资料之间的排列顺序应按资料的编号顺序排列。

3. 案卷不宜过厚，一般不超过 40mm。案卷内不应有重复资料。

12.3.4 卷内文件的排列

1. 文字材料按事项、专业顺序排列。同一事项的请示与批复、同一文件的印本与定稿、主件与附件不能分开，并按批复在前、请示在后、印本在前、定稿在后、主件在前、附件在后的顺序排列。

2. 图纸按专业排列
    同专业图纸按图号顺序排列。

3. 既有文字材料又有图纸的案卷，文字材料排前，图纸排后。

12.3.5 案卷编目

1. 编写案卷页号

(1) 以独立卷为单位编写页号。对有书写内容的页面编写页号，用阿拉伯数字"1"开始逐张编写（用打号机或钢笔）。案卷封面、卷内目录、备考表不编写页号，卷与卷之间的页号不得连续。

(2) 单面书写的文字材料页号编写在右下角，双面书写的文字材料页号正面编写在右下角，背面编写在左下角。图纸折叠后无论任何形式，一律编写在右下角。

(3) 成套图纸或印刷成册的科技文件材料自成一卷的原目录可代替卷内目录，不必重新编写页码。

2. 卷内目录填写

(1) 卷内目录式样应符合《建设工程文件归档整理规范》（GB 50328—2001）的要求。

(2) 根据卷内内容，打印目录，目录应排列在卷内第"1"页之前。

(3) 序号：以一份文件为单位，用阿拉伯数字从"1"开始依次标注。

(4) 文件编号：填写工程文件原有的文号或图样的图号。

(5) 文件材料题名：也称文件标题，填写文件材料的全称，无标题的文件应根据内容拟写标题。

(6) 日期：文件材料的形成时间（文字材料为原文件形成日期，汇总表为汇总日期，竣工图为编制日期）。

(7) 责任者：填写文件材料的直接编制单位部门或主要责任者。

(8) 页号：填写每份文件材料在本案卷页号或起止页号。

(9) 责任者：填写文件的直接形成单位和个人有多个责任者时选择两个主要责任者，其余用等代替。

3. 卷内备考表的编制

(1) 卷内备考表的式样应符合《建设工程文件归档整理规范》（GB 50328—2001）附录 C 的要求。

(2) 卷内备考表主要标明卷内文件的总页数，各类文件页数（照片张数），以及立卷单位对案卷情况的说明。

(3) 卷内备考表排列在卷内文件的尾页之后。

4. 案卷封面的编制

(1) 案卷封面印刷在卷盒卷夹的正表面，也可采用内封面形式。案卷封面的式样应符合《建设工程文件归档整理规范》（GB 50328—2001）附录 D 的要求。

(2) 案卷封面的内容应包括：档号档案馆代号案卷题名编制单位起止日期、密级、保管期限、共几卷第几卷。

(3) 档号应由分类号、项目号和案卷号组成。档号由档案保管单位填写。

(4) 档案馆代号应填写国家给定的本档案馆的编号，档案馆代号由档案馆填写。

(5) 案卷题名：应简明、准确地概括和揭示卷内文件的内容和形式特征，案卷题名由建设项目名称、子项工程名称（或代号）、案卷内容组成（三项分别不能超过24个汉字或

48个字符)。

（6）编制单位应填写卷内文件材料的形成单位或主要责任者（必须填写单位全程）。

（7）起止日期应填写案卷内全部文件形成的起止日期。

（8）保管期限分为永久长期短期三种期限各类文件的保管期限详见《建设工程文件归档整理规范》（GB 50328—2001）附录 A。

永久是指工程档案需永久保存。

长期是指工程档案的保存期限等于该工程的使用寿命。

短期是指工程档案保存 20 年以下。

同一案卷内有不同保管期限的文件，该案卷保管期限应从长。

（9）档号、档案馆号、缩微号、保管期限和密级均由城市档案馆填写，施工单位不用填写。

（10）案卷脊背：填写工程名称和卷号。

5. 卷内目录、卷内备考表、案卷内封面应采用 70g 以上白色书写纸制作，幅面、统一采用 A4 幅面。

12.3.6 案卷的规格、厚度及装订

1. 案卷的规格、厚度

归档的文字材料规格采用 A4 幅面（297mm×210mm），尺寸不同的要折叠或裱补成统一幅面。案卷不宜过厚，一般不超过 40mm。

2. 案卷装订

（1）案卷可采用装订与不装订两种形式。文字材料必须装订，既有文字材料又有图纸的案卷应装订。装订应采用线绳三孔左侧装订法，用白色棉线在卷面左边 1cm 处，上下四等分打三孔竖向装订，结头位于案卷背面；要整齐、牢固、便于保管和利用。竣工图不用装订，折叠装入档案袋。

（2）装订时必须剔除金属物。

3. 卷盒、卷夹、案卷脊背

（1）案卷装具一般采用卷盒、卷夹两种形式。

①卷盒的外表尺寸为 310mm×220mm 厚度分别为 20、30、40、50mm。

②卷夹的外表尺寸为 310mm×220mm 厚度一般为 20、30mm。

③卷盒、卷夹应采用无酸纸制作。

（2）案卷脊背

案卷脊背的内容包括档号、案卷题名、式样应符合《建设工程文件归档整理规范》（GB 50328—2001）附录 E。

12.4 归 档 与 移 交

工程资料的归档

合下列规定：

（1）归档文件必须完整准确系统，能够反映工程建设活动的全过程文件材料归档范围详见《建设工程文件归档整理规范》（GB 50328—2001）附表 A，文件材料的质量符合 12.1 的要求。

（2）归档的文件必须经过分类整理，并应组成符合要求的案卷。

2. 归档时间应符合下列规定：

（1）根据建设程序和工程特点归档可以分阶段分期进行，也可以在单位或分部工程通过竣工验收后进行。

（2）勘察设计单位应当在任务完成时施工监理单位应当在工程竣工验收前，将各自形成的有关工程档案向建设单位归档。

3. 勘察、设计、施工单位在收齐工程文件并整理立卷后，建设单位、监理单位应根据城建档案管理机构的要求对档案文件完整、准确、系统情况和案卷质量进行审查。审查合格后向建设单位移交。

4. 工程档案一般不少于两套，一套由建设单位保管，一套（原件）移交当地城建档案馆（室）。

5. 勘察、设计、施工、监理等单位向建设单位移交档案时，应编制移交清单，双方签字、盖章后方可交接。

6. 凡设计、施工及监理单位需要向本单位归档的文件，应按国家有关规定和《建设工程文件归档整理规范》（GB 50328—2001）附录 A 的要求单独立卷归档。

12.4.2 工程档案的验收与移交

1. 列入城建档案馆（室）档案接收范围的工程，建设单位在组织工程竣工验收前应提请城建档案管理机构对工程档案进行预验收，建设单位未取得城建档案管理机构出具的认可文件，不得组织工程竣工验收。

2. 城建档案管理部门在进行工程档案预验收时，应重点验收以下内容：

（1）工程档案齐全、系统、完整。

（2）工程档案的内容真实、准确地反映工程建设活动和工程实际状况。

（3）工程档案已整理立卷，立卷符合规定。

（4）竣工图绘制方法图式及规格等符合专业技术要求，图面整洁、盖有竣工图章。

（5）文件的形成来源符合实际要求单位或个人签章的文件其签章手续完备。

（6）文件材质、幅面、书写、绘图、用墨、托裱等符合要求。

3. 列入城建档案馆（室）接收范围的工程，建设单位在工程竣工验收后 3 个月内，必须向城建档案馆（室）移交一套符合规定的工程档案。

4. 停建、缓建建设工程的档案暂由建设单位保管。

5. 对改建、扩建和维修工程，建设单位应当组织设计施工单位据实修改补充和完善原工程档案。对改变的部位应当重新编制工程档案，并在工程竣工验收后 3 个月内向城建档案馆（室）移交。

6. 建设单位向城建档案馆（室）移交工程档案时，应办理移交手续，填写移交目录，双方签字、盖章后交接。

参 考 文 献

1.《建设工程文件归档整理规范》(GB/T 50328—2001).
2. 北京市《建筑工程资料管理规程》(DB11/T 695—2009).
3. 北京市开创与评审结构长城杯工程实施指南.
4. 蔡高金. 建筑安装工程施工技术资料管理实例应用手册[M]. 北京：中国建筑工业出版社，2003.
5. 北京建筑工程资料编制指南.